A SABEDORIA DA ALMA

Mensagens sobre o Significado da Existência
Recebidas em Estado de Transe

Informações sobre o Mundo Causal III

Varda Hasselmann
Frank Schmolke

A SABEDORIA DA ALMA

Mensagens sobre o Significado da Existência
Recebidas em Estado de Transe

Informações sobre o Mundo Causal III

Tradução
ZILDA HUTCHINSON SCHILD SILVA

EDITORA PENSAMENTO
São Paulo

Título do original:
Weisheit der Seele

Copyright ©1995 Wilhelm Goldmann Verlag GmBH, Munique.

Todos os direitos reservados. Nenhuma parte deste livro pode ser reproduzida ou usada de qualquer forma ou por qualquer meio, eletrônico ou mecânico, inclusive fotocópias, gravações ou sistema de armazenamento em banco de dados, sem permissão por escrito, exceto nos casos de trechos curtos citados em resenhas críticas ou artigos de revistas.

O primeiro número à esquerda indica a edição, ou reedição, desta obra. A primeira dezena
à direita indica o ano em que esta edição, ou reedição, foi publicada.

Edição	Ano
1-2-3-4-5-6-7-8-9	00-01-02-03-04-05

Direitos de tradução para a língua portuguesa
adquiridos com exclusividade pela
EDITORA PENSAMENTO LTDA.
Rua Dr. Mário Vicente, 374 — 04270-000 — São Paulo, SP
Fone: 272-1399 — Fax: 272-4770
E-mail: pensamento@cultrix.com.br
http://www.pensamento-cultrix.com.br
que se reserva a propriedade literária desta tradução.

Impresso em nossas oficinas gráficas.

A alma dos homens assemelha-se à água.
Ela vem do céu,
Ao céu ela sobe
Tendo de voltar à Terra
Numa troca constante...

J. W. von Goethe

Estou só! Estou tão só!
Sozinho percorro a solidão cósmica.
Vejam, eu abro a porta do céu
E envio nascimentos à Terra.
Eu sou o ontem, o hoje e o amanhã.
Em meus numerosos nascimentos
Sou a alma divina e misteriosa,
Que outrora criou os deuses
E cuja essência alimenta as divindades do Céu.
Eu sou o hoje das incontáveis gerações.
Eu mesmo me formei.
Protejo minhas formas escondidas em mim.
Eu sou aquele que ninguém conhece,
Eu sou o que não se move.
Na minha mão descansa o destino do presente,
Sou eu quem contempla os milhões de anos...

Livro Egípcio dos Mortos

Desde que comemos da Árvore do Conhecimento,
O Paraíso está fechado e o querubim está atrás
de nós. Temos de fazer a viagem ao redor do mundo
e ver se em algum lugar, lá atrás,
ele tornou a se abrir.

H. von Kleist
Sobre o teatro de marionetes

Sumário

Introdução	9
I. Vivemos para aprender a amar	27
Os passos de desenvolvimento da alma	29
Sobre como o corpo é precioso	36
As quatro leis da vivacidade	40
A transitoriedade do plano terreno: doença, velhice, morte	47
II. Espiritualidade e sexualidade	71
Energia sexual e desenvolvimento anímico	76
Sexualidade e relacionamentos	77
Homossexualidade masculina e feminina	84
A humanização da alma: concepção, gravidez e nascimento	93
III. Problemas terrenos a partir da visão superior	101
Sem guerra não há paz — sem paz não há guerra	103
A ideologia da paz e da violência	106
Temos de ser uma unidade e uma dualidade	113
Todas as pessoas são "solteiras"	116
O dinheiro libera espaço espiritual	119
A sabedoria da transformação: menopausa, tecnologia genética e transformação do meio ambiente	120
Um orgasmo da Terra	134

IV. O significado da vida	137
Planejamento espiritual e livre-arbítrio	139
A consciência dos homens — a consciência da alma	145
Um tempo para o corpo e um tempo para a alma	148
As almas maduras e as almas antigas na nossa sociedade	151
Sem karma não existe amor	157
V. Determinação do sentido pela família de almas	163
Contatos com a família de almas	166
Família de almas e missão pessoal de vida	171
Irmãos de alma	196
Gêmeos biológicos e anímicos	201
Equipe de almas no exemplo de uma grande cozinha	216
VI. Religião — a religação espiritual	221
Anjos — administradores das energias cósmicas	223
O milagre do dia de Pentecostes	229
Símbolos de culto, xamanismo e possessão	238
Comunidades religiosas, igrejas e seitas	249
Mestres, professores e mensageiros do cosmos	260
A espiritualidade pessoal: saudade, sensibilidade e crises	269
Santidade, divindade, oração e meditação	278
Verdade interior e perfeição humana	297
Glossário	303

Introdução

Queridas leitoras, queridos leitores:

Com este terceiro livro de mensagens recebidas em estado de transe, na série *Mensagens do Mundo Causal*, e segundo nos atestam inúmeras cartas, mais uma vez apresentamos mensagens que consolam e oferecem percepção intuitiva para as almas mais antigas como apenas uma entidade transpessoal pode fazer, nunca porém um ser humano.

A capacidade mediúnica de transe de Varda sempre volta a me comover e a causar espanto. Há cinco anos trabalhamos regularmente com a "fonte" e, durante esse tempo, adquirimos certa intimidade ao lidar com essa camada do "divino", ou como a "fonte" prefere dizer, com o Todo. Pode-se dizer que ela se tornou parte do nosso cotidiano, sem que perdesse a qualidade de extraordinária e, em última análise, de incompreensível.

Em nosso primeiro livro, *Mundos da Alma*, pela primeira vez apresentamos com a ajuda das mensagens um mapa espiritual do âmbito dos três mundos. Poderíamos defini-los em seu sentido real como âmbitos da alma e da família anímica no corpo, no mundo astral e no mundo causal. A "fonte" foi apresentada como uma família de almas novamente unidas no plano causal, composta de essências anímicas de sábios e eruditos e que, por isso, fala de si mesma como "nós". Todas elas encerraram há algum tempo o ciclo de encarnação neste planeta e, apesar do seu estado atual incorpóreo e isento de medo, ainda se recordam bastante bem do nosso estado de ser, a ponto de conseguirem colocar-se em nossa situação e nos ajudar. É desejo delas ajudar, porque assim continuam a se desenvolver garantindo o retorno às camadas mais elevadas do Todo.

No segundo livro que segue, *Arquétipos da Alma*, descrevemos a estrutura mais precisa da alma encarnada, como a pudemos examinar de forma marcante em centenas de participantes dos nossos cursos, constatando que é verdadeira. Essa comprovação por meio da análise da realidade humana compreensível teve enorme significado para o nosso trabalho. Por um lado, não quisemos apresentar mais uma teoria de certa forma plausível, talvez até dotada de um brilho inatacável de santidade e de sublimidade acima de críticas. Isso não atenderia a pretensão correspondente à nossa idade anímica. E, por outro lado, nessas mensagens por certo há âmbitos que — ao menos no momento — escapam à análise do ser humano, mas que se tornam fidedignos pelo fato de organizarem inter-relacionamentos que podem ser analisados e pelo fato de a "fonte" ter provado que é digna de toda a nossa confiança.

Como surgiram os textos?

Neste livro divulgamos uma coleção de mensagens recebidas em estado de transe, o que ocorreu nas mais diversas situações. Até poucos anos atrás nós recebíamos mensagens relativas a problemas pessoais, o que nos possibilitou conhecer e experimentar um amplo espectro de facetas do ser humano; vimos como nossos mestres e amigos do mundo causal lidam com esses problemas. Foi um período de aprendizado intenso para nós dois, pois nos ofereceu uma visão totalmente nova do mundo.

A primeira série de mensagens trata de questões tão antigas quanto a própria humanidade: fala sobre gravidez, nascimento, morte, sexualidade, sobre ficar só e sobre a vida nos relacionamentos. Em nossos relatos alteramos os depoimentos das pessoas vivas o suficiente para que não fossem reconhecidas, sem alterar o sentido do original.

Uma segunda série de mensagens surgiu em nossos seminários ou palestras abertas ao público e responde a perguntas de natureza geral, formuladas pelos participantes e escolhidas pelo grupo. Como exemplo, destacamos: "Qual o sentido da guerra da Iugoslávia?" ou "A tecnologia genética é nociva?"

Uma terceira série de mensagens surgiu por estímulo direto da "fonte", como o texto sobre "as quatro leis da vivacidade" ou "a necessidade de ser unidade e dualidade". Ocasionalmente, a "fonte" aborda temas de sua escolha, provavelmente quando tem a impressão de que precisamos saber algo que ainda desconhecemos.

Uma outra série de mensagens (capítulo V) é resultado dos nossos cursos sobre as famílias de almas, isto é, trata-se de mensagens para pessoas que ficaram conhecendo sua estrutura anímica (matriz) em dois cursos introdutórios e que estão prontas a descobrir algo sobre a composição e a determinação de missões de sua família totalmente pessoal de almas.

E, finalmente, há perguntas que eu mesmo quis fazer e cujas respostas eram muito importantes para a continuação do nosso trabalho. Varda raramente faz perguntas à "fonte" e quando o faz elas são de natureza muito particular. Nesse caso é raro que ela ouça as respostas muito pessoais proferidas por uma entidade imaterial através de seus próprios lábios.

Para o nosso trabalho é muito importante o fato de sermos uma dupla. Como médium, Varda tem uma grande capacidade feminina de receber mensagens, porém mostra pouco interesse em fazer alguma pergunta abstrata. Meu anseio bem mais masculino de saber, de entender e de estruturar é necessário para que a capacidade dela seja usada da melhor forma possível. Sentimos com nitidez cada vez maior que nosso trabalho, ao contrário do que fazíamos de início, não deve se restringir à ajuda a pessoas isoladas, porém quer e deve atingir uma comunidade maior com suas mensagens essenciais.

Com o passar do tempo pudemos constatar que a "fonte" nos deu um sistema coerente em si mesmo de uma visão e descrição do mundo, principalmente do mundo invisível. Com uma freqüência cada vez maior ela vem fazendo uma distinção entre os termos *Wirklichkeit* (realidade concreta), que define como o mundo ao qual temos acesso através dos nossos sentidos, o mundo palpável, audível, "objetivo", ou seja, o meio ambiente até aqui mensurável, e *Realität* (realidade abstrata ou espiritual), o mundo que transcende o mundo físico, mundo do qual viemos e para onde devemos retornar e que só é perceptível subjetivamente em nosso caminho de interiorização. O fato de alguém aceitar esse mundo como real depende, portanto, do fato de tê-lo vivido como real através da experiência, que aumenta naturalmente à medida que envelhecemos.

O conceito de *idade da alma* é de significado geral e pressupõe-se o seu conhecimento para a compreensão dos outros conceitos. Análises estatísticas mostram que uma parte considerável da população acredita numa vida após a morte e talvez anterior à existência física. Com a "fonte" damos um decisivo passo à frente. Se existem essas vidas passadas e futuras, então elas também têm um sentido e uma estrutura. O sentido, isso é certo, está no desenvolvimento da alma segundo leis passíveis de serem descritas. Abordaremos o que é essencial na mensagem sobre os passos do desenvolvimento.

Já em nosso livro *Arquétipos da Alma* foram apresentados os cinco ciclos anímicos: *alma recém-nascida, alma infantil, alma jovem, alma madura e alma antiga*. Cada um desses cinco ciclos se compõe de sete etapas que podem ser descritas, e cada etapa — portanto, ao todo trinta e cinco — é caracterizada pela missão de desenvolvimento. Cada missão de desenvolvimento exige de uma a quatro vidas e a alma só pode fazer a passagem para a etapa seguinte quando tiver encerrado a presente missão de aprendizado num sentido bem prático. Considero isso um fato parcialmente observável e passível de comprovação, pois pudemos comprovar, pelo exemplo de muitas pessoas, que ao conhecimento da própria missão de desenvolvimento pode estar ligada uma experiência esclarecedora e profundamente tocante.

O fato de podermos divulgar neste livro as missões de desenvolvimento de almas maduras e antigas me deixa muito feliz. Elas descrevem em sentenças bem curtas, porém muito intensas, o caminho que a alma percorre durante os cerca de dois mil últimos anos do seu ciclo de encarnação. No fundo, este é um fato bastante estranho e quase incompreensível: quando mencionamos essas missões de desenvolvimento aos grupos, constatamos que as pessoas sofrem um impacto e se sentem profundamente comovidas. Transmitir essas mensagens foi especialmente cansativo para Varda. Nós nos limitamos às tarefas de desenvolvimento das almas maduras e antigas porque só essas almas buscam nossos cursos: assim, é sobre esse âmbito do desenvolvimento humano que se concentra nossa experiência. Como divulgamos a idade da alma, podemos dizer: nossos cursos são visitados por almas cuja idade vai do terceiro estágio de alma madura até o terceiro estágio de alma antiga. Nós dois, pessoalmente, estamos na terceira etapa da alma antiga e a missão de desenvolvimento dessa etapa é: *a observação interior minuciosa ligada a um resultado exterior ativo*. É exatamente o que estamos fazendo ao escrever este livro.

No mais, parece-me que a aceitação crescente da hipótese da existência de muitas vidas levará a uma profunda *mudança de paradigmas*. Uso conscientemente o termo "hipótese" e, segundo creio, a idéia de que só existe uma vida no corpo também não passa de uma hipótese com a qual estamos culturalmente acostumados e que, por essa razão, durante longo tempo, de forma irrefletida e sem fundamento ocupou uma posição de destaque. Se não temos acesso à verdade no sentido absoluto, entre essas duas hipóteses me parece apropriado escolher a que oferece maior valor de esclarecimento da realidade interior e exterior e que, é bom enfatizar, leva os seres humanos a uma capacidade mais profunda de amar a si mesmos e aos outros. No sentido acima esclarecido, a hipótese da idade da alma parece atender essas exigências.

Em vez de começar uma discussão teórica prolongada, apresento dois exemplos simples. Nossa sociedade atual parte naturalmente do fato de que, para todas as outras sociedades deste planeta, a melhor e única verdadeira forma de convivência é a democracia parlamentarista. Nesse sentido a democracia implica uma capacidade relativamente grande de cada indivíduo assumir responsabilidades. No entanto, essa capacidade depende da idade da alma. Então é significativo ou desejável exigir algo que para muitos representa um esforço demasiado? Até há pouco tempo isso não era possível na maioria dos países da Europa. Por meio dessa hipótese de muitas vidas as pessoas idosas podem, antes de mais nada, sentir-se livres da idéia assustadora de que esta vida é tudo o que existe e que depois dela só resta o céu ou o inferno. A experiência da alma continua num corpo diferente a cada vez; ela tem um sentido, e é controlada pela própria alma dentro de um enquadramento predeterminado. Ela tem um fim e pode ser descrita como um caminho para o amor e a volta ao Todo.

Os textos são parte de uma "revelação divina"

Ao escrever este prefácio busquei um conceito fundamental que pudesse caracterizar nosso texto: finalmente cheguei a "revelação divina". Esse me parece ser o único termo cabível para explicar o essencial desses textos. Isto carece de uma explicação. A enciclopédia Brockhaus (edição de 1971) define "revelação divina" como segue:

"O desvendar atribuído a Deus de uma realidade religiosa, que em essência está oculta. A revelação também é interpretada como um acontecimento religioso, e experimentada como a manifestação de um ensinamento (sobre o ser, a atuação e a vontade de Deus) [...] Um dos temas mais importantes da filosofia da religião cristã é a relação entre revelação e juízo [...] Deus se manifesta diretamente na criação de todos os seres humanos; no entanto Ele o faz indiretamente através de sua palavra, às pessoas escolhidas..."

Nesta situação são abordados problemas essenciais de nosso trabalho. Seja como for, vemos essas mensagens tradicionais — sem desejar avaliá-las — sob nova luz. A seguir quero explicar, segundo nossa percepção, alguns importantes conceitos citados acima. Esses conceitos são: 1.*"Deus"*, 2. *"a realidade oculta"*, 3. *"a manifestação de um ensinamento"*, 4. *"razão e revelação divina"* e 5. *"pessoas escolhidas"*.

1. DEUS

A "fonte" ensina e a experiência mostra que a idéia que uma pessoa e uma cultura têm de Deus depende essencialmente da idade de sua alma. A alma recém-nascida sente-se bem com religiões animistas, a alma infantil sente-se bem com muitos deuses, cada um dos quais é responsável por um âmbito determinado da vida — na religião cristã os santos assumem essa função —, a alma jovem prefere, segundo sua estrutura interior, um deus estritamente monoteísta, como é personificado talvez em sua forma mais pura no Islamismo. Almas maduras e antigas desenvolvem idéias mais e mais individuais e abstratas nesse âmbito. As grandes religiões, todavia — talvez à exceção do Islamismo —, fazem ofertas a diversas idades de alma com sua prática da crença concreta, a fim de assegurar-se um amplo efeito. A igreja católica, por exemplo, na Europa e na América do Norte começa a sentir cada vez mais a pressão das avaliações de almas maduras; sua direção deixa perceber nitidamente — ao menos no momento — que deseja se prender à idéia das almas jovens.

A idéia de Deus que predomina numa sociedade será sempre determinada de forma extremamente democrática pela maioria, mais exatamente pela idade anímica da maioria. Isso acontece porque a alma de cada indivíduo automaticamente desdobrou sua força na comunidade. A Alemanha tem cerca de 5% de almas jovens e 30% de almas maduras. Essa combinação determina nosso clima cultural. Almas jovens na primeira etapa tendem a posturas fundamentalistas. Almas na sexta e sétima etapas do ciclo de almas jovens acreditam de tal forma que chegaram ao objetivo, que tentam negar o papel de uma instância hierarquicamente superior e praticam o agnosticismo. Apenas as almas maduras voltam-se outra vez para um conceito diferenciado de Deus, mais amoroso e menos personalizado. Este não é o momento de explicar isso em detalhes. Indico o capítulo correspondente no livro *Arquétipos da Alma*.

Quando essas afirmações fazem valer a hipótese da realidade e da realidade transcendental, subitamente fica claro por que em nossa sociedade determinados posicionamentos — talvez a respeito da igreja estabelecida — predominam e que tipo de discussões — por exemplo, questões do meio ambiente — são típicas entre nós. Segundo essa hipótese, portanto, não há uma idéia correta de Deus, mas uma idéia que corresponde à idade da alma naquele momento. Um exemplo disso: uma criança de três anos de idade acredita em Papai Noel. A maioria de nós compreenderia o fato e estaria de acordo com isso. Mas se uma pessoa de trinta anos acredita piamente em Papai Noel, nós nos perguntamos o que está acontecendo com ela. Portanto, seria irracional discutir se existe ou não Papai Noel. Segundo nossa experiência de vida, para uma criança de três anos o Papai Noel é uma investidura simbólica significativa para aquilo que os adultos entendem abstratamente como a festa do amor. Trata-se, portanto, de uma idéia apropriada para determinada fase de desenvolvimento. E seria de fato uma falta de caridade querer eliminar a idéia "falsa" da criança com argumentos lógicos.

Outro ponto importante está claro aqui. Apenas as almas maduras e antigas estão prontas a tornar relativa a idéia de Deus. A "fonte" define madura como a capacidade de manter distância de si mesma. A alma jovem é não apenas jovem como parece um pouco ingênua para as almas mais idosas, visto que a falta de distanciamento de si mesma — e com ela muitas vezes uma forte, embora importuna, severidade — está associada a esse estágio de desenvolvimento.

Quero chamar especial atenção aqui para o fato de nenhum desses estágios de desenvolvimento ser melhor do que qualquer outro. Todos os seres humanos passam por todas as etapas, alguns simplesmente começaram a percorrer o caminho mais cedo. Voltando outra vez à nossa analogia: a criança de três anos não vale mais ou menos como pessoa do que o homem de trinta; seja como for, suas capacidades e interesses são muito diferentes. Compreender, reconhecer e transformar isso em ação é um ato de amor.

Essas considerações eram necessárias para podermos nos aproximar com suficiente exatidão do conceito de "Deus". É muito importante compreender que coletivamente, durante vários séculos, suportamos a idéia típica de alma jovem sobre o Todo, e isso tem sua razão de ser, visto que há alguns anos o número de almas maduras passou a ter tanto peso que se pode depreender daí um adiamento histórico. Modificações históricas decisivas parecem ter sua causa essencial na modificação da idade anímica coletiva.

Poder-se-ia dizer, portanto, que coletivamente estamos nos dirigindo para uma imagem mais madura do divino. Esta não pode ser nem será definitiva ou verdadeira no sentido absoluto, porém adequada para o nosso estádio de desenvolvimento. E o número ainda muito grande de almas jovens achará que isso gera insegurança e uma sensação de inexistência de Deus. Para tanto, elas têm seus bons motivos.

Na mensagem "Existe um Deus pessoal?" são apresentadas sugestões do que seria uma idéia bem madura de Deus. Caso tivesse de formular essa idéia para mim mesmo, eu falaria de preferência de uma apresentação em etapas — não de todo diferente da apresentação dos novos platônicos. O Todo pode ser compreendido como uma disposição em camadas de vibrações de intensidades diversas e diferentes qualidades de energia. Nós mesmos somos parte disso, e o plano causal ao qual pertence a "fonte" é um plano superior de vibração e, portanto, dispõe perceptível e compreensivelmente de mais amor e de um maior entendimento. Mais acima há camadas das quais o mundo causal tem uma vaga idéia (veja a mensagem sobre os anjos no conceito da "fonte"). É importante compreender que no modelo das camadas trata-se de uma apresentação humana que não permite uma aproximação adequada do elevado, que, em última análise, foge a nossa compreensão. Assim, a "fonte" não se cansa de enfatizar que não é nada melhor do que nós e que nossa necessidade de desejar entender as coisas como sendo hierarquicamente organizadas, é tanto um fator do nosso modo de percepção como uma imagem da realidade.

O que os homens descrevem e sentem como contato com o divino, mostra-se mais precisamente como um contato com a própria alma, com a família de almas e com o mundo causal. O fato causa certa desilusão, tal como nos sentimos desiludidos quando constatamos que nossos pais, que durante muito tempo vimos como pessoas muito poderosas, são seres humanos que cometem erros e sentem medo; mas também recebemos algo de concreto. Naturalmente, isso tudo só vale para mim. Deste modo de ver segue que o ser humano só pode ter contato pessoal com etapas do Todo que estão suficientemente próximas para serem comparadas. Esses contatos são também muito reais. Mesmo não sendo um contato com Deus em sua forma de apresentação abrangente e impressionante, pode ser profundo e verdadeiro. Na apresentação humana de Deus, ele é tão gigantesco, tão infinito que o homem tem de sentir-se pequeno e insignificante diante "Dele". Um contato com Ele, portanto, tem de ser algo de sobrenatural, uma espécie de mania de grandeza. Isso dificulta o contato real possível com a alma, a família de almas e com o plano causal; trata-se de contato real, não da admiração distanciadora e subjugadora e dos sentimentos de insignificância. E isso significa maturidade.

Oferecemos alguns exemplos concretos de contatos com a família anímica, que acontecem, por exemplo, nos sonhos. Também oferecemos algo sobre o evento de Pentecostes e o fenômeno do xamanismo que podem ser entendidos de maneira nova e, segundo nossa opinião, de modo mais profundo com a ajuda dos ensinamentos da "fonte". Portanto, não temos nenhum interesse em querer negar a experiência religiosa; nossa necessidade é muito mais a de entendê-la da forma mais nova, profunda e madura. Certa vez a "fonte" disse que muitas pessoas na cultura ocidental chegaram a um ponto de desenvolvimento espiritual em que as verdades disfarçadas já não lhes bastam. O ser humano com certeza sempre precisará de formas de representação; existe, no entanto, uma diferença entre ele identificar o plano causal como uma experiência interior e conseguir manter com ele um contato emocional relativamente isento de medo, e ele criar para si mesmo uma imagem que mostre um pai de barbas, que castiga e recompensa, ao qual ele tem de atribuir parte das responsabilidades que seriam suas, porque assim o exige o seu estado de desenvolvimento.

Não quero que me compreendam mal. Não quero dar a entender que vou tentar resolver em poucas palavras uma das temáticas mais antigas da humanidade. Vou tentar — tão bem quanto me for possível no momento — dar uma visão geral dos inter-relacionamentos que até hoje estavam ocultos e creio ter compreendido. Essa introdução pretende ser uma ajuda. Em última análise, a beleza, a clareza e a verdade dos textos falarão por si mesmas.

2. A REALIDADE OCULTA

Baseando-me na matriz, acho que o tema da realidade oculta é um dos que mais impressiona. Usamos o conceito de matriz com dois significados. Por um lado, trata-se da matriz pessoal do ser humano — isto é, da estrutura de sua alma nesta vida, estrutura composta das energias básicas apresentadas de forma abrangente no livro *Arquétipos da Alma* —, destinada a possibilitar o passo seguinte de desenvolvimento. Matriz, no sentido generalizado, designa o conteúdo e a estrutura de todos os arquétipos, tal como são apresentados em nosso livro. No caso da matriz em sentido generalizado, trata-se dos sete planos anímicos com as sete possíveis possibilidades de escolha. Em primeiro lugar, quero apresentar aqui o plano mais importante porque — ao contrário do que acontece com os outros arquétipos — ele continua sempre o mesmo em todas as encarnações, sendo assim o cerne da identidade da alma. Às vezes também o definimos resumidamente como "essência". As sete essências são as seguintes: agente de cura (nos livros anteriores foi apresentado como auxiliador), artista, guerreiro, erudito, sábio, sacerdote e rei. Não se trata de designações de profissões ou de *status* social, mas de conceitos emocionais e intelectuais que podem ser observados e representam uma energia básica que, na verdade, apenas "existe", embora não tenha nenhum nome no sentido humano da palavra.

De forma puramente mental não posso dizer como é duradoura e eficaz a experiência das pessoas em nossos grupos, assim que elas começam a tomar conhecimento das suas essências. Só posso me basear na observação. Espontaneamente surge um efeito que se realiza simplesmente pelo fato de cada vez mais episódios do passado virem à tona no momento, devido à auto-observação: neles se revela essa verdade básica simples, mas de alcance profundo da existência, e não só no pólo positivo do amor como no pólo negativo do medo.

Passemos a um exemplo: em seu papel anímico essencial, o sábio se ocupa sobretudo da comunicação. Nos grupos um fato sempre chama minha atenção: os sábios não conseguem simplesmente fazer uma comunicação, primeiro eles têm de chamar a atenção sobre si mesmos com uma observação engraçada — todos riem e se descontraem —, e então ele faz uma observação "sábia", talvez um breve resumo do problema em pauta na ocasião.

O sábio (como exemplo concreto, talvez Peter Ustinov) não pode agir de outra forma — ele é expressivo. Ele coleciona sentenças inteligentes pelas quais zela como se fossem um tesouro e as transmite aos outros. No pólo negativo — isto é, quando fica com medo de que ninguém queira ouvir o que tem a dizer — ele se torna desagradavelmente loquaz, procura uma "vítima" à qual possa contar alguma coisa e da qual não larga mais.

Alguém que tenha ouvido dizer de si que é um sábio, passará a notar essas características em si mesmo com maior freqüência, pois a matriz chama sua atenção nessa direção. Surge, então, um efeito espontâneo curativo e autocontrolado que, no fundo, se baseia na autopercepção precisa e não na censura ou estimulação exterior.

Uma outra camada da matriz é a *característica principal do medo*. Como parte do seu padrão anímico, toda pessoa tem de se fixar em um dos sete medos básicos. Sem dúvida em contraposição ao amor, o medo tem a tendência de atuar de forma indireta, isto é, se evidencia através de uma característica principal exterior. Um exemplo: Uma pessoa que constantemente coloca a si mesma e aos outros sob pressão porque mais uma vez não obteve o que lhe cabe, pode ter a característica principal da avidez. O medo oculto por trás dessa característica pode ser descrito como o ameaçador sentimento de ter de sofrer a falta de alguma coisa. Esse sentimento se fixou por causa de determinada experiência na infância e só no decurso da vida — se isso acontecer — torna-se consciente. Nesse sentido, a pessoa ávida tem uma sensação irritante de vergonha em virtude dos próprios impulsos de cobiça; a forma reprimida desse medo faz com que a pessoa finja não precisar de nada; portanto, sem desejá-lo conscientemente, a pessoa se engana manifestando essa falta de necessidade ascética, embora tenha a tendência de censurar aquelas pessoas que permitem algo a si mesmas. Observamos mais uma vez que até mesmo terapeutas conseguem um novo acesso a si mesmos quando conhecem sua característica principal. A bem da integridade, enumeramos as demais características principais: negação de si mesmo, auto-sabotagem, impaciência, martírio, obstinação e orgulho.

Na terceira camada da matriz o tema se refere aos *sete objetivos de desenvolvimento*, dos quais a alma tem de escolher um novo para cada nova encarnação. Esses objetivos são: aceitar ou recusar, acelerar e retardar, dominar e subordinar, e estagnar. Explicar esses objetivos aqui nos levaria muito longe, mas quero enfatizar que seis desses objetivos estão nitidamente relacionados como pares. Esse princípio de dualidade vale para a matriz como um todo, e será abordado mais adiante.

À matriz ainda pertencem as camadas do *modo de ação*, da *mentalidade*, do *padrão reativo* (os dois centros dominantes do corpo) e a camada da *idade da alma* (veja Glossário).

Fica patente que na realidade não-cognoscível uma totalidade visivelmente se divide em sete aspectos parciais automática e regularmente. A "fonte" nos assegurou que também o mundo causal e as camadas mais abrangentes da realidade demonstram ter uma estrutura sétupla. Por exemplo, os sete tipos de "anjos" (no sentido definido pela "fonte", que contradiz a concepção corrente). As sete energias básicas que sempre designamos com números para tornar claro que elas têm uma validade que transcende a essência, o medo básico ou o objetivo de desenvolvimento, expressando uma verdade muito profunda sobre a realidade, da qual podemos nos aproximar através da análise concreta da estrutura da alma, na medida em que ela é possível ao ser humano. A análise da alma vai se tornar, assim, a medida para a análise de outras dimensões do Todo. Existe um ponto em que as palavras não fazem mais sentido.

Por que menciono tudo isso ao falar sobre a "realidade oculta"? Pelo fato de não conseguir entender por que uma verdade tão fundamental sobre nós humanos ficou escondida por tanto tempo. Por não conseguir entender por que algo tão simples, tão claro e tão visivelmente verdadeiro não tenha chamado a atenção das pessoas. Foi necessária a ajuda de energias transpessoais para desvelar essa verdade importante sobre a alma humana. Por certo nós, seres humanos, não estávamos em condições de fazer isso por nós mesmos. Uma realidade oculta, no sentido de uma realidade invisível que nos liga ao Todo, foi revelada.

3. A MANIFESTAÇÃO DE UM ENSINAMENTO

A estrutura da alma que acabamos de revelar é a *manifestação de um ensinamento*, isto é, não se trata de fragmentos isolados sobre isto e aquilo, de qualquer fragmento de mensagens sobre um ou outro assunto, talvez bastante esclarecedor. Pelo contrário, é desvelada uma estrutura da realidade da alma com uma precisão de tirar o fôlego: ela demonstra uma clareza interior que só está presente na matemática e no campo das ciências naturais. Até onde pudemos ver, pela primeira vez na história da humanidade é possível descrever com tal exatidão a estrutura da alma de determinado indivíduo, de modo acessível, de forma profunda e adequada. A matriz estimula a nossa observação da capacidade de amar de cada ser humano, primeiro a si mesmo e depois aos outros, pois a matriz explica perfeitamente que cada pessoa é diferente das outras, explica como e por que a escolha da matriz é feita por bons motivos, pois isso tinha de ser assim e está bem como está. A única ressonância perceptível com a matriz que encontramos na história — sem mencionar os sete raios de Alice Bailey, de difícil compreensão — é o sistema hindu de castas, o qual mostra uma disposição em camadas sociais que correspondem às partes da essência. Aqui, sem dúvida, uma realidade do tipo espiritual já revelada naquela época foi interpretada como uma realidade biológico-social, visto que seu sentido original não era mais entendido ou desejado.

A matriz é apenas o cerne do ensinamento. O leitor encontrará os demais aspectos, em grande medida, neste livro, devendo tirar suas próprias conclusões. No entanto, a "fonte" acha ainda mais importante o ensinamento sobre a família de almas. Cada um de nós, seres humanos, tem uma alma, contudo cada alma é apenas um fragmento de um todo maior, ou seja, da *família anímica*. Por sua vez, essa família tem uma estrutura exata, cuja explicação nos levaria longe demais aqui. Mas sobre ela dizemos o seguinte: uma família se compõe de cerca de mil almas individuais fragmentadas. Cada família contém almas que representam de duas a quatro das acima mencionadas essências. Cada família escolhe para todas as encarnações — e isso demora, apenas para dar um indício bem grosseiro, cerca de dez mil anos — uma missão comum, que cada pessoa em cada idade cumpre a sua maneira. Essas missões — no momento esta é a minha impressão — são os pressupostos anímicos para o desenvolvimento daquilo a que chamamos de cultura ou civilização.

Mas, o que é mais importante: ninguém está verdadeiramente só, seja qual for sua situação. O contato com sua família de almas sempre pode ser restabelecido e, na maioria das vezes, a família participa de sua vida, dando consolo ou conselhos através dos sonhos. Alguns exemplos concretos serão apresentados no quinto capítulo deste livro e explicados pela "fonte". Estamos preparando um livro sobre a família de almas e a sua publicação não deve tardar.

Um último aspecto do ensinamento que deve ser divulgado aqui são as três leis da realidade: as leis da *pulsação*, da *polaridade* e da *dualidade*. Tudo o que é matéria pulsa, desde o átomo até a galáxia, em diferentes formas e ritmos. Nosso coração pulsa exatamente como nossos pulmões e quando não temos mais pulso, estamos mortos. Mas também o coletivo está sujeito a essas leis. Na época de Hitler os estrangeiros eram odiados, assassinados ou expulsos; atualmente — num movimento coletivo contrário —, os estrangeiros são especialmente respeitados. No tempo de Hitler, a guerra era um instrumento de auto-afirmação e de valorização pessoal. Hoje, esse instrumento é a paz.

Por polaridade a "fonte" entende a pulsação de energia num determinado campo entre os pólos do *amor* (vibração mais elevada, amplidão) e do *medo* (vibração inferior, limitação). Cada arquétipo tem dois pólos, e cada ser humano pode observar em si mesmo a pulsação entre os âmbitos da polaridade. Um exemplo: o objetivo de desenvolvimento *aceitar* tem no pólo positivo do amor uma irradiação bondosa, calorosa e simpática que é sentida como muito agradável. Mas essa pessoa sempre se verá envolvida em situações em que externamente diz sim, mas interiormente não consegue se decidir. Ela gostaria de aceitar, mas não consegue. Então sua irradiação é de amabilidade temerosa e de uma desagradável gentileza que, em geral, é registrada com mal-estar.

A "fonte" se esforça visivelmente em nos explicar a lei da *dualidade*. Essa lei diz respeito a tudo o que toma forma física. Quando a alma humana quer encarnar, ela não pode simplesmente tornar-se um ser humano, ela tem de decidir se quer ser um homem ou uma mulher, considerando em que corpo ela conseguirá concretizar mais depressa as possibilidades de desenvolvimento.

Ou para falarmos de um campo inteiramente diferente: os físicos observaram que a luz se comporta como uma onda e fisicamente pode ser descrita desta maneira. Mas, por outro lado, a luz é composta de pequenos corpos, os corpúsculos, que em seu comportamento podem ser descritos de outra maneira, não como ondas. Então, o que é a luz: corpúsculos ou onda? Essa pergunta está, na verdade, mal formulada. (Poderíamos perguntar da mesma maneira: O que é um ser humano, homem ou mulher?) Hoje se sabe que ambas as respostas estão certas, portanto, falamos da natureza dual da luz.

Essa lei da dualidade tem efeitos amplos que, no momento, podemos intuir de forma vaga. Portanto, vivemos atualmente numa sociedade que com certa ingenuidade tenta sempre, mais uma vez, assegurar magicamente que podemos alcançar a paz eterna — basta que tenhamos boa vontade. A lei da dualidade, no entanto, fará com que — quer convenha, quer não — a violência sempre torne a aparecer, num momento como algo essencial, em outro como uma ação de compensação. Mal ligamos a televisão somos confrontados no minuto seguinte com alguma crueldade.

Certamente o homem sempre se ocupou com a dualidade. O filósofo Heráclito da Grécia antiga, que pensou bastante sobre a dualidade e sua anulação na unidade, tentou expressá-la de várias maneiras. "*Deus é dia-noite, inverno-verão, guerra-paz, saciedade-fome.*" Ou: "*Mar: a água limpa e ao mesmo tempo suja, que os peixes podem beber e lhes faz bem, mas que não é potável para os homens e lhes é mortal*" (citado de Kirk, *Die vorsokratischen Philosophen* [Os filósofos pré-socráticos]. Na *Ilíada*, Homero manifestou com tristeza que os homens viveriam melhor se não houvesse luta, principalmente entre os homens e os deuses. Já Heráclito diz que esse estado de não-luta se assemelha à morte e que tudo o que tem vida precisa lutar.

E no mais antigo evangelho que chegou até nós lemos: "*Eles perguntaram a Ele: Se formos pequenos, entraremos no reino? Jesus lhes disse: Se transformarem o dois em um, o interior e o exterior, o em cima e o embaixo, e tornarem o masculino e o feminino um único todo, para que o masculino não seja masculino e o feminino não seja feminino... então vocês entrarão no reino.*" (Evangelho de Tomé, 22, citado em Aland, *Synopsis Quattuor Evangeliorum.*) A superação da dualidade indica — como em Heráclito — um estado que transcende o corporal. Esse estado ao qual Jesus chamava "o reino de Deus" e que estava diretamente diante dele em sua última encarnação e, como último membro da sua família de almas no corpo, deve tê-lo enchido de pressentimentos profundos.

Nós ainda temos dificuldades para distinguir claramente a polaridade e a dualidade. Por um lado, é claro que a dualidade homem/mulher não pode ser descrita como uma polaridade no sentido de um pólo positivo amoroso e um pólo negativo repleto de medo. O homem não é essencialmente mais amoroso ou mais medroso do que a mulher e vice-versa, mesmo quando, por exemplo, o homem em sua dor e em sua raiva começa a ver o feminino como negativo, portanto tomando conhecimento de uma polaridade onde na verdade existe uma dualidade. Mas na guerra/paz dos casais isso não fica tão claro, porque essencialmente a guerra nos enche de medo. Com o tempo, provavelmente, poderemos esclarecer isso melhor, à medida que questionarmos a "fonte" com relação aos pontos adequados.

Em todo caso fica claro que muitos sistemas de pensamento têm a estrutura básica bem/mal. Bastam alguns exemplos: Agostinho, talvez um dos mais influentes padres da Igreja, escreveu, no final da Antigüidade e início do Cristianismo que se firmava, sobre a *Nação de Deus* e a *Nação deste mundo*, cujos efeitos sentimos até o presente. Entendo seu modo de ver como uma polarização da dualidade alma-corpo. *Marx* quis opor o capitalismo ao "bom" socialismo. Quanto mais brutalmente o "bem" é executado, mais forte se torna o "mal". Ou seja, o impulso para eliminar o medo provém do medo e só faz aumentá-lo. A história da humanidade está repleta dessas tentativas de eliminar o "mal" — seja qual for sua definição. Até agora isso não funcionou: a dualidade, a polaridade e a pulsação não podem ser eliminadas por ninguém. Mas é possível observar essas leis e aprender a compreendê-las em profundidade. Dependendo da idade da alma, podemos aprender a lidar com elas; em vez de lutar contra elas embora essa luta nunca leve à vitória, pode conduzir a uma experiência importante e significativa.

Há alguns anos falei com um professor norte-americano de física sobre a energia no âmbito espiritual. Fui rudemente rejeitado: "A energia é um conceito muito claro na Física e nada tem que ver com as almas. Por um lado pude compreender o homem, por outro o questionamento de qual poderia ser a ligação ficou me atormentando. Os conceitos de "pulsação", "polaridade" e "dualidade" por certo não apenas são muito significativos para um físico, como também essencialmente mais importantes, como se sabe hoje em dia; portanto, bem pode existir aqui uma ponte entre o mundo espiritual e a física moderna.

Isso tudo se refere aos aspectos da *doutrina*. Está claro que para nós ainda há muito a aprender e a entender. Sobre a *vivência religiosa*, que no dicionário de definições corre paralela à de *doutrina*, não quero me estender agora. Porém para mim é evidente a existência de uma vivência profunda: ela irradia das pessoas e, na verdade, não pode ser descrita; por outro lado, conforme a estrutura de sua matriz, as pessoas se sentem mais ou menos motivadas a comunicar essa vivência. O ensinamento da "fonte" pode oferecer ajuda significativa para a compreensão mútua e também para a organização das experiências (veja a mensagem sobre "O Divino"). Mas talvez muita coisa seja abordada de maneira que você desconhece ou conhece apenas superficialmente pela leitura das mensagens deste livro, principalmente quando os textos são lidos em voz alta. Cada pessoa poderá, ainda, abrir-se à energia do conteúdo transmitido, estabelecendo dessa maneira seu contato energético pessoal com a "fonte".

4. Razão e revelação divina

A nossa tradição cristã ocupou-se especialmente com a relação entre *razão* e *revelação divina*. Parece-me que o ensinamento da "fonte" pode satisfazer a razão em especial medida, visto que coloca à disposição estruturas muito específicas e claras e possibilita uma comprovação através da observação. Ao mesmo tempo, as dimensões além do juízo humano não são negadas. O limite do que no todo pode ser entendido e descrito como racional é ampliado na direção do "divino", e o contato com essa camada do divino é apresentado de forma tão concreta e, portanto, tão real e natural quanto possível. A "fonte" diz com clareza: adoração servil impede o contato; o amor o estabelece (veja mensagem sobre Sai Baba). Não preciso me fazer pequeno para me comunicar com minha alma, minha família de almas ou com o mundo causal. Ao contrário, para que um contato aconteça, basta eu me abrir para ele, pois essas instâncias sempre estão dispostas a comunicar-se. Isso nós percebemos pessoalmente, de forma concreta, pelo fato de a "fonte" estar disponível a qualquer hora do dia ou da noite: ela não dorme. E ela está disponível na Índia, bem como na América. Como seres limitados, nós nos tornamos problema quando começamos a estabelecer um paralelo e queremos estar sempre à disposição, tanto quanto possível. Então simplesmente ficamos doentes e temos de introduzir uma pausa para descanso. Esta foi uma experiência muito importante para nós. Trata-se, portanto, de compreender a própria limitação e aceitá-la, sem sentir-se inferiorizado por isso. Nossa limitação tem um sentido e uma função, da mesma forma que os têm a não-limitação de uma "fonte" do mundo causal. Queremos acrescentar também que um contato desse tipo contém algo de satisfatório, de tranqüilizante e de consolador, que temos necessidade desse contato e que deveríamos usá-lo mais freqüente e naturalmente — tanto no plano da comunicação intelectual e espiritual como no da comunhão emocional e extática. Poder contribuir para isso proporciona enorme prazer.

5. PESSOAS ESCOLHIDAS

Como autores estamos numa posição bastante singular, visto que nossos livros não são escritos por nós, mas por nosso intermédio. Nós estamos — como a "fonte" disse certa vez — no papel de mensageiros. Isso significa que basicamente tudo o que divulgamos são comunicações de uma terceira instância, que recebemos tão bem quanto possível e traduzimos, tornando-as disponíveis para um público maior.

Isto significa, por exemplo, que essas mensagens nem sempre representam nossa opinião pessoal como seres humanos, e que não vamos fingir que tudo o que nos comunicam é entendido por nós. Não queremos nos furtar à responsabilidade, mas pedimos ao leitor que perceba com clareza que nosso papel é o de transmissores, que nós mesmos travamos uma luta interior e exterior com esses textos e que também temos nossa opinião pessoal. Compreendemos muito bem quando nossos ouvintes e leitores querem formular uma opinião pessoal sobre esses textos; e eles têm mesmo de fazê-lo. Com o desenvolvimento deste trabalho, enxergamos cada vez melhor o que é de nossa responsabilidade e o que não é. Somos responsáveis pela transmissão correta, porém não somos responsáveis pelo conteúdo das mensagens.

A atividade que desenvolvemos aqui não é encarada como profissão. Não existe nenhuma "formação" para isso e nunca nos esforçamos conscientemente para obtê-la. Para nossa surpresa nos encontramos nesse papel de transmissores, que aceitamos e buscamos cumprir porque faz parte da missão de nossa alma e de nossa família anímica, que não conhecíamos conscientemente. Mas isso não quer dizer que tudo isso seja natural para nós. Trata-se muito mais de uma busca constante pelo que é apropriado ao nosso estádio de conhecimento. Estamos mais conscientes do que nunca das nossas limitações como seres humanos, mas vemos nossa missão com mais clareza do que antes.

A "fonte" prefere o conceito "combinação" para definir nosso trabalho conjunto. Cada um de nós oferece suas capacidades para o Todo, para que essas mensagens possam alcançar muitas pessoas. A "fonte" não se cansa de enfatizar que é bom que esse trabalho nos dê alegria e que não devemos trabalhar mais do que a nossa saúde possa suportar. Quer nos estimular, porém não quer nos sobrecarregar. A "fonte" é nossa mestra, mas também somos obrigados a dizer claramente quando algo é demasiado, quando nossas limitações foram talvez mal avaliadas por nós mesmos. Trata-se de um processo recíproco de aprendizado. Para ser bem claro: a eliminação de limites, necessária para que ocorram as transmissões, é fisicamente penosa. Isso se deve ao fato de o terceiro olho e o chakra da testa ficarem extremamente ativos e os restantes centros de energia do corpo necessariamente receberem menos energia. Isso enfraquece fisicamente, e todo médium experiente conhece este fenômeno.

"Escolhidos" — é um conceito difícil de explicar. Parece que somos especiais e queremos ser diferentes dos outros. Cheira a orgulho e a querer ser mais do que os outros. Também aqui — como em relação aos outros conceitos — quero me ater ao cerne básico, e tornar essa superioridade um pouco relativa. Nós nos julgamos normais por um lado, com nossos medos e problemas cotidianos. Por outro lado, seria arrogância de nossa parte e falta de modéstia fingir que realmente não temos algo especial a oferecer. Tentamos encontrar um caminho apropriado entre esses dois extremos. É um novo desafio que se coloca; também aqui convém sermos uma dupla para que um sempre possa fazer o outro voltar à terra quando se elevar demais. Uma árvore, para desenvolver galhos altos, precisa de raízes mais profundas. A lida com nossos medos e limitações é um pressuposto imprescindível para o contato bem-sucedido com as dimensões não-corpóreas. A dualidade e a polaridade devem ser levadas em conta e a sério, isto é, podemos e devemos cometer erros também.

Nestes dias venho pensando muito na história de Jonas, que descreve uma situação do ser humano, genuína e factível diante da missão percebida interiormente. Ele vê o impulso imperativo de se estabelecer no mercado de uma cidade estranha, visando dizer algo de importante a seus habitantes. Mas, ao mesmo tempo, deve ter sentido medo da reação das pessoas — desconhecidas —, bem como alimentado pensamentos voltados para a grande tentação de mostrar sua superioridade sobre elas. Seja como for, ele tentou fugir, ou seja, estrangular sua voz interior. Só que não dá para fazer isso. E o período que passou na barriga do peixe — para mim representa a luta com a voz interior — é um processo doloroso. Se conseguiu ou não salvar Nínive, é fato que não pôde comprovar, pois o mal profetizado não ocorreu. Talvez não tivesse acontecido mesmo sem a sua interferência. A "fonte" disse certa vez que nós teríamos mais facilidade do que muitos outros que vieram antes de nós, pois haveríamos de compreender o que transmitimos; eu acrescento, estou muito feliz de poder examinar concretamente a matriz e muitas outras informações. Caso contrário, o desgaste seria muito maior.

Em vez de "escolhido" prefiro dizer "selecionado" e isso é bom para os dois lados. As energias causais precisam de um parceiro humano para de algum modo alcançarem os seres humanos; e as almas humanas entram num diálogo espiritual com as energias causais à disposição, por causa de vantagens energéticas, como, por exemplo, uma vida anterior.

A missão de sua família anímica e a estrutura de sua matriz são apropriadas a determinado projeto e assim podem continuar significativamente o próprio desenvolvimento. Gosto de pensar que podemos ter uma vida como presidente dos Estados Unidos e na próxima sermos uma simples dona de casa. E talvez essa dona de casa leve seu desenvolvimento anímico para a frente de forma decisiva, de um modo que não lhe foi possível realizar como presidente. As pessoas sempre tentam enfatizar o que é felicidade ou o que se entende por uma vida com significado. Parece-me que a felicidade — não no sentido superficial de dependência — significa, com a ajuda de energias sábias, cumprir, também no corpo, o plano que a alma estabeleceu antes de encarnar. Pois este é o caminho direto de volta ao Todo e toca a mais profunda ânsia da alma.

Agradecimentos

Eis minha tentativa de dar uma introdução ao nosso livro. Varda acrescentou um breve prefixo para cada capítulo, o que servirá de ajuda para a compreensão do texto. Além disso, há também um glossário no final do livro, no qual os conceitos centrais do ensinamento são novamente explicitados. Gostaríamos de recomendar que a leitura das mensagens seja feita em voz alta, em ambiente adequado. Elas ganham, assim, nova força e intensidade e a "energia da fonte" se torna mais perceptível.

Queremos agradecer aos participantes dos nossos seminários que nos deram a possibilidade de ligar um quadro, antes teórico, a uma realidade humana concreta e, assim, estabeleceram para nós a sua validade.

Agradecemos a Melisande Fischer-Suder pelos seus impressionantes e coerentes quadros dos sete papéis essenciais da alma. O quadro de energia do rei tornou-se a capa do livro. Alegramo-nos especialmente por poder agradecer aqui a Marianne Howest, que com tanta dedicação e interesse passou todos os textos da fita para os disquetes.

Munique, agosto de 1995
Frank Schmolke

I. Vivemos para aprender a amar

Contemplados biologicamente, somos animais mamíferos com determinados padrões típicos de comportamento. Qual é a essência do ser humano? Qual o sentido da sua vida? A antiqüíssima pergunta sobre o que nos distingue dos outros seres vivos já é parte da resposta. Pois até onde sabemos, só o ser humano pode refletir sobre si mesmo e sobre a sua existência. Foi-nos dada uma capacidade de distanciamento que nos possibilita entender nossa cultura, religiões e conquistas tecnológicas, nossas línguas e costumes e também nossos atos como forma de expressão que nós mesmos criamos e pelos quais temos certa responsabilidade. Podemos fazer história e descrevê-la como tal. Considerando que podemos reconhecer a dimensão do tempo como base de nossa forma de vida, é possível tomarmos conhecimento do passado, do presente e do futuro como momentos distintos. Podemos falar sobre nossos sonhos, podemos expressar nossos sentimentos e influenciar as condições de nossa realidade no enquadramento do possível. Estamos, portanto, em condições de pensar. Os seres humanos estão conscientes principalmente de sua mortalidade e sofrem com isso. Será que isso acontece porque eles têm uma indelével certeza de sua verdadeira imortalidade?

Desde o início de sua história, o ser humano intui que está ligado a uma dimensão existencial de maneira especial — com uma alma imortal, individual, cujas necessidades são diferentes das de sua carne. Isto já era visível nas inscrições tumulares dos homens primitivos. Por certo podemos desconsiderar a idéia universal de que há formas de existência além da morte do corpo, como um supersticioso narcisismo coletivo. Ao que parece não conseguimos suportar simplesmente desaparecer sem dizer um ai, porque nos achamos muito importan-

tes. Contudo, excluindo a própria prole, foi a vontade de deixar sinais da nossa existência pessoal no mundo que deu origem às diversas civilizações. Sobrevivemos em nossas ações e sonhos realizados. Não conhecemos nenhuma cultura, nenhuma comunidade humana que tenha existido sem algum tipo de visão religiosa — incluindo as religiões alternativas. O ser humano não vive apenas de pão!

Portanto, a dimensão transcendental completa necessariamente a dimensão material. O modo de ser da alma pertence inseparavelmente ao modo de ser animal. Com isso não queremos dizer que os animais não têm alma. A alma deles parece ser de outro tipo. A alma individual do ser humano se distingue da alma grupal das demais criaturas vivas. Contudo, com essa afirmação nós abandonamos a pseudocerteza de nossos conhecimentos intelectualmente adquiridos e passamos ao âmbito do ideário metafísico.

A sugestão seguinte de analisar as condições de nossa existência como seres humanos na Terra sob um ponto de vista totalmente diferente é, até certo ponto, reacionária, visto que apresenta aspectos parciais de uma nova visão de mundo. A pergunta sobre o sentido da vida: "Para que vivemos?" recebeu da "fonte" respostas até hoje nunca ouvidas, que foram dadas da perspectiva superior de uma forma de existência transcendental, com as palavras de uma entidade transpessoal.

Muito do que A Sabedoria da Alma nos transmite através dos textos encontrará eco nos leitores, muito irá estimulá-los provocativa e hereticamente. Mas por que não especular um pouco com base na metafísica ou jogar com hipóteses?

Todas as mensagens da nossa "fonte" se baseiam nos seguintes axiomas:

1. A alma é parte real da existência real do ser humano. Ela possui um caráter individual e um caráter coletivo (o fragmento anímico e a família de almas). Ela vive além da vida isolada e é o aspecto dual que completa sua forma material de ser.
2. Cada alma volta em diferentes formas humanas à vida física inúmeras vezes, até ter passado por tudo o que deve e tem de passar. O caminho da experiência de cada alma está sujeito a uma estrutura definida. A missão conjunta e superior da família de almas cunha também os objetivos de cada encarnação isolada.
3. Nada é destituído de sentido. Tudo tem um sentido. A questão decisiva não é: "Por quê?", mas "Para quê?"
4. O objetivo da vida humana é demonstrar formas e possibilidades de amor no mundo físico, que não existem em outros mundos de consciência.

É desejo da "fonte" fazer com que todos os que estejam dispostos a ouvir algo novo e refletir sobre isso entrem em contato de forma mais compreensível e inteligente com uma visão de mundo e regularidade interior que, segundo essa nossa "fonte" extraterrena de informação, cunha nossa realidade viva embora finita na Terra, ao mesmo tempo que cunha igualmente nossa realidade cósmica.

A explicação das missões de desenvolvimento, pelas quais nossa alma se orienta em seu caminho do conhecimento, nos conduz primeiramente ao aprendizado espiritual, físico e anímico — ao currículo da nossa "escola de encarnação". A cada vida crescem a percepção intuitiva, a consciência da responsabilidade e a capacidade de viver de forma natural e autêntica. E cada um, sem exceção, alcança o último degrau do desenvolvimento.

Mas quando se fala de alma, da sua sabedoria e de suas necessidades, isso não quer dizer que o corpo, que temporariamente abriga a alma, tenha um significado menor. Ao contrário: só com a ajuda dele podem ser feitas as necessárias experiências. Os relacionamentos entre a alma e o corpo e nosso lado animal são abordados na segunda maior alínea do primeiro capítulo.

E como funciona, enfim, a "vida"? O que diferencia um corpo morto de um vivo, um corpo animado de um inanimado? A explicação das quatro leis da vivacidade oferecem dicas tocantes que enriquecem nosso conhecimento sobre os segredos da vida material.

A série final sobre mensagens isoladas se ocupa com o tema da transitoriedade. A existência está indissoluvelmente associada a um processo de envelhecimento, à doença e à morte. Aproximamo-nos do sentido desses desagradáveis fenômenos da vida terrena através de uma série de aconselhamentos individuais, resultados da discussão de problemas pessoais com a "fonte".

Os passos de desenvolvimento da alma

Pergunta: Ouvimos dizer que o sentido de nossa existência nesta Terra é aprender. Mas como aprendemos? Quais são as tarefas? Por que a alma precisa de tanto tempo para aprender quando é perfeita em si mesma? E por que o aprendizado muitas vezes é tão doloroso e difícil?

Fonte: Vocês vêm do Todo e buscam, depois de uma individualização, voltar a ele enriquecidos pelas experiências e pela percepção intuitiva da verdade. Percorrer uma parte do caminho da experiência na forma humana é uma decisão especialmente corajosa, mas da qual não escapa nenhuma criatura animada no cosmos. Toda etapa de desenvolvimento da alma num corpo humano está associada a uma missão característica dessa etapa. Ela representa o impulso para o desenvolvimento e quer ser cumprida antes que se possa dar um passo para a etapa seguinte do desenvolvimento.

Ser homem significa fazer seu trabalho numa comunidade, seja ela qual for. Significa fazer as experiências inerentes a essa comunidade de várias maneiras. As tarefas que caracterizam cada etapa abrangem todos os aspectos da maneira momentânea de ser. Isso significa que elas dizem respeito aos âmbitos físicos, anímicos e espirituais. Portanto, não se trata apenas de entender ou de finalizar algo, porém, predominantemente, de viver uma determinada experiência abrangente com tudo o que dela faz parte. E são necessárias muitas existências para o domínio de um único passo de aprendizado espiritual e físico no mundo material, pois, não raro, o entendimento e a realização dessa tarefa se dá por etapas seqüenciais. Por exemplo, primeiro é preciso entender mentalmente o significado e a necessidade dessa tarefa. Na vida seguinte, ela é experimentada corpórea e ativamente; na terceira encarnação talvez seja integrada e elaborada pela alma. Esse seria o processo ideal típico, mas não está excluída a possibilidade de esses três passos se completarem numa única encarnação. Apesar disso, em geral são necessárias duas vidas sob determinadas condições para compreender tudo de forma correta. Cada um desses passos pode naturalmente ser repetido em cada uma das vidas a fim de aprofundar a experiência, cobrindo todas as dimensões que se abrem através dessa tarefa. Os contatos básicos com outras almas são o pressuposto para sentir uma missão subjetiva como algo necessário, para dar-lhe vida e elaborá-la. Certos passos específicos de desenvolvimento só podem ser dados num corpo e durante a passagem pelo mundo físico, pois no mundo astral não se trata mais de dominar as missões; por um lado, trata-se do planejamento, por outro, da avaliação das missões.

Entretanto, tudo o que se relaciona com a experiência da execução das missões propriamente dita, depende do atrito entre essas almas encarnadas que, em geral, não sabem nada sobre o fato de ter de realizar algo juntas. Esse desejo e esse poder inquebrantável são um pressuposto decisivo para mostrar que nem toda intenção tem de ser destituída de sua força. A missão da encarnação não é nenhuma brincadeira, que um ser humano possa interromper a qualquer momento. Muito mais importante é que haja um confronto com as múltiplas possibilidades de execução que uma tarefa por etapas como essa requer.

Tornamos a enfatizar que tudo é escolha pessoal, e, em sentido mais amplo, também é o caso aqui. E, contudo, temos de abordar o tema das missões de desenvolvimento com uma limitação terrena, pois não cabe à alma que amadurece decidir e também não depende de seus desejos ou do seu "livre-arbítrio" sequer impor-se ou não essas tarefas. Se ela pode fazê-lo conscientemente ou completá-las inconscientemente, depende da extensão de suas possibilidades. No entanto, por uma necessidade natural, ela ficará numa etapa o tempo necessário para sentir a satisfação de ter compreendido perfeitamente a parte correspondente da busca de sentido no estado encarnado.

Estas tarefas são iguais para todos os seres animados em todos os mundos físicos e, no entanto, elas se formam diferentemente, conforme as condições de cada mundo físico específico. Estruturalmente analisadas, elas são idênticas. Circunstâncias especiais de outros mundos físicos, que abrangem criaturas animadas materializadas em outras formas de vida, não serão analisadas aqui. Importante é que nenhuma dessas tarefas pode ser cumprida por um indivíduo encarnado sem a colaboração de outras pessoas ou apenas por intuição mental ou trabalho espiritual que o separe da comunidade anímica. Todas as tarefas dizem respeito ao conjunto de ligações em que a pessoa encarnada se encontra. Trata-se de diferentes âmbitos e relacionamentos — o âmbito espiritual, o âmbito biológico, os âmbitos social e cultural. As tarefas servem para fazer o fragmento anímico sentir o encadeamento feliz e protetor por um lado, e a dependência existencial dos semelhantes, considerada ameaçadora, por outro.

Durante os primeiros três grandes ciclos espirituais de crescimento (almas recém-nascidas, almas infantis e almas jovens), isto é, durante a primeira metade da encarnação, essas tarefas não se relacionam muito com processos interiores, mas com o domínio de necessidades que uma vida num corpo humano traz consigo. Somente no ciclo de almas jovens, maduras e antigas vai se tratar predominantemente de um confronto interior com outros seres humanos. No final, está o encontro com o próprio eu interior que se apresenta como consciência e psique da intenção anímica. Em todo caso, trata-se do domínio dos medos que surgem devido à tensão entre distância e proximidade.

Queremos transmitir uma visão da multiplicidade na estrutura das tarefas de desenvolvimento, uma visão geral dos passos de aprendizado do ciclo das almas maduras e antigas.

As almas encarnadas aprendem nos estágios de desenvolvimento:

Madura 1: A experimentar a liberdade na dependência.
Madura 2: A perdoar o mal em si mesmas e nos outros.
Madura 3: A servir bem um mau senhor.
Madura 4: A renunciar ao essencial por amor.
Madura 5: A confiar de modo diferente no destino e na vida.

Madura 6: A eliminar a separação e a culpa.

Madura 7: A reconhecer as possibilidades e os limites da vontade.

Antiga 1: A agir contra a moral vigente por convicção interior.

Antiga 2: A tributar a si mesma a justa admiração e por isso renunciar à admiração dos outros.

Antiga 3: A aliar uma observação interior precisa a um efeito exterior ativo.

Antiga 4: A associar o bem pessoal ao bem da comunidade.

Antiga 5: A seguir em frente sem conhecer um caminho, sem saber qual é o objetivo.

Antiga 6: A atuar através do ser e a renunciar ao fazer.

Antiga 7: A receber sem dar e a dar sem receber.

Essas tarefas de desenvolvimento, que têm de ser dominadas e formadas nas etapas isoladas do desenvolvimento anímico, são tão complexas, têm tantos e múltiplos aspectos e são tão ricas em sua formação, que nem sequer é essencialmente possível e significativo apresentar mensagens que tragam uma fórmula para explicá-las ou comentá-las em cada etapa. É absolutamente necessário que cada pessoa que tenha consciência de estar em determinada etapa de desenvolvimento lide com o mistério contido nessa fórmula, nessa formulação. Trata-se de descobrir o enigma da vida e, ao mesmo tempo, solucioná-lo.

É possível também e significativo oferecer um exemplo histórico para uma dessas tarefas de desenvolvimento, pois essa tarefa não ocupa, na maioria das vezes, apenas uma existência física, mas pelo menos duas. Para compreender como uma tarefa de desenvolvimento se apresenta na manifestação material, justamente no ciclo de almas maduras, via de regra é necessário desvelar uma seqüência tripla de encarnações, não uma única existência que possa ser definida por um nome.

As tarefas de desenvolvimento são formadas imaginária ou concretamente, passiva e ativamente, tomando as pessoas como vítimas ou algozes, no Amor e no Medo, conscientes ou inconscientes, observadas ou empreendedoras. Elas são vividas, sofridas ou também preparadas para os outros. Trata-se de um confronto com a temática contida na forma. E cada um escolhe como quer aproximar-se dessa temática ou encontrá-la em sua própria vida em cada ano de sua vida. Não há regras, existe apenas um inevitável direito da alma de elaborar essa temática. Toda ocasião, toda oportunidade, todo desafio para fazer isso são corretos.

Como todas as tarefas de desenvolvimento apresentam razoáveis dificuldades para serem dominadas, representando num espaço de duas, três ou quatro vidas o mais importante desafio, a mais dura prova — embora não estejam presentes constantemente ou cunhem ininterruptamente uma vida de sessenta, setenta ou oitenta anos — não ficará evidente onde está a dificuldade, o desafio. Toda elaboração de uma tarefa de desenvolvimento adequada a determinada etapa leva constantemente a um ponto máximo que, mais cedo ou mais tarde, será encontrado já na primeira ou apenas na quarta vida. Esse ponto máximo será determinado pelo entrelaçamento com as múltiplas outras pretensões, objetivos de desenvolvimento do modelo anímico, tarefas de vida, vocações de uma única encarnação.

E não por último, o ponto culminante na elaboração das tarefas de desenvolvimento em cada uma das etapas, em cada um dos ciclos anímicos, depende da cooperação de outras almas, principalmente dos próprios irmãos anímicos. Pois, em geral, no caso das provas mais duras associadas às tarefas de desenvolvimento, trata-se de acordos de amor estabelecidos no mundo astral, que a personalidade das almas encarnadas, manifestadas, não sente como tais. Pessoas encarnadas muitas vezes consideram os acordos cruéis, aleatórios e inexplicáveis. No entanto, num plano de vivência mais profundo, inconsciente, eles são considerados extraordinariamente importantes, repletos de um significado que não pode ser penetrado pelas forças da razão, contudo, se apresentam de forma silenciosa e constante. Nenhuma pessoa verdadeiramente estranha pode compreendê-los. Eles são um enigma para os outros e continuarão sendo, mas estão repletos de uma misteriosa eficácia. Eles criam, a partir de uma perseverança, a resistência que possibilita às almas envolvidas na execução dessas tarefas levarem-nas a cabo, em vez de furtarem-se à sua execução.

Da mesma forma como os objetivos de desenvolvimento cunham a história da vida até nas menores ramificações da sua formação, o mesmo acontece com as tarefas de desenvolvimento. Elas caracterizam a consciência da alma e o estabelecimento do objetivo, mas apenas em raros casos alcançam a consciência individual. Ao que parece, todo ser humano forma involuntariamente e ainda assim também com intenção espiritual absolutamente significativa os seus dias e as suas situações de vida a serviço do cumprimento das suas tarefas. É isso que algumas pessoas querem dizer quando afirmam: cada pessoa cria a própria realidade. Mesmo que o sentido permaneça oculto para vocês, ele existe.

Para a dinâmica das tarefas de desenvolvimento queremos dar um único exemplo que pode esclarecer exemplarmente todas as outras etapas de desenvolvimento com suas tarefas específicas. Na primeira etapa do ciclo de almas maduras o ser humano encarnado é exortado a viver a "liberdade na dependência". Então ele criará, com sua concepção e nascimento, uma situação em que essa temática desempenhará um determinado papel. Por exemplo, se a concepção foi voluntária ou aconteceu sob pressão. Se a vida intra-uterina foi sentida como dependência ou como liberdade pelo corpo em crescimento. Se o nascimento do filho prendeu os pais numa relação de dependência considerada desagradável ou se proporcionou uma nova liberdade. Naturalmente, toda mãe é dependente do filho, e todo filho depende da mãe. Essa temática das tarefas do desenvolvimento é manifestada pelo corpo e pelo espírito na medida em que essa dependência força os implicados, e se ela traz felicidade e é sentida como um acontecimento libertador ou não.

Quando uma pessoa cuja etapa de desenvolvimento é "madura 1" não sentiu na infância e na juventude nada além de uma dependência sufocante, ela se ocupará o tempo todo com a pergunta de como poderá lutar por uma liberdade pessoal ou desenvolvê-la nessa dependência. E ela sentirá falta de liberdade e conscientemente considerará essa dependência mais ou menos dolorosa. Ela criará espaços livres para si mesma, exterior e interiormente, a fim de ter ar para respirar. E como a etapa "madura 1" apresenta a primeira oportunidade para uma alma realmente voltar à dimensão interior em sua viagem de encarnação, justamente essa tensão entre dependência e liberdade será um motivo excelente para lidar com ela, e ninguém pode fugir disso. Um homem que se considera másculo e conhecedor do mundo, chegando à idade em que pode casar-se, sente, e por certo, o anseio de finalmente libertar-se dos pais, de livrar-se da falta de liberdade e, em grande medida, da dependência das situações familiares como um todo. Talvez soe estranho, e, contudo, vocês hão de ter observado com freqüência o inevitável da seguinte situação: justamente alguém que luta pela liberdade, inconscientemente escolhe uma situação de vida na qual por sua vez cai numa nova dependência, que pode durar vários anos. Ele se encontra novamente numa situação que coloca a sua tarefa de desenvolvimento diante dos seus olhos, e que não o deixa livre de suas obrigações de crescimento. Mas a dependência e a liberdade que podem estar ligadas ao casamento, parecem aos implicados escolhidas livremente, mesmo que não o sejam e que por isso recebam um novo caráter de desafio. Se esse indivíduo posteriormente se libertar dessa parceria ou se, contrariamente, permanecer junto da companheira até sua morte — ele sempre se verá às voltas com o tema da dependência e da liberdade. Talvez a parceria seguinte não esteja mais ligada a um casamento, para que possa lidar com uma nova forma do tema "liberdade e dependência". Ou um casamento de longa duração seja modificado pelo fato de a pessoa na etapa "madura 1" tomar a liberdade de encontrar-se secreta ou abertamente com novas parceiras. Nessas circunstâncias ele viverá a liberdade sexual de outra maneira e trabalhará sua consciência de uma forma diferente do que o faria se simplesmente se divorciasse.

Uma pessoa no ciclo de alma madura em sua primeira etapa de desenvolvimento viverá o tema da "dependência e liberdade" até a velhice, bem como o tema da "liberdade na dependência". Depois da meia-idade ficará com medo de ser um fardo para as outras pessoas e, ao mesmo tempo, desejará que esses semelhantes cuidem dela voluntariamente. Ela quer preservar de fato sua liberdade e sua independência, sente medo mesmo ao considerar a menor das dependências e, contudo, terá de passar por ela para poder descobrir em que consiste a verdadeira liberdade. As pessoas nesta etapa de desenvolvimento sentem cada vez com maior clareza como é difícil, se não impossível, evitar a dependência. No final dessa época, no entanto, haverá essa possibilidade e, de fato, o encerramento da fase culminante une esses âmbitos de dependência e liberdade de modo que possam ser vividos simultaneamente e com alegria. O desempenho decisivo no final de cada época de desenvolvimento, o verdadeiro domínio da tarefa consiste em chegar ao conhecimento de que o amor elimina os opostos, ao passo que o medo os instiga. A pessoa alcança o conhecimento de que é possível não sofrer entre as duas contradições perturbadoras, porém modificar sua energia ou posicionamento de modo a neutralizar as contradições. Então é possível permanecer numa situação mesmo quando ela é dolorosa. A tensão se desfaz pelo fato de a pessoa empenhar-se em sua tarefa, seja a tarefa qual for, com dedicação amorosa.

Quando as explicações contidas neste exemplo forem transpostas para as outras tarefas de desenvolvimento, e quando vocês compreenderem especulativamente a riqueza de possibilidades que nelas estão contidas, entenderão melhor o princípio como tal, sem ter de se perder nos detalhes, que são tão numerosos como as estrelas do céu. Pois as possibilidades de formar e de elaborar uma tarefa de desenvolvimento estão estreitamente associadas ao momentâneo padrão anímico de uma pessoa encarnada, com as tarefas de sua família de almas, com as condições em que se encontra, no lugar e na época em que nasceu. Essas possibilidades não podem ser generalizadas. Para levar esse exemplo de viver a liberdade na dependência um pouco mais longe, por exemplo, uma segunda encarnação poderia ser dedicada à experiência de lidar com uma limitação básica essencial e, apesar disso, levar toda a liberdade interior em consideração. Numa terceira vida, o papel central poderia ser representado por uma longa estada na prisão. Sempre é o caso de uma dependência exterior e a conquista da liberdade interior em condições aparentemente adversas. Uma última vida nessa etapa poderia então ser dedicada a uma experiência imaginária; por exemplo, dispor de todas as liberdades exteriores, porém encontrar-se em dependência psíquica, o que de fato retorna à temática da primeira vida, embora a realize de modo diferente e mais maduro.

Toda pessoa que deseje lidar conscientemente com a tarefa de desenvolvimento da sua etapa espiritual é convocada a analisar tanto os grandes e espetaculares acontecimentos e desafios da sua vida quanto as pequenas ocorrências simples, que passam despercebidas e que naturalmente fazem parte do seu cotidiano.

Sobre como o corpo é precioso

Pergunta: Para que afinal a alma precisa de um corpo? Ficar no mundo astral não é muito melhor? Como o corpo e a alma se relacionam reciprocamente?

Fonte: Quando uma alma sente que está pronta a encarnar, ela começa responsavelmente a fazer planos, apoiada pelas energias amigáveis. Esse plano de encarnação não é estabelecido nos mínimos detalhes, contudo ele tem de oferecer a essa alma individual um enquadramento de confiança dentro do qual lhe seja permitido preencher da melhor forma possível o sentido da encarnação. Ele serve para que a alma, que irá habitar um corpo, possa alcançar seus objetivos, exatamente os objetivos que estabeleceu para a encarnação próxima. E esses objetivos podem ser descritos com muita exatidão. Eles não podem ser substituídos nem são aleatórios. Eles dependem das pretensões da família de almas à qual pertence essa alma prestes a encarnar, depende do objetivo de desenvolvimento, bem como da tarefa de desdobramento que tem de ser realizada. Além disso, são determinados pela interação com outras almas que, encadeadas mutuamente, têm de testar seus passos de aprendizado, as tarefas que escolheram, suas idéias sobre amor e medo — em suma, têm de querer realizar o plano da alma na realidade viva.

Como estamos falando continuamente da alma, pode parecer-lhes que ela é mais importante do que o corpo. Mas enquanto vocês estão no ciclo contínuo de encarnações, o corpo, com as condições a que está sujeito, é de tão grande importância que seu significado não pode ser suficientemente enfatizado. Além disso, ele desenvolverá suas próprias possibilidades de lembrá-los constantemente de que, no plano mundano, a alma não é nada sem o corpo. Ele representa sua manifestação e, dessa forma, garante sua eficácia. Os desencarnados, aqueles que ainda permanecem nos mundos intermediários do lar astral, sofrem de falta de energia quando não prestam atenção, quando não cuidam nem afirmam o corpo físico. Muitos tentaram explicar que o corpo é um santuário. Porém, muitos afirmaram que o corpo é um grave obstáculo no caminho para chegar a Deus. Ele tem de ser torturado, mortificado, porque mantém a alma prisioneira.

O corpo não é uma prisão, o corpo é um relicário valioso. E vocês devem lidar de forma cuidadosa com essa obra de arte de valor. Ele quer ser admirado e respeitado, pois também a alma sofrerá com os ferimentos e maus-tratos infligidos ao corpo, quando acontecem sem necessidade superior e sem fazer parte do plano. Não estamos falando dos danos ao corpo necessários em razão do processo do aprendizado, mas do voluntário descuido dessa obra de arte. Falamos de mal-entendidos e de maus-tratos devidos não só ao desconhecimento dos inter-relacionamentos, mas também a deformações culturalmente condicionadas, que desvirtuam o crescimento natural do corpo a fim de dar-lhe uma forma que é arbitrária e uma violência. Pode ser, por exemplo, o alongamento artificial do pescoço por meio de anéis de metal, uma circuncisão, mas também a desfiguração dos pés por meio de calçados inadequados. Cada uma das culturas terrenas criou seus próprios métodos para impedir o fluxo energético natural que transforma o corpo humano num sonoro e vibrante instrumento da música cósmica. E, por certo, cada época e cada cultura isolada teve seus motivos para isso. Pois vocês entenderão que determinados desenvolvimentos culturais e mentais, que têm seu próprio valor, não podem ser tornados possíveis sem uma consciente ou corajosa — ou sem uma inconsciente e aleatória — modificação ou enfraquecimento desse corpo energético.

Falemos, porém, de uma fase que antecede a escolha do corpo pela alma. Dependendo do papel anímico essencial (a energia anímica básica: agente de cura, artista, guerreiro, erudito, sábio, sacerdote ou rei) e do padrão anímico a ser vivido (matriz), a alma busca um corpo que lhe possibilite concretizar suas pretensões. Assim sendo, uma alma de guerreiro, que vise uma encarnação como mulher e que, por exemplo, escolheu como objetivo de desenvolvimento a "dominação", precisará de um corpo forte, que chame visivelmente a atenção e mais imponente do que o da mesma alma em outra vida, em que encarnou como homem com o objetivo da "aceitação". Para isso é necessário um corpo que não provoque muito medo em seus semelhantes, que não os ameace fisicamente, que dê à alma um exterior agradável e uma aura que retire um pouco o espírito guerreiro essencial.

Além disso, a escolha do corpo (e com isso, a dos pais e da formação genética que podem oferecer) depende da já alcançada idade anímica. Uma alma jovem precisa de um corpo vital, sadio e repleto de energia, que lhe permita enfrentar corajosamente os perigos e desafios da vida, expor-se às forças destrutivas da natureza, desenvolver forças guerreiras também no físico e não só no âmbito da psique. Uma alma jovem precisa poder lutar e se defender, tanto num corpo feminino quanto num masculino. Ela precisa saber atacar e agüentar, caso contrário não conseguirá alcançar os objetivos de conhecimento. Uma alma madura ou antiga, ao contrário, para atender suas pretensões, precisa de um corpo que seja mais delicado, suave e também mais vulnerável e sujeito a doenças. Pois como um ser humano com uma alma mais velha poderá fazer a experiência da transitoriedade, da fraqueza e da transparência se seu corpo estiver rebentando de energia e de saúde e ela não se veja obrigada a desperdiçar um único pensamento com seu frágil e mortal envoltório antes de chegar a hora da morte?

No entanto, os objetivos de aprendizado de almas maduras e antigas não estão ligados unicamente à sensibilidade de seus corpos. Inclui-se também sua capacidade de manter contato com suas almas irmãs não encarnadas ou que estejam muito longe, de poder eliminar limites, de se entregar ao amor, ao medo ou ao silêncio, capacidade que aumenta de existência para existência. Mas tudo isso só pode acontecer quando o corpo animal e sua psique desenvolverem uma crescente consciência dos seus limites. Pois limitações só podem ser transpostas ou transcendidas quando se toma conhecimento delas. Quando alguém analisa que não deve imaginar que pode ousar fazer tudo o que quer, que por exemplo o vento do trem em movimento lhe faz mal e ele se envergonha por ser tão sensível — o que significa isso? Com sua constituição física e anímica ele alcançará um estado sombrio de delimitação, basta o menor dos resfriados ou um pouco de febre; nesse estado seus irmãos anímicos podem, de forma admirável, transmitir-lhe notícias. Para tornar-se assim acessível, uma alma infantil ou jovem precisaria de uma doença grave ou entrar em estado de coma.

Ao lhes falarmos dessa maneira, queremos deixar claro que — da mesma forma como vocês são influenciados pela mentalidade de almas jovens do seu planeta e pelo espírito da época que valoriza a saúde como o estado mais digno de ser alcançado —, como almas amadurecidas, com experiência da vida, não estarão no caminho certo sempre que se esforçarem por manter uma saúde de ferro, quando se envergonharem de ficar doentes uma vez ou outra ou acreditarem estar fazendo algo basicamente errado com seu corpo ao descobrir que ele é sensível demais, tende a doenças difusas ou insistentemente lhes recorda seus limites físicos.

Não, é justamente nessa fase tardia de manifestação física que aprenderão a de fato admirar a obra de arte que é seu corpo. Vocês conseguirão perceber seu sutil mecanismo, conseguirão ver sua construção espantosa, sua eletrônica e a energética de suas funções, coisa que lhes foi vedada em encarnações anteriores. E quando entenderem a partir disso que as almas infantis ou recém-nascidas não podem amar seu corpo porque nem sequer tomam conhecimento dele, porém com freqüência apenas o usam como se usa um trapo velho para enxugar uma poça de água, terão uma nova visão dos inter-relacionamentos. Reconheçam, portanto, que uma alma infantil se serve de seu corpo sem ter consciência do mesmo. Então logo compreenderão que almas que estão encarnadas há não muito tempo no planeta Terra e que conhecem pouco o seu corpo, também não podem amar a parte física dos seus semelhantes, e por isso a danificam irrefletidamente, como se os corpos das outras pessoas também fossem trapos velhos com os quais se enxuga uma poça no chão.

Apenas a consciência da fragilidade, da mortalidade e do valor de um corpo lhes possibilita amar a si mesmos. O corpo físico é a primeira coisa que aprendem a amar: a força corporal, a saúde, a delicadeza, a beleza, a vivacidade que enche esse corpo. E, além disso, no mesmo instante em que inspiraram a própria materialidade, ao expirar começam a amar a materialidade dos semelhantes. Primeiro vocês se compararão com eles, com os outros. Farão a si mesmos a pergunta: "Por que não sou como eles?" Começarão a sofrer devido a sua delicadeza e vulnerabilidade, mas é exatamente isso que lhes possibilita não odiar o seu corpo, mas prestar atenção aos seus sinais e ceder aos seus impulsos; pois vocês descobrirão aos poucos, com o amadurecimento de sua alma, que os sinais são respostas do corpo a dimensões interiores. Como uma alma mais jovem faria justiça a seus objetivos e tarefas, se contemplasse seu corpo momentâneo e o de seus semelhantes como algo sagrado, intocável? Ela nunca poderia desenvolver a despreocupação da segunda idade anímica, a alma infantil, ou viver a energia vital guerreira agressiva apropriada à terceira idade anímica, a de alma jovem.

Todos os que puderem seguir nossos ensinamentos já passaram por esses estágios de conhecimento. Só por isso vocês sabem o que dói, o que têm de evitar, ao que devem prestar atenção. Muitos que são mais jovens, ao contrário, acham desprezível tudo o que é fraco e não consegue se defender. A sua alma amadurecida, envelhecida, precisa a cada nova encarnação de um instrumento ainda mais primoroso, de uma expressão física cada vez mais sensível.

À medida que a idade da alma aumenta, cada um de vocês tem mais e mais irmãos de alma que já encerraram seu caminho de encarnação. Mas eles têm de se concretizar, apesar da sua energia, também em vocês, almas amadurecidas ainda no ciclo da encarnação. Pois aquilo que anima o corpo de vocês, de forma alguma é apenas a alma individual, mas é carregado pelas forças e necessidades da comunidade anímica. Por isso seu raio energético — sua aura, seu corpo de energia — possui grande força luminosa, embora pouca densidade, se comparado com o das almas que ainda não estiveram muitas vezes nem por muito tempo no planeta. Vocês também podem comparar a alma madura ou antiga com a lua, que forma um halo maior ou menor à sua volta. Nós comparamos vocês com uma lua porque a força anímica reflete um grande número de outras almas, que projetam como um sol os raios do mundo astral sobre essa lua. E a atmosfera ao redor da lua, que compõe o grande halo, surge graças a todas as partículas anímicas encadeadas, o que dá à alma individual sua qualidade especial, insubstituível e irreparável.

Às vezes se diz que em essência o ser humano é um animal, mas nós não estamos de acordo com essa afirmação. No entanto, se vocês conseguirem aceitar o fato de que têm de integrar uma parte totalmente animal em sua alma para viver e obter conhecimentos, e que as quatro leis da vivacidade não estariam acessíveis se esse aspecto animalesco não fosse levado em consideração, então vocês negariam o fator decisivo em sua manifestação. Pois almas vocês sempre serão, inclusive no mundo astral. Vocês já eram almas antes da primeira encarnação e continuarão a sê-lo depois da última, mas o corpo de vocês não está sujeito unicamente às leis anímicas, mas também, e isso não deve ser ignorado, às leis biológicas. Vocês são seres animais com alma. Essa essência animalesca, que molda parte de seu caráter, é expressão de outras necessidades diferentes das da alma, sobre as quais nós já falamos. Por exemplo, a alma não conhece medo. Mas como criaturas biológicas vocês têm de ser egoístas, vocês devem lutar com todos os meios disponíveis pela sobrevivência. Essa dimensão do seu ser é absolutamente real! Apenas na troca e na atuação conjunta com as necessidades da alma, ela forma o ser humano em sua dupla dimensão de existência.

Para que então todo o esforço da alma de vocês em favor do amor? Para que as despesas, o planejamento, as dores e a valorização, se ao mesmo tempo não afirmarem o que é necessário para uma encarnação? É, pois, necessário esse corpo animal, uma coleção de células vivas repletas de energia vital e que a alma tem de encher de sentido, tornando-as úteis. Para uma alma humana, a vivacidade significa elevar essa obra de arte biológica e ornála com uma dimensão anímica, que dê à coleção de células um sentido — que não seria possível em qualquer outra circunstância.

As quatro leis da vivacidade

Pergunta: Vocês mencionaram de passagem que há quatro leis da vivacidade. Nunca ouvimos falar nisso. Por favor, fale sobre o assunto.

Fonte: Ser humano pressupõe estar vivo. Quem está vivo possui um plano anímico, uma matriz anímica. Quem desenvolveu um plano anímico e escolheu uma matriz, está sujeito às leis que regem toda a vivacidade. É por isso que o processo da encarnação está inseparavelmente unido aos quatro âmbitos da vivacidade — ou, em outras palavras —, com as quatro leis básicas que regem tudo o que está vivo. Estamos falando aqui das quatro leis que valem para a alma que se domicilia num corpo humano. Aqui não estamos falando sobre a vivacidade de animais e plantas, de uma vivacidade molecular, porém exclusivamente da vivacidade de uma alma humana encarnada.

Essas leis podem ser descritas como a lei do *efeito*, a lei do *ser*, a lei da *ação* e a lei da *experiência*. Não há hierarquia nessas leis, pois não importa qual delas for escolhida como ponto de partida para uma reflexão ou especulação, as outras três estarão tão intimamente associadas a ela que não pode haver separação.

Por certo poderíamos começar dizendo: o ser é a origem e os outros âmbitos surgiram a partir dele. Mas o que existe produz efeito. O que produz efeito tem de agir. O que existe sempre faz experiências. E assim, também poderíamos mencionar por outro lado: a experiência é tudo. Ser é uma experiência. Produzir efeito também é uma experiência e agir também está inseparavelmente ligado a toda experiência. Nenhuma alma pode encarnar-se sem agir. Ela não pode ser sem agir. Portanto, seria bem possível colocar a ação no início da existência física. Mas quem age, produz efeitos. Por isso poder-se-ia colocar também o efeito como origem da vivacidade.

1. A LEI DO EFEITO

Quando unimos óvulo e esperma completa-se a primeira forma de efeito: o efeito sobre o organismo e a psique da mãe, mas também o efeito sobre a nova estrutura celular. E está presente, de qualquer modo, um efeito energético sobre o mundo, mesmo se esse embrião não chegar a nascer ou se apenas alcançar o estágio em que uma alma se liga firmemente à criança nele contida. Pois a alma se movimenta energeticamente ao redor do óvulo e do sêmen que darão origem à concepção do corpo e o tem desde o início sob observação. A animação — como há tempos se sabe — não é um acaso, mas o resultado do longo e significativo planejamento de vocês, segundo medidas do tempo de vocês.

Quem existe, faz experiências. Quem age, faz experiências. Quem produz um efeito, faz experiências. A experiência é objetiva, vivê-la é subjetivo. Queremos de início voltar a atenção de vocês para a capacidade de conhecimento dos relacionamentos estruturais com as alegorias energéticas dos números, à medida que indicamos que o 5 e o 2 — portanto, as energias básicas do sábio e do artista, que pertencem ao plano da expressão — são as energias que produzem os mais intensos efeitos. Elas não produzem efeitos à medida que agem, mas na medida em que estabelecem ligações. Como arquétipos, tanto o artista quanto o sábio definem-se por meio do outro ou dos outros. Produzir efeitos significa objetivar um efeito e isto só pode acontecer através do outro ou dos outros. Formação e transmissão são os instrumentos para obter uma mudança, para exercer uma influência ou, como nós dizemos, para obter um efeito, para exercer um efeito.

2. A LEI DO SER

A segunda lei da vivacidade se refere ao ser ou à existência. Neste ponto queremos estabelecer uma separação dos termos ser e existência, pois nós também existimos, contudo não "somos" como vocês, no sentido em que queremos descrever a lei.

Ao falarmos de seres humanos encarnados e de vivacidade, evitamos as palavras "existir" ou "existência", ou as usamos com determinadas restrições. Damos preferência ao conceito do "ser", porém na linguagem comum é difícil descrevê-lo adequadamente, sem cair numa linguagem técnico-filosófica que não nos parece adequada a este assunto, pois aqui se trata do plano de inspiração das energias 6 e 1 (sacerdote e agente de cura); e essas energias não gostam de especulações filosófico-mentais. Elas sentem e preenchem, elas percebem e ouvem o interior. Para explicar o ser através de uma comparação, nós o descrevemos como a capacidade de tomar o pulso da vida, perceber o batimento do seu coração sem desejar agir, viver ou querer exercer um efeito simultaneamente.

Neste caso sabemos que a capacidade de sentir o ser será perturbada se o querer, ao mesmo tempo, representar um papel. Pois, naturalmente, o ser está associado às outras leis e indissoluvelmente ligado à ação, à experiência e à produção de efeitos (atuação). No entanto, o querer impede a percepção do ser. Quem é, nada mais pode fazer do que respirar. Seu aparelho digestivo funciona, seu coração bombeia o sangue, seus sentidos tomam conhecimento das coisas, seus nervos trabalham e seu cérebro está ativo. A concentração em determinado processo, no entanto, influencia as sensações do ser puro, e toda intenção conduz uma pessoa do ser para um outro plano e conduz a gravidade da sua vivacidade para uma outra lei. As freqüências energéticas 6 e 1, as posições arquetípicas do sacerdote e do agente de cura, tecem os fios tênues entre o existencial e o que é, entre os âmbitos superiores dos fenômenos universais e o fenômeno humano que chamamos vivacidade.

Hoje temos de usar algumas sutilezas terminológicas se quisermos nos tornar compreensíveis, e, por essa razão, ainda fazemos distinção entre vida e vivacidade. Vocês podem achar que um cãozinho é mais vivaz do que vocês, porém a bem da clareza queremos dizer: um cão vive à sua maneira, com suas formas de expressão coletivamente cunhadas. Vocês, contudo, são vivazes porque são animados por uma forma específica de energia, que tem como pressuposto uma individualização: e chamamos esse fenômeno de "vivacidade". As várias formas de vivacidade isoladas dependem do modelo da alma e da sua dinâmica em suas distinções quase ilimitadas. Para tornar isto ainda mais claro para vocês, chamamos sua atenção para o fato de que cada um dos que estão presentes aqui, hoje, dispõe de uma forma diferente de vivacidade original, mas todos vivem. Essa vivacidade distingue vocês de todas as outras pessoas vivas na Terra. O tipo único e característico de vivacidade que cada alma encarnada possui, expressa-se em vários planos: no plano genético, no plano das linhas papilares das impressões digitais, no plano da voz, etc. Muitos desses planos ainda não foram pesquisados pelos seus cientistas e as sutilezas ainda não foram suficientemente analisadas, mas com o crescente aumento da idade da alma representarão um importante papel. Pois o aumento irresistível da idade anímica motiva o coletivo humano a acentuar as diferenças mais do que aquilo que lhe é comum. Almas jovens vivem a partir da coletividade, almas maduras e antigas vivem a partir da diferenciação. Todas encontram em seus correspondentes anseios a tranqüilidade que lhes permite viver da maneira pela qual têm de viver, graças à sua idade anímica.

3. A LEI DA AÇÃO

A terceira lei da vivacidade relaciona-se com a ação. Quem está vivo quer e precisa agir. Ele não pode resistir a esse impulso. Cada movimento do corpo, cada reflexo do mecanismo do pensamento, cada decisão devem ser atribuídos ao plano da ação. Quem está morto não age mais. Agir é um processo ativo, que será concretizado consciente ou inconscientemente. Quem muda de posição durante o sono está agindo. Quem atinge o outro durante um sonho agitado está agindo. Age quem se alimenta ou evacua. Agir ou não agir são decisões, isto é, são ações no plano mental. Quem trabalha ou quem não trabalha está agindo. Essas são execuções no plano físico. Quem se movimenta ou descansa também age.

Em outro ponto falamos sobre uma dimensão existencial no mundo físico que implica a necessidade de uma alma encarnada decidir no tempo e no espaço. É por isso que na terceira lei da vivacidade não existe nem um milésimo de segundo em que não se esteja agindo. Todo impulso do sistema nervoso vegetativo, toda formação de enzimas ou movimento peristáltico é ação e ao mesmo tempo uma decisão, mesmo que o ser humano, tal como é constituído, só em casos excepcionais possa influenciar voluntariamente essa decisão. Não agir ou não decidir, portanto, é impossível. Enquanto uma alma ocupa um corpo vivo, não existe essa possibilidade.

As energias básicas duplas que se referem ao âmbito da ação e da decisão, relacionam-se com o rei e o guerreiro, as freqüências 7 e 3. E certamente vocês se lembram que essas energias básicas arquetípicas estão em grande medida familiarizadas com a ação e a responsabilidade. Por esse motivo, a terceira lei da vivacidade também está associada à responsabilidade. A terceira lei une a vivacidade existencial à responsabilidade existencial. Toda pessoa viva tem responsabilidade. Só a morte livra uma alma encarnada de sua responsabilidade básica por tudo aquilo que ela faz ou deixa de fazer, por todos os seus impulsos de ação, sejam conscientes ou inconscientes, intencionais ou involuntários.

Por meio das quatro leis da vivacidade vocês ficam sabendo de modo impressionante e abrangente que nenhuma das sete energias arquetípicas pode ser obstruída, diminuída ou tornar-se supérflua. Agora estamos falando apenas das leis da vivacidade, não das leis que determinam a existência das almas no mundo astral. A responsabilidade associada à vivacidade é outra. Ninguém pode eximir ninguém de sua responsabilidade. Mas, em sentido contrário, também não existe ninguém no planeta de vocês que possa assumir de algum modo uma responsabilidade espiritual alheia ou entregar parte de sua responsabilidade a outro. A responsabilidade é uma questão estática. Ela pura e simplesmente existe. Não pode ser diminuída ou aumentada; pode, no entanto, ser sentida mais ou menos intensamente.

Quando, portanto, em muitos círculos espirituais e sob o peso de várias ideologias, a responsabilidade pelos semelhantes ou pelo planeta assume um elevado valor ideológico, quando a algumas almas é negada a responsabilidade ou ela é assumida em grande parte pelos outros, estamos diante de um sofisma perturbador que não queremos desprezar nem censurar, mas que, no entanto, procuramos transmitir com as leis da vivacidade e, especialmente, com a terceira lei, a da ação. A responsabilidade por si mesmo e a responsabilidade pelos outros não podem ser dissociadas. A separação só acontece em virtude de conceitos mentais. Aparentemente, quando um ser humano não quer assumir nenhuma responsabilidade por si mesmo ou pelos outros, trata-se de uma questão de colocação pessoal, não de uma realidade. O que se expressa nesse fato é a sua realidade subjetiva e não a sua realidade objetiva.

Por exemplo, quando uma mãe negligencia seus filhos e não consegue assumir responsabilidade por essas criaturas que colocou no mundo, do ponto de vista subjetivo, ideológico ou social trata-se na verdade de uma falta de responsabilidade — principalmente da perspectiva dos que participam do fato. No modo da observação existencial, sua aparente ação ou omissão deve ser entendida de outra forma. Uma mãe como essa obedece a um impulso de ação que ela mesma não entende e que os outros também não conseguem explicar, pois só com esforço ela percebe que esse impulso lhe é ditado por um inter-relacionamento maior e significativo. Por esse motivo, de pouco adiantam as censuras e os castigos, pois eles se sobrepõem ao sentido inconsciente de quem obedece a esse impulso; do ponto de vista das almas encarnadas ele raramente é compreensível ou reconhecível. Correspondendo às condições legais da sociedade humana, um tal medo de agir é algo ruim; segundo as leis da vivacidade deve ser avaliado como algo neutro.

4. A LEI DA EXPERIÊNCIA

A quarta lei da vivacidade descreve o plano da experiência e das vivências. Toda ação gera experiência. Toda ação leva à vivência. Ser é uma experiência em si mesma. A experiência descreve a capacidade inerente a toda alma viva. Isso significa que todo corpo animado por uma alma (e não excluímos os deficientes mentais ou os que sofreram morte cerebral) tem de aprender através de um processo de absorção e de armazenagem de conhecimentos, no qual uma experiência linear, subjetivamente vivida, pode ser retrocedida no tempo e no espaço, e levada a um reservatório estático e eternamente válido de experiências para o qual flui tudo o que alguma vez esteve sujeito à lei da vivacidade corporal. Todo ser humano — e neste contexto conceituamos "ser humano" como o corpo que ainda está animado por uma alma, excluindo todo corpo que ainda esteja na Terra mas que já tenha sido abandonado pela sua alma; como, por exemplo, o de um cadáver congelado ou de uma múmia embalsamada conservada num caixão de chumbo, cuja ligação com a alma que transitoriamente os animou já foi interrompida — todo ser humano, portanto, aprende ininterruptamente e faz experiências.

Não é necessário, mas também de forma alguma supérfluo ou desagradável, viver essa experiência com a razão cognitiva ou registrar o sentimento, captá-lo e elaborá-lo. Seja como for, não é indispensável integrar a experiência na consciência a que vocês chamam de consciência desperta, pois aprender independe de vocês compreenderem os seus passos de aprendizado. Nós dizemos que uma pessoa que sofreu morte cerebral ainda aprende, apesar de sua consciência corpórea não funcionar mais. Sua consciência individual anímica, contudo, continua ativa até que o último laço entre a alma e o corpo seja desfeito.

A energia arquetípica que caracteriza esta lei da experiência é a energia 4, a imagem do erudito, que aprende e experimenta, que ensina e vive e que ancora toda a construção espiritual no real, no pragmático, no terreno, no cotidiano, mas também nas teorias que derivam disso tudo. Nós gostaríamos de explicar a certeza e a teoria, os dois pólos da erudição e da energia 4, no sentido em que a *certeza conquistada* torna a unir a certeza conquistada de experiência sob a quarta lei da vivacidade com tudo o que age e provoca efeitos, enquanto a *teoria* descreve os aspectos colaterais e os aspectos secundários da vivência, da compreensão, da conscientização, da colocação, da postulação e da especulação subjetivas, que também pertencem essencialmente a esse plano da experiência. Do ponto de vista espiritual, o hemisfério cerebral esquerdo de forma nenhuma é supérfluo. Ele serve a objetivos importantes e permite que vocês comecem a compreender o conceito de sentido do cérebro direito, que paira acima das leis da vivacidade e vela por elas.

A energia do erudito é a que compreende notória e predominantemente o desempenho da atribuição de sentido e a idéia teórica de um inter-relacionamento dos sentidos muitas vezes incompreensível. É evidente que a alma não pode descer a um corpo tornando-o humano sem que este corpo participe da energia do erudito, da energia da experiência. Toda experiência é significativa. Ela não é útil ou inútil, não é boa ou má, construtiva ou destrutiva. A quarta lei da experiência é uma lei neutra. Ela inclui em si a dualidade, funde todos os pólos e as aparentes contradições — mas faz isso de uma perspectiva superior, como ficou claro no exemplo da ação da mãe; pois, naturalmente, para o ser humano encarnado em sua forma fragmentada de apresentação e para a vivência subjetiva dele é importante e necessário distinguir suas experiências de forma a organizá-las num contexto de experiência pragmática. Mas a experiência em si mesma tem valor neutro, ela não está sujeita ao julgamento da pessoa que a faz ou a outros participantes, os quais apenas podem opinar sobre a vivência de uma pessoa a partir de uma perspectiva pessoal subjetiva.

Quem ficou conhecendo seu modelo anímico, sua matriz com as energias arquetípicas escolhidas, reconhece a formação de um ponto de gravidade espiritual em sua encarnação atual, sentindo-se às vezes um pouco limitado em sua auto-imagem, reagindo com aparente preocupação com a limitação de sua personalidade, isso porque acha que não pode dispor de todas as energias. O medo de sofrer uma limitação energética, no entanto, é totalmente infundado. Vamos lhes explicar por quê. Todo aquele que está encarnado tem um modelo de alma, e todo aquele que tem um modelo de alma está vivo. Quem está vivo depende das quatro leis da vivacidade e, portanto, independentemente do modelo de alma que escolheu para cada encarnação, está ligado a todas as sete energias básicas que o orientam, preenchem e acompanham sem que tenha de fazer nada, sem que tenha de perceber isso conscientemente, sem que elas percam seu efeito devido à matriz individual de pessoa e sem que sua vida seja influenciada de qualquer maneira. Todos são uma parte do todo, como também são o todo. O complemento energético não é dado no âmbito matricial, pois o complemento no plano encarnado precisa do correspondente duplo da especialização. Porém no sentido energético é garantido pelo fato de, primeiro, todas as energias básicas estarem disponíveis igualmente para todas as almas de uma família através dos sete diferentes "caminhos" (caminho do toque, do conhecimento, da força, da forma, do esforço, do silêncio e da busca) e, segundo, no momento da entrada no espaço e no tempo, com o processo da animação, as quatro leis da vivacidade entrarem automaticamente em ação.

A transitoriedade do plano terreno: doença, velhice, morte

Não gostamos de ouvir falar de transitoriedade em nossos dias. Todos se esforçam por continuar saudáveis e parecer jovens. As pessoas idosas e as que estão para morrer são descartadas, sobre as doenças graves fala-se cochichando, o câncer e a Aids são considerados os flagelos da humanidade. Nos Estados Unidos há pessoas que defendem a imortalidade com toda a seriedade e, para tanto, consomem enorme quantidade de vitaminas; há quem defenda novas idéias, que jejue e faça jogging; e se mesmo assim algo der errado, mandam congelar seu cadáver na esperança de dias melhores. É tão difícil aceitar que somos mortais! A vida é bela e preciosa, que sentido pode ter a morte? Gostaríamos de estar em forma até o último minuto, e então, de cair mortos sem sofrimento, se não houver outro remédio. O fato de conseguir prolongar a vida de uma pessoa doente ou prestes a morrer enche muitos médicos de orgulho. Eles se julgam senhores da vida e da morte. Quem se suicida, só raramente recebe compreensão.

No trecho a seguir veremos qual é o sentido do fenômeno do envelhecimento, o que as doenças podem realizar no plano do crescimento pessoal, uma vez que não são destituídas de sentido. Com seu plano de vida e sua matriz, a alma determina de maneira misteriosa quanto tempo deve durar esta vida, quando é hora de morrer e que tipo de morte deve sofrer. A "fonte" nos diz também do que uma pessoa à beira da morte de fato precisa, e como alguém pode analisar sua vida passada de nova maneira.

❂❂ ❂❂ ❂❂

Pergunta: Fenômenos desagradáveis como a velhice e a morte são necessários ou na verdade supérfluos, como muitas pessoas afirmam?

Fonte: Nós afirmamos que não é fácil imaginar que doenças, sofrimentos físicos e enfermidades tenham de pertencer à condição humana. E também não esperamos que vocês considerem isso fácil. Só queremos ajudá-los a compreender melhor o significado e o sentido desses fenômenos terrenos. Talvez então vocês possam aceitá-los melhor. Nós sabemos muito bem que a revolta contra o medo das formas de existência física faz parte da condição humana, assim como a aspiração à felicidade.

Quando um corpo adoece ou perde um membro, ou quando um órgão é removido cirurgicamente por bons motivos espirituais, em geral isso representa uma ajuda para a pessoa em questão admirar a própria alma e tornar-se um pouco mais consciente de sua verdade interior. Além disso, queremos chamar a atenção para o fato de os órgãos que faltam ou os membros amputados continuarem existindo na aura e no corpo energético; portanto, não falta nada que seja essencial e a alma continua se servindo dessas partes que faltam ao corpo para ampliar sua experiência. Pois para ela nada falta senão a manifestação física dessas partes. Mesmo que isso seja doloroso, que seja uma tortura ou represente um obstáculo para a pessoa em questão, a alma não se deixa intimidar. Ela sabe o que faz. Sabe do que precisa. Sabe o que quer. Embora isso possa assustá-los (entendemos isso muito bem), queremos dizer-lhes: não se lamentem quando nem tudo vai bem para vocês. Quando se diz: "Aceite o que acontece com você e conseguirá suportá-lo melhor," não se trata de palavras sem sentido. O contrário também é válido: zangue-se com o destino e ele pesará muito mais sobre seus ombros.

Mas não queremos falar unicamente de doença, de impedimentos e de limitações, queremos falar também de saúde, pois nós os exortamos a cuidar do próprio corpo, a prestar atenção nele, a amá-lo. Um corpo na maioria dos casos vive até cumprir sua tarefa e alcançar seus objetivos. Este pode se dar em idade relativamente tenra, ou pode levar cem anos. As pessoas envelhecem quando precisam de tempo para desenvolver sua eficácia espiritual e, nesse caso, é muito mais agradável envelhecer num corpo bem cuidado e muito saudável do que num corpo maltratado e decadente! Quando ao longo de muitas encarnações uma alma aprendeu a amar seu corpo, ela apreciará morar nele mais tempo. Portanto, não é errado presumir que amor, respeito, cuidado e atenção pelo corpo tenham o efeito de aumentar o tempo de vida. Contudo, só o aumenta na medida em que a alma precise desse corpo para fazer o que ela se propôs. Nenhuma medida de higiene, da medicina, da técnica ou da meditação pode prolongar uma vida que tenha encerrado seu sentido de viver.

Constatou-se que a idade média no tempo e no espaço em que vocês vivem está aumentando, portanto, hoje, em relação ao século passado, muito mais pessoas atingem uma idade avançada. Isso também tem razão de ser, pois esse é com freqüência o caso de determinados países ou regiões da Terra, onde um número maior de almas maduras e antigas encarnam. Muitas almas mais antigas vivem mais tempo (mas nem sempre) porque sofrem continuamente com a fraqueza de seu corpo e por isso cuidam dele com mais atenção. Elas não arriscam voluntariamente sua vida! Além disso, tornaram-se espertas graças às várias encarnações e fizeram experiências de como se proteger; por outro lado, muitas vezes essas almas precisam de mais tempo para alcançar seus objetivos e realizar suas pretensões, requerendo, portanto, uma vida mais longa. Isso vale especialmente para as almas maduras e as almas nos primeiros estágios da velhice. Nos últimos estágios de antigüidade, as almas muitas vezes escolhem existências bastante curtas ou mesmo cunhadas por difíceis limitações físicas.

Imaginem uma pessoa que já fez todo o imaginável para si mesma, que veio ao mundo com um corpo sadio, que pôde comer bem e se cuidar, que diariamente praticou todo tipo de esporte, que provou todas as vitaminas e usou todos os cremes cosméticos deste mundo — um ser humano, portanto, que de fato passou bem e transbordou de alegria e de coragem de viver, e cuja alma também alcançou esse estado de satisfação e que não deseja mais nada. Uma pessoa assim, sem que nós julguemos isso triste ou passível de um julgamento, no momento apropriado para sua alma sofre um acidente de avião e cai, sendo soterrada por uma avalanche, visto que já conquistou tudo o que sua alma pretendia e não existe mais nenhum motivo para manter o corpo com vida.

E agora pensem numa velha de 98 anos, acamada há doze numa casa de repouso, vegetando; uma mulher que segundo os padrões de vocês não tem mais o menor proveito da vida, não conhece mais os amigos, não se comunica com ninguém, que não consegue sequer assistir televisão e que tem de ser atendida em tudo. Apesar disso, ela vive e continua vivendo, constituindo um enigma para os parentes e enfermeiros. Esse prolongamento de vida de forma alguma é, como talvez muitos pensem, uma expressão de obstinação, de falta de disposição para abandonar o corpo, porém tem um significado espiritual que dificilmente é reconhecido ou acessível aos que estão de fora. Pois pode ser que essa mulher idosa tenha escolhido o objetivo de desenvolvimento da "paralisação" e que ela tenha de ficar vegetando muitos anos a fim de elaborar tudo sem as costumeiras distrações e perturbações, antes de abandonar o velho corpo e considerar a oportunidade de uma nova encarnação.

A alma tem um corpo, e o ser humano é uma combinação significativa de tudo o que faz parte de sua humanização. A dimensão física da alma se curva submissa às exigências da dualidade e da pulsação. Permite que o corpo, o espírito, a psique e a alma pulsem, em vez de manter um único estado presumivelmente sadio. Muitos tentam se convencer: "Eu não estou doente, eu sou saudável. Não sou eu que está doente, é a sociedade!" Esse desejo de estar sempre saudável, essa convicção de que nada está faltando, é um impedimento no caminho para a verdadeira e convincente sanidade. Pedimos que vocês compreendam nossas palavras. Só quem confessa a si mesmo que realmente lhe falta algo quando não se sente bem, terá uma chance de recuperar a saúde. Só quem consegue admitir que está doente, admite o direito de fazer todo o possível para recuperar a saúde, talvez podendo pela primeira vez em sua vida ser totalmente sadio, sentindo a pulsação curativa da força e da fraqueza. Analisem com toda a honestidade o que vocês julgam ser a doença. Os inter-relacionamentos entre doença e vergonha, entre doença e desvalorização, entre doença e fracasso representam um grande papel; por isso tanta gente acha difícil sentir-se realmente doente, admitir sua doença. Todos deveriam sentir-se mal uma ou mais vezes por ano.

A doença não é uma vergonha. Naturalmente nós sabemos que vocês têm medo da doença. No entanto, ela é uma condição essencial do fato de ser humano. Quem não permite a si mesmo ficar doente, nega com isso uma possibilidade fundamental de crescimento. Renuncia à experiência de estar sadio e de não estar, que todo ser humano deve e tem de fazer. A doença não é um erro. O posicionamento errôneo diante do fenômeno "doença" e diante do valor que existe em estar doente muitas vezes impede um desenvolvimento espiritual saudável.

❀   ❀   ❀

Pergunta: Meu médico me contou que estou com câncer. Então me interiorizo e me questiono sobre o que terei feito de errado. Agora evito todas as situações que me excitam. No caminho de autoconhecimento em que me encontro poderei evitar uma operação de câncer no colo uterino? Meu papel anímico é "guerreiro".

Fonte: Você pode evitar uma operação se aprender a aceitar realmente o seu medo, em vez de lutar contra ele. Queremos dizer que talvez não tenha sentido você se proteger e evitar todas as situações que lhe infundem medo e que acarretam dúvidas sobre se está agindo corretamente no que se refere à sua doença, ou se contra a sua vontade, está manobrando as coisas que resultarão numa situação ainda mais difícil. Aceite principalmente suas dúvidas. Não acredite que só com as suas medidas de auto-análise você possa alcançar o que deseja, se nunca se sentir perdida em seu caminho, se nunca perder a fé de estar fazendo o que é certo para si mesma. Preste atenção a todas as dúvidas que surgirem e não tente eliminá-las. Você está com medo de perder a vida! E mesmo que sua psique descubra os meios de apresentar esse medo como algo infundado, nós achamos que reprimi-lo só serve para roubar-lhe a força em vez de torná-la mais forte.

Sua doença ainda não progrediu tanto que a necessidade de uma cirurgia não possa ser afastada. Você já tem um amplo campo de atividades. E você quer crescer com ele na medida em que liberar as melhores forças do seu papel anímico de "guerreiro", ao lutar pela vida e pela saúde de forma realmente compensadora. Para tanto, você tem de desistir de outras pequenas lutas que não valem a pena. Não lute contra a doença. Você precisa aprender a determinar um único grande objetivo e a não enfraquecer suas forças em todas as frentes de rejeição. Portanto, é importante que reconheça em que frentes de batalha deve deixar seus soldados interiores lutar e onde não é mais necessário que você os sacrifique, sacrificando com eles sua força principal. Além disso, reconheça que você pode determinar onde ficam as suas frentes de batalha. Para você existem poucos inimigos externos, e tudo o que você acha assustador agora e contra o que imagina ter de se defender, comprovará ser um ataque sem importância contra sua pessoa e o fato de ser um ser humano. Sendo assim, analise cuidadosamente onde deseja concentrar suas forças e fixe um objetivo. Concentre-se em conformar sua situação de tal maneira que sua alma possa crescer em vez de permitir o crescimento do tumor.

Além das medidas que você já considerou ou realizou, nós queremos dar-lhe um conselho: não imagine que terá mais sucesso se fizer mais. Você é uma pessoa com muita força de ação, mas suas atividades podem transformar-se numa armadilha. Faça pouca coisa, mas faça o pouco corretamente! Não se deixe levar pelo medo de não conseguir recuperar a saúde, pondo-se a fazer o mais possível e várias coisas diferentes pela sua recuperação.

Também desse ponto de vista, você não deve lutar ao mesmo tempo em todas as frentes de batalha. Portanto, não fique andando de um lado para outro, escolha uns poucos métodos que a tenham convencido de sua eficácia e dedique-se a eles com persistência. Observe a si mesma e não se deixe seduzir pelas muitas possibilidades que lhe são oferecidas e recomendadas de todos os lados e que podem dissipar sua energia, pois é exatamente a concentração energética que tem significado de longa duração. Não é o excesso de ação, porém a ação refletida, o direcionamento tranqüilo de sua energia para o ponto ferido que terá maior eficácia.

Aconselhamos você a deitar-se durante uma hora todos os dias e voltar a força de sua imaginação para o órgão doente. Você pode aprender a focalizar sua energia de tal forma que possa, por assim dizer, imaginar seu colo uterino aquecido por um calor vibrante, você pode imaginar que essa região do seu corpo se aquece aumentando um ou dois graus, descontraindo-se simultaneamente; as células doentes vão então se tranqüilizando e se convencendo de que não têm necessidade de se modificar e de se espalhar pelo corpo. Para esse processo é importante deitar-se, protegendo o corpo e mantendo-o bem aquecido. Portanto, cubra-se bem e sinta-se confortável. Movimente-se o mínimo possível e desenvolva a sua fantasia até produzir esse calor em seu útero. Você mesma pode criar a imagem. E, se desejar, poderá voltar a essa fantasia para criar uma sensação de orgasmo em seu baixo ventre. Para isso, relaxe o corpo, relaxe a bacia, relaxe as costas, coloque as mãos sobre a barriga deixando-as descansar ali, e provoque — mentalmente o melhor que puder — as sensações de prazer que fazem bem à parte inferior do corpo. O calor, o relaxamento e o prazer e a alegria vão ajudá-la a se concentrar e a fazer progredir o processo de cura. Isso nós lhe dizemos porque sentimos que o medo que experimenta por ter um órgão doente faz com que você o contraia e, com isso, limite sua possibilidade de deter o crescimento das células.

Para lidar bem com essa situação, basta que você entenda que todo ser humano tem direito de ter medo. Como guerreira experiente, você nem sempre precisa ser valente, corajosa e decidida. De uma forma ou de outra, você tem essas qualidades. Mas não deve fazer mais do que sua energia permite. Tudo bem se você ficar com medo. O medo é humano. E, às vezes, o medo até salva vidas. Quando o medo provém do instinto, nem sempre é resultado de uma análise incorreta dos fatos. Os ensinamentos do moderno esoterismo muitas vezes são — e mal-entendidos — como uma sugestão para deixar todo temor para trás e caminhar pela vida sem medo. No entanto, entender perfeitamente os segredos da vida é reconhecer que o medo faz parte dela assim como a liberdade. Em vidas passadas você tentou se convencer muitas vezes e durante muito tempo de que o medo é um sinal de fraqueza e de vergonha. Isso a deixou um tanto forte demais nesta vida e a levou a se concentrar sempre na coragem, não se deixando derrotar quando se sentia agredida por um medo natural, salvador de vidas. No seu caso, o medo lhe servirá de sinal e a levará para onde você possa obter ajuda. Por isso observe esses sinais, não os reprima.

Nós lhe recomendamos um tratamento que a liberte das toxinas e facilite a evacuação. Mas achamos que você não deve começar a fazer experiências com medicamentos abrangentes. O que fortalecerá sua resistência é uma boa desintoxicação, ocasionalmente combinada com lavagens intestinais. Você se sentirá mais leve e mais forte. O sangue ficará livre das impurezas que impedem o processo de cura.

E um médico ou agente de cura pode ajudá-la se desde o início deixar claro que não deseja uma terapia que trate do câncer, mas apenas um apoio para estimular suas próprias forças curativas. Muitos médicos e agentes de cura condicionam seu orgulho à fantasia de conseguir curar os cancerosos. O medo da frustração e da decepção muitas vezes os leva a receitar demasiados medicamentos, em vez de prescrever apenas o remédio que aquele determinado paciente de fato precisa. Portanto, esteja atenta para não se sobrecarregar com terapias que mais cansam do que ajudam. Não desgaste o seu sistema em demasiadas frentes de batalha ao mesmo tempo.

Pela manhã e na hora do almoço coma uma pequena porção de alimentos crus: pela manhã é preferível uma única fruta e na hora do almoço um único vegetal. Renuncie às saladas mistas. Não coma mais alimentos crus após o almoço. Mastigue bem, sinta o efeito dos alimentos crus no seu organismo. Renuncie à carne de porco, a não ser que seja atormentada por uma vontade imperativa de comê-la. Nesse caso não deve negá-la a si mesma. Não jante muito tarde e não abuse da albumina. Determine seus horários principais optando por refeições pequenas e freqüentes para não sobrecarregar o organismo com um excessivo trabalho de digestão. Evite todos os alimentos que lhe pareçam de difícil digestão. E observe o efeito dos alimentos e das bebidas que ingerir. Agora trata-se de você mesma descobrir o que lhe faz bem e o que lhe faz mal. Princípios de alimentação ou prescrições filosóficas não poderão substituir a observação pessoal. Não exagere, evite os extremos. E confie em seu anjo da guarda. Uma pessoa só morre dessa doença se sua vida não tiver mais sentido. Você pode descobrir o sentido da sua. Aos anjos da guarda nunca se atribui a função de proteger a pessoa de uma doença que seja necessária para ela. Por isso não espere demais. Mas também não espere de menos.

❦❦　❦❦　❦❦

Pergunta: Meu marido sofre dos rins e há quatorze anos tem de fazer hemodiálise. Como posso ajudá-lo mais intensamente? Rezo por ele todos os dias. Minha característica principal é "martírio".

Fonte: Você nos pergunta como ajudar melhor o seu marido, e por trás dessa pergunta se esconde outra: o que posso *fazer* para ajudar mais? No entanto, nós podemos responder à sua pergunta como se ela fosse a seguinte: O que devo *deixar* de fazer para ajudá-lo melhor? Queremos lhe dizer que o que dará novo impulso a vocês dois e os fortalecerá é não desanimar. Você mesma se define como muito forte, como alguém que tem seu valor por cuidar do outro sendo prestativa. Quando afirmamos que não é o fazer mas o não desanimar que de fato pode ajudá-los, em primeiro lugar queremos dizer que você tem de se livrar de sua eterna preocupação. Você se preocupa demais, e grande parte do seu sentimento de vida e do seu valor pessoal deriva dessa preocupação. Mas preocupação não é o mesmo que amor. Você poderia amar muito mais ao se preocupar menos. Desista da preocupação e volte-se para o amor.

Sabemos que separar preocupação de amor de início deve parecer impossível, inimaginável. E, mesmo assim, sugerimos essa solução porque sabemos que somente isso poderá realmente ajudar vocês. Desde a juventude você colocou preocupação e amor na mesma balança e às vezes também trocou uma pelo outro. Seu marido tem o direito de se preocupar. Mas você sempre tenta tirar-lhe essa preocupação. Dessa forma você, de modo sutil, o impede de enfrentar as suas tarefas de aprendizado. Desde o início seu marido sofre de fraqueza no âmbito conjugal, no âmbito dos relacionamentos, e por isso procurou uma pessoa como você que lhe tira parte do trabalho. No entanto, é importante que ele retome essa tarefa, mesmo na velhice. E você sempre se entendeu como alguém que consegue eliminar as preocupações, sofrimentos e mágoas dos outros seres humanos. Você tirou bastante dele. Agora devolva-lhe o que tirou, pois de tanto se preocupar com os outros deixou de pensar em si mesma. Se quer mesmo ajudar seu marido, reconheça em primeiro lugar que se trata da doença dele, dos rins dele, da vida dele, da existência dele e que por isso ele foi convocado a lidar com ela. De você ele só deve receber amor solidário, mas não deve esperar que você assuma a responsabilidade de facilitar-lhe a vida. Você verá: quando começar a separar o seu destino do dele, a vida dele da sua, poderá amá-lo muito mais! Você reconhecerá que ele consegue sentir seu amor melhor do que nunca. Com isso seu marido, à maneira dele, poderá aprender algo novo e curativo sobre relacionamentos.

E para você mesma, a solução da combinação da preocupação dele com a sua, da existência dele e da sua até agora, trará um alívio que libertará você de uma responsabilidade grande demais, do sentimento de que depende de você o seu marido sentir-se bem ou mal. Pois saiba que isso não está em suas mãos! Tampouco está no controle dele, porém, seja como for, isso depende mais dele do que de você. Muito do que acontece com ele é obra do destino, é um desafio que ele tem de resolver pessoalmente. Isso não lhe deve ser tirado, por preocupação mal-entendida ou por solidariedade, se ele deve atingir seu objetivo de aprendizado nesta vida. Se, portanto, você puder aos poucos livrar-se do peso excessivo da responsabilidade, descobrirá que consegue ser muito mais feliz, muito mais positiva, muito mais amorosa e muito mais dedicada, podendo desenvolver novas formas de amor. E é essa a sua tarefa: separar o amor da preocupação e reconhecê-la cada vez mais em sua forma pura. Portanto, seria melhor levar sua pergunta para determinado ponto: é melhor que seu marido reze pela própria saúde e não que você reze por ele; o importante é que você consiga ajuda e apoio. Enquanto reza por ele, ele está cuidado e não precisa buscar uma resposta por si mesmo. Você entende agora aonde o seu caminho pode levá-la? Deixe de se preocupar, volte-se para instâncias que podem apoiá-la no seu próprio interesse, assim como nós estamos dispostos a ajudá-la com nossas palavras no seu caminho rumo à autenticidade.

❦❦   ❦❦   ❦❦

Pergunta: O mais novo dos meus três filhos sofreu uma queda quando tinha nove meses. Na escola foi medroso, nunca conseguiu acompanhar as aulas e, durante muito tempo, urinou na cama. Hoje, como adul-

to, ele troca constantemente de emprego. A amiga dele é paralítica e usa cadeira de rodas. Esse relacionamento já dura cinco anos. Como posso ajudá-lo? Será que o ofendi com meus conselhos bem-intencionados?

Fonte: As vidas, os destinos, as tarefas de vocês estão estreitamente entrelaçados. O seu filho descobriu que permitir que você se preocupe com ele e com seu futuro nesta vida a deixa feliz. Acostumou-se a ser o filho que dá muita preocupação e acostumou-se a entregar-lhe a responsabilidade por ele. Além disso, com você ele aprendeu que a maior felicidade neste mundo consiste em cuidar de outra pessoa, carregar o fardo dela nos próprios ombros e tirar um alto lucro pessoal do fato de uma outra pessoa — um parceiro ou um filho — ser muito mais desamparada e problemática do que ele mesmo.

Quando pergunta o que teria magoado seu filho, nós respondemos: não foi o fato de ter-lhe dado tantos conselhos, mas o fato de ter-lhe transmitido uma imagem de fraqueza, que o deixa doente. Ao fazer isso, você de fato o adoeceu. E aí está, como você já entendeu, a possibilidade de solucionar o relacionamento de vocês e até mesmo de obter o amadurecimento das partes pouco desenvolvidas da personalidade de seu filho. Até agora, ele não conseguiu a estabilidade no trabalho e na vida particular por sentir inconscientemente que você prefere assim, pois então pode preocupar-se mais com ele. De modo direto e automático, ele sempre atrairá uma situação que outra vez firme o relacionamento de vocês no sentido antigo. Pois o que resta a você para amá-lo, se ele não lhe der mais preocupações? Se ele estiver feliz e realizado na profissão e tiver uma mulher que esteja disposta a se preocupar com ele?

Ele conseguiu evitar esse vazio assustador na vida de vocês até hoje, à medida que escolheu uma parceira com a qual ele tem de se preocupar tanto quanto você se preocupa com ele. Em essência, o relacionamento dele com a companheira será promissor quando ambos compreenderem que o que mantém um casal unido não é a preocupação um com o outro, mas o amor mútuo. Se você quer ajudar seu filho, libere-o de seus cuidados, e ame-o individualmente com toda a força, quer ele seja estável ou instável, saudável ou doente, bem-sucedido ou desempregado. Deixe que ele viva as próprias crises existenciais, coisa que ele adiou por tanto tempo, que afastou de si porque você, e também a companheira, sempre resolveram os problemas dele. Só a crise o levará ao autoconhecimento da dependência e do amor, pelo fato de ele ser tão sensível mas também muito forte.

Estamos nos entendendo bastante, mas o fazemos com a consciência de que você está em condições de compreender e cumprir nossas instruções no que se refere a impulsioná-la para a frente e ao que significa um amor não dominado pela preocupação. Pois há muito tempo você busca descobrir o que é realmente o amor. Então, não perca a coragem. Você pode ajudar muito aos seus dois entes queridos se compreender o que de fato os ajudará. Deixe que vivam a vida deles, e entenda que você também é valiosa se os amar sem esse excesso de preocupação, que tira deles a possibilidade de se preocuparem consigo mesmos, de serem independentes e de crescerem através das dificuldades e problemas pessoais.

✦✦ ✦✦ ✦✦

Pergunta: Há vários anos sofro com um reumatismo terrível. Os mais recentes resultados de exames foram tão esmagadores que de início reagi a eles com depressão. Para ativar as forças pessoais de cura é preciso ter determinada aptidão, ou eu posso aprender sozinho? Terei sucesso em voltar a viver sem dores nesta vida?

Fonte: As forças autocurativas do corpo humano estão sempre ativas, estão sempre presentes. Não é preciso fazer nada para isso. Elas são efetivas todos os dias e a única coisa que uma pessoa pode fazer é impedi-las de atuar. Mas esse impedimento também pode ser eliminado. Compreenda bem o que estamos dizendo: não é um ato de autocura que tem de ser provocado com esforço, mas os obstáculos é que devem ser removidos do caminho para que a cura possa ocorrer. O que estamos querendo lhe dizer é que ainda não está na hora de dizer adeus. Você ainda tem de passar por algumas coisas e tem de completar outras também. Há bem pouco tempo sua vida tomou forma graças a uma terapia que corresponde à verdade interior da sua existência. Então sua alma ainda quer sentir e gozar muita coisa. Seja como for, queremos também dar uma explicação para seu atual estado depressivo, visto que esse mal-estar no âmbito espiritual não está isento de provocar dificuldades no plano físico. Queremos compará-lo com uma criança que até o décimo ano de vida esteve embrulhada nos cueiros até o pescoço, como se fosse uma boneca. Agora os panos se soltaram, pela primeira vez você movimenta os membros e os movimentos desacostumados das partes do corpo, pela primeira vez liberada, provocam muita dor. Você é também como uma borboleta que depois de ficar longo tempo no casulo abre as asas pela primeira vez, ainda um pouco insegura quanto ao fato de voar ser realmente tão belo como afirmam as vozes de suas células. Dê-se um tempo e, principalmente, não se preocupe. Não se preocupe, mas confie em que a sua vida esconde suficiente força ativa em si para provocar o que for necessário. Mesmo que lhe pareça impossível, você ainda viverá sem dores.

Vivemos para Aprender a Amar 57

❧ ❧ ❧

Pergunta: Minha mãe sofre de esclerose múltipla, e há pouco tempo, detectaram a mesma doença em mim. Mas não se trata de uma doença hereditária. Não consigo explicar o fato. Por que aconteceu comigo? Como posso ajudar minha mãe?

Fonte: Você não pode ajudar sua mãe, e tampouco deve ajudá-la. Você tem a mesma doença que ela, mas você não é idêntica a sua mãe. Algo lhe diz que você só pode demonstrar-lhe o seu amor se, por pena, não separar seu destino do dela. O fato de você registrar uma perturbação comparável à dela em seu organismo, tem mais a ver com o seu relacionamento com sua mãe e com o relacionamento dela com você, do que você já parou para considerar. Antes de mais nada, não deixe progredir em você os mesmos sintomas só por ter pena dela. O que a torna doente é um forte desejo de simbiose que, originalmente, parte de sua mãe, não de você. Ela é uma pessoa solitária, e só se sente protegida e segura se uma outra pessoa, neste caso você, que é sua filha, for igual a ela. Só assim ela consegue se fazer notar.

Mas você é diferente dela, e tem condições de estabelecer a diferença entre o amor que sente por sua mãe e uma identificação com ela. Esse dois âmbitos se excluem. Você só poderá amá-la e isso indiretamente a ajudará — se conseguir libertar-se do aprisionamento da identificação. E você só poderá amar a si mesma se constatar que é totalmente diferente dela e que por isso não precisa compartilhar de sua doença. A doença tem função de espelho. Ela não parte de você, tampouco lhe é imposta, mas corresponde à dinâmica do relacionamento de vocês. Quando esse relacionamento se modificar, seu estado de saúde também se modificará.

❧ ❧ ❧

Pergunta: Minha filha de vinte anos foi operada de câncer de mama há um ano. Pouco tempo depois descobriu-se que havia metástases, e uma médica recomendou um tratamento homeopático. Quero saber se essa terapia será bem-sucedida.

Fonte: Sua filha sofre por não se identificar realmente com o seu corpo de mulher. Ela tem uma alma de guerreira. Teria preferido sair pelo mundo e não ter seios. Pois nesse caso, acredita ela, teria menos problemas no mundo. E pelo fato de sua relação com os atributos femininos estar perturbada, sua psique tenta rejeitar essa parte do corpo: nesse caso nenhum tratamento homeopático, cuja intenção seja metodicamente fazer sumir esse sintoma que se localizou no busto, poderá ser-lhe útil. Um método que apoiasse e a tornasse mais consciente de sua feminilidade evitando que ela formasse endurecimentos, que não passam de uma tentativa de não reconhecer o próprio busto, ajudaria muito mais. Esta é uma das alternativas. Mas há outros acessos a esse problema, e eles se apóiam igualmente no fato de a sua filha ter problemas com sua imagem psíquica de mulher. Ela tem fortes características masculinas que, sob diversos pontos de vista, são muito favoráveis; no entanto, ela introjeta essas características. Anseia por chamar atenção devido a essas características e sofre quando isso não acontece. Deseja ir direto ao objetivo de sua vida e muitas vezes fica totalmente confusa. Antes de tudo, ela entra numa nítida concorrência com você, só que essa concorrência está, em parte, abrigada na consciência. Ela sabe que não quer nem pode tornar-se o mesmo tipo de mulher que você é, e ao mesmo tempo sente que não é tão diferente de você quanto pode parecer.

Quantos adolescentes não gostariam de ser o máximo possível diferentes dos pais! Mas ela deixou de prestar atenção à própria e autêntica estrutura da personalidade dela. Quando se rebela contra o que existe dentro dela, porque não consegue suportá-lo nos outros, ela está se rebelando contra a essência interior do seu ser. Por esse motivo é que vocês não se dão bem — vocês são mais parecidas do que gostariam de ser — e não porque são diferentes! As reações são diferentes, mas não a estrutura essencial!

Você quer saber de que modo contribuir para que sua filha se sinta bem, para que ela se arranje na vida, e para que vocês se entendam um pouco melhor. Embora sob muitos pontos de vista você tenha se resignado depois de longos anos de conflitos e de problemas e tenha se refugiado numa posição na qual não adianta esperar algo diferente, você sofre com isso. Seus sentimentos de culpa são constantemente ativados pelo fato de você se sentir desamparada diante de sua filha e pelo fato de enfrentar com o mesmo desamparo o problema da comunicação entre vocês duas. Você tem horror a esse desamparo e, contudo, nós lhe dizemos: se não se tornar mais desamparada ainda e aprender a suportar esse sentimento, ou seja, aprender a viver com ele em vez de compensá-lo, você não fará nada de bom para si mesma nem para sua filha.

Não se trata apenas de preocupar-se com sua filha. Comece a preocupar-se consigo mesma e a reconhecer o valor do desamparo, o valor de não poder fazer nada. O desamparo e a impotência, o sentimento de não conseguir agir, de não conseguir tomar a iniciativa, de não conseguir enfrentar decididamente um problema, é a chave secreta para o seu bem-estar e, antes de tudo, para a melhora de sua saúde. O fato de esta modificação de postura ter um efeito positivo também sobre a saúde de sua filha é muito bem-vindo. Mas, neste caso, nós lhe pedimos para não pensar em sua filha em primeiro lugar. Desde a juventude você está acostumada a ter de pensar nos outros. Você mesma sabe que tem a tendência de assumir excesso de responsabilidade.

Essa maneira de expressar seu amor, atinge você mesma de forma negativa, pois você assume a responsabilidade por todos e se esquece de cuidar de si mesma corretamente. Você carrega muitas responsabilidades. Mas onde fica a responsabilidade por si mesma? Como deve ter notado, seu bemestar não aumentou pelo fato de agir com tanta responsabilidade; ao contrário, diminuiu. Se você aceitar sentir-se realmente fraca de vez em quando e ceder aos sinais do seu corpo, a sua filha começará a se sentir mais forte e a assumir a própria personalidade. Hoje ela se revolta porque se sente enfraquecida e sua estrutura masculina não consegue suportar isso. Ela tem de agir em segredo, uma vez que não pode fazê-lo abertamente. Não consegue ser bem recebida por você, mas sente que deveria sê-lo. Ela contraiu um câncer porque sente que não tem outra saída.

Se você lutar contra suas fraquezas, não trará benefício a ninguém. No passado, essa foi uma solução de emergência, mas justamente você teria precisado sentir-se fraca durante a juventude a fim de levar em conta a força das outras pessoas. Sua mãe, que na verdade tinha essa tarefa, nunca esteve a sua disposição. Ela se refugiava na própria fraqueza. Portanto você não recebeu algo de que precisava muito naquele momento, e por isso não consegue mais lembrar-se de como pode ser maravilhoso, de como pode ser curativo e do bem que nos faz ter alguém para cuidar de nós com amor e dedicação, abrindo espaço para que nós possamos nos deitar.

Voltemos a falar de sua filha. Naturalmente todas as medidas que você tomou com relação a ela são boas e corretas. Convém não pensar em outras cirurgias, o melhor é tratar os fenômenos com a acupuntura e a homeopatia, só que isso não basta. Você perguntou a ela o que achava disso? Sua filha precisa da oportunidade de tornar-se mais forte, de sentir-se forte, de manifestar sua estrutura interior no exterior e não pela formação física de nódulos. Ela também precisa da oportunidade de desenvolver melhor novos modos de ação e de comportamento femininos. Ela precisa da oportunidade de se cuidar e de ser solícita. Mas você não pode exigir isso dela. Você só pode apelar à feminilidade dela, aos instintos femininos que ela também possui. Os seios dela existem para nutrir. Se você imaginar que pode ser alimentada pela sua filha, em vez de estar sempre presente para nutri-la, para se preocupar com ela, para derramar sua solicitude sobre ela, podendo sufocá-la, vocês duas se darão muito melhor. Os seios dela não terão necessidade de sobrecarregar-se de nódulos, ela conseguirá relaxar. Sua saúde e a de sua filha estão intimamente relacionadas. Está certo que você nem sempre acha sua filha simpática. Mas ela se mostrará um pouco mais simpática se permitir que ela cuide de você. Não da forma como sua mãe cuidava, mas em pequenas doses, por assim dizer em doses homeopáticas, com consciência e não da forma inconsciente como sua mãe o fez; com amor, não com recusa como você aprendeu. Dê à sua filha mais espaço para ela ser feminina. Dê-lhe mais espaço também para demonstrar suas forças masculinas, cuidando de você.

***

Pergunta: Tenho alguns sinais de nascença. Convém que eu vá a um dermatologista? Será que tenho câncer ou tendência para essa doença? Convém investigar isso?

Fonte: Em princípio, você evita ir ao médico porque acredita não poder argumentar com ele. Você acha que ele a influenciaria violentamente. Você tem medo de ter de submeter-se a um julgamento tirânico, se receber qualquer diagnóstico, seja de quem for. Por isso não gosta de ir a médicos, visto que lhes atribui um poder grande demais e muita sabedoria. No entanto, você acredita que não procura os médicos porque não confia neles. Isso é um engano. Você confia muito pouco em si mesma e na força do seu próprio julgamento.

Nós lhe pedimos que confie em sua capacidade de dizer não. E também no fato de ser suficientemente forte e esperta para tomar as próprias decisões. Por certo não convém você andar por aí atormentada por preocupações e dúvidas desnecessárias. Você as carregará com você até ter consultado vários especialistas sobre seus problemas de pele.

Pintas têm algo a ver com o fato de ser mãe.* Esses sinais de nascença não receberam esse nome por acaso. Você não tem câncer de pele, mas as pintas devem ser examinadas de tempos em tempos para que você fique tranqüila. Sendo ruiva, sua pele é muito delicada. Há uma grande sensibilidade nos seus genes. Por isso, convém você tomar cuidado com os raios de sol, para o bem de sua alma.

Tomar cuidado significa visitar o médico sempre que intuir que não fazê-lo significará falta de cuidado. Use a sua intuição. Permita que alguém a tranqüilize e saiba que é inteiramente possível examinar um perigo latente e vigiá-lo sem que tenha de se preocupar demais. Você não está acostumada a aceitar ajuda. Muitas vezes se orgulha de resolver tudo sozinha! Mas aprenda a livrar-se um pouco do excesso de responsabilidade e, em todos os

---

* Em alemão: *Muttermale*, pintas, e *Muttersein*, ser mãe.

casos em que isso for apropriado, a buscar o conselho de pessoas que sabem mais do que você em determinadas áreas. Seu medo do imprevisível gosta de se prender firmemente às coisas que você nem gostaria de imaginar, pois esse medo precisa de um objeto para ser sentido e vivido. Acostume-se, portanto, a garantir-se principalmente mais segurança.

⬦⬦ ⬦⬦ ⬦⬦

Pergunta: Sei que na minha idade a pessoa perde um pouco a memória e eu já não sou tão jovem. Mas me esqueço de muitas coisas e me admiro de estar tão desconcentrado. Sinto que há mais por trás disso do que a velhice. Isso é verdade?

Fonte: Sua psique lhe dita: esqueça! Sua psique vive enviando sinais que levam você a ignorar o mal que os seus semelhantes lhe fazem. Você quer jogar o manto do esquecimento e do perdão aparente sobre as pequenas e grandes ofensas. Sempre que tenta esquecer o que de fato é importante, exatamente seus sofrimentos, sua dor, suas humilhações, seu aviltamento, você esquecerá também o menos importante: as pequenas tarefas, as coisas que pretendia fazer, objetos que deixou em algum lugar. Se você quer ser menos distraído, primeiro tire da escuridão do esquecimento os aspectos de sua vida que valem a pena. Não continue a ignorar o que dói! Fazer isso não é demonstrar uma nobre generosidade, é expressar seu medo.

Quando percebe que tornou a esquecer de alguma coisa, você se sente inferiorizado, sem valor algum e humilhado. Você se castiga e tem para consigo mesmo a mesma atitude que permite que os outros tenham: você se despreza. Uma pessoa que se esquece de coisas importantes ou aparentemente importantes, costuma sentir-se incompetente e estranha, desvalorizada, especialmente quando esse esquecimento é encarado como culpa. Ela relaciona as correspondentes censuras aos outros consigo mesma, como ser humano e pessoa íntegra. Mas, em última análise, o outro aspecto que mencionamos é decisivo. Não continue a reprimir seu sofrimento. Se você erguer o véu do passado, aos poucos, com o cuidado de um arqueólogo, irá se deparar sempre com novas camadas que caíram no esquecimento, irá se deparar com vivências e sinais de vida extraordinariamente valiosos. Eles vêm à luz, você pode contemplá-los e avaliá-los. E como um arqueólogo, você tem de ser muito paciente, utilizar um espanador e ter muito conhecimento de causa. Melhor ainda se ao invés de trabalhar sozinho na escavação dessas dores do passado, você buscar ajuda competente. Então se lembrará de muitos fatos importantes e poderá deduzir as conseqüências. Logo se esquecerá de seu esquecimento.

❧❧ ❧❧ ❧❧

Pergunta: Na manhã em que minha avó morreu, eu havia falado com ela, mas não estava presente à sua morte. Sinto tanto e penso com sofrimento em como ela teria se sentido reconfortada se não tivesse morrido tão sozinha. Eu gostaria de saber como ela está agora.

Fonte: Quando uma pessoa morre tranqüilamente de morte natural, ela não espera que todas as pessoas que a amam estejam ao redor de sua cama cuidando dela. Quando alguém quer morrer em paz de morte natural, nas horas que antecedem essa mudança de energia, ela precisa de muito tempo, de muita paz, de muita reflexão para dedicar-se realmente aos seus pensamentos, que ainda passam por ela como fiapos de nuvens, para pensar nisto e naquilo e para poder despedir-se — não das pessoas, porém dos desejos e das ilusões. Também temos de nos despedir de um corpo que nos serviu, que nos serviu por muito tempo e que aprendemos a amar, mesmo que nos últimos tempos não desempenhasse mais o que se esperava dele. Sua avó não sentiu tanto a sua falta como você imagina por desconhecimento dos fatos.

Uma pessoa prestes a morrer possui uma percepção energética extremamente aprimorada. E sua avó percebeu nitidamente que você a ama. Por isso ela não esteve solitária. Mas justamente o fato de estar só, o que lhe foi permitido pela sua ausência física, serviu para ela se concentrar totalmente em si mesma sem distrair-se com conversas, sem ter de participar emocionalmente do seu sofrimento. Pois muitas vezes para a pessoa que está à morte é um tormento e um obstáculo ser pranteada pelos parentes e entes queridos. Para a pessoa que morre não é fácil trocar a forma de energia, mas o ato de morrer se torna desnecessariamente mais difícil, se a pessoa à morte ainda tem de consolar os que se encontram a sua volta. Pelo fato de você não estar com ela, mas ela sentir-se acompanhada e amada por você em pensamentos, ela pôde mais facilmente fazer a transição do corpo para a forma imaterial. E ela registrou agradecida o fato de, instintivamente, você ter-se mantido afastada. Em nenhum momento ela achou que você a deixou sozinha porque tinha pouco amor por ela. Se ela pudesse falar diretamente com você, ela lhe diria: "Seus sentimentos de culpa nos separam. Os sentimentos de culpa são supérfluos. Eles nos separam porque a culpa e o amor feliz não podem conviver sob o mesmo teto. Conceda a paz ao seu coração. Você fez o melhor por mim, porque permitiu que eu morresse sozinha."

Agora sua avó já está há mais de um ano no segundo território do mundo astral, onde ficam as almas que durante algum tempo não habitam nenhum corpo. Depois da morte, durante as primeiras semanas e meses, ela cercou você com a energia dela muito mais vezes do que deseja fazer agora. Ela cuidou para que você ficasse ligada a ela. E muitas vezes lhe enviou mensagens durante os sonhos, as quais facilitaram muitos dos seus dias difíceis. Isso ainda continuará assim por algum tempo; segundo a contagem humana do tempo, não mais do que três a quatro anos. E esses contatos irão se tornando mais raros.

Se você espera que a sua avó, na forma que ela veste agora, assuma a tarefa de protegê-la como uma alma da sociedade da guarda, sempre presente e de olhos abertos para tudo o que possa ameaçá-la, está pedindo demais. Mas ela prestará uma atenção amorosa em você se de fato precisar, e se chamar por ela. Mas você só deve fazer isso se estiver numa grande emergência. Então ela pode lhe enviar sinais e protegê-la na medida do possível. Mas ela não é o seu anjo da guarda. Além disso, você pode se proteger muito bem, e há outros ainda que podem exercer essa tarefa: os membros de sua família de almas. A alma que nesta vida foi sua avó, e que agora, no mundo astral, não é homem nem mulher nem um parente, não tem o dever de proteger você do mal. Se ela o fizer, isso acontecerá porque ela a ama. Irmãos de alma que em todos os tempos são parte de você mesma, ao contrário, têm a missão de acompanhá-la e de protegê-la. Mas compreenda que a proteção nunca significa manter você longe de experiências importantes.

❦ ❦ ❦

Pergunta: Nossa mãe faleceu há vinte e quatro anos. Minha irmã e eu gostaríamos de saber se ela ainda precisa da nossa ajuda.

Fonte: Algum tempo depois que a mãe de vocês morreu, ela começou a reconhecer que exigiu muita ajuda das duas. Enquanto vivia, ela não pôde ver isso, mas depois que abandonou seu corpo deteriorado, e depois de passar algum tempo interiorizando-o, ela obteve o conhecimento; obteve-o também com a ajuda de outros que lhe abriram os olhos para o fato de ter abusado de vocês, suas filhas, sob muitos pontos de vista. Ela pediu que vocês representassem para ela o papel de mãe, visto que lhes entregou várias vezes essa responsabilidade, pedindo ajuda de uma maneira que não lhes cabia dar, e que, no entanto, tiveram de dar. E como ela chegou a esse conhecimento, tornou-se-lhe claro que basta de fazer isso, ela não pedirá mais sua ajuda.

Lá onde está agora como alma, ela recebe bastante ajuda, mas uma ajuda de outro tipo. Diferentemente do que vocês presumem, por velhos hábitos, ou também temem, ela agora analisa com pesar e simpatia o fato de ter judiado tão constantemente de vocês. Mesmo agora, vinte e quatro anos depois de sua morte, vocês ainda imaginam que ela precise de vocês, que têm de continuar prestando-lhe ajuda. Mas se ela pudesse alcançá-las, ela lhes diria: "Não quero nada mais de vocês, a não ser que aprendam a fazer mais por si mesmas. O que não pude ensiná-las a fazer."

Bem, ela já morreu há muito tempo e sua energia enfraqueceu; a ligação com parentes de sangue que deixou para trás não é suficientemente forte para que ela possa alcançar vocês telepaticamente a qualquer momento. Contudo, ela dispõe de delicados impulsos energéticos que vocês podem receber, se desejarem. Mais vezes do que você, sua irmã escolheu o caminho de se retirar ao silêncio, portanto é mais facilmente acessível para a intuição mental que lhe chega esporadicamente. Você, ao contrário, só poderá ser alcançada quando tiver seus momentos de silêncio e de fraqueza. Nós não a aconselhamos a experimentar a meditação. Se, no entanto, lhe ocorrer espontaneamente um estado meditativo, entregue-se a ele. Mas você é uma pessoa que tem forte necessidade de movimento; não é bom para você e a deixa nervosa ter de sentar-se calmamente para meditar. Portanto, não se trata disso. Mas deitar-se e cochilar, deitar-se sem realizar qualquer atividade, sem ler, sem assistir televisão — isso lhe fará bem em mais de um aspecto. Descansar, relaxar — com isso você deixará disponível uma energia que fará com que sua mãe a alcance com suas forças impulsivas.

Vocês não dependem mais da ajuda de sua mãe. Têm saudade, pois receberam muito pouca ajuda dela. Mas agora vocês podem obter ajuda em outro lugar, de pessoas vivas. Pensem nisto, sem exigir essa ajuda; deixem que ela chegue até vocês e assim poderão atender melhor ao desejo de sua mãe. Há bastante tempo ela realmente se arrependeu de não ter dado a vocês aquilo de que precisavam: muito carinho, proximidade, muitos abraços e muitos sorrisos silenciosos. Disso é que vocês precisavam para chegar mais facilmente a ser o que são — pessoas delicadas, vulneráveis, sensíveis, que só parecem ser menos vulneráveis e sensíveis porque a estatura física robusta chama mais depressa a atenção das pessoas à sua volta.

As pessoas sentem menos do que aquilo que elas vêem. Elas criam uma imagem do que vêem e muitas vezes essa imagem está totalmente errada. Como filhas vocês tentaram, cada uma à sua maneira, corresponder à imagem que os outros têm de vocês. Sua mãe presumiu que eram fortes e que podiam tomar conta dela, e ela levou em conta essa pseudoforça. Mas agora as coisas mudaram. De fato, ela não precisa mais de vocês. E se quiserem fazer algo por ela, afastem o desejo de continuar ajudando, tornando-se receptivas à ajuda que ela pode lhes enviar. A mãe de vocês tem muita coisa

a reparar. Mas ela não pode fazê-lo diretamente. Assim que assumir um outro corpo, ela terá aprendido muita coisa com o que não conseguiu acertar
em sua vida anterior. Ela recebeu muitos lampejos intuitivos e terá de se
ver às voltas com filhas mais uma vez. E com essas filhas ela terá de consertar o que perdeu ao abusar das forças de vocês. Perdoem-na porque então estarão fazendo um bem a ela; aceitem que nem tudo esteve em ordem.
Perdoar não significa encobrir as coisas. Perdoar não significa fazer de conta que nada aconteceu. Perdoar significa aceitar e ultrapassar a dor, em vez
de apegar-se a ela.

❧ ❧ ❧

**Pergunta: É verdade que o suicídio é pecado? Seremos castigados se
o praticarmos? Ouvi dizer que durante muito tempo os suicidas visitam
os vivos.**

Fonte: Quando uma pessoa se matou intencionalmente e sua alma não habita mais seu corpo, é de primordial importância saber como ela deixou esse corpo. Contudo, esse não é um dado decisivo. Não é significativo principalmente com relação à qualidade dos contatos que uma alma em estado
incorpóreo pode cultivar com as que estão incorporadas. Queremos que re-
flitam sobre isso. Mais importante ainda é prestar atenção ao seguinte: o fato de um ser humano ter morrido violentamente, pelas próprias mãos ou
não, nada revela sobre suas qualidades espirituais, nada revela sobre sua capacidade de amar. Uma pessoa pode se suicidar por amor a si mesma e por
amor aos seus familiares. E, caso ela queira, da dimensão astral, manter algum tipo de contato com os que ficaram para trás, esse contato estará impregnado de amor. A motivação é tudo. Uma pessoa pode ter sido assassinada e ter sofrido muito na hora da morte e, apesar de tudo, ter estado muito
consciente de si mesma. No mundo astral ela poderia trabalhar a dor, poderia obter conhecimento a partir desse fato. Não significa que ela visitará
os que deixou para trás, nem mesmo o assassino, levando consigo esse tormento, essa dor. O assassino será atormentado pelos próprios sentimentos
de culpa.

Vários motivos levam uma pessoa ao suicídio. Nós distinguimos duas
dimensões decisivas. A primeira é o conhecimento de que ela não pode mais
realizar seu plano de vida da maneira planejada pela alma no estado incorpóreo. Isso pode acontecer, por exemplo, em grandes catástrofes coletivas,
em situações de guerra ou no caso de perseguição coletiva. Portanto, quando uma alma planejou fazer determinadas coisas que só são possíveis em

condições especiais, ela preferirá suicidar-se a continuar vivendo vazia de sentido real (porque não lhe será possível realizar seu objetivo nem aprender o que deve).

Outra pessoa, ao contrário, que também tem um objetivo, cuja alma tem um plano, pode imaginar que não será possível concretizá-lo. As circunstâncias parecem se conformar de tal modo que ela não sabe mais entrar ou sair, visto que tem um grande medo das conseqüências de sua ação ou omissão; por medo de fracassar, por medo de não conseguir realizar seu plano de vida, embora ele seja viável, ela se suicida. Essa resignação também é uma experiência espiritual significativa. O desespero é uma energia inferior, pesada e triste. Ele pode ser clareado pelo amor dos semelhantes. Mas quando uma pessoa se suicida porque realmente não vê mais sentido em sua vida e de fato esse sentido não mais existe, a decisão de morrer aumenta sua energia. O suicídio corresponde ao livre-arbítrio humano.

Você quer saber ainda se uma alma desencarnada, cujo corpo morreu de morte violenta provocada por si mesma, tenta induzir os que ainda estão vivos a se suicidarem também. Nós dizemos que ninguém, qualquer que seja a situação, pode ser levado a fazer algo que não deseje; há de haver sempre a disposição interior de agir. Só nesse caso pode haver tentação, só então a tentação poderá se concretizar. Se uma pessoa, por qualquer dos dois motivos citados, sente a necessidade de se matar (embora ouvir algo assim provoque medo), pode ser vantajoso para ela o fato de uma alma que fez experiências positivas com a decisão de se suicidar estimulá-la a agir da mesma forma. Mas vocês podem ter certeza de que isso só acontece — e pode mesmo acontecer — caso seja proveitoso para ambas as almas. Acontece somente quando a vibração energética e amorosa é ampliada. Pode tratar-se de um ato de amor estender energeticamente a mão a uma pessoa infeliz a fim de puxá-la para a dimensão imaterial, no intuito de prestar-lhe um favor.

Mas existem outras almas assustadas que são infelizes e querem partilhar sua infelicidade. Elas povoam o primeiro território do mundo astral onde imperam muito medo e insegurança. Muitas vezes essas almas nem são humanas. Em sua necessidade, elas se voltam para os que estão igualmente desesperados, para os que são afligidos pelo medo, para os solitários, para os sofredores que não encontram ajuda em nenhum lugar. Então podem sussurrar isto ou aquilo para os outros. Mas também nesse caso, voltamos a assinalar, algo nunca pode se efetivar se não houver disposição interior para ouvir essas vozes. Quem não quer abandonar a vida, não pode ser levado ou tentado a se suicidar por nenhuma força que atue no mundo extracorpóreo. Fiquem tranqüilos, tenham a certeza de que para todas as energias sempre tem de haver um corpo de ressonância que as torne eficazes. De outra forma não é possível, nem no amor nem no desespero.

Você fez essa pergunta por puro medo, e ela é feita por muitas pessoas. Muitos temem por sua integridade quando se abrem às energias que não se restringem ao corpo. Ao lhes falarmos sobre o que de fato acontece nesse caso, visamos eliminar esse medo de vocês. Nunca nos interessamos em infundir-lhes mais medo do que já sentem dizendo a verdade. Queremos esclarecê-los, em vez de contar-lhes mentiras só para que fiquem calmos. Queremos tranqüilizá-los, sem com isso apaziguá-los. A clareza tranqüiliza, a clareza abre perspectivas. A clareza abre os olhos e os corações. Nada é mais desagradável para todos, portanto também para nós, do que sujeitar-se a uma confusão de especulações no que se refere as dimensões mental, espiritual, anímica, às dimensões transcendentais do mundo astral e causal.

Queremos evitar que especulem medrosamente, que tateiem no escuro ou que fiquem se alternando entre a esperança, as saudades e o medo do inferno. Além do tempo e do espaço — onde nos encontramos, onde construímos a nós mesmos e onde a alma de vocês se movimenta entre as vidas terrenas, nada é tenebroso! Aqui, cada um recebe aquilo de que precisa para sentir sua força, para avaliar suas experiências, para poder decidir-se por uma nova vida ou um novo passo de aprendizado. E uma pessoa precisa disto e outra daquilo. A necessidade é decisiva. De acordo com ela são tomadas todas as demais decisões. Por isso fiquem tranqüilos. Não tenham medo da vida e não temam a morte. Contudo, antes de mais nada, na medida do possível, deixem de lado todos os pensamentos relativos ao mundo em que não estão no momento. Voltem a atenção para o mundo de vocês, para o momento que estão vivendo. Quando estão encarnados, vocês estão no corpo e devem dedicar-se às tarefas que surgirem. Certo dia, quando não tiverem mais corpo, terão de realizar outras tarefas. Então terão de estar onde estiverem; isso basta. As transições não são fluentes, elas são de fato abruptas. Mas tudo está preparado para que vocês possam suportar bem a passagem.

❦ ❦ ❦

Pergunta: Meu marido se suicidou. Estávamos casados havia bastante tempo e nosso casamento não era muito feliz. Eu gostaria de saber se sou de algum modo culpada pela morte dele.

Fonte: Uma pessoa como você, que também é desamparada, não está em condições de ajudar ninguém. E quando se trata de coisas relativas à vida e à morte não existe praticamente possibilidade de prestar ajuda real a outra pessoa. Pois não só a alma decide quando quer morrer — mesmo que não tenha consciência disso —, como a sociedade deveria dar aos indivíduos a liberdade de decidir sobre a própria morte. Isso pode acontecer de maneira ativa ou passiva. Respondemos com toda a clareza à sua pergunta sobre se lhe cabe alguma culpa pelo fato de o seu marido não querer mais viver: não se pode falar de culpa nesse caso. O seu marido protelou essa decisão por muito tempo e pelos mais diversos motivos, encerrando uma vida que representava mais um fardo do que uma alegria para ele. Há muitos anos ele ansiava pelo término de sua vida, e esse era também o motivo por que com tanta freqüência se recolhia para dormir; pois sempre que dormia, podia embalar-se na ilusão de não existir mais. Quase todas as horas de despertar eram um sofrimento para ele. Mas ele também era um ser humano que apreciava ser útil, e o fato de precisarem dele o manteve vivo durante mais algum tempo. Ele criou situações de vida em que os outros dependessem dele; e essa dependência dos outros dava sentido a sua vida e justificava o fato de ele viver. Se não tivesse se casado e tido filhos, ele teria se despedido da vida mal completasse trinta anos. Mas seu anseio de levar algo da vida estimulou-o a assumir responsabilidades. Ele queria tanto que precisassem dele; e quando percebeu que não precisavam mais, ficou claro para ele que havia completado sua missão de vida. Sentiu-se livre para partir. Mas isso não significa que tenha ido com alegria. Ele se decidiu a atender unicamente às próprias necessidades. E sua necessidade era morrer.

Quando sua família lhe sinalizou que era capaz de viver sem ele — e até melhor sem a sua presença —, experimentou um grande sofrimento e, ao mesmo tempo, um grande alívio. Vocês dois eram um casal que formava uma comunidade de desamparados. Apoiavam-se um no outro, mas não havia muita substância que lhes servisse de apoio. Pelo fato de ele querer que dependesse dele nas coisas relativas ao mundo material, nunca permitiu que você se tornasse independente e eliminasse pouco a pouco os seus medos. E pelo fato de você também torná-lo dependente da sua força, da sua constante presença, da sua autoridade em questões de humanidade, nada mais lhe restou do que deixar-lhe campo livre e manter-se ele mesmo num nível que o tornava dependente do seu conselho e do seu apoio moral. Assim sendo, vocês se agarravam um ao outro, e cada um tentou apoiar o outro. Com isso, nenhum dos dois conseguiu firmar-se nos próprios pés. Tudo foi bem-intencionado e pouco compreendido, mas essa era a constelação com que você lida até hoje. Agora que chegou a certa idade, você percebe que dispõe de grande capacidade de independência e de livre-arbítrio, dos quais nunca teve conhecimento antes. E você sabe que desde a morte dele fez mais progresso no desenvolvimento da sua personalidade do que em todos os anos anteriores. Foi isso o que a alma do seu marido lhe possibilitou. Nós desejamos que possa realizar um processo de amadurecimento também nos próximos anos, um amadurecimento que veio tarde, porém não tarde demais.

Já agora você pode chegar a um sentimento de vida que a liberte do desejo de depender de alguém, mas também do medo da dependência.

Você se preocupa tanto em ficar dependente outra vez que o seu medo envenena todos os seus dias e especialmente todas as suas noites. Mas nós afirmamos que quem foi dependente durante tantos anos não tem de passar seus últimos anos dependendo de alguém. Você é livre e estamos falando sério: você tem a liberdade de ser independente em muitas pequenas coisas e em algumas grandes coisas. Mas você tem de tornar-se independente, essa é sua contribuição. Essa é a tarefa que terá de realizar em seus últimos anos. Repita sempre para si mesma: "Eu sou independente! Não tenho de me justificar diante de ninguém! Não dependo de ajuda, não dependo do favor dos outros, porém unicamente da minha decisão e do meu próprio desejo!" E então você terá certeza de que pode receber tanto amor e dedicação das pessoas que estão à sua volta quanto desejar, na medida em que puder aceitá-los. Há muito mais pessoas do que você imagina dispostas a visitá-la e a freqüentar sua casa. Não imagine que é um fardo. O seu medo de ser um fardo é que incomoda as pessoas, não a sua pessoa.

Se você se descontrair e deixar o medo de lado, você será uma companhia agradável e construtiva. Certifique-se disso e não fuja, resguardando-se numa falsa modéstia. Essa modéstia provém quase exclusivamente do medo e os outros percebem isso e ficam embaraçados. Portanto, expresse seus desejos de forma um pouco mais clara e também exerça sua capacidade de dizer não. Falsa modéstia não combina com uma mulher de sua idade. Ouça com atenção a sua voz interior, verificando se o que representa para os outros é de fato o que quer dizer ou se provém do seu medo. E então, de preferência, pergunte: "Acaso estou amolando você demais?" Em vez de ficar imaginando: "Agora você enjoou de mim." Você tem medo de perguntar porque fica com medo de obter uma resposta negativa. Mas essa resposta não virá com tanta freqüência como você teme. E se você não perguntar, estará se afastando das belezas e do calor da vida. É bom que não dependa mais de ninguém porque a dependência gera problemas. Mas você deve buscar a proximidade, pois por que desejaria sair desta vida sem ter recebido aquilo de que precisa? Isso existe também para você. Não precisa esperar em vão por ela ou lutar para alcançá-la. Isso não é necessário. A alma de seu marido abandonou você na hora certa para que ainda possam nascer asas em sua alma.

II. Espiritualidade e sexualidade

O que o tema "sexualidade" está fazendo num livro sobre a alma? Acaso não aprendemos que a castidade nos pensamentos, nas palavras e nas ações são um pressuposto essencial para o bem da nossa alma? Esse ponto de vista não só é defendido por muitos cristãos, mas também pelos sacerdotes da maioria das outras religiões. Até mesmo a meretriz dos templos da Antigüidade só devia exercer sua função quando ficasse garantido que o fazia no enquadramento de sua divindade e para o bem do templo. No entanto, no decurso da história da religião sempre houve movimentos extáticos contrários, cultos que usavam orgias, experiências tântricas. Contudo, a castidade sacerdotal continua tendo um grande valor ético entre o clero, mesmo quando quase ninguém a pratique durante um período mais longo de tempo.

A sexualidade é uma dimensão essencial de nossa vida, que não só ganha significado quando a alma encarna e tem de passar por experiências novas: concepção, nascimento, puberdade, ser homem ou mulher, parcerias, paternidade, mas também por uma série de problemas e dificuldades de relacionamento na definição do próprio sexo. A homossexualidade e a bissexualidade como base possível de relacionamentos entre os homens no contexto de proximidade e distância são mergulhadas em nova luz pelos comentários da "fonte", uma instância sem corpo, sem sexo. A sexualidade humana permite que a dolorosa fragmentação da nossa alma em corpos isolados possa ser temporariamente superada.

"A humanização da alma" é o tema de um dos subtítulos que seguem. As perguntas e respostas lidam de forma totalmente não-ortodoxa com o tema da gravidez e do aborto. Qual é a relação disso com pecado, culpa e karma? Nós

sempre tornamos a perceber que a "fonte" dá respostas inteiramente pessoais, amorosas, sem se esquecer das afirmações de interesse geral.

Da "fonte" ouvimos que a alma dos homens não encarna nos corpos em vão, visto que sem a sexualidade não sentiria prazer e não poderia se multiplicar. Só com a sexualidade lhe é dada a oportunidade de fazer experiências essenciais, muito interessantes, que não lhe são oferecidas em nenhuma outra forma de existência. A alma não tem sexo, nem mesmo entre as vidas. A sexualidade é algo novo e só pode ser vivida no contexto de uma encarnação. A alma aprende a se arranjar com ela e a gozar todas as possibilidades que o sexo lhe propicia. E quando fez isso no decurso de inúmeras vidas, ela se aproxima pouco a pouco da não-sexualidade. Ela começa a unir em si as energias masculinas e femininas, sem desistir de sua identidade como homem ou mulher. Almas antigas muitas vezes se cansaram da procriação. Já conceberam tantos filhos! E o amor, também, com suas formas sexuais de expressão, tem tantas dimensões que ainda poderiam ser experimentadas enquanto ainda se está na Terra. Nesse sentido a "fonte" nos ensina a ver e a compreender de modo diferente esse lado de nossa vida.

❦ ❦ ❦

Pergunta: Somos seres sexuais. Mas para a maioria das religiões esse fato representa um mal. Uma postura como essa leva a muito sofrimento. Além da procriação, a sexualidade tem alguma função especial para nosso desenvolvimento anímico?

Fonte: A sexualidade, como sabem, serve à procriação e é um aspecto do nosso ser animal. Essa forma animal de existência, que um corpo coloca à sua disposição e ao qual a alma está presa, é da maior importância e não deve ser encarada como algo superficial ou baixo. Com tudo o que lhes podemos dizer sobre as funções anímicas da sexualidade, gostaríamos que levassem isso em consideração. Ninguém deve cair no erro muito difundido de achar que uma sexualidade liberta das necessidades biológicas e animalescas é algo melhor, mais puro ou elevado.

Vocês não são alma pura, nem tampouco apenas corpo. Vocês são ambos, e ambos exigem seus direitos em iguais proporções e com o mesmo valor. Depois que um corpo recebe uma alma, a alma terá em cada estágio de seu desenvolvimento, em todos os ciclos do seu desdobramento, duas necessidades essenciais. Ela quer fazer justiça ao fato da encarnação e isso, no sentido da sexualidade, significa que ela quer se aproximar de outro corpo e trazer novos corpos à vida, ou seja, novos seres humanos; e ela quer se aproximar de outra alma, encarnada em outro corpo, de uma maneira que não é possível no estado encarnado. Essa é a eterna saudade e ligação. Por outro lado, a alma encarnada sempre guarda o desejo e a necessidade de se ligar com formas que não têm corpo, com seu verdadeiro lar, com irmãos anímicos não-encarnados, com tudo o que não está materializado, mas que conhece bem. É isso que chamamos de saudade da perda dos limites.

Se analisarmos o ato sexual, principalmente o coroado por um orgasmo da nossa perspectiva não-encarnada, vemos que ambas as necessidades são atendidas nesse processo. O orgasmo representa a maior proximidade possível de um outro indivíduo encarnado, independentemente dos modos pelos quais foi alcançado. O orgasmo dissolve tanto e de tal forma os limites da forma do indivíduo do ponto de vista energético, que esse indivíduo pode se abrir e se tornar acessível de um modo que de outra forma não aconteceria. A vontade de se perder, e a saudade da fusão, o fato, portanto, de se encontrar na outra pessoa, é, neste momento, igualmente forte, e a realização anda junto com a saudade. Agora vocês devem estar pensando: "Esse deve ser o caso de vez em quando. Mas isso só é possível quando uma pessoa se entrega à outra com todo o amor e coração puro." Ao contrário, nós afirmamos: Não, toda vez que acontece um orgasmo, não importam as circunstâncias, independentemente dos motivos, e sem estar preso aos fatos, existe a vivência da proximidade e da dissolução dos limites.

A sexualidade não é feita apenas de orgasmos. Ela é um fenômeno que está limitado ao mundo físico e não existe no plano astral. Entretanto, a sexualidade não abrange somente a união física, mas também aquela idéia, aquela formação, aquela fantasia que de alguma forma contenha aspectos eróticos, sexuais ou de desejo. A sexualidade acontece no cérebro de forma tão concreta e palpável como nas genitálias. Ela abarca o passado e o futuro. Ela ultrapassa o espaço, pois pode pegar fogo à mera lembrança da outra pessoa que esteja distante. A sexualidade é um dispêndio de energia, que está à disposição de cada pessoa e que nem sequer precisa de um objeto amado.

Se vocês nos perguntam sobre as funções anímicas da sexualidade, queremos primeiro que pensem que todas as almas encarnadas sentem um enorme interesse pela sexualidade, quer confessem ou não o fato, e justamente porque se trata de uma experiência que só pode ser feita pelo corpo e que, ao mesmo tempo, une a alma às formas de existência não-corpóreas. O desejo que pode ser sentido no contexto das fantasias ou das atividades sexuais provém dessa dualidade. Prazer significa ser tocado em todos os âmbitos, ser um em todos os âmbitos e, ainda assim, sentir o não-ser um. Prazer significa perder o controle e, ainda assim, saber o que se está fazendo. Prazer significa transcender a fragmentação, que vocês escolheram e que enfrentam com coragem a cada momento da encarnação, ao menos durante alguns segundos. E esse é o motivo por que todos são, na mais elementar das formas, seres sexuais, e por que têm interesse pela sexualidade, não importa se a completam através do ato sexual ou não.

✸✸ ✸✸ ✸✸

Pergunta: Por que quase todas as religiões recusam tradicionalmente a sexualidade e procuram evitá-la, uma vez que a religião se orienta exatamente para a delimitação?

Fonte: Aquelas religiões e formas de religiosidade que limitam a sexualidade, evitam-na, estigmatizam-na ou querem transcendê-la, voltam-se principalmente às almas que no seu ciclo de desenvolvimento estão na transição de alma infantil para alma juvenil ou no ciclo de almas jovens. Dessa maneira, atendem as pessoas implicadas e lhes oferecem, com a oferta de renúncia, uma possibilidade que as livra de uma ligação inconsciente muito forte com o lado animal, com a capacidade de procriação. Quando uma pessoa renunciou por muito tempo a algo que lhe parece muito importante, obtém certo distanciamento para melhor poder lidar com o fenômeno como tal. Ela se comporta de tal modo que o peso da experiência sexual se restringe às funções biológicas, desde o estágio de alma recém-nascida até talvez a metade do ciclo de alma jovem. No ciclo de maturidade é obtido o equilíbrio entre o desejo de procriar e o ganho energético do desejo, e no final do ciclo de encarnação a sexualidade se restringe ao anseio por arrebatamento espiritual. Mas não se trata de diferenças essenciais, não se trata de uma coisa ou outra. A percepção do parceiro e das próprias sensações é que se modificam. Também podemos expressá-lo assim: a castidade estimula a capacidade de sentir prazer. Isso vale para o caso isolado, mas também para um período de anos. Quando se atribui um valor elevado demais à castidade em muitas comunidades religiosas, é significativo entender que a capacidade de amar não desaparece por isso, mas se concentra em outras vivências. Mas se a castidade é mantida durante tempo demais, surge uma decepção que se espalha para os aspectos religiosos e corpóreos. A castidade prolongada não produz lucro espiritual nenhum. A espiritualidade estagna e a pessoa se torna amargurada quando se separa por tempo demasiado ou com muita veemência de seu lado animal.

Espiritualidade e Sexualidade 75

Pergunta: Por que existe a tendência de se recusar esse lado animal da sexualidade?

Fonte: O lado animal da sexualidade não raro está carregado de violência e, portanto, de medo. Para satisfazer suas necessidades sexuais, as pessoas são capazes de atitudes e atos que desprezam profundamente nelas mesmas ou nos outros, visto que os consideram ameaçadores e não compreendem por que agem assim. Isso acarreta medo. Manter-se distante da sexualidade, ao menos temporariamente, dá menos medo. Quando as pessoas renunciam voluntariamente à sexualidade ou quando obrigam outros à renúncia, acreditam poder restringir esse potencial de violência. Dessa forma tentam reduzir o medo.

Quem se mantém casto durante muito tempo, interioriza-se a ponto de não poder mais ser realmente tocado, inclusive emocionalmente. E assim chegamos a um outro aspecto da sexualidade, ou seja, a experiência da proximidade. Já mencionamos que a sexualidade une duas pessoas também no âmbito animalesco corporal. Ocorre que duas pessoas podem se unir sexualmente e, no entanto, sentirem um infinito distanciamento anímico entre elas. Isso as torna agressivas. Experiências de proximidade e de afastamento são possibilitadas de modo especial no contexto da sexualidade. No entanto, a tendência que apenas alguns grupos sociais empreendem de fato, de se livrar dos lados animalescos de sua existência a fim de louvar e valorizar formas de vida aparentemente mais espirituais, é o efeito de uma grande estratégia medrosa de evitação. A idéia de que uma pessoa deve evitar se perder na outra para dessa maneira encontrar seu caminho rumo a Deus, deixando de viver sua sexualidade, é compreensível na medida em que sente medo das energias avassaladoras. Mas essa conta não está certa. Por certo as pessoas evitam se entregar, se expor aos medos provindos da experiência de dissolução. Isso é verdadeiro. Tudo parece melhor do que essa perda. Ter de desistir da própria identidade, ainda que por segundos, é ameaçador para as pessoas encarnadas. Elas se agarram à sua personalidade fragmentada, conquistada arduamente. Mas Deus como amante não é alternativa para um apaixonado divino.

Energia sexual e desenvolvimento anímico

Pergunta: A sexualidade é um fornecedor de energia. Como essa forma especial de energia atua sobre nosso desenvolvimento anímico?

Fonte: Trata-se de uma mistura altamente explosiva. A sexualidade é energia no âmbito da ação, e pode ser descrita predominantemente com o número energético 3 (guerreiro), quando se trata do lado animal da nossa existência; como uma energia no âmbito da inspiração ela é predominantemente descrita com a energia 6 (sacerdote); além disso, trata-se de uma energia no campo da expressão, que por sua vez está em contato com o número energético 2 (artista). O número 4 (erudito) não representa nenhum papel na sexualidade, pois a sexualidade nunca é neutra. As energias artísticas, sacerdotais e guerreiras se unem. Como vocês estão acostumados a lidar com uma única forma intensa de energia, é avassalador viver as três formas energéticas reunidas, pois elas tomam conta de vocês, vibram e os levam a planos que não conhecem bem. A sexualidade surge de uma ligação da força de expressão, do anseio de dissolução e da fantasia.

Para o verdadeiro desenvolvimento de uma alma (no sentido do puro domínio de tarefas de desdobramento e da necessidade de cumprir a lógica espiritual) a sexualidade não tem nenhuma função decisiva. Seria portanto imaginável — apenas teoricamente, e não em relação às experiências da encarnação — que uma alma se desdobrasse e chegasse ao objetivo natural de desenvolvimento sem que tivesse de lidar com a sexualidade e suas implicações: e este é o caso em outros planos de manifestação, em outros planetas nos quais não existe a sexualidade. Mas como estão na Terra, vocês têm de lidar com ela como se essa fosse sua preocupação central. Para seres humanos uma tal construção é inimaginável, visto que eles não podem furtar-se às energias sexuais em sua forma concentrada. E mesmo que uma alma encarnada num corpo humano passasse toda uma vida sem tomar conhecimento da sexualidade ou sem vivê-la, em uma das vidas seguintes ela iniciaria um movimento em sentido contrário, para recuperar o que teve de renunciar em sua vida de abstinência. No caso dessas energias sexuais, não se trata tanto de energias estimulantes e provocadoras do desenvolvimento anímico, porém muito mais daquelas que possibilitam em primeiro lugar a vitalidade, a atividade, a experiência e o efeito, ou seja, uma vida de obediência às leis da vivacidade.

Queremos responder à pergunta sobre a energia com uma outra, a fim de deixar claro do que se trata. Vocês podem perguntar: Qual a função dos ventos e das tempestades no desenvolvimento do planeta? Nós respondemos: Para seu desenvolvimento, eles não têm nenhuma função, mas têm muitas funções com vistas a sua permanência e a sua existência. O que acontece é renovação e troca recíproca. Os ventos oferecem a possibilidade da mudança, isto é, substituem as energias estagnadas sem que as antigas se percam. No caso da sexualidade trata-se de processos energéticos de circulação, também no sentido da reprodução e da subsistência da espécie, mais do que de algo novo, que leve um ser espiritualmente para a frente em termos de alma, numa direção que acelere ou modifique de alguma maneira seu desenvolvimento.

Mas quando abrangemos com a vista a pura energia sexual e analisamos os efeitos dessa energia, que, por exemplo, se manifestam nos fenômenos da proximidade e da dissolução de limites, trata-se de outra coisa. Podemos dizer com toda a razão que todo encontro que traga proximidade abre à alma uma possibilidade de se desdobrar e que toda experiência de dissolução de limites e de transcendência do isolamento e da separação do todo abre à alma perspectivas que ela não conquistaria de outro modo, e lhe mostra objetivos que pode tentar alcançar. No geral, portanto, seu desenvolvimento será estimulado pela sexualidade, porque ela pode desenvolver uma visão à qual não teria acesso sem os efeitos da energia sexual. Por isso temos de distinguir entre a energia puramente sexual propriamente dita e os efeitos que essa energia mostra em sua manifestação.

Sexualidade e relacionamentos

Pergunta: Neste contexto, seria conveniente saber algo sobre a sexualidade e os relacionamentos. A sexualidade muitas vezes parece estabelecer uma ligação entre as pessoas, dando-lhes um impulso inicial. Na seqüência, contudo, ela também traz problemas. Podemos ouvir mais alguma coisa sobre o assunto?

Fonte: Almas encarnadas, fragmentadas de muitos pontos de vista são como criancinhas emburradas. Elas têm certa sensibilidade para seu isolamento existencial e por isso gostam de teimar em seu estar só e em seu isolamento quando resolvem ficar nesse caminho. A sexualidade então, forma de expressão de determinadas energias que se manifesta apenas no mundo físico, impede essa postura obstinada e leva as almas isoladas, fragmentadas a se reunirem de alguma maneira. E a sexualidade também permite que vivam uma nova espécie de amor que ficaria inteiramente desconhecida se permanecessem no plano astral. Pois uma alma no mundo astral, antes da primeira encarnação, pode amar exclusivamente suas cerca de mil almas irmãs, ou seja, os membros da própria família anímica. O mais elevado significado e motivo de um longo ciclo de encarnação é, portanto, um acréscimo à faculdade de amar. A sexualidade permite que a alma ame uma entidade que não pertence a sua família de almas. Assim permite que uma outra alma, tal como ela mesma, faça essa experiência, que é totalmente nova e que não era possível no plano astral.

Quando duas pessoas se encontram e sentem atração sexual uma pela outra, trata-se em geral de pessoas que não vêm da mesma família de almas, pois irmãos anímicos, seja como for, já se amam. Existe um motivo para ligar as funções da sexualidade a fim de formar ou elevar esse amor. Via de regra, as pessoas sentem-se sexualmente atraídas pelos estranhos. Exceções são possíveis. Para estabelecer uma ligação e tornar possível um desempenho amoroso, a sexualidade é usada como uma ponte que une duas margens distantes uma da outra.

Mas vocês podem estar se perguntando: Como é possível que uma tal atração sexual diminua outra vez? Como acontece que um amor que existia se dissolva no nada? Como é possível que a felicidade que duas pessoas viveram e criaram juntas de repente lhes parece desagradável, feia, falsa e doentia? A resposta está no fato de que a energia, especialmente a energia amorosa que é criada entre dois indivíduos através da ponte sexual, é "sugada" para o mundo astral. Isso acontece quando os limites das possibilidades reais de fusão e transcendência, de união e de dissolução de limites são alcançadas. Uma saturação das energias dos dois indivíduos aconteceu, e não permite mais nada.

Portanto, quando duas pessoas se amam há anos e se doam sexualmente o que são capazes de doar, a energia assim criada é armazenada e disposta num âmbito anímico. Quando chegam a um ponto em que nada mais intensivo é possível, ela diminui, e as pessoas implicadas se voltam para outras pessoas a fim de aumentar novamente o espelho energético e armazenar mais capital amoroso tão bem quanto lhes for possível. O relacionamento sexual, que acabou de ser desfeito, mergulha numa luz cinzenta e em geral desagradável, a fim de tornar atraente a jornada para outra fonte de energia. Esses processos só são compreensíveis na visão espiritual. Sabemos que constatar que amaram e deixaram de amar abala vocês. Vocês se fixam como selvagens numa só pessoa durante certo tempo e, subitamente, esse tempo acaba. Vocês não conseguem entender isso, e com seus meios normais de imaginação não é mesmo possível entender. Mas se desenvolverem a idéia de um imenso reservatório de energia, que enchem no mundo astral com a força do amor e a experiência sexual, algo se modifica. Não ficarão mais tão ressentidos e cheios de remorso quando tiverem de deixar um parceiro sexual para trás.

Toda gota neste imenso mar de amor justifica a existência de vocês como seres humanos. Todo o caminho de encarnação serve para gerar nova energia amorosa para que o cosmos como um todo tenha vantagens. O que existiu uma vez ficará preservado. O que vocês sentiram não se perde. A energia continua a existir. Sempre que vocês se aproximaram realmente de uma outra pessoa e com ela realizaram alguma forma de dissolução de limites, vocês aumentaram essa energia e a intensificaram. Ela voltará para vocês de várias maneiras.

☘☘☘ ☘☘☘ ☘☘☘

Pergunta: Por que tenho tanta dificuldade para tornar-me íntima do meu amigo? Tenho inexplicáveis resistências, e meu amigo está sempre com dor de cabeça.

Fonte: A culpa não é sua, e a culpa não é dele, mas do tipo de relacionamento que vocês criaram inconscientemente, em silêncio e de comum acordo. O seu amigo tem tantas dores de cabeça porque se preocupa demais — com tudo o que é possível — não com o que lhe diz respeito, porém com o que se refere a você e aos outros. Ele não está voltado para si mesmo, porque, sempre solícito e atencioso, antecipa os seus desejos, e também porque, dia e noite, ele está em você, com você e junto a você. Com seus pensamentos, com o desejo de atender aos seus desejos, ele se afasta cada vez mais dele mesmo. Não consegue mais distinguir entre o que quer e precisa e o que você quer e precisa. Isto ele nunca soube fazer muito bem, fato que se deve ao relacionamento com a mãe.

Você sente instintivamente que de certo modo nunca está sozinha, que ininterruptamente vocês estão juntos, e visto que o sente em você, não tem qualquer necessidade de completar esse sentir também no corpo. Isso seria realmente demais. Você desaprendeu a estabelecer limites de modo eficaz, você desaprendeu a desenvolver os próprios desejos independentes e também desaprendeu a estimulá-los. Tudo o que você faz é na defensiva. Seria importante tornar-se outra vez ativa, e seria muito lucrativo levar uma nova consciência para o relacionamento; isso faria com que vocês tivessem de construir novas pontes um para o outro, visto que não estariam mais ininterruptamente fundidos um no outro.

Você conhece as próprias necessidades, mas não muito bem e, antes de tudo, teme magoar o seu amigo se o rejeitar fora do contexto sexual — o desejo dele de estar sempre com você e em você, tornando-se dependente de você. Você tem medo de magoá-lo. Mas deixa de ver que o magoa muito mais ao recusar sua sexualidade, que o torna um homem. Você age assim e tem de fazê-lo porque não concretiza a recusa onde deve! Você confunde autoproteção com uma rejeição global e total do ser humano que seu amigo é. Mas de fato você não só o colocaria em seu lugar, mas também o faria relacionar-se com ele mesmo, o que seria igualmente útil para ele e para você.

Não defendemos a opinião de que essencialmente todo relacionamento entre um homem e uma mulher tenha de ter uma sexualidade repleta de tensão. Mas reconhecemos que lhes falta mais do que ousam admitir. Ambos sentem que a atual forma de relação torna vocês vulneráveis em vários planos. O desamparo do seu amigo se expressa através de dúvidas pessoais que, por um lado fazem com que você o fortaleça e console e, por outro, impedem que ele se coloque em pé com as próprias forças, em vez de sentir-se dependente e ler nos seus olhos os seus desejos, como um servidor altruísta.

Assim você cai numa situação de desamparo. Parte de sua força de iniciativa, parte da sua sadia percepção de si mesma é bloqueada porque são raras as oportunidades de você expressar desejos, estabelecer condições. Você nem chega a desenvolver alguns planos e realizá-los. Até agora você não desejou conscientemente isso — por muito amor mal compreendido. A atividade, com uma parte de masculinidade ativa de que você dispõe como mulher, gera em você a suspeita de que sem dúvida poderia roubar definitivamente o papel de homem de seu amigo caso se resolvesse a usá-la.

Se pudermos dar um conselho aos dois, então sigam este: troquem de papéis durante um período mais longo! Por certo, este conselho lhes parecerá estranho, mas nada os ajudará melhor do que a troca de papéis sexuais durante algumas semanas ou meses. Você assumirá o papel da parte masculina ativa, não só durante o ato sexual, mas principalmente durante as outras horas; ele assumirá o papel feminino passivo, de modo que você possa aprender a exigir e a desejar e possa recuperar sua potência. Então o seu amigo poderá sentir-se na melhor disposição psíquica, que contém uma série de componentes femininos, que faz com que um relacionamento desabroche maravilhosamente se for vivida e introduzida como tal.

Isso implica, no entanto, que o seu amigo renuncie experimentalmente ao fato de adivinhar seus desejos, bem como oferecer-se para concretizá-los: agora ele terá de se comportar passivamente em todos os pontos de vista, de tal forma que você sinta a necessidade de assumir outra vez a própria posição. Então você terá uma visão geral dos limites em que ainda imperceptivelmente e sem considerar as conseqüências ele sempre torna a cair, de modo que você não tenha outra saída a não ser rejeitá-lo sexualmente porque ele é tão infinitamente amoroso com você.

Façam um acordo que lhes permita lidar brincando com a troca de papéis. Brincando significa alegres e ao mesmo tempo com seriedade, no esforço de concretizarem algo juntos, da mesma forma que se sentariam juntos para brincar com um jogo de tabuleiro. Pois nesse caso vocês também não agiriam de forma a que o outro ganhasse sempre, pois o sentido do jogo estaria prejudicado. Ao mesmo tempo sérios e alegres significa delimitar os campos individuais de jogo e descobrir onde um pode desenvolver sua potência agressiva e qual a atitude do outro diante disso. Nós lhes lembramos que esse período em que trocam os papéis constitui uma fase de transição e não uma solução definitiva. Pois pelo fato de o pêndulo do relacionamento de vocês estar pendendo para o lado de uma fusão simbiótica não natural é que agora é necessário provocar mais separação, uma separação em comum, significando que sem esse terrível medo de cada qual magoar o outro e ser por isso magoado, possam se aproximar e estabelecer os limites mútuos.

Se surgir uma forma de atração sexual renovada, ela só poderá se desenvolver se vocês renunciarem a dominar seu medo com um excesso de carinhos. Portanto, vocês podem concordar no novo jogo de relacionamento em trocar carinhos apenas uma ou duas vezes por semana, no intuito de deixar surgir um desejo; mas isso também é uma experiência.

Não queremos que vocês se afastem um do outro, preferimos que no momento em que tiverem vontade de se afagar, aprendam a sentir o que habitualmente tentam suavizar e encobrir com os afagos. Só assim os encontros de vocês se tornarão livres de incriminações desmedidas e a força de atração sexual poderá aumentar.

❦ ❦ ❦

Pergunta: Há alguns anos vivo em abstinência como um monge porque tenho medo de um novo relacionamento. Sou muito vulnerável e prefiro ficar só em vez de permitir que me magoem outra vez. Mas meu corpo exige seus direitos. Também sinto saudade da intimidade. O que devo fazer?

Fonte: Se você encontrar alguém que de fato ame e com quem gostaria de cultivar ou de construir uma relação, não se acanhe em dizer a essa possível parceira que você é muito sensível e que se ofende facilmente. Exatamente no ponto em que toda pessoa é vulnerável, você é um pouco mais vulnerável que as outras. Isso levará sua amante a prestar atenção em você e a respeitá-lo no momento de intimidade e de amor. Não seja tão bom nem tão orgulhoso para reclamar essa consideração. Mas também não deixe de dizer quando não se sentir respeitado. Você quer relaxar, você quer eliminar muitas coisas, e um relacionamento íntimo é para você uma das poucas possibilidades de poder tirar a armadura e se entregar totalmente desprotegido. Mais tarde isso será diferente, no entanto agora o encontro sexual é a fase mais importante, mais decisiva. Quando estiver com uma mulher, sinta-se totalmente desprotegido, totalmente nu por dentro e por fora.

Você pode pedir que a sua sensibilidade seja levada em consideração, pode desejar ser amado pela sua sensibilidade. E sempre que sentir que sua parceira não presta suficiente atenção em você, fale sobre isso, especialmente nas primeiras fases da paixão e, especialmente, depois que vocês saírem da cama, nunca antes. Uma pessoa que queira se aproximar de você, tem de saber como você deseja a intimidade e o que você não consegue suportar. Você é adulto e por isso está intimado a dar os sinais. Você não pode nem deve esperar que uma outra pessoa adivinhe constantemente o que lhe faz bem e o que o magoa. Você é grande, você é forte, você pode lutar pela atenção que lhe tem de ser prestada. Não se acanhe de fazer isto.

❦   ❦   ❦

Pergunta: Não consigo começar e manter uma parceria. Qual a causa das minhas repetidas separações? Gostaria de receber um conselho sobre o que fazer no futuro.

Fonte: Você é uma mulher com muitas qualidades, mas também uma mulher da qual muitos homens têm medo. Quando aprender a gozar prazerosamente suas fraquezas, verá que não inspirará mais tanto medo aos homens. Os homens têm sua própria compreensão no que se refere ao desempenho de papéis e tem de ser assim. Eles não querem ser mais fortes do que você, mas igualmente fortes. Não querem sentir-se fracos. Isso vale para o homem comum. Se você agir de forma mais amável e souber lidar com ele, e se não tiver de se mostrar sempre tão forte com relação às outras pessoas, não será difícil encontrar um parceiro. Seja como for, queremos lembrá-la de que não conseguirá imediatamente esse parceiro. Primeiro terá de fazer experiências com prazer e fraqueza. Preste atenção para não se fingir de fraca, mas mostre uma fraqueza que de fato exista. A fraqueza fingida também não é agradável para o parceiro, pois ele percebe a mentira que está por trás da sua atitude. Confie na sua força e na sua sabedoria. Elas são muito atraentes. Mas você não precisa espalhá-las por toda parte. Seja esperta e sábia a ponto de não tutelar um homem, cuide de não lhe dar nenhum bom conselho. Se ele lhe perguntar, é outra história. Mas conselhos gratuitos também são golpes e ninguém gosta de ser golpeado.

Permita que seu homem esteja presente cuidando de você, em vez de você se preocupar com ele: vivenciará então uma parceria que a fará feliz. Você poderá aceitar a felicidade, em vez de ficar pensando na felicidade do outro. Você já está no caminho certo, mas ande devagar e não "atropele" seu parceiro, caso contrário logo se verá sozinha outra vez, e é exatamente isso o que você não quer. Ande de mãos dadas com um homem e cuide para que tenham igual valor. A equivalência existe quando você não é mais forte nem mais fraca que seu parceiro. Você tem a tendência de escolher parceiros que de início parecem muito fortes mas logo se revelam uns fracos a fim de manter intacta a *sua* força artificial. Veja, até agora você precisou disso para sentir-se forte. Quanto menos tiver de parecer forte, menos fracos têm de ser seus parceiros. Promova um equilíbrio entre força e fraqueza.

Como você mantém uma relação dividida com a própria força, você acredita ter de atrair um parceiro que não se torne perigoso. Por isso você irradia: "Sou totalmente inofensiva." Mas quando alguém se relaciona mais profundamente com você, alguém que é fraco, e que especulou com a fraqueza que você intencionalmente irradiou sobre ele, ele se sentirá subitamente ameaçado e decepcionado em suas expectativas. Você não pode e nem deve esconder a sua força por muito tempo, porém deve vivê-la e insistir para que ela seja respeitada. Mas isso um parceiro que tenha se apressado a reagir ao seu apelo "sou inofensiva, totalmente inofensiva", caindo nos seus braços, não conseguirá fazer. Por isso é importante que você realize pequenas correções que ampliem sua consciência.

Quando conhecer um homem que a interesse, irradie: "Eu sou perigosa, eu sou perigosa!" e assim você atrairá homens que gostam do perigo, dos debates, do novo e das aventuras. Chamamos o fato de ficar junto de você de aventura. Isso é excitante, isso é estimulante, isso permite que cada um entre em contato com novas possibilidades. Acostume-se ao fato de que em muitos aspectos você será a parte dominante, líder de um relacionamento. Mas isso não significa que terá de se cercar de homens fracos. Compreenda o que queremos dizer ao falarmos dessa mensagem dupla. Trata-se de uma forma de auto-sabotagem, pois você consegue com a irradiação de sua mensagem dupla exatamente aquilo de que precisa e que deseja com tanto ardor. Se for possível, peça a um ou outro amante que lhe diga como a sentiu no início e qual a impressão que teve de você perto do final do relacionamento. Não tente dissimular, não tente ser meiga e doce. Sua força a torna bonita, você quer que a amem como é e não pela máscara que sempre foi exigida de você: fraqueza, delicadeza, submissão e negação de sua forte criatividade. Não é necessário para o bem da sua alma que você continue só pelo resto da sua vida.

Homossexualidade masculina e feminina

Pergunta: Eu gostaria de obter uma resposta sobre minha tendência à homossexualidade. Há dois anos fiz uma experiência dolorosa com um homem, um encontro fugaz, porém extremamente intenso. Isso se destinaria a cumprir algo? Por que sou tão só? Já passei dos setenta anos.

Fonte: Quando uma alma antiga — como você — em várias vidas foi uma vez mulher e outra vez homem, ela conhece bem as condições da parceria heterossexual. Ela fez todo tipo de experiências com a limitação desses relacionamentos. Almas antigas tendem cada vez mais a juntar os dois sexos em si e a se entregar a uma tendência bissexual que, entretanto, na maioria das sociedades é vivida extra-oficialmente. Só que no seu caso é um pouco diferente. Você escolheu poder e querer amar homens, porque caso contrário não poderia encontrar nesta vida as outras pessoas que vieram com corpo de homem — você optou por encontrá-los de maneira íntima, no âmbito abrangente da intimidade. Quando uma alma possui um corpo para experimentar a intimidade e a dissolução de limites através da sexualidade, para poder permitir uma intimidade que favoreça isso, ela tem de estar atenta às funções do seu corpo. E a intimidade física, os abraços, o toque na pele e a penetração do outro são caminhos insubstituíveis nesse encontro.

Neste contexto também está o toque com seu amigo. Na verdade, vocês se conheciam de vidas passadas. Naquela época vocês tinham corpos de sexos diferentes. Você era uma mulher e ele um homem. E vocês foram separados pela morte no primeiro ano depois de se casarem, justamente quando você esperava um filho. Com a morte do seu marido, com o qual você tinha uma grande proximidade e um longamente ansiado sentimento de felicidade e proteção, de repente você se viu completamente sozinha, uma viúva com um filho pequeno. Você vivia numa sociedade que marginalizava as viúvas e até lhes atribuía a culpa pela morte do marido. Seu filho lhe foi tirado.

Espiritualidade e Sexualidade

Você não tinha mais direitos e não podia cumprir quaisquer tarefas. Sua vida perdeu o sentido. E enquanto você viveu — cerca de oito anos —, você sentia tão amargamente a falta do seu marido que quando o encontrou outra vez — no mundo astral —, firmou um novo pacto com ele. Vocês determinaram encontrar-se novamente em circunstâncias que não possibilitassem o casamento e uma gravidez, para que não se repetissem os tormentos pelos quais haviam passado. Ele manteve seu acordo feito no astral, embora nesta vida também tivesse de cumprir e de completar várias outras coisas. Só que com a despedida dele voltou o antigo sofrimento pungente que atormentou os seus últimos anos naquela vida, um sofrimento que você mesmo já considerou estranho, intenso e impróprio, e que o levou a fazer a pergunta: "Por que reajo depois de algumas semanas de forma tão extrema à separação de uma pessoa que, em circunstâncias normais, só significaria tanto para mim depois de anos de convivência? Por que tenho de sofrer assim?"

Vocês tinham de se encontrar porque haviam feito um acordo. Seu marido, que morreu naquela ocasião, sem querer magoá-la, declarou-se disposto a contribuir para fechar essa velha ferida. Com isso o assunto estava encerrado para sua alma. Mas para você as velhas feridas reabriram temporariamente, antes de poderem cicatrizar de vez. Você também derramou lágrimas amargas por ele nesta vida e sentiu-se tão abandonado como daquela vez. Mas a realidade da sua vida presente não condiz mais com as circunstâncias daquela outra existência. Agora você é uma outra pessoa e vive em outra situação. Você não foi expulso da sociedade.

Você pergunta sobre a sua solidão. Você não consegue ser extrovertido, não consegue se valorizar, tornar-se atraente. Você tem medo de fracassar e do castigo e, por isso, no amor e na sexualidade assume o papel passivo. Você tem um medo enorme de ser amado, pois numa parceria você seria confrontado mais ainda com suas dúvidas acerca do seu valor pessoal. Você deveria saber qual o valor que tem para a outra pessoa! Isso o comoveria bastante. Mas você é um solitário também porque em virtude da idade de sua alma já não tem interesse em participar. Com relação às vibrações energéticas você ficou muito exigente! E as outras pessoas cujas vibrações sejam inferiores às suas sentem a distância, sentem que não é fácil sintonizar-se com o seu comprimento de onda. Talvez você possa se adaptar temporariamente a uma vibração inferior, mas numa parceria mais prolongada isso seria insensato. Seria grotesco e um paradoxo você diminuir livremente suas belas vibrações sutis só para agradar a um parceiro. Não podemos lhe prometer que as pessoas se façam em pedaços por você, mas o que você tem a oferecer o torna um parceiro que atende a altas expectativas. Assim como a sua, existem muitas almas em estado avançado de amadurecimento, que não desejam mais lidar sem mais nem menos com a divisão de sexos entre homem e mulher, que não podem mais afirmar que ser homem e ser mulher necessariamente têm de ser coisas diferentes.

A alma não conhece sexo. O sexo só existe no corpo. Você tenta, como muitos outros, unir os opostos em si mesmo, cuja durabilidade reconhece como uma realidade clara, verdadeira e imutável. E você não está só nisso, mas tem de se dar a conhecer como um "ser humano com alma"! É importante que você procure se mostrar onde poderá ser encontrado. Você não ficará sozinho pelo resto de sua vida. Isso podemos lhe assegurar. Mas para encontrar ressonância você precisa fazer soar os tons de sua música.

Se você se mostrar como a pessoa que é, em toda a sua imagem de luz, os outros que combinam com você poderão vê-lo. Esse é o pressuposto para um relacionamento feliz, lucrativo e verdadeiro. Você não deve renunciar a ele. Mas convém saber que para uma alma antiga, o interesse pela sexualidade, inclusive por uma relação homossexual, pode arrefecer. Mas você é sexualmente carregado e os seus chakras precisam da força reprodutiva elementar que está associada à sexualidade. Você tem uma mente grande e ampla que pode ser muito bem e fortemente concentrada na Terra pela sexualidade. Por isso não convém você renunciar ao sexo por muito tempo. Mas não dê valor à sexualidade. Para você ela não representa a única e mais plena satisfação.

❦   ❦   ❦

Pergunta: Meu marido, que morreu depois de completarmos cinqüenta e quatro anos de casamento, me confessou pouco antes da morte que durante décadas manteve relações homossexuais. Desde então estou abalada e confusa. Eu gostaria de saber que papel a homossexualidade representou na vida dele e se eu sou culpada de alguma coisa.

Fonte: Nós entendemos a sua confusão e queremos ajudá-la à medida que formos explicando as coisas. As fantasias e desejos que vocês tinham no casamento eram mais fortes do que era possível concretizar. Seu marido a traiu, mas muito menos com o corpo dele do que com sua mentira existencial. Quando finalmente se abriu com você, ele não conseguia mais diferenciar entre o que de fato aconteceu e o que teria desejado para si mesmo. Nesses vários anos ele manteve contatos sexuais isolados com garotos e homens, que não foram satisfatórios nem especialmente estimulantes, porém o levaram para um mundo de fantasia e anseios que lhe roubavam muito tempo e provocavam pungentes sentimentos de culpa. Porém, como os sentimentos de culpa impediam as suas fantasias, eles os reprimiu e se permitiu viver na mente aquilo que suas fantasias lhe ditavam. Se você acredita que ele realmente fez tudo aquilo que lhe contou nos últimos momentos de vida, não está fazendo nenhum bem a si mesma. Os sentimentos de culpa dele aumentaram infinitamente a sua necessidade de ter feito algo de mau. Sua confusão em seus últimos momentos contribuiu bastante para ele buscar na memória acontecimentos da sua fantasia sentindo-os de repente como realidades. Mas raramente ele ousou ceder a sua necessidade durante as férias ou nas viagens de negócios: mas mesmo então esses relacionamentos nunca lhe deram a satisfação e a plenitude existentes em sua fantasia.

Você pode imaginar que a homossexualidade é uma tendência, porém é também uma conseqüência da educação e do apego à mãe. Os pais dele se divorciaram logo, e o pai foi considerado um diabo pela família pelo fato de demonstrar tanto interesse por outras mulheres. Um rapaz com uma imagem paterna de tal forma negativa não pode desenvolver o próprio lado masculino corretamente: ele não tem um bom exemplo para seguir. Ele tem medo de ser um homem porque desenvolve o medo de ficar igualzinho ao pai que lhe foi apresentado: um crápula em quem não era possível confiar e um mulherengo. Essa imagem, consciente e inconscientemente, ele quis apagar e evitar. Foi por isso que nunca conseguiu desenvolver verdadeiras qualidades masculinas. Ao mesmo tempo ele queria muito ser amado por um homem. Como o pai dele não lhe deu esse amor e nem pôde dar, em toda sua vida restou uma saudade enorme de que, finalmente, um homem o carregasse no colo, o acariciasse, e ele pudesse sentir no corpo e no coração a satisfação que tanto lhe fazia falta. Nem com você ele pôde obter essa satisfação.

Portanto, em sua fantasia e nos poucos contatos eróticos homossexuais que teve ele buscava algo que não lhe foi dado na infância. O feminino, na pessoa da mãe companheira, parecia dar-lhe segurança e proteção. Ao mesmo tempo ele detestava isso, porque o mantinha na dependência. Por si mesmo não conseguia produzir o masculino, visto que não sabia como um verdadeiro homem tinha de se comportar. Isso também o levou a recusar o papel masculino no início do casamento de vocês. Você teve seguidamente de assumi-lo. Ele não estava em condições, ele não se sentia capaz de assumir a responsabilidade implícita no seu papel. No entanto, também uma pessoa com uma sexualidade inexplicável como a dele, deseja constituir uma família, ter um lar. Portanto, não lhe guarde rancor pela sua traição. Se ele tivesse sido honesto desde o início, você lhe teria apontado a porta da rua.

❧❦ ❧❦ ❧❦

Pergunta: Sou *gay* e mantenho há muitos anos um relacionamento quase platônico com uma mulher mais velha. Ela é muito ciumenta. Para o bem dela, devo continuar negando meu interesse pelos homens? Nunca vivi a minha homossexualidade.

Fonte: Sua alma fez um acordo com a alma da sua amiga: vocês dois enfrentariam uma situação que é igualmente desafiadora para ambos. E esses desafios se relacionam em primeira linha com o crescimento pessoal que pode ocorrer quando uma pessoa ultrapassa seus limites por amor a alguém e está disposta a colocar esse amor acima das necessidades do medo.

Este, portanto, é o enquadramento em que vocês se inseriram; vamos detalhar as condições do acordo que fizeram. Para vocês dois é decisivo saber e reconhecer que já cumpriram uma grande parte do seu contrato. Mas o enriquecimento que a realização concreta traria ainda não foi levado em conta por vocês. Afirmemos mais uma vez as condições que enquadram o seu amor: existe um ser humano num corpo masculino e outro num corpo feminino que por motivos anímicos pessoais vieram ao mundo em épocas diferentes e que, no entanto, querem manter o acordo que firmaram no mundo astral. Esse acordo contém principalmente a condição de trabalhar o medo e de criar juntos uma situação em que esse medo seja estimulado ao máximo. Ambos se sentem ameaçados em sua amizade que já dura muito tempo e que não começou nesta vida.

Nós dissemos que vocês já cumpriram uma parte do acordo; agora estaria na hora de encontrarem a coragem para enfrentarem também o cerne do acordo. Enquanto você mesmo ainda hesitar em mostrar a essa mulher os limites da compreensão amorosa que manteve até agora por medo de desencadear algo que não possa consertar, a união de vocês lentamente se tornará banal e dará lugar a uma agradável e conhecida comunidade de interesse, sob muitos pontos de vista superficial. O verdadeiro acordo será visado no momento em que você confrontar sua amiga com o fato de que até o momento ela amou apenas alguns de seus aspectos, que estabeleceram condições para o amor dela, que no entanto limitam a sua forma essencial de expressão. E que ela mesma se limita na medida em que finge que pode amá-lo, sem permitir que você se desenvolva como homem. Até agora ela acreditou que bastava amar você como alguém que conquistou seu coração durante todos esses anos; ela não vê que o verdadeiro amor surgirá quando aceitá-lo com todas as suas facetas, sem rejeitá-lo. Por sua vez, você porá à prova o seu amor por ela quando se sentir pronto para fazer o que é importante e necessário para si mesmo, isto é, dar ao seu corpo, à sua psique e à sua alma a satisfação que até agora lhes negou. Enquanto você negar sua natureza para ela e para você mesmo, enquanto essa negação não for causada pelo livre-arbítrio mas por medo, você não está livre para amar, não poderá amar livremente a sua amiga; você a ama fazendo uma série de concessões e isso está provocando um ressentimento que, a longo prazo, envenenará o relacionamento.

O medo impede que vocês desenvolvam completamente a sua personalidade, mesmo que de maneiras diferentes. Você é aquele que está convocado a arriscar uma mudança; não queremos negar que se trata de um risco autêntico. No entanto, ele mostrará se o amor de vocês é capaz de superar uma crise e você não terá de perder essa mulher como ser humano e como amiga — assim como imagina que vá acontecer —, se lidar amorosa e francamente com ela e com as suas necessidades. Ser amoroso consigo mesmo significa ao mesmo tempo ser amoroso com ela, mesmo que de início isso pareça não ser assim. Confrontá-la com a carência de genuína aceitação dará um bocado de trabalho e você terá de se ver às voltas com a rebeldia com que o ego amedrontado dela o enfrentará. Nós o aconselhamos a só executar essa parte de seu trabalho anímico comum quando sentir-se suficientemente forte para dar um passo à frente; esse passo servirá não só para seu desenvolvimento, mas também para o desenvolvimento de sua amiga e amante há várias centenas de anos.

Você anseia por um relacionamento humano estável. Exija o seu direito de buscar o amor onde ele pode ser achado. Não acredite que tenha de fazer uma escolha definitiva entre homens e mulheres. É esse medo que o paralisa e que faz o futuro lhe parecer sombrio. Você acredita ter de tomar uma decisão definitiva e que para você só restará seja um tipo de relacionamento seja outro. Mas não é esse o caso, e você verá que interiormente é flexível o bastante para obter de várias pessoas dedicação, simpatia, sexualidade e prazer, sem ter de levar toda uma vida de renúncia e de mentiras. Outra vez: exija o direito de receber todo o calor humano de que precisa. E não acredite que só pode recebê-lo de homens. Antes de mais nada, você tem de aprender a ser paciente. Ser paciente significa aceitar também a crise com sua amiga, e dar aos outros e a si mesmo a oportunidade de crescer. O relacionamento de vocês precisa de uma pausa para reflexão, de uma pausa para respirar. Ele precisa da oportunidade de renovação. E para inovar muitas vezes é preciso recolher-se um pouco, clarear os pensamentos e classificar as emoções antes de estar outra vez disposto a se aproximar da outra pessoa numa nova base.

Não importa se nessa situação o relacionamento volta a se harmonizar dentro de poucos dias, pois o rompimento é exatamente o que se exige de vocês e que terão de enfrentar. Você mesmo sabe que no futuro sua saúde e sua capacidade de amar, suas qualidades emocionais e sua honestidade não conseguirão se manter se você adiar ou negar as necessidades do seu corpo e as possibilidades de experiência associadas a elas. Não faça isso a si mesmo. E saber que nenhuma renúncia adianta — que para você quer para outras pessoas —, ajudará você a se decidir. Você não precisa poupar sua amiga à custa de sua integridade humana. Confie e estimule o crescimento dela. Acredite que ela pode se desenvolver e explique-lhe que a saúde dela sofre tanto com o atual estado de coisas quanto a sua.

Nem todos os casais precisam compartilhar tudo. Quando duas almas querem construir algo juntas, elas encontrarão um meio de fazê-lo. Mas devem conceder-se o direito à liberdade de procurar nos outros aquilo que não querem nem podem dar um ao outro. É claro que você enfrentará uma tremenda resistência da parte de sua amiga quando lhe explicar cuidadosamente as necessidades reprimidas do seu corpo e o medo que ela tem de se alegrar com o próprio corpo. Ela tem um medo muito grande da sexualidade e foi por isso que escolheu, num plano superficial, um parceiro que não a ameaça nesse sentido. Mas este não é ainda o final desta história. Ajudem-se mutuamente, por meio da negação, a dar um passo à frente e a enfrentar o que é real, em vez de esperar por um estado que os transforme em mortos-vivos.

Da nossa visão, que não provém de julgamentos e modos de ver da sociedade e que não conhece moral mas apenas o amor, com freqüência observamos que um ser humano só se declara disposto a enfrentar a moral dominante dedicando-se ao amor pelo mesmo sexo, quando precisa aprender e experimentar algo que esteja além dos limites do medo de determinada norma. Sua alma pretendia encontrar pessoas e alcançar com elas um certo grau de intimidade que você, de outra forma, nunca alcançaria. E para você é importante confrontar-se com a necessidade e o anseio humano por contato físico, que você percebe em parceiros do mesmo sexo ou que enfrentará mais tarde no futuro. Como homem você não está só com seu desejo de ter uma relação calorosa, protegida e satisfatória com outro homem. E você sabe que muitos deles, que têm as mesmas tendências que você, são muito solitários; eles não fizeram a experiência feliz que você pôde fazer durante muitos anos com sua amiga, e nem sabem como é.

Portanto, você pode ser para muitos um exemplo e um estímulo de como superar uma situação, que para eles representa um problema. Pensamos naqueles que, devido a um mal-entendido, se decidiram por um sexo ou outro, embora não sejam claramente homossexuais, carregam em si uma bissexualidade inconsciente, o mais elevado desenvolvimento sexual que uma pessoa pode alcançar neste planeta. Essa bissexualidade se desenvolve numa direção que em outros planetas é natural e que todas as almas antigas achariam válido esforçar-se por alcançar. Na maioria dos casos, inconscientemente, elas se contraem dolorosamente quando não se podem entregar também fisicamente às almas que encontram com amor, sem levar em consideração a qual sexo pertencem.

Ajude, portanto, aqueles que se encontram em situação semelhante à sua, por meio do seu modo de ser e por suas ações; mostre-lhes que é possível dar e receber amor numa relação emocional satisfatória, e continuar livre sexualmente. Assim como será possível para você, também será possível para os outros; mas eles não sabem disso e se fecham medrosamente diante do potencial que existe neles. Orgulhe-se do que conseguiu. Você estabeleceu uma ligação que pode ajudá-lo a enfrentar sua nova orientação de vida. Sinta o que reprimiu até hoje, não como uma carência, porém como um enriquecimento. E com a consciência dessa riqueza você pode recolher os lucros, à medida que se concede alegria que possibilite juros altos, sem comprometer o capital.

❦❦ ❦❦ ❦❦

Pergunta: Somos duas professoras que vivem juntas há anos uma relação muito íntima e amorosa. Nós desejamos ansiosamente um filho. Uma de nós deve ficar grávida? Ninguém dá a um casal de lésbicas uma criança para adotar ou cuidar. O que devemos fazer? Temos de renunciar?

Resposta: No trabalho de vida comum vocês se encontraram. Esse trabalho se assemelha a um projeto com o qual duas pessoas se ocupam, dando diferentes contribuições. Desse projeto faz parte um filho, o tema da "reprodução da espécie", um tipo especial de maternidade e um tipo especial de paternidade. E quando falamos de um tipo invulgar de paternidade, estamos falando da paternidade que tira sua força reprodutiva do mundo da alma e não do plano físico. Mas vocês duas encarnaram como mulheres; ninguém pode ficar grávida apenas por meio de um contato anímico.

Vocês resolveram fazer uma coisa incomum enquanto as suas almas ainda não estavam nesses corpos. Vocês querem provar que o relacionamento entre pais e filhos, mesmo durante o período de formação, não é exclusivamente uma questão biológica e de âmbito social, portanto da genética e do meio ambiente. Vocês sentem que os planos de desenvolvimento anímico, as conversas entre as almas e a equiparação kármica são fatores extraordinariamente importantes e muitas vezes decisivos no desenvolvimento humano — um desenvolvimento que apenas com os dois fatores acima mencionados a longo prazo não é suficientemente caracterizado. Concordamos plenamente com vocês.

As suas almas, portanto, se uniram para criar algo novo e diferente muito tempo antes de vocês se encontrarem na forma física. Os projetos da alma nunca são cunhados pela desenvoltura e pela falta de resistência. Muitas vezes eles são grandes desafios para todos os participantes, pois servem ao aprendizado e ao crescimento. Portanto, desse projeto não fazem parte a intenção e a boa vontade de vocês, porém um acordo com outra, com uma terceira alma. Ela terá de estar disposta a trabalhar com vocês nesse projeto. Com isso não estamos falando unicamente da difícil tarefa de vocês, duas mulheres, porém da difícil tarefa de encarnação da criança. Nessa tarefa a alma dela trabalha com toda a responsabilidade muito tempo antes da concepção e do nascimento. Vocês não devem desvalorizar a contribuição anímica da criança em nenhuma hipótese ou apenas tomar conhecimento dela quando a criança estiver crescida.

Vocês perguntam como isso pode acontecer. Só uma de vocês se declara disposta a ser mãe. A alma de artista será a mãe, a alma de rei, o pai. E vale encontrar os meios e os caminhos que coloquem o mínimo de obstáculos no caminho das três almas — a alma paterna, a alma materna e a alma do futuro filho. O pai espiritual tem, neste caso, uma tarefa de aprendizado muito especial, isto é, não se sentir desvalorizado pelo sêmen físico de um homem estranho, porém tomar conhecimento de modo muito especial do seu valor. Este consiste em — corajosamente e convencida do própria valor — enfrentar uma situação estranha como essa, defendendo ainda, e convincentemente, essa situação diante de si mesma e diante dos outros, sejam eles quem forem.

Tentem fazer uma inseminação artificial. Esta pode ser feita com ou sem acompanhamento médico. Se você se deitasse agora com um homem, se sentiria, mesmo com toda a boa vontade, tão tensa e infeliz, que uma gravidez espontânea estaria fora de cogitação. Por isso, teria de fazer várias experiências para obter o efeito desejado. Mas isso sobrecarregaria muito a sua psique, tanto que desaconselhamos fazê-lo. Mesmo que você calculasse o dia e a hora propícios seria difícil, porque em você tudo se rebela ao toque masculino. Vocês desejam algo extraordinário. Então levem esse extraordinário tão longe a ponto de não colocar um homem entre vocês duas. A palavra paternidade anímica é levada muito a sério por nós. Não se trata de uma coisa qualquer.

Vocês têm de evitar que a mãe carnal veja o filho como seu e que o pai feminino desenvolva o sentimento de ter de ficar de lado porque seu papel não é claro.

O projeto de vida planejado será cumprido quando o pai anímico enfrentar toda a sua responsabilidade paterna, e a mãe anímica, que nesse caso também é a mãe biológica, fizer o pai anímico participar de tudo o que diz respeito à concepção. Isso pode até incluir o ato da transmissão do sêmen. Mas isso exige um pouco mais de trabalho de consciência. Do mesmo modo que todos os amantes que desejam um filho se alegram com o ato da concepção, vocês também devem manter esse ato livre de fatores perturbadores, enquanto for possível. Mas quando constatarem que não é possível uma fertilização sem ajuda médica, procurem uma clínica que assuma total responsabilidade pelo que irá ocorrer.

A humanização da alma: concepção, gravidez e nascimento

Pergunta: O aborto é condenado pelas religiões e sociedades da maioria das nações da Terra. Entre nós, entretanto, muitas pessoas fazem questão de ter o direito de decidir livremente sobre o número de seus filhos e a realização de abortos, quando isso é possível. Mas as mulheres muitas vezes ficam com medo de gerar novo karma que as fará sofrer nas vidas seguintes. O que a "fonte" tem a nos dizer sobre isso?

Fonte: Quando uma alma encerrou a fase de elaboração que se segue a uma existência anterior e inicia seu processo de planejamento, preparando-se para as próximas encarnações, ela envia sua energia como raios de busca para muitos lugares da Terra e para muitas pessoas com capacidades reprodutivas a fim de descobrir que realidades, que freqüências e vibrações correspondem à energia que ela mesma conquistou e que deseja aperfeiçoar. A energia não é enviada como um único raio, mas como um feixe de luzes de busca que circulam e flutuam, que podem abarcar todos os lugares e criaturas e captar todas as histórias e todos os pensamentos. Os raios energéticos tateiam e se orientam, ficam ou vão adiante. Eles ficam durante mais tempo no lugar onde sentem o parentesco, a correspondência e a espera.

A alma que busca uma nova possibilidade de encarnação, examina o sêmen e os óvulos humanos. Cumula deles determinadas pessoas que correspondem a suas expectativas de energia e, por assim dizer, as une para que sintam uma fusão que possa corresponder aos seus planos. Mas isso não significa que a alma que ainda está na busca da forma correta, entre imediatamente no corpo com a concepção ou com a primeira divisão celular, estabelecendo sua sede ali. Ao contrário: ela examinará os mais diversos agrupamentos celulares e analisará se sua experiência foi bem-sucedida, se conseguiu uma correspondência energética que corresponde a suas esperanças, a seus motivos e a suas expectativas. E só quando tem certeza de que conseguiu obter a formação correta, ela se decide por determinado corpo e retira o seu raio de busca de todas as outras possibilidades examinadas.

Este é um momento do tempo que não pode ser determinado. Muitas vezes acontece de imediato. Esses laços na maioria das vezes dependem de acordos anímicos com o pai ou a mãe. Há corpos que são animados por uma alma decidida depois de quatro ou cinco meses. Outras almas, no entanto, esperam para se decidir definitivamente poucas horas antes do nascimento. E outras se retiram, mal avistam a luz da Terra. Elas tornam a fechar os olhos, voltam para o *mundo* astral e tentam outra vez.

Portanto, não podemos lhe dar uma resposta feita, prática e com palavras que correspondam a determinações legais: não temos a solução que vocês possam levar globalmente em consideração. A animação de um corpo é mais complexa, dependente de múltiplos fatores e mais incerta do que possam imaginar. No entanto, uma discussão amargurada sobre o momento em que é possível fazer o aborto e quando ele é um pecado nos parece ociosa, visto que vocês sempre deixam de considerar que não matam a alma que escolheu habitar em determinado corpo. Vocês matam um corpo que no momento está sendo considerado por uma alma e que ela mesma pode abandonar a qualquer momento, antes ou depois do nascimento, conforme lhe convier. E vocês também sabem que não é toda criança em potencial que se deixa abortar. Muitas resistem porque estão certas de ter encontrado as condições que correspondem a sua realidade e necessidades.

Além disso, existe ainda a consideração de que pai, mãe ou legisladores podem se tornar culpados da destruição do corpo e da alma. Como sempre, quando se trata do conceito "karma" nós chamamos a atenção para o fato de que karma não é o mesmo que ação, mas o mesmo que motivação. Quando duas pessoas leviana e irresponsavelmente geram um filho e terminam a gravidez da mesma forma indiferente e irresponsável, então de fato há condições para incorrerem em entrelaçamentos kármicos. Mas esse entrelaçamento incluirá os três participantes, o filho, o pai e a mãe. Vocês se admirarão se lhes dissermos que enquanto não nascer e se entender como indivíduo, um ser não incorre em laços kármicos e também não consente neles na medida em que essa união não é desejada por todos os participantes.

Com freqüência vocês entendem o karma como sendo um destino indesejável, seja como autor, seja como vítima. Vocês certamente não têm a noção de que um entrelaçamento kármico não apenas é um pressuposto decisivo para o desenvolvimento da alma, mas que é também intencionado e desejado pelos participantes. E é assim em muitos casos, embora não em todos em que se interrompe uma gravidez, quando um corpo que já está habitado por uma alma tem sua vida roubada e a alma se liberta outra vez.

Portanto, em casos de aborto os laços kármicos só são criados raramente. Eles só se formam quando houve um acordo indissolúvel entre o filho e um dos pais, uma promessa sagrada de dominarem juntos uma existência, e um dos pais resolve romper o acordo por medo das conseqüências. Como com sua consciência desperta vocês não têm como saber se existiu tal acordo, em geral é aconselhável prevenir-se conscientemente contra uma gravidez ou responsabilizar-se por ela e levá-la até o fim. Como não é possível prescrever nada à consciência, continuará sendo necessário consultá-la e à própria sabedoria em cada caso isolado. Uma problemática como essa não pode ser e nunca será solucionada pela intromissão do Estado e por prescrições legais. Trata-se sempre, em caso de gravidez, de um relacionamento entre almas individuais. Não há e não haverá nenhuma possibilidade de negar essa verdade.

❧❦ ❧❦ ❧❦

Pergunta: Fiquei grávida sem que o desejasse e estou pensando em abortar. Conheço o pai do meu filho há algumas semanas e não posso viver agora uma relação de tanta intimidade com ele. Mal o conheço. Além disso, não temos dinheiro e nem uma moradia onde constituir uma família. Sinto-me totalmente sobrecarregada porque levo a sério o tema "casamento e filhos". Nestas circunstâncias posso interromper a gravidez?

Fonte: A alma que procura você como mãe dá muito valor a nascer numa família que a ajude a desenvolver uma visão de vida madura e equilibrada. Não existe muita disponibilidade de escolha, pois uma alma que se encarna novamente em grande medida depende de compartilhar das vibrações da futura mãe que são transmitidas ao feto. A forma de maturidade e de responsabilidade que essa alma visa encontrar nos pais, só raras vezes é alcançada. Trata-se de uma alma que deseja desenvolver-se no corpo de um ser masculino e que se prepara para uma missão de vida que pressupõe que vocês evitem ao máximo colocar em seu caminho obstáculos e perturbações neuróticas. De modo algum essa alma quer passar a maior parte de sua vida fazendo intensa auto-análise, lidando com lutas anímicas interiores. Trata-se muito mais de um projeto que exige muita segurança de objetivo, que seja inabalável e que tenha poucas dúvidas pessoais. Essa criatura quer se realizar no campo da política social. Por isso ela tem de resguardar sua sensibilidade bem como sua segurança emocional. Trata-se de uma alma madura, que procura instrução, de uma alma madura que quer aprender a agir com responsabilidade sem censurar os outros e sem ter de atribuir ao mundo a culpa pela própria infelicidade.

Nós dissemos que essa alma não tem muita escolha, pois se quiser concretizar seus objetivos, terá de encarnar num país em que ao mesmo tempo estejam previstas melhorias sociais e políticas, que tenha por lema a liberdade das pessoas tanto em seus aspectos psíquicos como nos fatos da vida real, mas cujo lema não tenha sido levado adiante. Também queremos dizer que essa alma busca e precisa de você ou de uma pessoa de seu feitio. As possibilidades de escolha não são muitas, mas existem. E essa alma poderá esperar por algum tempo até que surjam as condições favoráveis. Isto significa: mesmo que ela não nasça de você agora, ela sabe que nos próximos quatro anos ainda poderá avaliar duas ou três condições favoráveis e uma delas lhe será oferecida por você mesma. A alma madura sente que vocês seriam pais dispostos a assumir a responsabilidade. Mas ela tem paciência para esperar até que surja uma situação adequada.

Uma alma em posição de espera no mundo astral da consciência tem uma relação com o tempo e o espaço diferente da que vocês têm. Ela não acerta tão bem dia e hora. Já se apresentou a vocês como um teste, porque sente nos dois um potencial de maturidade que a faria florescer em condições adequadas. No entanto, desejamos enfatizar: para um casal, circunstâncias favoráveis significam esclarecer e afirmar o próprio relacionamento. Circunstâncias desfavoráveis para a criança significam estar ela sujeita às tensões dos pais antes da concepção e ter de carregar todas as discussões resultantes do relacionamento, e ainda ser usada como bode expiatório, ou seja, ser culpada pelos problemas. O relacionamento de vocês ainda não está suficientemente firme.

Importante é que você recuse ter um filho que não lhe agrada, que você rejeita, não aceitando simplesmente uma gravidez repleta de muitas dúvidas e grandes medos. E importante também é que você não se submeta simplesmente aos impulsos de seu corpo. Você tem uma figura inteiramente feminina e é uma mulher com grande potencial para a maternidade. Por que não se dar as grandes alegrias contidas no fato de ser mãe? Como seria bonito se você pudesse esperar até usar tudo o que é seu de direito: feminilidade primitiva e convicção de maternidade. Com esses dons seria lamentável que desejasse criar uma situação imperfeita que lhe tirasse exatamente o que lhe é tão valioso.

Só quando você estiver pronta a dar a seus filhos o que considera da maior importância e só quando estiver em condição de lhes dar de fato o melhor de si, eles poderão aproveitar o máximo de você. Se o seu melhor só existe em estado latente e por motivos de nervosismo ou relacionados com o trabalho você não estiver em condições de transmitir o que há em você, o momento da gravidez não é oportuno. Esteja certa de que a alma encontrará outras possibilidades de se encarnar: você com esse homem, você com um outro homem, num momento posterior, ou então um casal maduro, res-

Espiritualidade e Sexualidade   97

ponsável — para essa alma não existe apenas uma chance. Se você optar pelo aborto, ela não a considerará culpada.

❧ ❧ ❧

Pergunta: Espero um filho que não desejo. Mas fazer um aborto me causa muito medo porque não quero contrair nenhum karma. Por isso está difícil decidir. Como posso lidar com a situação da melhor maneira para todos os implicados?

Fonte: No caso de uma humanização, o pai, a mãe e o filho têm de concordar no plano anímico. Enquanto você teme e não se decide, a situação torna-se extremamente difícil para você, para o seu parceiro e para o filho que concebeu tomar as próprias decisões. Pois considere, também a criança precisa se preparar. Ela quer ter tempo para se recolher e quanto mais clareza você desenvolve, mais fácil será ao embrião soltar-se do seu corpo. Raramente uma criatura quer se encarnar numa mãe que não a deseje. Muitas vezes essa experiência é significativa e necessária.

Com o aborto você não se carrega de karma. Sua alma tem o direito de participar dessa decisão. Assim que estiver certa do que quer fazer, tudo se tornará fácil. Se quiser tornar as coisas mais fáceis para você e para seu filho, recolha-se por alguns dias, não discuta como ninguém, não pergunte a ninguém, pare de pensar, sinta o que se passa em seu interior, dialogue com a criatura que está crescendo dentro de você. Liberte-se de todas as recriminações que as outras pessoas ou sua própria moralidade faz a você e deixe que seu eu interior tome a decisão e a comunique a você. Recolha-se ritualmente em si mesma até o ponto em que possa de fato ouvir a voz interior. Crie um silêncio que esteja amplamente livre de atritos interiores. Saiba que você não tem de se justificar com ninguém.

Portanto, simplifique as coisas na medida em que clareia as idéias: "Agora sei o que quero e estou disposta a tomar essa decisão. Estou pronta para assumir a responsabilidade. Digo verdadeiramente sim ou não e me livro das dúvidas atormentadoras que surgem quando me pergunto o que realmente está certo." Pois saiba que não importa que você faça o que é certo, mas importa que você se permita determinar sozinha o que é certo para você. E o que é certo para você, pode estar totalmente errado aos olhos dos outros. A criança, o ser que repousa em você só tem um interesse: que você o afirme e o defenda. Se esse não for o caso, renuncie a uma ligação. Quando tiver consultado seus ajudantes interiores e eles lhe tiverem transmitido a decisão deles, você estará em condições de suportar qualquer tensão sem ter de se curvar. Sua irradiação será tão clara e tranqüila que com ela você se comunicará melhor do que com mil palavras.

❧ ❧ ❧

Pergunta: Há cerca de um ano sofri um aborto natural. Por que a criança não veio ao mundo?

Resposta: Não é a primeira vez em sua vida que você deseja demais de uma só vez. Naquela época você estava passando por uma mudança radical e uma gravidez levada a término teria produzido efeitos substanciais sobre sua própria humanização. Você terá outra gravidez, porém num momento em que possa voltar tranqüilamente todo o seu amor e bondade para o outro, para o ser em formação. Quando você estava grávida e teve de passar pela experiência de saber que seu filho não queria nascer, era importante você compreender que sua bondade tem de primeiro lhe fazer bem, só então você poderá transmiti-la aos outros. Não fique se perguntando constantemente se fez algo errado ou se não tinha valor para ser mãe. Não se trata de nada disso! Como todo ser humano, você está no mundo primeiramente para seu próprio bem e depois para o bem dos outros.

❧ ❧ ❧

Pergunta: Tenho medo de ficar grávida e do parto e tenho medo de morrer ao dar à luz ou de não conseguir fazê-lo. Há anos não consigo me decidir a favor ou contra ter um filho. O que isso significa para o meu desenvolvimento? Posso solucionar este dilema?

Fonte: Em vidas passadas, você entrou em contato com esses medos não apenas uma, porém muitas vezes no que se relaciona com este tema. Você mesma morreu ainda recém-nascida e, como mãe, perdeu vários filhos. Além disso, aconteceu duas vezes de você morrer durante a infância. Este é um destino que você compartilha com milhões e milhões de outras almas encarnadas em corpos de mulher. Mas no seu caso existe, em correlação com o fato, um medo muito maior que outras mulheres não sentem. Na última vida e por bons motivos você resolveu ser parteira, e pela primeira vez essa profissão colocou diante dos seus olhos um outro lado da maternidade que nem sempre é atraente. Pois você fez o parto de muitas mães e bebês sadios, cujas condições não eram muito favoráveis para os filhos; a concepção dessas crianças muitas vezes se havia dado em circunstâncias desprovidas de amor. Você teve de ouvir histórias e experiências que lhe tiraram a alegria de conceber e de dar à luz. O que você procura agora e que tem a ver com sua idade anímica, é uma maternidade que seja apoiada por uma boa parceria e uma paternidade amorosa. Concentre-se em escolher o pai apropriado, em vez de concentrar seus pensamentos em ter filhos.

❦   ❦   ❦

Pergunta: Desde este ano me sinto quase perseguida pelo tema "maternidade". Sou confrontada com novos limites. Há pouco sofri um aborto. Eu gostaria de saber por que não consigo resolver se quero ou não ter um filho. Minha característica principal é "obstinação", meu objetivo de desenvolvimento é "acelerar".

Fonte: Por um lado você sente que o nascimento de um filho e os sentimentos e obrigações de uma mãe associados a ele ajudariam em seu desenvolvimento. Um filho exigirá tanto de você, ele será um desafio tão grande que você não poderá escapar mesmo que queira. Por outro lado, você já se viu às voltas com muitos desafios nesta vida. Um terceiro fator nos parece importante. Um nascimento, uma maternidade, a educação de um filho e o fato de trazer ao mundo uma nova alma — tudo isso está repleto de coisas imprevisíveis. Você não sabe quem vem a você, não sabe como essa criatura se desenvolverá, não sabe se será sadia ou doentia, esperta ou tola, amorosa ou azeda; você simplesmente não sabe! Você só pode esperar e especular. Mas a dificuldade está no fato de não conseguir ter certeza. E uma voz interior lhe diz: "Enquanto eu não tiver certeza, não o farei. Não sou capaz de enfrentar esse desafio porque não sei como lidar com ele e se posso lidar com ele. Talvez eu descubra que nem posso ser uma boa mãe — isso também é imprevisível."

Nós queremos ajudá-la ao dizer que você logo se envolverá com a maternidade e que, ao lado do imprevisível, existem muitas, muitas alegrias e um inevitável, totalmente previsível, aumento da capacidade de amar. E o amor é o remédio contra o medo. Confie no seu amor. Então um filho virá ao seu encontro. Ele não lhe dará apenas trabalho. Ele precisará de seu amor e de sua certeza de poder amá-lo. Isto não é nada imprevisível, você sabe.

III. Problemas terrenos a partir da visão superior

As mais de mil almas com as quais a "fonte" organiza uma família de almas reunida no mundo da consciência causal, há poucos séculos compartilharam nosso destino na Terra. Por isso elas conhecem as condições de nossa condição de homens por experiência própria e por mais de cem mil encarnações. Podemos tirar proveito dessa sabedoria. Quando ouvimos as mensagens que essa família anímica encadeada conosco, seres humanos, e com outras energias do cosmos nos transmitem, logo ficamos com a impressão de que encontramos junto a essa "fonte" por um lado uma compreensão profunda de nossos sofrimentos, por outro, um modo de contemplação quase revolucionário de nossas experiências existenciais básicas, que provém da capacidade de se distanciar dos acontecimentos humanos a que estamos desacostumados. Sentimo-nos ao mesmo tempo provocados e consolados por essa perspectiva estranha que nos convida a repensar e a procurar entender tudo.

O pensamento básico de muitas mensagens fica inteiramente compreensível: as leis da dualidade (não só... mas também), da polaridade (tensão entre o pólo negativo e o pólo positivo) e da pulsação (movimento regular de contração e descontração, a oscilação entre a energia do amor e a energia do medo) são válidas na manifestação do mundo físico, tanto nos sentimentos e ações de pessoas isoladas quanto em sua história global e na natureza. Contudo, naturalmente temos tendência a nos apegar ao aspecto da dualidade que consideramos "bom" ou "claro". O "mau" e o "escuro" nós não queremos. Desejamos para nós a paz mundial duradoura, a ausência de violência, a segurança, a saúde, a harmonia, a comunidade e o bem-estar para todos. Isto tem de ser criado através do esforço contínuo, bem no sentido dos pensamentos de progresso. Mas quando se constata que a realidade vivida contradiz visivelmente esses ideais, acreditamos ter feito algo errado. Será que não deveríamos nos esforçar ainda mais? Ou Deus abandonou o mundo?

A "fonte" reconhece o desejo primordial de proteção numa existência não protegida como algo válido, mas nos mostra de modo impressionante e amoroso que é necessário sofrermos decepção se lutamos apenas pela felicidade. Afinal, só vivemos no tempo e, portanto, tudo tem de se modificar constantemente.

Os diversos subtítulos deste capítulo contêm uma série de teses provocantes. Para um médium não é nada fácil transmitir sem censuras as informações da "fonte", quando elas ao mesmo tempo colocam em questão um sistema de valores. Com toda a objetividade e honradez diante do meu trabalho como médium, muitas vezes fui assaltado por dúvidas consideráveis ao despertar de um transe numa sessão a que haviam comparecido muitos ouvintes, a respeito dos quais eu tinha de transmitir mensagens mais ou menos chocantes. Mas sempre pude comprovar que os presentes, se demonstravam estar chocados, não reagiam, porém, com rejeição.

As mensagens nos obrigam a pensar e nos levam a contemplar os acontecimentos que os implicados vivem na Terra de um ponto de vista neutro, distanciado, que inclui também a história das pessoas no passado e no futuro. Mas antes de tudo o leitor sente, em cada posicionamento da "fonte" sobre os temas atuais da nossa época e do século XX, que termina uma iluminação totalmente incomum da nossa existência à luz do planejamento espiritual.

No ponto central dessas reflexões está o modelo da idade da alma. Este pressupõe que as almas humanas não ficam aleatoriamente (sem sentido e motivo) no planeta Terra, porém dão passos de desenvolvimento conseqüentes, construtivos. Cada um dos cinco ciclos da alma (ciclo da alma recém-nascida, da alma infantil, da alma jovem, da alma madura e da alma antiga) cria determinados conteúdos de experiência, determinados posicionamentos e desejos com relação à vida. A analogia com o desenvolvimento biológico do ser humano não acontece por acaso.

Segundo a experiência, só as almas maduras e antigas têm o desejo de se ocupar com sua vida interior. Almas mais jovens pouco se interessarão por essas mensagens de esferas distantes de consciência. Por isso, e não por uma posição elitista, é que a "fonte" se ocupa de leitores que têm almas maduras e antigas nas mensagens que divulga. E sempre tornamos a receber apelos a nossa capacidade de amar, a nossa compreensão, a nossa disposição de perdoar, de aceitar o medo como um fato e de respeitar as leis da condição humana.

A pergunta que encerra este capítulo diz respeito ao medo freqüentemente manifestado do fim do mundo que está por vir ou de uma modificação energética essencial de nosso planeta que nos pode atingir a todos. Catástrofes climáticas, riscos de radiação, pestes, terremotos e inundações ameaçam a nossa Terra. Temos de aceitar que esses fenômenos se igualam a um castigo justo para nossos pecados, para a nossa falta de responsabilidade, para nossa sede de lucro?

A "fonte" vê isso de forma diferente. Nós ouvimos falar de mudanças necessárias, significativas e lógicas que correspondem ao desenvolvimento anímico da humanidade. Como poderia haver desenvolvimento se ao mesmo tempo tudo continuasse como está? O ser humano se desenvolve graças aos desafios que cria e vice-versa. Tudo nos é dado — inclusive a capacidade de destruir e de aprender com essa destruição. Mas o medo, principalmente o medo do futuro, tem uma vibração inferior e de forma nenhuma contribui para que alguém ou mesmo o mundo seja salvo.

As questões apresentadas neste capítulo se referem entre outras coisas à guerra e à violência, à solidão, ao dinheiro, à menopausa e à tecnologia genética — e à primeira vista não parecem assuntos espirituais. No entanto, para a "fonte" não existe nada que não seja espiritual na vida, por mais isolado, banal e profano que possa parecer. O esforço de nossa alegria no mundo causal da consciência é acabar com a confusão cotidiana e, ao mesmo tempo, ligar a clareza com uma visão dos inter-relacionamentos organizados. Eu acho que eles são indicadores do caminho em nossa busca pelo sentido da vida.

Sem guerra não há paz — sem paz não há guerra

Pergunta: Hoje nós temos um desejo que comove muitas pessoas. A "fonte" ensina que tudo o que existe também tem um sentido. Mas qual é o sentido das guerras que sempre tornam a abalar a nossa Terra?

Fonte: Pode-se explicar facilmente o sentido de todas as guerras, de todas as brigas, de todos os conflitos, de todas as batalhas se vocês se recordarem do princípio da dualidade como um princípio da vida humana. Não há paz sem guerra, não há harmonia sem desarmonia. Mas se perguntarem de que adianta acontecer uma guerra em algum local do planeta de vocês, ou quando perguntam: "Que bem isso faz?", nós lhes respondemos: o sentido está além do bem e do mal.

Vocês nos perguntam sobre o sentido desses conflitos. Só podemos lhes dar uma resposta a partir de nossa perspectiva. E nós dizemos que, se tem um sentido, é bom. Quando existe um sentido, então existe uma função para a vida em comum, para a existência de vocês, para a existência de todos os seres humanos no planeta de vocês, para a existência dos que se encarnaram agora — mas também para a existência dos que se encarnarão no futuro.

Guerra e paz se completam. Discussão e acordo são aspectos de uma mesma coisa. Uma guerra é sempre precedida de uma repressão de agressões ou da violência, e vocês sabem que as áreas onde em dias recentes surgiram conflitos foram, durante séculos, palco de manifestações de agressão explosiva reprimidas por sistemas totalitários que castigavam tudo o que se voltasse contra eles. Não é que antes houvesse paz e hoje, guerra, mas antes havia insatisfação, e o conflito que surgiu naquela ocasião acabou por eclodir hoje. Mas os conflitos em si mesmos são muito mais antigos.

Queremos mostrar-lhes um outro aspecto, que é o do crescimento anímico. Toda forma de confronto bélico é uma possibilidade para todas as pessoas implicadas, sejam elas atores ou vítimas, para reencontrarem-se em determinadas situações que as confrontam com seus maiores medos e exigem delas, em tais momentos, uma decisão a favor ou contra o amor. E mesmo que vocês se assustem terrivelmente, temos de lhes dizer: não importa qual seja a decisão, se a favor ou contra o amor — o importante é que a pessoa se decida. O importante é que uma alma tome uma decisão, que de uma forma ou de outra trará conseqüências.

E então chegamos ao nosso tema propriamente dito. A pergunta que fizeram os liga estreitamente com as leis da compensação kármica. O karma tem de surgir antes de poder ser solucionado. Laços kármicos fazem inexoravelmente parte da verdadeira humanidade. Por eles entendemos o amadurecimento de uma alma em virtude da seqüência de encarnações isoladas. Os entrelaçamentos kármicos a princípio criam uma proximidade perturbadora que, no entanto, é depois transformada em amor. Vocês se surpreenderão se dissermos: como almas antigas vocês criarão um vínculo estreito e uma ligação íntima com aqueles seres anímicos que em vidas anteriores foram culpados de algo contra vocês ou que vocês perseguiram com seu ódio há alguns séculos ou milênios.

❧❧   ❧❧   ❧❧

Pergunta: Recentemente ocorreu na antiga Iugoslávia uma guerra que não compreendemos. Gostaríamos de saber o que a "fonte" acha disso.

Fonte: Vocês estão infinitamente chocados com essas guerras. O que irrompe ali: violência e injustiça, morte e destruição, levadas à população através dos autores e das vítimas — vítimas que são autores e autores que são vítimas —, atinge vocês de tal maneira que não conseguem compreender como algo assim possa acontecer. A maioria de vocês nunca viveu algo semelhante. Mas aqueles que de uma maneira ou de outra se agitam diante do conflito, acreditam sentir-se tocados também pela compaixão, quando na verdade fizeram experiências bem parecidas, se bem que não idênticas, em vidas passadas. E para muitos isso ocorreu há menos tempo do que imaginam. O fato de as pessoas se torturarem e matarem mutuamente e de se maltratarem e desprezarem é uma fase necessária através da qual toda alma tem de passar no curso da viagem de encarnação a fim de testar seus limites, a fim de compreender a medida de suas possibilidades no amor e no medo, a fim de um dia sentir uma proximidade que não poderia existir se antes não houvesse sido criado um distanciamento doloroso. Quem já deixou isso para trás não quer voltar.

Vocês devem ter experimentado ou lido que entre qualquer autor de um crime e sua vítima existe uma ligação peculiar. Dizemos qualquer, porque não mencionamos apenas o grande mas também o pequeno criminoso; portanto, o relacionamento entre parceiros que não fazem bem um ao outro, o relacionamento entre pais e filhos, que, segundo a compreensão de vocês, é nocivo. Podemos nos odiar muito, mas a ligação existente não pode ser negada. Ela é tanto mais estreita quanto mais intensos os sentimentos a ela associados. Se, portanto, agora — tão perto de vocês, embora aparentemente tão distante no que respeita aos sentimentos — um inferno rugir com todos os aspectos que tradicionalmente vocês atribuem ao inferno, isso significa, de nosso ponto de vista, que ali há um grupo muito grande de almas dispostas a se submeter às suas furiosas energias e a tomar decisões que posteriormente não só trarão uma recompensa negativa, mas também positiva. Pois vocês não devem esquecer: ainda que aconteçam coisas ruins, terríveis e más, também acontecem coisas boas, úteis e tocantes! Muitas pessoas crescem ali onde a guerra abre suas feridas, crescem transcendendo seus estreitos limites. Elas ajudam onde antes nunca teriam ajudado, elas salvam vidas onde antes não haveria motivos de salvá-las, elas se voltam umas para as outras onde antes imperava o distanciamento ou o egoísmo.

Sendo assim, não pensem somente nos horrores, mas pensem também nas situações que são oferecidas às pessoas durante uma guerra; elas podem decidir-se por uma atitude positiva, pela solidariedade, pela compaixão que não existiriam num país pacífico. As almas que agora fazem seu trabalho nesse inferno — e não vamos elogiá-las nem censurá-las, apenas descrever os fatos —, em algum momento colherão os frutos das suas ações. E é importante que plantem as sementes. Portanto, deixem que os que têm de fazer sua obra e evoluir em sua humanização façam o que têm de fazer. E façam vocês também o que tiverem de fazer, cada um por si e todos juntos numa comunidade que construa um novo objetivo com os objetivos de cada um isoladamente.

Se vocês sentirem o impulso de ajudar ou de interferir, sigam esse impulso. Não questionem a moral ou a imoralidade, nem busquem conselho político ou de sua consciência pessoal, que, via de regra, está ligada diretamente ao seu coração, mas perguntem antes de mais nada: "O que eu desejo? O que tenciono fazer? Quais impulsos provêm das profundezas de minha alma?" E se esse impulso disser: "Eu não me importo com o que está acontecendo," isso também é adequado, pois se trata de uma decisão. Seria bom para vocês, e positivo segundo nossa visão, se tomassem essa decisão, seja ela qual for, com consciência, pois a consciência provoca e movimenta efeitos diversos daqueles que a inconsciência pode criar. Se algo os atrai ou repele, se querem dar ou fechar-se em si mesmos, se decidem enfrentar o horror ou se afastar dele — para o grande Todo isso é indiferente. Um de vocês ajudará, outro se afastará. Esse será um resultado de sua história anímica individual. Um terá medo, o outro coragem. A coragem não é melhor do que o medo, o medo não é pior do que a coragem. Uma alma muito antiga se voltará para assuntos interiores, pois está cansada de seus milhares de anos de experiências; uma alma jovem ou madura se sentirá impelida a adotar posições e a fazer alguma coisa.

Quem pensa ou age de modo diferente do de vocês, não deve ser julgado. Isso vale para as pessoas do seu meio ambiente direto, mas também para aqueles que vivem em países em guerra e agem — batalham, fogem, salvam e assassinam. Não julguem o que cada indivíduo faz, mas também não julguem a si mesmos! Isso também é uma violência, isso também é agressividade, que inevitavelmente levará ao próximo conflito interior ou exterior. Seja como for, já dissemos que não se trata de evitar conflitos. Trata-se muito mais de ser capaz de suportar um conflito que tem de existir, de estimular uma briga que descarregue a atmosfera, de dizer sim a uma guerra que é necessária para a paz, que existe para o bem de todas as pessoas, nesta ou na próxima encarnação de vocês.

A ideologia da paz e da violência

**Pergunta: Por que há cada vez mais violência em nossa sociedade? Vemos manifestações terríveis de violência no cinema e na televisão, mas também sentimos que as pessoas estão ficando cada vez mais agressivas umas com as outras. Por que acontece isso? O que podemos fazer contra esse estado de coisas?

Fonte: Praticar atos cruéis e ser vítima da violência é um componente básico da existência humana. E esse componente básico era reconhecido nos primeiros séculos ou milênios como um aspecto essencialmente válido, necessário e importante da existência humana. Ele era canalizado por meio de rituais. Porém, antes de tudo, a energia sempre presente nesse potencial de violência era canalizada através de uma guerra constante com inimigos externos, através da guerra e dos jogos bélicos; o fato de alguém ser agressor e o outro vítima era considerado natural pela maioria das pessoas. E, quando se permite que uma pessoa viva suas agressividades dentro de um enquadramento organizado, ela não terá de vivê-las através de um comportamento caótico. Suas atitudes não serão aleatórias, porque ela sabe que existe uma válvula de escape ritual, socialmente reconhecida e isenta de culpa.

O pólo oposto da brutalidade é o pacifismo. E depois que na Terra de vocês o pólo da violência foi demasiado enfatizado por meio de várias guerras mundiais, em todo o mundo surgiu uma igualmente extremada necessidade de paz, que imediatamente se transformou no mais elevado ideal. Compreendemos esse desejo. Mas deixou-se de considerar que essa paz mundial — esse anseio pela harmonia e essa exigência de renúncia eterna à violência — representa uma formação tão pouco natural da energia quanto uma guerra mundial duradoura.

O que convém ao ser humano é uma mistura dessas forças. Assim como cada indivíduo oculta em si a luz e a sombra, o bem e o mal, o pacífico e o violento, o mesmo acontece com as sociedades, os povos e as nações. Quando uma sociedade, um povo ou uma nação quer apenas a paz, uma paz cada vez mais prolongada, a agressividade dos indivíduos têm de se manifestar entre eles. No sentido das leis energéticas, não é natural que impere a paz por mais de trinta anos, ou seja, pelo tempo que um indivíduo precisa para de certa forma crescer e tornar-se responsável. Quando esses trinta anos se completam, tem-se uma geração que não conhece mais a violência e, entretanto, tem de desenvolvê-la e manifestá-la outra vez como parte de sua estrutura energética polarizada.

O momento vivido por vocês, que os leva a tal questionamento, mostra que todos os países de seu planeta que transformaram a tranqüilidade em seu ideal e a paz em seu objetivo sentem como essa paz exterior faz com que interiormente haja ausência de paz, como a violência nas pequenas coisas e nas coisas interiores provoca a violência nas grandes coisas e nas coisas exteriores. Mas quando uma nação tem um inimigo declarado e se encontra sempre em estado de alerta para poder se defender, portanto onde a guerra e a tensão militar cunham o cotidiano das pessoas — como acontece, por exemplo, em Israel, só para dar-lhes uma pequena indicação — existe muito mais paz entre as pessoas que não estão envolvidas nas táticas militares. Há menos maus-tratos, menos assassinatos aparentemente sem motivo, menos abusos, indiferença e falta de amor.

Não estamos afirmando — e pedimos para que de fato entendam isto — que um estado é melhor do que o outro. Tentamos, realmente, descrever um fenômeno universalmente válido que pertence à forma de existência da alma humana. Como se trata de um fenômeno duplo de energia dentro do mundo físico de vocês, o uso ou a recusa da violência também está sujeito a tensões polares como tudo o mais que lhes é dado como condição. Quando, então, como é o caso na Europa desde a última guerra mundial, tudo foi sacrificado por ela, surge um chamado ansioso por uma paz que dure várias gerações, vocês não devem se admirar, de que, ao menos em seus atos de compensação psíquica, haja tanta violência como ordem do dia. Quem não pode extravasar a própria brutalidade por motivos ideológicos e morais, mas a sente e tem de ativá-la de alguma maneira, precisa ao menos da possibilidade de compartilhar da brutalidade dos outros — nem que seja na tela —, entrando em contato indireto com ela. Sabemos que essas palavras chocarão vocês profundamente. Elas significam que, quanto mais as pessoas desejam a paz interior e exterior e renunciam a qualquer tipo de violência — e ao fazer isso estão cometendo uma violência contra si mesmas —, tanto mais os semelhantes que não dispõem do mesmo autocontrole e não cultivam o mesmo elevado ideal, obrigam-nas a viver a brutalidade deles. A força interior latente, reprimida e rotulada como má, que move essas energias e que cada ser humano traz em sua existência, é delegada àqueles que não se controlam nem sabem estabelecer limites, e é sentida como uma ameaça.

O temor e a observação de que a violência nos filmes e na televisão estimula o potencial de violência dos espectadores por certo são justificados. Mas só o que está presente pode ser resolvido. Não queremos afirmar com isso que se trate de um estado ideal — muito longe disso. No entanto, nas telas, a paz e a ausência de violência só surgirão outra vez quando um inimigo externo possa ser combatido com armas. Vocês desejam isso? Não faz tanto tempo, pouco mais de cinqüenta anos, todos os meios de comunicação — inclusive a literatura — dedicaram-se predominantemente ao tema do idílico, do pacífico, do comovente e do nobre. E o que aconteceu com os que tomaram isso como exemplo?

Pergunta: Vocês mesmos não consideram esse estado ideal. Nós compreendemos que simplesmente impera a lei da pulsação, mas vocês deram a entender que há possibilidades de canalização. Existe a chance de conseguir uma melhora, uma otimização genuína, sem negar essa lei?

Fonte: Se vocês pudessem transferir o olhar do ideal para a realidade da existência humana e pudessem aceitar cada vez mais o pensamento básico de que o ser humano é como é, que isso está certo, vocês não precisariam atormentar-se com tanta freqüência com reformulações ideológicas extremas da realidade. Mas nós sabemos, ao dar-lhes esta resposta, que analisamos a coisa de um ponto de vista diferente do de vocês. Ajuda um pouco, mas mesmo que o ser humano viva a própria realidade sem refleti-la como tal, ele não é uma criatura que viva apenas em sua realidade. Também a criação de ideais e a luta no contexto das ideologias faz parte de sua condição de ser humano.

Vocês perguntam o que a estrutura polarizada de guerra e paz, de violência e doçura pode otimizar. A isto temos de responder: não se trata de otimização, porém de experiência. E para enfatizar mais uma vez o amplo âmbito da experiência, lembramos a vocês que seu planeta, no momento, está povoado em primeira linha por almas jovens em plena força. Para fazer justiça ao plano de desenvolvimento das suas almas, elas têm de fazer as necessárias experiências, têm de se carregar de culpa kármica para, alguns séculos ou milênios depois, poderem elaborá-la outra vez por meio do amor. Essa realidade existencial foi amplamente desalojada da consciência de vocês e, portanto, cunha intensamente as suas ações inconscientes. Só os que estão dispostos a transcender esse estágio, entusiasmam-se com a paz, entusiasmam-se com a ausência de violência. Eles deixaram o uso da violência para trás. Não estão mais sujeitos a ela, não estão mais, na mesma medida, sob a lei do impulso de ação; no entanto isso não é motivo para desprezarem os que necessariamente ainda se movem no contexto dessa regularidade.

Assim sendo, vocês devem sempre fazer o que é bom e correto para si mesmos. Disso faz parte respeitar sua sombra, respeitar o próprio potencial de violência. E sejam gratos pelo fato de não terem mais de manifestá-la. Mas também agradeçam àqueles que manifestam a violência em seu lugar. Só por isso vocês se sentem mais livres. Mas, por favor, também não pensem que só o que provoca derramamento de sangue ou manchas azuladas na pele representa violência. A violência assume muitas formas sutis, aparentemente destituídas de agressividade; vocês, almas mais antigas, as conhecem bem, visto que as praticam constantemente. Vocês as reconhecerão, se tiverem a coragem de pesquisá-las.

❧❧ ❧❧ ❧❧

Pergunta: Suas palavras deixaram a impressão de que não há nada a modificar, e que, portanto, podemos realmente observar a nós mesmos.

Fonte: A tentativa de mudar essencialmente alguma coisa nesta pulsação de brutalidade e doçura está destinada ao fracasso. Uma outra tentativa, a de reconhecer como tal a brutalidade de idéias aparentemente destituídas de violência, de métodos que manipulam o ensino visando a obtenção do sucesso, de ideais sociais condicionados à época, do autodomínio exagerado e da negação dos impulsos, da caracterização histórica e coletiva, do controle através da opinião pública e da pressão de convicções morais, é uma grande vantagem. Nós dissemos uma vez: Quem se obriga a pensar e agir amorosamente, faz uma violência contra si mesmo. Quem obriga outra pessoa a fazer algo que não quer e com isso a transforma num ser hipócrita, comete uma violência contra essa pessoa em nome do amor e no contexto de uma educação adequada. Neste ponto, não queremos falar sobre as características dessa atitude, mas permitir-lhes dar uma olhada através da janela do que consideram natural, indicando um caminho que lhes possibilite ampliar a qualidade de ser de sua consciência humana, sem negar a realidade de sua existência com suas condições essenciais.

E para encerrar, para ilustrar o dito com um aspecto da realidade de vocês, usamos um outro aspecto dessa realidade que parece ser pequeno e de significado inferior em relação às energias da guerra e da paz; mas ele pode tornar cognoscível o que apresentamos a vocês ao falar do grande pensamento da polaridade entre brutalidade e doçura.

O envelhecimento do corpo é um fenômeno do ser humano encarnado, que quer ser experimentado em todas as conseqüências possíveis. A violência contra pessoas velhas — os maus-tratos e abusos — faz parte disso. A velhice e a sensação de desamparo estão estreitamente ligadas. Os maus-tratos e os abusos impingidos aos velhos são, além disso, o resultado de ideologias que ressurgem, uma reação a duas idéias que imperam no tempo de vocês. A primeira é a de que uma pessoa jovem e forte que cuida de uma pessoa velha e fraca, tem de cuidar dela durante todo o tempo com amabilidade, dedicação e compreensão. Caso contrário, estará em falta. A sociedade estabelece essa condição para as pessoas que cuidam do velho e para os parentes. Os enfermeiros se colocam no lugar dos velhos e sofrem de complexo de culpa, ficam com a consciência pesada se percebem que estão dizendo ou tendo um único pensamento agressivo, de desprezo ou brutal. Eles acreditam, com toda a seriedade, que não podem atender às necessidades e desejos do velho, que não conseguem fazer seu trabalho de enfermagem se houve a mínima suspeita de ambivalência ou de agressividade emocional.

Mas as pessoas não se transformam em anjos só pelo fato de estarem desamparadas. Seu ser, seu caráter muitas vezes não se torna mais agradável com o passar dos anos. Pelo fato de entre os parentes e enfermeiros surgirem tantos impulsos aparentemente negativos, que são naturais e compreensíveis, e serem mentalmente reprimidos ou negados, ao final de um período mais prolongado de autocontrole e de auto-análise emocional surge uma necessidade lógica do uso da violência. Os sentimentos de culpa trazem agressividade. Este é um dos pontos. O outro parte da visão ideologicamente cunhada pelos próprios velhos. Consciente ou inconscientemente, eles exigem ser protegidos, cuidados e tratados com consideração, principalmente amados e servidos só por causa da idade, o que em si mesmo não tem nenhum valor, não importando o que eles irradiem, apresentem ou deixem para trás. Isto desperta nas pessoas que têm de cuidar deles uma forte contrariedade que tende a aumentar até transformar-se em ódio. Mas se, ao contrário, a geração mais jovem não se visse obrigada a respeitar e a cuidar das pessoas mais velhas, e se estas não aceitassem como sendo natural que os mais jovens tenham de aceitá-las e cuidar delas, porém demonstrassem antes a disposição de ajudar e a compreensão que desejam receber em troca, tudo seria mais simples. Houve épocas e sociedades em que foi esse o caso. Mas naqueles tempos havia uma porcentagem muito menor de pessoas idosas e desamparadas a serem cuidadas. Elas eram honradas e solicitadas a dar conselhos. Este é um assunto importante e complexo que não vamos mencionar exaustivamente aqui e que despertaria muitos questionamentos em vocês. Desta vez dissemos o bastante. Nossas palavras, seja como for, lhes darão o que pensar e poderão modificar algumas das idéias que andam carregando sem jamais questioná-las.

❧ ❧ ❧

Pergunta: Nos países industrializados, a violência aumenta de dia para dia, especialmente entre os jovens. Há algo que possamos fazer para reagir contra a agressividade das pessoas jovens?

Fonte: Este tipo de violência é uma resposta. Essa violência não nasce de uma virgem. Quando os jovens — para mencionar um tipo de violência — agem violentamente, esse seu modo de agir, de sentir e de pensar é o resultado de atitudes agressivas que lhes foram ensinadas. E a violência à qual eles respondem tem muitas faces. Muitas vezes ela não é reconhecida como violência. Ela é considerada natural. No entanto, muitas medidas e idéias transmitidas aos jovens são desmedidamente violentas e não podem gerar outra coisa a não ser uma reação violenta.

Você nos pergunta: "Como podemos reagir contra a violência das pessoas jovens?" Depois de tudo o que acabamos de dizer, você entenderá que não se pode e nem se deve reagir com mais violência se quisermos modificar os jovens, se quisermos transformá-los ou mudar seu pólo. Portanto, não reaja com violência, e isso significa: evite a violência nos seus pensamentos e nos seus sentimentos, pois essa violência é igualmente real e tem um efeito que não pode deixar de ser visto. Nós dizemos: nenhuma violência. Mas então o quê?

Seria muito simples se pudéssemos afirmar que o amor cura. Mas então o que é o amor? O que é amor nesses casos? Não podemos, entretanto, sem mais nem menos exigir: compreendam, perdoem! Nosso conselho para você e para muitos outros que se sentem assustados com a agressividade dos jovens e, ao mesmo tempo, sentem que são responsáveis por essa violência, é o seguinte: Sejam autênticos! Isto significa: Se você sentir pena, sinta pena. Se sentir ódio, sinta ódio. Se sentir medo, sinta medo. Se ficar contrariado, sinta essa contrariedade. Se conseguir compreender, compreenda. Porém não faça nada por imposição. Não se obrigue a amar, pois isso é violência. Não se obrigue a odiar ou a julgar, pois isso é violência, como tudo o mais. Só a autenticidade é destituída de violência. E a autenticidade é a única coisa que convence uma pessoa jovem e infeliz que não conhece outra saída para a força dos seus sentimentos a não ser extravasá-la por meio da agressividade. Nada convence tanto quanto a autenticidade, pois o que é legítimo impressiona do ponto de vista da energia.

No caso da violência de muitos jovens, trata-se de certa maneira de energia concentrada e mal direcionada. Se você oferecer um canal para essa energia, um recipiente para a energia originalmente mal direcionada, ela fluirá para aí de bom grado. O que esses jovens violentos raras vezes receberam foi respeito. Se você se dirigir a eles com respeito — e isto significa ser autêntico, significa ter respeito pelos sentimentos e pensamentos que experimenta naquele momento —, você nem precisa dizer nada, você apenas precisa ser.

Aprenda a respeitar através do respeito a si mesmo e você lhes oferecerá o modelo que buscam e pelo qual estão sedentos. Mais não podemos dizer sobre o assunto, mas isso já basta. Pois quem dispõe de tanto respeito pessoal que faz valer suas sensações e suas reações? É uma grande tarefa, mas quem já voltou sua atenção para a possibilidade de obter muita coisa boa, muita coisa curativa através do respeito próprio, não desejará ler mais nada sobre isso.

Temos de ser uma unidade e uma dualidade

Pergunta: Fico muito tempo só. Algumas vezes acho que há algo de errado comigo. Mas quando estou junto de outras pessoas, logo surgem conflitos, o que eu também não quero. Como uma pessoa deve organizar sua vida a fim de ser feliz? Formar uma unidade com outra pessoa é algo maravilhoso. Mas também é algo tão difícil!

Fonte: Hoje vamos lhes falar sobre a unidade e a dualidade. Se pensarem unicamente na dualidade, já começam a se sentir sós e dão à dualidade uma conotação de isolamento e solidão. E quando aumenta o medo da dualidade, ela é para vocês uma divisão em dois e uma ameaça.

Ser uma unidade enche vocês de esperança e de nostalgia, de proteção e de segurança. Todos vocês desejam instintivamente a felicidade da unidade, sem saber exatamente no que ela consiste. Vocês identificam a unidade com um estado paradisíaco em que nada mais de ruim lhes pode acontecer, nada que os limite, amedronte e ameace. Nós compreendemos isso devido a sua forma existencial de seres humanos, ou melhor, devido a sua humanização, pois a primeira experiência que fizeram ao nascer foi a de que a unidade sentida como tal, isto é, a ligação com a mãe por meio do cordão umbilical, se transformaria numa dualidade associada à dor. O choque da transformação numa dualidade corrói a consciência de vocês como uma ferrugem que nunca foi removida; por isso hoje, agora mesmo, vamos lhes oferecer uma espécie de removedor de ferrugem com efeito anticorrosivo, como um bálsamo. Com ele vocês podem livrar-se de velhos sofrimentos e medos que todos — cada um de vocês — receberam, porque são seres humanos.

Queremos começar dizendo: só existe uma unidade verdadeira, e essa é ser uno consigo mesmo. Cada um de vocês, sem cessar, desde a concepção até o dia da morte é uma unidade, mesmo que se sinta interiormente rasgado e dividido. O real e o que se sente subjetivamente são duas coisas diferentes. E se vocês não aprenderem a compreender a dualidade, a divisão em dois, como um estado imprescindivelmente necessário e também agradável, positivo e estimulante, não poderão sentir essa unidade consigo mesmos. Se não cortarem real ou simbolicamente o cordão umbilical, que cria a unidade com sua mãe ou com a eventual substituta da mãe que escolheram para si, vocês não poderão chegar a ser vocês mesmos. Nem sequer conseguirão respirar livremente, não conseguirão sobreviver.

Uma criança que fique por tempo demais atada ao cordão umbilical perde uma parte essencial de energia vital que, por assim dizer, volta ao corpo da mãe e torna impossível ao recém-nascido reter a energia de que precisa para um sadio autodesenvolvimento. Porém um corte prematuro e apressado desse cordão é igualmente prejudicial. Muitos de vocês foram agraciados com essa pressa e por isso ainda anseiam mais do que os outros por voltar à unidade. Todos os seus anseios e esforços estão direcionados para voltar ao útero, não para talvez ficar ali, mas para repetir o processo de corte do cordão, agora da maneira apropriada. Isso também é possível quando lhes é permitido gozar por um curto período da proteção absoluta, do calor, do estar envolvido, da aceitação oferecidos por uma outra pessoa. Então desenvolve-se um segundo processo de nascimento, e uma nova liberdade é obtida através do corte conscientemente vivido do cordão umbilical e da conseqüente divisão em dois.

Portanto, nós defendemos a dualidade. E esta duplicidade, que precisa conter uma dualidade nas variações que sempre se repetem, é um pressuposto, uma exigência prévia para o sucesso de qualquer relacionamento entre seres humanos, não importa com quem — com um filho, com um parceiro, com um dos pais, com amigos e parentes. Mesmo que a dualidade ainda os assuste tanto, ela é o elemento mais importante para o sucesso de um relacionamento, que pode atingir vivamente ambas as partes e que desenvolve uma vida própria, não alimentada pela dependência, mas pela liberdade.

Vocês têm medo da desavença. Mas não é preciso que haja o que vocês temem tanto, ou seja, que uma divisão em dois leve a um estado duradouro e insuportável de conflito insolúvel, a uma briga eterna, a um sentimento de ódio. Tudo isso infunde medo em vocês e podemos compreender isso. Mas queremos deixar claro que este medo em primeira instância é derivado de uma ilusão. Vocês acreditam firmemente que a unidade seja a única coisa verdadeira e que a dualidade seja um estado digno de repulsa que deve ser superado o mais depressa possível. Falamos de uma ilusão porque o que pintam de forma tão maravilhosa em seus desejos inconscientes, ou seja, a unidade com a mãe, a infinita proteção sentida no líquido amniótico, não é nenhuma unidade, porém uma dualidade extraordinariamente concreta e que pode ser comprovada. O cordão umbilical é uma ligação, sem dúvida. Mas ele une duas criaturas, dois corpos, duas almas que são totalmente diferentes, inclusive na sua formação genética, em seu querer, em seu desejo de dominar a vida, em sua identidade, em tudo, portanto, que é tão importante e sagrado para vocês como seres humanos.

Quando uma mãe não compreende essa dualidade existencial ou não deseja compreendê-la porque lhe infunde medo, ela não faz nenhum bem a seu bebê, mas consegue realizar exatamente aquilo de que tem medo, ou seja, o filho tem de provocar a divisão com violência. Muitos de vocês viveram isso em seu corpo, de forma ativa ou passiva. Mesmo assim, a unidade lhes parece um estado muito harmonioso e a dualidade um estado desarmonioso e repleto de perturbações. Nós lhe dizemos: isso não é verdade. Só através da dualidade pode surgir uma nova forma de unidade.

Falamos de uma unidade consigo mesmo. Estar consigo mesmo significa construir uma ponte para o interior; sem essa ponte ninguém pode ser harmonioso ou irradiar harmonia. Só quando tiverem construído essa ponte para a identidade pessoal, diferente da de todas as outras criaturas, estarão em condições de construir uma ponte para seus semelhantes. Isso não é possível de outro modo. Poder-se-ia dizer que, com a construção da ponte para o interior de vocês mesmos, vocês criam o material de construção de que é feita a ponte para os semelhantes. Sem esse material, a ponte também é uma ilusão, e ela não agüentará o peso se tentarem atravessá-la. Vocês não alcançarão o outro e este não verá, sentirá ou tocará vocês.

Portanto, não tenham medo da dualidade. E quando a dualidade só for alcançável através de uma passageira divisão em dois, saúdem essa necessidade com alegria. Pois ao se aproximarem de uma divisão sem medo ou com o conhecimento de que o medo não tem de ser duradouro, ela levará vocês a uma feliz unidade. Quem é uno consigo mesmo tem poucos problemas na vida. E ser uno consigo mesmo não significa estar sempre de bom humor, ser sempre positivo, sorrir agradavelmente e ter uma irradiação amigável. Não, uma pessoa pode ser una consigo mesma inclusive no ódio e no rancor, desde que seja autêntica. Essa capacidade de serem autênticos facilita essencialmente tudo, se não considerarem a desavença como uma divisão e um dilaceramento em vocês mesmos, mas como a construção da ponte que os une a si mesmos. Na verdade, trata-se de um pequeno ato de mudança de raciocínio, de uma tentativa de compreender a verdade pessoal, a verdade efetiva das condições anímicas que transformam vocês em seres humanos. Isso não será difícil para vocês, pois cada um conhece a verdade mais profunda do que estamos dizendo. Cada um de vocês já sentiu e viveu os efeitos dessa verdade. E, apesar disso, gostam de acreditar que é loucura o que lhes descrevemos, acham que devem esforçar-se pela unidade e evitar a dualidade.

Então os deixamos com estes pensamentos nas próximas semanas e meses, e lhes pedimos que quando se apresentar a oportunidade adequada — não devem procurá-la —, tentem experimentar fazer o que lhes sugerimos. E se não o conseguirem de imediato, vocês poderão representar a situação em pensamento dali a algum tempo. Atendam ao que se passa em seu interior, isso provoca a unidade. Aceitem o que sentem por uma outra pessoa. Uma vez se trata de um sentimento, outra vez de outro. Ele se modifica constantemente. Isso é o que torna todo relacionamento animado. Isso torna o relacionamento autêntico. E vocês sempre serão honestos diante do outro se também cultivarem alguma honestidade consigo mesmos.

Vocês são uma unidade com o Todo e estão separados dele. Ser uma unidade é bom, ser uma dualidade é bom. Ambas se condicionam mutuamente. Uma não pode ser negligenciada à custa da outra. Quando perceberem isso, estarão em grande vantagem.

Todas as pessoas são "solteiras"

Pergunta: Por que atualmente tanta gente vive só? Trata-se de um fenômeno degenerativo da sociedade moderna? Como podemos mudar isso?

Fonte: Todos vocês são solteiros, quer o sintam quer não, pois cada alma habita num só corpo e nele e com ele está completamente sozinha. Mas quando vocês perguntam: "Por que tantas pessoas vivem sozinhas, ou por que tantas pessoas se sentem sós?", nós respondemos: essa pergunta só vale no contexto em que vocês vivem e sentem, no país que os abriga, no tempo que os caracteriza. As suas queixas só valem para a época em que estão vivendo. Em outras regiões do planeta de vocês — na maioria delas — não há solteiros ou muito poucos.

Então se trata de perguntar: por que na Europa Central e em algumas regiões da América do Norte encarnam tantas almas que querem renunciar à proteção de uma família e ao apoio de uma dualidade íntima? Vocês questionam pessoas que mais ou menos por gosto, que mais ou menos de má vontade estão sós. Vocês não estão pensando na viúva que ficou sozinha, no deficiente físico que gostaria de ter uma esposa, mas não a encontra. Vocês perguntam, sem dizer expressamente, sobre adultos jovens que presumivelmente se recusam a corresponder às normas da sociedade em que vivem, construindo uma família. Vocês acham que eles devem ter filhos e cuidar dos outros para serem normais. Vocês pensam, antes de mais nada, naqueles que, como acreditam, se recusam a manter a forma costumeira de dualidade ou que supostamente não sentem o desejo nem têm a capacidade de manter um relacionamento duradouro.

Se temos de dar-lhes uma resposta a partir da nossa perspectiva, temos de falar de todos os que, quer queiram quer não, estão ou se sentem sozinhos. Vocês vivem num país que, no seu planeta, contém um número muito grande de almas maduras e antigas. Almas recém-nascidas, almas infantis e também almas jovens não vêem nenhum sentido ou objetivo, nem tormento nem prazer, nem necessidade nem recusa em ficar sós. Elas podem realizar-se numa comunidade estreita, firmemente determinada. E essa comunidade elas buscarão e encontrarão de uma ou de outra forma.

No entanto, quando uma alma fica mais velha, aumenta a necessidade de experimentar outras formas de vivência humana. Disso faz parte o ficar sozinho, que de forma alguma deve ser descrito como solidão. Só quem temporariamente se concede esse direito, sente bem a própria separação anímica do todo, bem como sua ligação com dimensões extra-humanas. Na sociedade de vocês, no seu país, existem no momento tantas pessoas solteiras, intencionalmente ou não, porque uma alma madura e também uma alma antiga querem fazer imprescindivelmente a experiência de ficar só, ao menos durante um certo período da vida. A alma não pergunta se essa experiência é agradável ou desagradável. Mesmo que o fato físico de estar só, o fato de uma pessoa não deixar prole e de não ter nenhum parceiro seja doloroso, essa experiência elementar é para o bem da alma. Pois só quem está em condições de suportar ficar só durante certo tempo — alguns dias, semanas, meses ou anos — pode encontrar a si mesmo. Para muitas pessoas isso é um lugar comum; e muitas das pessoas que estão sentadas aqui e nos ouvem já são almas maduras e antigas e conhecem muito bem o prazer e o desespero de ficar sozinhas. Se o seu país fosse povoado por uma maioria de almas infantis que precisam fazer experiências bem diferentes das suas, não haveria tantas pessoas sozinhas.

Ouvimos dizer e sabemos que as pessoas que encontraram sua mais intensa alegria na dualidade, olham para todos os que estão sozinhos com preocupação e às vezes com um pouco de desprezo. Por certo que a dualidade amorosa e a união com outra pessoa é uma experiência feliz, que toda alma em estado encarnado precisa, busca e sempre torna a viver. Do nosso ponto de vista, no entanto, a parceria de um homem com uma mulher, de um homem com outro homem, de uma mulher com outra mulher não é o único tipo de dualidade que existe, e só consideramos *single* autêntico aquele que de fato não tem nenhum feliz relacionamento sentimental íntimo, que não tem nenhum amigo, nenhuma convivência com um dos pais ou com um filho, que não conhece nenhuma outra pessoa que se aproxime o bastante dele a fim de tocar seu coração e seu espírito e modificá-lo. Desses há poucos. Poder ficar voluntariamente só, portanto, representa um esforço, um progresso espiritual. Enquanto vocês tirarem as suas normas e valores do mundo imaginário das almas mais jovens, encontrarão uma certa perturbação no que se refere aos que gostam de ficar sozinhos. Então acreditarão nelas quando disserem que a solidão, o fato de estar só e muitas vezes até mesmo um isolamento escolhido pela própria pessoa, um isolamento prolongado, tem um efeito muito gratificante e um efeito purificador. Não é raro que ele provoque uma transformação na vida. Enquanto não compreenderem como é importante estar só, temerão que uma pessoa solitária, sem parceiro, se sinta mal em todos os âmbitos, que ela tenha de ser inteiramente infeliz porque deixa de fazer experiências que para vocês são boas e felizes.

Nós, contudo, dizemos: não existe pessoa na Terra nem no seu país que tenha de levar uma vida inteira em isolamento interior e exterior. Muitas não querem nem precisam da dualidade com uma única pessoa durante toda a vida. Mesmo assim elas não estão à procura de um parceiro, como acredita a maioria, mas em busca de si mesmas, em busca de uma nova forma de dualidade que necessita da outra pessoa como um corretivo, como espelho, estão em busca de um encontro para o enriquecimento (e esse enriquecimento sempre é recíproco). Mas a busca propriamente dita se volta para o interior por ocasião do início do ciclo anímico de almas maduras. Quem sou eu no encontro? Para descobrir isso, é necessário reservar sempre um período para estar sozinho e viver consigo mesmo, a fim de experimentar o luto e a felicidade, que estão associados a esses estados.

Podemos informá-los de que dentro de cinqüenta ou cem anos o número de pessoas sós e de pessoas que querem ficar temporariamente sozinhas aumentará em vez de diminuir. Pois somente as pessoas transformadas em pais de família tendo já conhecido o estar só, podem transmitir essa experiência positiva aos filhos. Portanto, cada vez mais almas sentirão a necessidade de encarnar num país em que a solidão não seja mais uma mácula e uma exceção, porém a condição para uma nova forma de relacionamentos entre humanos, para uma possibilidade de encontros que ainda não existe em outros países da Terra.

Se fizerem uma viagem à África ou à Ásia, logo sentirão que ali qualquer isolamento é inusitado, desperta dúvidas quanto à sua legitimidade, sendo de muitas formas até desconhecido. Solidão e doença, estar só e ser maluco estão diretamente ligados. Nessas regiões vocês poderão fazer a experiência de logo achar demasiado estar sempre junto com outras pessoas, comendo e dormindo juntos, passando juntos todos os momentos de trabalho e de descanso, sem ter um espaço para simplesmente ficar a sós. Para essas pessoas que amam a comunidade, pensar em não ter um marido ou mulher, não ter uma família, é tão assustador que nem sequer podem confrontar-se com a idéia, visto que acham isso essencialmente errado.

Mas não queremos de forma nenhuma negar as dificuldades e a tristeza que muitos de vocês, se não a maioria, sentem quando ficam durante muito tempo ou com muita freqüência sozinhos, uma vez que sua esperança de uma feliz vida a dois não quer se concretizar. Conhecemos esses problemas, mas só podemos dar-lhes um bom conselho, que é o seguinte: tirem o melhor proveito! Só assim poderão aprender o que significa amar a si mesmos.

Estar só não é nenhum castigo, porém um pressuposto para se conhecerem melhor. Esse conhecimento se tornará, com o contínuo crescimento da alma, uma necessidade cada vez maior. Vocês estão aqui porque se esforçam para obter esse crescimento; no entanto, com o crescimento surgem novas necessidades e exigências no que se refere ao relacionamento entre as pessoas. Vocês querem aprender a amar também aqueles que lhes são estranhos, que não conhecem tão bem, que não têm o mesmo sangue, que não foram concebidos por vocês ou com quem não passam as noites juntos. Esse é um grande trabalho. Vocês estão na Terra para experimentar algo de totalmente novo. Vocês querem aprender a amar as pessoas que são diferentes de vocês; para isso, estar só é um pressuposto, uma experiência que não pode ser evitada.

O dinheiro libera espaço espiritual

Pergunta: Muitos acreditam que pessoas espiritualmente desenvolvidas têm de se arranjar com a menor quantia possível de dinheiro. Isso é verdade?

Fonte: Gostaríamos que essa pergunta fosse feita mais vezes. Mas muitas pessoas que estão buscando as verdades espirituais sentem vergonha pelo fato de ainda estarem amarradas ao mundo material, visto que têm necessidades. Elas anseiam por uma falta abrangente de desejos que consideramos nociva quando se trata de desenvolvimento espiritual. Não é raro que encontremos em vocês almas que recusam a própria materialidade. Elas querem transcender sua materialidade desde o início da incorporação. Elas se esforçam por negar as necessidades do corpo e, com isso, negam as condições materiais de sua existência. Não julgamos, porém lamentamos o fato. Pois quando um ser humano com muito esforço e com a ajuda dos seus irmãos de alma finalmente encontrou um corpo, não existe nada mais importante do que alegrar-se com esse corpo e fazer amizade com o espírito, com as condições implícitas da existência, gozando alegremente da matéria, vivendo-a e afirmando-a.

Não dizemos que o dinheiro tem tudo a ver com a vida. Nós afirmamos: o dinheiro também faz parte da sua vida. Da vida de vocês, como a têm de viver, faz parte a troca de energia na forma de notas e moedas e cheques e cartões de crédito. Agora é assim. Aceitem o que existe no momento, pois vocês mesmos o criaram. A alma de vocês se deu ao trabalho, durante várias encarnações, de possibilitar esse tipo de troca. Ela lhes dá liberdade. Ela de longe não é, de modo algum, tão limitadora como temem. Como existe dinheiro e cheques e vocês não dependem mais da troca de mercadorias como há milhares de anos, isso lhes possibilita receber em troca valores que não são materiais. Com o dinheiro vocês podem criar bens e situações que não eram possíveis nos milênios passados; informações, segurança, formação, paz, todo tipo de coisas que servem a seu desenvolvimento espiritual no momento. A economia é uma realização inteligente de almas mais antigas.

Muitos professores e mestres dizem a verdade ao mencionar: "Quem tem fome não pode meditar." Nós acrescentamos: quem desprezar o dinheiro não terá acesso às dimensões mais amplas do mundo espiritual. Este se arvora em ser uma árvore sem raízes. Só quem está firmemente ancorado no mundo material, e exatamente no mundo que escolheu para sua encarnação, pode, a partir dessa ancoragem, esticar os braços para outras dimensões, recebendo um amor que não é material. Vocês, seres humanos, vivem numa forma dual. Matéria e não-matéria são partes dessa dualidade. Elas são aspectos da realidade de vocês, tal como ser homem ou ser mulher são aspectos da condição humana.

Portanto, não desprezem o dinheiro, porém não lhe dêem uma atenção exagerada que se confunde com adoração. Hoje falamos com vocês que estão aqui reunidos num congresso esotérico! Sabemos muito bem que não precisamos adverti-los para tomar cuidado e não se enredarem nas armadilhas da matéria. Não precisamos adverti-los sobre os perigos da ganância. Esse não é o seu problema, a outras pessoas teríamos de fazer essa advertência. Para vocês dizemos apenas: prestem atenção ao que lhes é dado em termos de liberdade! Prestem atenção ao que suas almas mesmas criaram e pelo que lutaram fazendo inúmeros sacrifícios. Usem o dinheiro de modo que ele seja aproveitado por todos.

A sabedoria da transformação: menopausa, tecnologia genética e transformação do meio ambiente

Pergunta: As mulheres envelhecem mais depressa que os homens. Mas muitas consideram a menopausa o começo do fim. Com freqüência uma

mulher vive ainda quarenta ou cinqüenta anos depois de encerrado o ciclo fértil. Qual o sentido da menopausa?

Fonte: A menopausa como tal, isto é, a ausência definitiva da costumeira menstruação, é apenas um pequeno aspecto de um todo complexo. Mais difíceis e cansativos são os anos que a antecedem e as oscilações por vezes muito intensas da porcentagem de hormônios bem como dos estados de humor provocados por eles. Portanto, separamos ambas as épocas e nos ocupamos primeiro dos anos que precedem a menopausa propriamente dita.

Muitas mulheres não a percebem ou a registram vagamente, muitas mal entendem ou interpretam erroneamente a animada e intensamente vibrante alteração rítmica de todas as sensações e processos físicos que tocam todos os âmbitos da vida, e que acontece nos cinco a sete anos que antecedem a ausência de menstruação. Por esse motivo o conceito de menopausa ("anos de alteração") usado em muitas culturas e linguagens para descrever esse período é muito justificável, pois há uma troca e uma mudança tanto nas grandes como nas pequenas coisas. Trata-se da grande transformação de um período fecundo para um infecundo, mas também de uma rápida e constante mudança de todas as formas de analisar o próprio ser, que é em grande medida controlada pelos hormônios.

A euforia e a depressão, a estabilidade e a instabilidade, o calor e o frio, o riso e as lágrimas, o desespero e a esperança, a força e a fraqueza e muitas outras polaridades semelhantes são atingidas por ela. A autopercepção se modifica. A auto-expressão se torna diferente e busca novas formas. A autocompreensão passa por uma série de altos e baixos. Ela quer se modificar, ela tem de mudar. Tudo isso já permite ver que nos anos de mudança que culminam na menopausa tem lugar a maior pulsação na vida de uma alma encarnada como mulher. A infância e a puberdade, os anos do amadurecimento sexual, a despedida desse papel e a renovação da consciência feminina pertencem a um processo que representa os necessários passos da história do desenvolvimento da realização da alma feminina. Algo semelhante, comparável, também pode ser descrito para a alma encarnada como homem e sua realização.

Já falamos sobre o fato de que toda vida significa pulsação. Tudo o que existe é uma troca entre expansão e contração. Os órgãos sexuais se expandem durante o amadurecimento sexual e começam a se contrair quando o amadurecimento ultrapassou seu ponto máximo. O mesmo vale para a personalidade da mulher. Essa densificação, no entanto, não deve ser equiparada a uma contração repleta de medo, porém a uma fixação que traz suas evidentes e incomparáveis vantagens. Uma grande inquietação durante a menopausa e durante as mudanças aceleradas é seguida de uma grande tranqüilidade que tem seus atrativos e torna possível o novo, traz um enriquecimento que pode ser entendido como uma colheita. Sendo assim, esses anos na vida de uma mulher são totalmente necessários, importantes e conseqüentes. Se os quiséssemos evitar, negar ou saltar, renunciaríamos a um impulso decisivo de desenvolvimento. A tendência de não abrir espaço na consciência para as mudanças do corpo assemelha-se à tentativa de respirar inspirando duas vezes seguidas sem expirar no intervalo entre as duas inspirações. Seja como for, a avaliação e o modo de lidar com essas mudanças condicionadas pelo tempo dentro da história do ser humano oferece uma ampla margem de espaço.

Colocamos a consciência no ponto central de nossas reflexões. E tudo o que impeça a observação curiosa, a percepção interessada — ou as condicione —, consideramos pouco útil para nós. Portanto, quando uma mulher que está amarrada à sua forma de vida e às obrigações correspondentes ao seu estado não vê nenhuma possibilidade de reconhecer seu estado físico — quando sente algum mal-estar — como um motivo para descansar, para fazer uma pausa, para refletir, isso não ajuda o desenvolvimento de novas forças anímicas. Uma pulsação da porcentagem de hormônios que a faça adoecer é tão indesejável quanto uma sensibilidade subjetiva pessoal. Isso significa que se uma mulher se sente mal e não só tem fortes calores, mas também se sente desanimada e deprimida com eles, esse estado não serve para o desenvolvimento real de sua personalidade. Quando um ataque de enxaqueca acontece várias vezes por mês, e mesmo deitada num quarto na penumbra ela se vê impossibilitada de pensar ou de se ocupar consigo mesma porque as dores são insuportáveis, essa situação não traz nenhuma vantagem para o amadurecimento da alma. Em contraposição, quando a pulsação e a sensibilidade do corpo e do plano emocional ainda podem ser observadas e avaliadas, isso representa um apoio agradável e positivo para as formas de transformação que vão ocorrer em todos os planos da vida. Mas isso só acontecerá quando elas não precisarem ser reprimidas ou desconsideradas ou quando existirem em medida suficiente para serem saboreadas e se possa conquistar com isso um novo posicionamento necessário.

Sempre que a turbulência interior é movimentada, convém acalmar o plano exterior. A natureza — as condições prévias do desenvolvimento feminino — em geral cuidou para que agora a calma possa reinar nas camadas exteriores dos acontecimentos, pois os filhos não precisam mais de ajuda, os impulsos sexuais não são tão fortes, as formas de vida são mais seguras, os relacionamentos se firmaram. Assim, uma mulher que saiba lidar bem consigo mesma pode se entregar aos estímulos interiores e com interesse e participação completá-los com grande lucro. Com isso, ela cria uma boa base para as décadas de vida que tem pela frente e, com uma dedicação mais atenta às próprias necessidades, pode pela primeira vez colocar-se em primeiro plano, favorecer as bases para um desenvolvimento que ela mesma aproveitará em grande parte; e com isso queremos dizer sua totalidade, inclusive a sua alma.

Já dissemos antes: o sofrimento e as mudanças de humor, os fenômenos físicos muito variáveis do corpo, as dores e temores não têm nenhum valor. Essas dores e medos mudos, o sofrimento devido ao inevitável, ao necessário e até ao satisfatório são uma questão de posicionamento e de informação. As mulheres estão acostumadas a trocar entre si conhecimentos sobre a educação e o tratamento dos filhos, elas falam sobre seus maridos e sobre beleza — não só com pessoas da mesma idade, mas também com pessoas de diferentes gerações. O assunto menopausa, entretanto, é excluído dessas conversas. Raras vezes as mulheres confiam nas outras para se abrir sobre os fenômenos que observam, ou observaram, em si mesmas, visto não conseguirem organizá-los e com freqüência também não conseguirem relacioná-los às pulsações da porcentagem de hormônio. É compreensível que as mulheres falem e confessem que se sentem mal, chorosas, sensíveis, incapazes e desmemoriadas com os sintomas do envelhecimento, com a temida falta de atração sexual, com a desvalorização do papel que exerceram até então, tanto que relutam em falar sobre rivais em potencial e o deboche dos homens devido à sensibilidade delas; mas elas também não gostam de confessar isso a si mesmas a fim de evitar os medos correspondentes. Como essa fase de transformação está associada a vários tabus e receios, as mães das mulheres que passam por ela, cujos medos e sensações ficaram para trás há vinte ou trinta anos, preferem esquecer-se dela. Elas não querem nem gostam de se lembrar e muitas vezes não suportam fazê-lo, visto que sua consciência já naquela época não apreciava ter de se ver com os correspondentes fenômenos; por isso o seu potencial de lembranças se turvou. Por isso é impossível uma troca de informações que poderiam mitigar o medo das filhas e conter sugestões úteis.

Queremos que nos compreendam, quando nos debates a seguir, nos restringirmos à possibilidade ou necessidade de uma reposição hormonal, fazendo ao mesmo tempo uma declaração que diz respeito a algo essencial e ultrapassa os limites do assunto da menopausa. Estamos falando da aceitação do fato de que o que existe deve ser aproveitado. O que existe, não existe à toa. Aquilo que existe tem sentido e função. Quando as pessoas estão em condições de obter hormônios por caminhos químicos e introduzi-los como substitutos no corpo da mulher, isso tem uma função, um sentido e um objetivo.

O que existe não é supérfluo. Isso vale para todos os âmbitos da existência. Mas vocês também sabem (e este é um âmbito que precisa de diferenciação): tudo o que existe pode ser usado de diferentes maneiras. Pode ser usado e abusado, pode ser manipulado com amor e compreensão ou com incompreensão e falta de sensibilidade. Isto vale para toda pesquisa e uso que dizem respeito à manutenção dos hormônios de uma mulher na época da mudança e às pulsações mais aceleradas. Quando uma reposição hormonal apóia uma mulher na sua percepção consciente do período da menopausa e lhe abre novas possibilidades, se ela se sentir mais livre, mais saudável e mais forte e conseguir analisar melhor seu medo de envelhecer e de perder sua força de atração sexual, isso é bom. Quando hormônios sintéticos contribuem para influenciar as décadas vindouras de vida de forma positiva, espiritual e mentalmente mais fecunda, de forma agradável e mais sadia, não só não há nada a contrapor a tal substituição hormonal, como — do ponto de vista superior — ela foi criada exatamente para atender a esse objetivo. Em muitas regiões do globo muitas mulheres atingem idade avançada. Nem sempre foi assim. Por que elas simplesmente não podem ser idosas, sem ter de ficar doentes e frágeis?

❦❦   ❦❦   ❦❦

Pergunta: Desde que as pessoas na Europa Central e em outros pontos da Terra passaram a atingir idades cada vez mais avançadas, novos problemas surgiram. A segunda metade da vida ganhou importância, mas tem de ser formada. Quais são as missões de vida para uma mulher mais idosa?

Fonte: Sempre diferenciamos a doença e a fragilidade em termo de necessário e não-necessário. O que não é necessário temos de impedir, o que é necessário temos de estimular. Ser idosa e ter de ficar torta e senil não é necessário. Ser idosa e aceitar que o corpo aos poucos perde sua força, que a percepção se aprimora e que pode surgir uma tranqüilidade interior quando os sofrimentos não assumem o primeiro plano é um objetivo que as mulheres devem se esforçar por alcançar. Pois elas têm muito a dar, inclusive durante a menopausa; elas têm muito a fazer mesmo que nem sempre fazendo uso da força física. Elas têm muito a dizer e muito a ensinar. Por isso convém que se sintam bem. Pois só assim serão motivadas a atender aos impulsos interiores que indicam a necessidade de transmitir sua experiência de vida nos vários planos às gerações seguintes. Elas devem fazer questão de ser levadas a sério, independentemente de seu papel como matrizes. Visar o objetivo de amadurecimento pessoal e de humanização da alma que transcende o papel sexual não significa negar o corpo de mulher, porém integrá-lo e, ao mesmo tempo, amadurecer nele.

A atração é um fenômeno versátil formado por uma porção de componentes psíquicos e físicos. A autoconsciência e uma parte dos hábitos que determinam o comportamento pertencem ao plano psíquico. A atração física, contudo, além disso está sujeita a uma transformação biológica que traz certa neutralidade ilimitada tanto antes do amadurecimento sexual como depois de perder a capacidade de procriar. Assim como a menina na fase da pré-puberdade não irradia nenhum odor sexual nem material de sedução, cuja produção independe de sua influência consciente, cessa também a transmissão desses sinais biológicos elementares com a menopausa. A elaboração dos feromônios se modifica, e em vez de alcançar o órgão de sensibilidade masculino de modo estimulante e sedutor, o corpo da mulher irradia com o passar do tempo, e sem que ela possa de modo algum alterar isso, uma substância defensiva que afirma: aqui a fertilização é inútil.

O desenvolvimento da consciência humana e o desdobramento de sentimentos diferenciados podem sobrepor-se e modificar os sinais básicos do lado animal dos homens; no entanto, eles não poderão apagá-los. Não se trata, portanto, apenas das modificações externas do corpo — a diminuição da flexibilidade e o esgotamento dos fluidos — mas, principalmente, do fato de não haver mais possibilidade de conceber. Isso é o que provoca as mudanças da estrutura do relacionamento entre homem e mulher. Mesmo quando a sexualidade em algumas sociedades encontra-se ideológica e efetivamente mais e mais afastada de uma necessidade imediata de procriar, no plano biológico ela não permite essa separação. Portanto, o fato de ser atraente não depende unicamente da psique da mulher, de sua autoconsciência ou de sua capacidade de manter jovem o corpo — não importa o quanto ela ainda se sinta sedutora —, apesar do importante papel que isso representa.

Achamos que a cunhagem psíquica que é alterada de "já estou velha" para "ainda sou jovem e atraente" representa 30% ou 40% do efeito. Os demais 60% se devem às modificações biológicas. Nessa idade as mulheres não só precisam de uma dose maior de retorno quanto a seu valor como parceira sexual, independentemente da mudança física, mas também de um elogio bem elementar de seus atrativos físicos. Uma mulher jovem está mais consciente desses atrativos e não se importa tanto em se ver através dos olhos de um homem.

No entanto, o mais importante a ser evitado são as manifestações que contenham uma conotação "sim, mas..." que geram medo e amargura, que aumentam em vez de suavizá-los, as dúvidas e o crescente desespero da mulher que envelhece. Portanto, é muito melhor dizer: "Sua pele é maravilhosamente macia e suave", em vez de sussurrar: "Sua pele ainda está muito macia e suave" ou dar a entender que já se podem ver muitas rugas, mas "para sua idade" são comparativamente poucas e que em troca da beleza perdida existe um amadurecimento como pessoa. Essas palavras soam como uma zombaria disfarçada. Nos anos de transição, muitas mulheres maldizem sua arduamente conquistada maturidade interior, pois ela foi adquirida à custa da perda dos atrativos físicos, tal como ela os entende nessa fase de sua vida.

Em nossa maneira de ver, tem início para o homem e para a mulher de mais de quarenta anos uma fase muito significativa de seu desenvolvimento espiritual. O ser humano só pode dedicar-se a cumprir suas tarefas essenciais de vida fazendo-lhes justiça quando tem consciência de quem ele é. São raros os casos em que isso se dá durante a primeira metade da vida. A missão de vida só faz suas exigências ao ser humano quando este está disposto a se libertar um pouco ou um pouco mais dos limites e prescrições de sua educação e de seu meio ambiente. Mas isso não significa — como muitas pessoas erroneamente entendem — que os valores e as limitações da sociedade devem ser negados e que nesse processo os resultados da própria educação e do caminho da primeira metade de vida tenham de ser recusados. Significa muito mais que uma pessoa na meia-idade tem a oportunidade de examinar o que a influenciou, de separar o joio do trigo — ou, como muitos outros dizem —, de separar as boas ervilhas para o papo e as ruins, para o lixo. Dizemos "as boas vão para o papo" porque o ser humano deve continuar a se orientar pelo que experimentou ser benfazejo e nutritivo, mas deve livrar-se de tudo o que não considera mais válido, nutritivo e benfazejo. Dessa maneira é possível estabelecer novos caminhos. Quando se é jovem isso não tem sentido. Na segunda metade da vida sempre resta a ocasião de dar esse passo. Trata-se de um período de vida que chamamos de "quarto passo da decisão". Nesse quarto passo existe uma livre possibilidade de escolha, que deixa a pessoa mais livre para se decidir por um ou outro lado. Dar o quarto passo significa liberar o impulso decisivo para a autodescoberta e a auto-realização e tornar-se uma pessoa livre. A maioria das pessoas não quer dar esse passo nem anseia por dá-lo. Para esses, ele apresenta uma determinada atração, mas também um limite especial para os que desejam desenvolver a verdadeira personalidade, uma consciência superior e uma maior capacidade de amar. Isso significa livrar-se de características e de programas, não ligar para as expectativas alheias e desenvolver o potencial inato.

A menopausa é um período difícil na vida de toda mulher que vive o suficiente para passar por ele. Não são, entretanto, os sintomas físicos que tornam essa transição tão desagradável, mas as exigências psíquicas do quarto passo a ela associadas. São elas que provocam a transformação espiritual.

Da perspectiva anímica também não é por acaso que a maioria das mulheres da Terra morrem antes de chegar a essa fase da vida. Isto também tem seu motivo. A auto-realização exige força e coragem. Os homens realizam essa transformação à maneira deles. Quem não passa por uma crise existencial na parte final da vida renuncia à possibilidade de alcançar a liberdade pessoal. Contudo, essa liberdade não tem valor em si mesma. Muitas almas querem conhecê-la, outras talvez não. Quem estabeleceu a liberdade como um valor para si mesmo, precisa trabalhar e separar as ervilhas boas das ruins. Esse é um trabalho árduo e cansativo, que exige tempo, paciência e atenção. Em geral — como nos contos de fada — esse processo não poderá ocorrer sem vir acompanhado de uma crise considerável na compreensão da própria identidade. A gata borralheira ficou muito tempo sem saber quem era. Outrora fora a filha amada, a garota mimada e agora se encontra na cozinha, sentada em meio às cinzas e destinada aos trabalhos mais grosseiros — ridicularizada, ironizada e mal amada. No entanto, ela intui que sua determinação de ser a "verdadeira noiva" resgatada do trabalho sujo e da humilhação não pode ser destituída de sua força. As cinzas são um símbolo da confusão pela qual todos os que querem trilhar o caminho da auto-realização e da autodescoberta inapelavelmente têm de passar, e que se tem de afirmar e deixar para trás, sem desejar encurtar o caminho. A confusão que surge em decorrência disso, fazendo com que uma pessoa já não saiba exatamente quem ela é, visto que suas velhas estruturas estão em desordem e que ela se encontra outra vez nas cinzas de velhos sonhos, é o ponto de partida para um novo encontro com o próprio "eu".

⚜ ⚜ ⚜

Pergunta: A medicina moderna e a técnica estão mexendo cada vez mais com os fatos da natureza. A manipulação genética tem efeitos negativos sobre a continuação da espécie humana?

Fonte: Vocês analisam apenas um trecho muito pequeno da história da humanidade e dos seres humanos. Os poucos milhares de anos a que vocês — na realidade, bem poucos de vocês — têm acesso e podem imaginar, com algum esforço, como dimensão histórica de sua humanidade, de forma nenhuma representam, como talvez devam entender, o Todo. E se pensarem em como é incrivelmente longo o caminho das conquistas culturais que, segundo a percepção tão limitada dos seres humanos, por exemplo, os que viveram nas regiões e zonas climáticas em que vocês vivem trilharam nestes últimos três ou quatro mil anos, talvez possam imaginar as dimensões que a história total da humanidade e seu desenvolvimento podem cobrir. Nós compreendemos que vocês — pelo fato de serem como são, e como almas encarnadas raras vezes deixaram para trás mais de seis a oito mil anos de experiência — não podem incluir um raio maior em sua percepção. Mas nós vemos, com a ajuda de outros que sabem mais do que nós, uma parte maior do Todo. Sabemos de onde o ser humano vem e para onde ele pode ir.

Queremos dar-lhes um exemplo: há uma diferença considerável no fato de uma alma recém-nascida ter começado seu caminho no eixo temporal terreno há cinqüenta mil anos e não há apenas quinhentos anos. As condições que ela encontra foram impregnadas por um grande número de outras energias. As famílias de almas outra vez unidas fizeram seu trabalho. Cada fragmento anímico do Grande Todo, que viveu e sofreu, contribuiu para o desenvolvimento da consciência e do amor. Por isso é importante entender que nada do que se realizou se perde. O que se fez serve de base para a experiência de todos que iniciam uma nova encarnação.

Uma alma recém-nascida que começou a trilhar seu caminho há uns poucos séculos, e que vive agora a sua sétima ou oitava vida, chega hoje à Terra de vocês com uma infra-estrutura nunca existente anteriormente, entrando em contato com um sistema de comunicação que impregna a sua consciência, não importando se compreende do que se trata ou não. Ela encontra no planeta condições de vida totalmente diferentes daquelas de há cinco ou dez mil anos. Tomemos como exemplo uma pessoa que se encarna em Kalahari como lenhador. Até mesmo para ela é possível atualmente ver um avião ou entrar num hospital e avistar ali um aparelho de televisão. Mesmo que não compreenda de imediato o que é que voa lá em cima ou o que surge na tela, de alguma forma acabará lidando com o fato e talvez crie sua própria mitologia. Esta não será uma possibilidade de compreensão técnica, mas uma interpretação correspondente à necessidade dessa alma.

Mas, naturalmente, há uma diferença se no céu de fato foi avistado um objeto voador ou se a visão é apenas o produto de uma fantasia repleta de medo. É importante saber se a voz de um gravador é atribuída a um Deus que nunca existiu. Não é a mesma coisa se um acontecimento estranho, desconhecido, entra no aposento através da tela ou se é conjurado por meio de magia, sem nunca acontecer de fato. Vocês têm conhecimento disso através dos seus sonhos. O efeito e suas conseqüências são outros, embora com freqüência não menos fortes.

Se nos perguntarem sobre a continuação da espécie humana, nós os advertimos de que não devem partir do princípio de que o homem tem de continuar como ele é: no estado atual de seu desenvolvimento espiritual ou genético, como o conheceram, como o definiram e como às vezes o vêem, o único com valor ou até como a coroa da Criação. Tudo é dado, e é dado por um motivo que está além do bem e do mal. Tudo é dado por meio do sentido do Todo. Tudo tem seu sentido, seu motivo e seu objetivo; e quando outra vez for possível, no planeta de vocês, interferir na estrutura genética de sua espécie, isso também será dado por um bom motivo.

Tudo o que é dado, pode ser usado de uma ou de outra maneira. De nosso posto e do posto das forças que permitem que isso aconteça, não há motivo para interferir, embora não poucos de vocês estejam em condições de introduzir e usar as possibilidades existentes que podem ser classificadas na categoria de "bem" ou "mal" quando se vive, como é o caso de vocês, sob a lei da dualidade. Pois só aí existem essas categorias de valor moral e de vivência subjetiva, e só aí elas podem ter validade. Onde nós estamos não existe bem nem mal. Não existe abuso nem bom uso. Mas existem funções, mas existe uma dinâmica que estimula determinado desenvolvimento ou o possibilita; e outros desenvolvimentos que levam a um final, e também isto está previsto no Grande Todo.

Se apenas alguns de vocês desenvolverem a capacidade de modificar, influenciar, de "manipular" as estruturas celulares e a formação genética das células, então como vocês dizem, isso implica uma possibilidade que simplesmente "existe" e que continua sem avaliação. Ela é comparável à capacidade de respirar e de procriar. No entanto, vocês querem preservar o *status quo*, porque temem por sua identidade e por sua vida. Por causa do seu medo logo se dispõem a julgar o novo, porque vocês — e isto é compreensível! — se deixam influenciar por aqueles que têm medo do imprevisível.

Naturalmente toda modificação que possa ser obtida pela manipulação dos genes ainda é completamente imprevisível para vocês. Mas o mesmo vale para quase todas as manifestações de vida e de desenvolvimento. Entretanto, a manipulação genética lhes parece especialmente desagradável porque atinge o que até agora consideraram o cerne de sua identidade, o que, sem saber, apreenderam como sua alma, aquilo que ninguém pode tocar, aquilo em que ninguém ainda tocou. Mas os seus genes não são a sua alma!

Quando um ser humano foi ligado a uma alma, pouco se pode mudar em sua estrutura celular. E quando na época de vocês nascem pessoas que chegam ao mundo, que encarnam em virtude de uma gravidez *in vitro*, em virtude da manipulação genética ou de uma outra possível medida artificial, isso mostra apenas que existem e ainda existirão almas humanas que estão dispostas a levar em consideração desenvolvimentos, caminhos de desdobramento e possibilidades totalmente novas, até agora não experimentadas e em âmbitos estranhos. E elas são bastante corajosas, são pioneiras e lutam por uma nova maneira de viver, são pioneiras de um modo de experiência novo, que daqui a mais uns quinhentos anos corresponderá às necessidades e às exigências da vida no planeta.

Nós lhes daremos mais um exemplo, que os fará lembrar-se da dimensão histórica. Queremos ajudá-los a projetar sua força de imaginação para o futuro; e sabemos que isso não será fácil. Mas voltem sua fantasia para alguns séculos atrás. Lembrem-se das revolucionárias, assustadoras verdades que imperavam na Europa daquela época — e que abalaram apenas os poucos que puderam compreendê-las —, quando começou a se firmar o conhecimento perturbador — de início apenas um boato, depois um pensamento pecaminoso —, de que a Terra não era plana e nem era o ponto central do universo.

Quanto tempo levou ou levará até que o último ser em seu planeta tenha entendido este fato? Até que cada indivíduo não só tenha registrado mentalmente esse conhecimento, mas também o tenha integrado a seu sistema interior de percepção? Vocês nem imaginam quantas pessoas em sua época ainda vivem na Terra sem ter ouvido falar dessas idéias espaciais e que nem sequer entenderiam se tentássemos explicá-las, pois sua capacidade de experiência como almas e como seres humanos não permite isso em determinado contexto cultural.

E naquela ocasião, quando as idéias novas foram lançadas no mundo, elas não eram menos assustadoras, não eram menos confusas. Elas se defrontavam com tanta recusa quanto desperta na época de vocês a idéia de que a estrutura genética possa ser influenciada por uma intervenção científica, por meio de uma tecnologia. Mas nós lhes dizemos: no planeta de vocês acontecerão tantas modificações e desenvolvimentos naturais, na mesma proporção dos ocorridos nos últimos dez milênios com suas eras glaciais e seus terremotos, que é necessário, importante, digno de louvor e desejável manejar sua estrutura genética fazendo algumas modificações. Essas são manipulações que colocam vocês na posição de poder adaptar-se a esses casos de mudanças planetárias.

As almas que no momento presente ainda são almas recém-nascidas, ainda têm de ter a chance de se desenvolver até o fim no lugar em que começaram seu caminho de encarnação! As condições serão outras, e como seres humanos elas serão diferentes e terão de viver de forma diferente da de vocês. Ou vocês pensam seriamente que dentro de quinhentos ou seiscentos mil anos o desenvolvimento da humanidade — inclusive o corpo material dos homens — não poderá ou não deverá sofrer nenhuma modificação? Não faz tanto tempo quanto imaginam que, por exemplo, a maioria dos seres humanos animados era coberta de pêlos dos pés à cabeça; vocês mal podem imaginar como era importante essa característica física naqueles tempos. Agora ela não é mais necessária. Mas imaginem como ficariam surpresas as pessoas daquela época se vissem vocês com sua característica atual, totalmente despidos de pêlos! Como considerariam assustador esse desenvolvimento, como temeriam ser tão desamparados, tão nus! Se pensarem nisso, poderão sentir empaticamente que necessidades e liberdades imperarão quando vocês mesmos tiverem encerrado há muito tempo seu caminho de encarnação e outras circunstâncias de importância decisiva cobrarem seu tributo da constituição física dos seres humanos.

Hoje vocês não precisam de pêlos nem de garras, nem de presas afiadas para dilacerar tigres para seu sustento. Para vocês parece normal viver assim; vocês acreditam que essa é a forma dos seres humanos. Mas o ser humano com alma é muito mais, ele está num desenvolvimento dinâmico, é incrivelmente flexível, curioso e adaptável. Somente quando ingenuamente vocês partem do seu *status quo* e querem estabelecê-lo como um estado que deve durar por toda a eternidade é que a manipulação genética lhes causa medo. E um medo tão profundo que vocês chegam a perder o fôlego.

Partam estoicamente, sem qualquer avaliação, do princípio de que tudo o que existe, simplesmente "existe". O mero fato de existir contém um sentido e uma justificativa. A capacidade de fazer uma descoberta como a da tecnologia genética e de desenvolvê-la nunca seria possível se não tivesse um sentido. Pois então o seu medo pode se acalmar. Vocês podem ter certeza de que tudo o que acontece está em correlação com um grande e bem estruturado plano que os inclui, embora vocês sejam apenas uma pequena parte dele. Vocês são uma pequena parte da Criação — uma parte importante, por certo, embora não sejam tudo. Vocês são partículas de poeira e estrelas no Céu. Vocês são a única coisa que tem importância para vocês mesmos.

Cuidem de si mesmos, da forma que seu medo e seu amor permitirem, porém deixem que os outros cuidem deles próprios. Aqueles que ainda estarão aqui dentro de alguns milênios precisam da permissão de vocês para preparar o que será necessário para eles.

❦❦ ❦❦ ❦❦

Pergunta: Qual o sentido da destruição do meio ambiente, que observamos por toda parte?

Fonte: Uma pergunta de tão grande importância para vocês exige uma resposta à altura. E para dá-la, primeiro temos de lhes fazer uma pergunta abordando o ponto de vista contrário: Que sentido tem a *preservação* do meio ambiente? Vocês partem do princípio de que a destruição é uma coisa ruim e a preservação, uma coisa boa. Da perspectiva humana isso é compreensível. Mas os sábios da Antigüidade compreenderam que os princípios da destruição e da preservação têm validade universal e estabelecem também para os homens uma regularidade à qual não podem se furtar. Aqui vocês tornam a encontrar a dualidade.

Como a energia não se perde, é apenas transformada, não pode surgir nada novo se outras coisas, as coisas antigas, não forem destruídas. Muitas divindades hindus representam essa realidade da mais bela forma. Elas têm duas faces, uma é medonha e verte sangue, a outra sorri suavemente. O deus da criação encontra sua correspondência no deus da destruição, as forças da vida só são compreensíveis se incluirmos as da morte. Portanto, quando vocês perguntam qual o sentido da destruição do meio ambiente, respondemos que do nosso ponto de vista, essa destruição independe da motivação de origem e serve para possibilitar mudanças e permitir o novo.

O ser humano é cunhado, graças a sua psique coletiva, de modo a reagir com medo a quaisquer modificações que ele mesmo não desejou conscientemente e que não pôde influenciar. O medo de perder o que existe pode ser observado por toda parte. Quando uma pessoa se apega a determinados comportamentos, a paisagens, a situações, a seu país, ao mundo animal, às plantas que ela conhece e a muitas outras coisas, ela as quer conservar, independentemente do fato de haver um sentido em deixar surgir novas espécies animais e vegetais, modificar paisagens a fim de torná-las úteis para as gerações futuras; e independentemente também do fato de haver um sentido em cometer um erro e tirar desse erro o conhecimento que levará ao caminho correto. Quem se sente ameaçado pela própria situação não pode pensar no bem-estar de pessoas que não conhece.

Mas, como vocês, partimos do fato de que impulsos de preservação só podem surgir quando a destruição se manifesta. Não afirmamos — e queremos enfatizar o fato — que toda destruição é significativa e por isso deve ser estimulada! Queremos lhes pedir, no entanto, para confiarem em que tudo tem seu sentido. Fenômenos isolados não podem ser excluídos dessa regra básica da existência. Certamente do ponto de vista de vocês, trata-se de um axioma ou de uma espécie de confissão de fé. Ou tudo tem seu sentido, ou nada tem sentido. Aqui não existem meios-termos e nenhuma contradição. Tudo depende do plano, do nível de sentido com que os fatos são analisados. Vocês, como seres humanos, são formados de tal maneira que no estado encarnado tendem principalmente a aprender com os erros. Portanto, algo tem de dar errado para que as outras coisas andem bem. Queremos pedir que compreendam que muitas coisas que parecem ser uma destruição desconsiderada, sem sentido e malévola da natureza e do seu espaço vital, também faz com que as gerações futuras de almas e de seres humanos que queiram povoar e venham a povoar o planeta de vocês, encontrem um campo de atividades que cubra as suas necessidades de formação e de descoberta de sentido, e que faça justiça às exigências de sua idade anímica e de seus estágios de desenvolvimento.

Não queremos de forma alguma adotar uma atitude corajosa e destrutiva no que se refere aos aparentes inter-relacionamentos naturais da natureza. Mas o que lhes parece natural e dado por Deus nem sempre é verdade em todos os casos. Sabemos que vocês têm de analisar os fatos de sua perspectiva, e por isso mesmo cada pessoa tem de analisar os motivos que a levam a agir ou a adotar determinadas posições. É muito importante questionar por que um indivíduo ou um grupo de indivíduos visa obter algo que sobrecarrega, faz adoecer e elimina outras pessoas. Porém, mais importante ainda é compreender que no contexto de uma estrutura maior de sentido, nenhuma pessoa, mesmo que aja da forma mais inconsciente, pode fazer algo contra o sentido do Grande Todo.

Todos vocês, quer se decidam a favor ou contra a destruição do seu mundo, atuam como instrumentos de uma vontade e de uma manifestação de sentido mais abrangentes. Por um lado seria um atrevimento as pessoas desejarem assumir toda a responsabilidade pelo bem-estar do planeta nas grandes e nas pequenas coisas. Há forças em ação que vocês não podem influenciar. Por outro lado, vocês são co-responsáveis — cada um em seu lugar, cada um segundo o próprio julgamento e conforme a sua força. Quem por este ou aquele motivo exerce uma influência sobre a natureza (nem sempre os motivos são maus), que muitos semelhantes consideram destrutiva e estigmatizam como tal, em sentido mais amplo faz o que lhe prescrevem o coletivo anímico e o rumo objetivado por todo o desenvolvimento planetário. Mas, da mesma forma, todo aquele que se recusa a destruir, que tenta preservar ou reconstruir também é um instrumento da Criação.

As duas forças só podem agir na dualidade que leva a um terceiro Todo. Esse terceiro Todo, no entanto, não é conhecido por vocês como seres humanos. Vocês não podem esperar entender para onde a Terra quer ir, como também não entendem de onde ela vem. O pouco que sabem sobre as eras da Terra, sobre as grandes transformações globais, sobre o surgimento dos oceanos, sobre o deslocamento dos continentes, o desdobramento das montanhas e as eras glaciais pode fazê-los compreender que de forma alguma é o ser humano que provoca essas modificações destrutivas e ao mesmo tempo criativas. O princípio da modificação precisa continuar em ação, mesmo na época em que vocês vivem. No entanto, uma Terra que está disposta a carregar as pessoas com seu desenvolvimento anímico e com suas necessidades e a oferecer-lhes um espaço vital no qual possam se desenvolver, não deve ser constantemente visitada por abalos globais de natureza geológica.

O fato, portanto, de que há cerca de mais ou menos dez mil anos impere uma relativa tranqüilidade no que se refere aos grandes movimentos da natureza, possibilitou à Terra, em primeiro lugar, formar culturas e civilizações. Quando essas pretensões estiverem encerradas e todas as almas participantes tiverem alcançado o que sua existência exige, tudo isso virá abaixo, como puderam ser observados em outras épocas de colonização anímica do planeta de vocês, fenômenos de desenvolvimento e de destruição semelhantes. Sua memória coletiva ainda preserva os mitos e os anseios dos atlantes e de outros mundos submersos. Contudo, seu mundo é agora aquele em que vivem. Vocês devem construí-lo, vocês têm de destruí-lo. Mas se, entretanto, destruírem "seu" mundo, destruirão as condições de vida em que almas de seu tipo podem existir em seu planeta. Por isso as almas de vocês nunca permitirão uma destruição global, total e definitiva. Não é preciso, portanto, temê-la.

Gozem a paz que lhes oferece a confiança na lógica de toda a evolução. Confiem na determinação de sentido do Universo. Um pouco de destruição atrai um pouco de preservação depois dela. Muita destruição leva a muita preservação. Trata-se de leis que vocês podem observar no dia-a-dia. Por que elas não valeriam também para os grandes inter-relacionamentos?

Um orgasmo da Terra

Pergunta: Muitos afirmam que no ano 2000 haverá uma mudança energética no planeta Terra. Como acontecerá essa transformação? Como podemos ajudar nesse processo? Tenho medo de que a humanidade em breve pereça e que a Terra se torne inabitável, se continuarmos a agir desse modo.

Fonte: Esta pergunta que incomoda vocês, refere-se a algo real, correto, concreto, importante. E, contudo, sua formulação exige certas correções para que possamos responder de maneira compreensível conforme as circunstâncias. Em primeiro lugar, vocês têm de partir do fato de que modificações energéticas no âmbito planetário se anunciam muito tempo antes de seu verdadeiro ponto culminante, visto que se empenham em atingir o auge lentamente e após preparação. Trata-se de uma espécie de orgasmo que abala todo o planeta e que pode trazer uma nova descontração. Contudo, esse orgasmo não pode se concretizar sem que ocorra um longo e principalmente perceptível prelúdio. Esse prelúdio já acontece há décadas e começou por volta do ano 1950 em diversas regiões do planeta de vocês, desde 1947 até 1956.

Trata-se de um processo facilmente compreensível se lhes explicarmos que o derrame de almas e seu ininterrupto progresso de evolução e experiência sempre torna a alcançar etapas em que é possível dar um salto quântico. Isso acontece sempre que uma das grandes ondas de derrame de almas — na dimensão temporal de vocês mais ou menos a cada dois mil anos — atinge uma fase em que o estado médio dos milhões de almas jovens passa para o ciclo de almas maduras, ou as almas maduras passam para o estágio de antigas. O que vocês percebem na época em que trabalham, com o que contribuem e que na maioria dos casos ainda irão viver, é a passagem global de toda uma onda de encarnação do estágio de almas jovens com suas necessidades especiais, para o estágio de almas maduras, também com suas necessidades específicas. Essa onda gigantesca é que caracteriza sua cultura e civilização "ocidentalmente" orientada e da qual ainda participam ativamente. E se quiserem saber o que de fato acontece, nós dizemos: o que vocês suspeitam está correto. Trata-se em primeiríssima linha de uma modificação e de uma ampliação da consciência global, mas ela mal abrange aqueles que começaram dois mil anos depois de vocês o caminho da encarnação. Pois para poder tomar conhecimento de modificações de consciência superiores é necessária uma consciência individual, pessoal, que possa reconhecer as modificações. E essa consciência não existe antes de se atingir o ciclo de almas maduras.

As mudanças serão efetivadas amplamente enquanto a maioria de vocês ainda estiver na atual encarnação. Mas não podemos falar em fim e tampouco do ano 2000 como um ponto fixo de tempo. Assim como um orgasmo se anuncia por ondas e finalmente se esvai, existe também um período perfeitamente identificável de tempo em que atinge seu ponto máximo absoluto. E o ponto máximo dessa descarga anímica deverá ser atingido entre os anos de 1997 a 2002. Queremos adverti-los de que na verdade essas mudanças acontecerão simultaneamente com abalos, com tremores e com oscilações, com um grito e um cansaço. A dor física e o prazer espiritual se fundem. Não escolhemos a imagem do orgasmo por acaso. Mas quem se prepara para ele, à medida que o medo do naufrágio atiça seu coração, não faz justiça ao grande acontecimento e não pode participar de sua essência. O medo de serem abalados por esse orgasmo do seu planeta a ponto de perderem a identidade, a ponto de serem destruídos, a ponto de se dissolverem ou terem de morrer, não é proporcional. Este não será o caso.

Portanto, o medo de catástrofes, o medo secreto do naufrágio não é a atitude adequada, correta e útil para viver conscientemente uma elevação energética, um intenso ponto culminante e um processo final de descontração. Nós lhes sugerimos: lembrem-se cada vez mais de que vocês todos são portadores e agentes dessa modificação! Vocês são as gotas na grande onda que varre o oceano. A onda é um todo, mas ela se compõe de miríades de partículas, e essas partículas não podem fugir do todo. Cada um de vocês está convidado, segundo suas possibilidades, a se tornar consciente de seu valor fragmentário e também global nesse processo de ligação dentro da onda e dos efeitos que a onda pode produzir.

Como vocês podem contribuir como indivíduos? Vocês já contribuem há tempos e não precisam se esforçar especialmente ou ultrapassar suas forças para apoiar esse processo ou acelerá-lo. Descontração e confiança são as contribuições que podem dar. Quem está descontraído tem uma consciência mais ampla. Quem confia, confia no que pode ser, no que é e no que terá de ser. Descontração e confiança são pólos opostos da pusilanimidade e do esforço. Todos vocês fazem o que podem. Não acreditem que nenhum ser humano, nenhuma criatura no cosmos possa fazer mais do que é possível dentro de suas circunstâncias específicas. Sabemos que com esta mensagem abalamos uma de suas idéias favoritas, isto é, a convicção de poder desencadear ou contribuir com algo decisivo para esse processo de modificação global com seus atos, com seus esforços e com suas contrações de medo.

Como poderão chegar à descontração e à confiança sem se esforçar? As possibilidades de se aproximarem de si mesmos e de derivarem disso uma capacidade de amar, de se amar e uma atitude sábia diante do fato de que são como cada um planejou e realizou sua existência, é uma realização maior do que todos os esforços juntos que os levam a ser diferentes do que são. E isso vale para cada momento. Cada segundo em que vocês se aceitam com tudo o que lhes é próprio, com o mau humor, com a doença e com os erros, bem como com a alegria, o conhecimento, o contato e o bem-estar, dá-lhes a possibilidade de observar descontraidamente as circunstâncias do seu ser tais como elas são. Nós já enfatizamos que vocês são uma parte do Grande Plano e um Todo Perfeito. Confiar significa sentir-se pertencente a esse Grande Todo, mesmo que não avistem esse Todo em suas particularidades e não saibam para onde ele rola. Vocês não sabem e nunca saberão. Quando falamos aqui em "conhecimento", enfatizamos que estamos mencionando apenas as poucas facetas importantes e, em nossa visão, muito insignificantes de sua vivência consciente atual. Pois a alma de vocês *sabe* muito mais.

Para encerrar, mais uma palavra sobre o tema "consciência". Quando afirmamos que a consciência é a chave para uma mudança de energia tanto nas pequenas quanto nas grandes coisas, queremos dizer que essa consciência é parte de uma consciência maior, que está à disposição de vocês a todo momento. Não queremos apoiar a terminologia teórica de "consciente" e "inconsciente". Todo ser humano possui o espectro total da consciência e tem acesso a ela a qualquer momento. Esta é a única coisa de que não tem consciência. E para livrar este último reflexo de consciência de um filme turvo, basta bafejá-lo e esfregá-lo com o pano da experiência. Pois tudo o que é necessário está contido na sentença: "Eu sei que sei, mesmo que nem sempre me lembre disso." Isso significa que vocês podem parar de incriminar-se por ter falta de consciência, censurando-se e tendo ou criando sentimentos de culpa. Não se atormentem. Vocês são conscientes. E sempre que se lembrarem de que sabem disso, embora o tenham esquecido temporariamente, farão mais pelo desenvolvimento do planeta e pela sua capacidade de amar e pelas vibrações que cada um de vocês irradia, do que podem imaginar em suas horas de desalento.

Consolem-se e tenham coragem! Vocês são importantes, vocês são perfeitos, vocês são ricos e muito saudáveis! Não se tornem mais doentes do que são na realidade, e não atribuam uma doença ao planeta que se prepara para novas ondas de prazer só porque não estão em condições de fazer o diagnóstico perfeito e de interpretar os sintomas que acompanham o orgasmo do planeta.

IV. O significado da vida

Desde sempre os filósofos discutem se, em essência, o ser humano decide livremente sua vida ou se um destino sombrio a determina. Os dogmáticos das religiões e das confissões de fé tomam parte nessa discussão fundamental. Eles falam em determinismo, exigem que a vontade divina se realize, postulam uma liberdade "final". O suicídio, o aborto e a eutanásia são tabus morais. Os casamentos são celebrados no céu — sim, será que não podemos decidir nada sozinhos? No entanto, diariamente vemos pessoas rezando ardorosamente para que todo o mal se afaste delas, para que os negócios prosperem e os membros da família sempre tenham boa saúde. Mas quem fracassa quando as ações caem, a casa se incendeia ou o filho primogênito morre antes do pai? E que exemplo nos oferece o humilde Jó? Os gnósticos acreditavam que um criador indiferente havia feito uma piada de mau gosto conosco e que ele zomba das criaturas que criou, à medida que as deixa sofrer e as entrega às forças das trevas.

Se fazemos um retrospecto da nossa vida, parece-nos, apesar de tudo, que cada acontecimento ocorreu exatamente como devia. Acaso tivemos alguma escolha? Uma decisão diferente teria realmente trazido conseqüências mais positivas? Somos vítimas de manipulações despóticas? E como Deus, se é que Ele existe, pode permitir que aconteça algo mau ou ocorra um sofrimento para mim ou para outras pessoas? Acaso uma existência humana, em que tudo está predeterminado até nos mínimos detalhes, tem algum significado?

Quem acredita em um destino inapelável, entrega-se muito facilmente a um fatalismo passivo e muitas vezes o confunde com uma alegre confiança em Deus. Mas uma frase atribuída a Maomé diz o seguinte: "Confia em Deus e amarra o teu camelo!" Uma conhecida máxima da Nova Era, ao contrário, diz: "Cada pessoa cria a própria realidade!" Recentemente isso deu margem a inúmeros mal-entendidos e, antes de tudo, criou novos sentimentos de culpa. Pois se tenho tudo nas mãos, eu mesmo sou culpado se as coisas não acontecem como eu imaginei. Um ditado bastante citado contraria essa idéia: "O homem põe, e Deus dispõe."

Aqui temos três posições diferentes sobre a questão da coincidência do destino. Por isso queremos indagar o que nossos mestres de aprendizado do mundo causal sabem sobre o destino e a liberdade da raça humana. Pois desde que ouvimos dizer que a alma realiza um plano bastante preciso para suas encarnações, começamos a duvidar um pouco de nossa própria liberdade, do fato de podermos tomar nossas decisões individuais.

Um assunto estreitamente ligado a esse é o da consciência humana. Mas de que se trata, e qual é a correlação do destino com as formas de consciência? Nossa fonte de informação se descreve como representante de uma consciência mais ampla que não está sujeita às condições do tempo, do espaço e da causalidade. Por isso ela nos pode contar muitas coisas interessantes sobre as muitas camadas dos mundos da consciência no cosmos.

Há algo que todos os homens têm em comum: estamos sujeitos às leis do tempo. E como estamos amplamente conscientes disso, medimos e delineamos o tempo e sentimos o passado como história. A "fonte" nos explica por que o fenômeno "tempo" é importante para a experiência da alma e esclarece que além da história dos acontecimentos existe também uma história da consciência, um fato atuante dentro do âmbito da alma.

Quem já viveu na Terra várias vezes ajudou a formar sua história, suas culturas, civilizações e acontecimentos. As almas mais antigas que vivem no momento entre nós encarnaram dessa maneira especial há cerca de seis mil anos. Almas maduras também já deixaram para trás uns quatro mil anos de vida na Terra. Uma pergunta interessante feita à "fonte" foi, por essa razão, quais são as missões das almas antigas e maduras na Alemanha e na Europa Central neste momento, e como elas podem realizá-las. Como de costume, a voz do mundo da consciência causal surpreendeu-nos com sua visão singular dos fatos e sua idéia muito especial do amor.

Todo relacionamento kármico tem uma história — nesta vida e em existências anteriores. O que é karma, como ele se forma, e como podemos reconhecer se determinada relação tem conotação kármica? Certamente, também neste caso não se trata da vivência consciente de um encontro extraordinário, porém da elaboração inconsciente de um aspecto individual da história da consciência.

Em todas as mensagens que seguem é um consolo — e explica muita coisa — o estímulo implícito para não levarmos muito a sério nossos intensos esforços para penetrar espiritualmente em tudo aquilo que nós vivemos. Somos estimulados, por meio de simples exemplos e analogias esclarecedoras, a confiar que

nossa alma encontrará seu caminho através das dificuldades da vida com inilu-
dível instinto e absoluta segurança.

Planejamento espiritual e livre-arbítrio

**Pergunta: Muitas vezes perco a tranqüilidade ao pensar que aparen-
temente tudo está predeterminado; por um lado, não entendo como é possível tomar decisões responsáveis e, por outro, ter de confiar numa estrutura superior. Existe Providência? O que é destino?**

Fonte: Vocês fazem distinção entre a liberdade de decisão ou livre-arbítrio
e um destino impenetrável, despótico, que os coloca em situações que parecem roubar-lhes toda liberdade da vontade. Vocês todos que ouvem nossas palavras estão reunidos aqui esta noite. Isso lhes parece predeterminado? Nós dizemos que estão aqui porque querem, nenhum destino pode
afastá-los deste aposento. Mas não negamos que para cada pessoa existe um
destino no plano anímico, uma determinação, um chamado. Existe um plano segundo o qual essa pessoa forma sua vida e a de seus semelhantes no
plano anímico. Se vocês nos perguntarem se existe uma determinação, uma
providência, um destino, nós respondemos: por certo que existe. E se quiserem saber se o ser humano dispõe de livre-arbítrio, se ele tem liberdade
para decidir, respondemos: sim, certamente que tem!

Vocês são seres duais. No momento de encarnar, estabelecem as condições de sua existência dual. Vocês são corpo e são alma. O corpo toma as
próprias decisões, mais ou menos orientado por um espírito desperto, consciente. Paralelamente, a alma toma decisões que dirigem o corpo para aqui
ou para ali, colocando-o, para o seu bem, em situações que enchem sua existência de significado. Mas, como, em geral, vocês só compreendem o sentido de certos fatos e encontros posteriormente, ou nem chegam a compreendê-los, têm medo do que chamam de destino. Esse medo é que os faz dar
uma ênfase enorme ao livre-arbítrio, na esperança e na ilusão de que podem
ter o controle de tudo nas mãos. Seja como for, sua vida mais uma vez prova que essa aparente liberdade obedece a outras e importantes leis, mesmo
que invisíveis, que vocês não podem controlar. É por isso que as consideram despóticas.

Portanto, vocês têm as duas coisas. Nem tudo é predeterminado. Porém, na vida de cada um há encontros, relacionamentos, experiências — inclusive as infelizes —, há doenças que foram predeterminadas por vocês mesmos, por sua alma, por sua família anímica, pela coletividade anímica à qual pertencem. E quando alguém morre num terremoto, num naufrágio, num acidente de aviação ou em alguma situação de catástrofe coletiva, via de regra trata-se de um incidente planejado por sua alma. Mas esse planejamento não deve chegar à consciência da pessoa porque então ela não colaboraria com o plano. Ninguém entra num avião com a certeza de que ele vai cair, ninguém se dirige a uma determinada região sabendo que, no dia seguinte, deverá ocorrer um forte terremoto. Mas muita coisa é espiritualmente necessária e tem de acontecer, visto que é imprescindível para a complexidade da experiência terrena expor-se a acontecimentos que o livre-arbítrio não consegue tolerar. No plano da alma há comentários a respeito. Trata-se de acordos feitos com outras almas e que devem ser cumpridos para dar a uma vida um determinado e planejado sentido. Eles são predeterminados. Há outros acordos que não precisam necessariamente ser mantidos, são promessas soltas que podem ser transpostas de uma vida física para outra. Isso é possível.

Vamos ousar fazer uma conta para vocês, dizendo: 70% até 80% de sua formação de vida são estabelecidos antecipadamente pela própria alma de vocês e pela vontade anímica pessoal. Parte disso diz respeito a movimentos anímicos maiores que, por exemplo, são estimulados pelas guerras, pelo assassinato em massa, pela fome e pelas pestes. Cerca de 20% dos acontecimentos, às vezes um pouco mais, são decididos livremente por vocês. Isso é muito mais do que em geral vocês levam em consideração! Vocês deixam que se decida antecipadamente muito mais do que seria necessário. Vocês raramente usam a totalidade de seu livre-arbítrio. Quando muitos mestres espirituais lhes dizem para tomarem decisões interiores e exteriores superadas, ou quando outros por sua vez pregam que vocês mesmos devem criar sua realidade a cada momento, eles estão se referindo a esse potencial de 20% a 30%.

E só para dar-lhes um exemplo, vocês não podem decidir livremente sobre a velocidade com que as bactérias intestinais se multiplicam em seu organismo. Não importa quanto se esforcem para criar essa realidade — essas coisas estão fora de seu raio de influência. Mas podem decidir se irão vestir uma blusa vermelha ou verde em determinada manhã, desde que tenham essas peças de vestuário. E não pensem que essa decisão não possa trazer também conseqüências importantes.

Com sua estrutura dual, o homem é um ser que se encontra na Terra para aprender, isto é, para poder decidir livremente. Pois essa possibilidade não é dada no mundo astral. Visto que uma alma no mundo astral, no pe-

O Significado da Vida

ríodo entre vidas, não é um indivíduo no sentido terreno, porém é sustentada por uma hoste de irmãos anímicos, por outras forças e energias amorosas, ali não existe algo como o livre-arbítrio. No estado incorpóreo a alma é levada por necessidades prementes. A elaboração do passado é uma de suas necessidades, bem como a preparação para o novo. Como no plano astral tudo acontece para o bem do Todo, nada pode ser decidido contra o Todo. Os princípios da dualidade e da polaridade são amplamente excluídos, não há negociações nem suas conseqüências. No entanto, como seres humanos vocês podem ser a favor ou contra o amor, a favor ou contra o medo. Não afirmamos que uma coisa seja melhor do que a outra, mas que a escolha é de vocês. Isso é o que constitui a essência da experiência humana no estado encarnado. Se, no entanto, vocês não dependessem dos 70% de suas pré-decisões anímicas, vocês não teriam a liberdade de praticar a responsabilidade pessoal nos demais âmbitos e de aprender a reconhecer as conseqüências de suas decisões.

Tomemos um outro exemplo. Uma mulher engravida. Ora, naturalmente ela pode dizer que não quis engravidar. Mas isso, vocês bem sabem, não é inteiramente verdade. Ao menos de alguma forma, consciente ou inconscientemente, ela admitiu essa possibilidade. Quando o filho dela vier ao mundo e começar a existir, haverá, por um lado, uma associação entre a mãe e o filho. A existência de uma nova vida não pode ser revertida e ela traz conseqüências sob todos os pontos de vista. Mas, por outro lado, existe também uma ligação real que diz respeito à vida do dia-a-dia. A união entre duas almas, que perfaz a relação mãe-filho, pode corresponder a uma decisão prévia, a uma vontade do destino. Essa alma pode ter buscado exatamente essa mãe para manter um acordo feito com ela. Entretanto, se essa mãe amamenta o filho por muito tempo ou se ela o alimenta com um mingau comprado pronto, a decisão é dela. Se ela veste a criança de uma ou de outra maneira, é decisão que cabe a ela tomar. Se trata o filho bem ou mal está no âmbito de seu livre-arbítrio humano. E a criança também escolhe. As pequenas coisas da vida não são menos importantes do que as grandes. A criança deverá freqüentar esta ou aquela escola, deverá brincar com estes ou aqueles amigos? Tudo isso exercerá grande influência sobre a vida da criança. Todo sorriso, todo tapa na orelha formará seu caráter, e também essas decisões são de grande importância. Não está certo um adulto pôr a culpa no destino pelo fato de os pais o terem matriculado no grupo escolar e não em uma escola particular. Isso nada tem a ver com o destino. Por isso é importante que vocês aprendam a distinguir entre responsabilidade e fatos predeterminados pelo destino para que não misturem os conceitos, para que fiquem cientes de suas possibilidades e limites.

Mais uma vez: 20% até 30% de livre-arbítrio é muita coisa! Aproveitem esse espaço, reconheçam quanta liberdade vocês têm! Mas entendam muito bem como seria cansativo se tivessem de decidir sobre cada coisa e sobre tudo o que se refere a sua vida. Amanhã devo ser jovem ou velho, homem ou mulher, grande ou pequeno? Se tivessem a liberdade total, não teriam diretrizes, não teriam condições nem espaço para o desenvolvimento, e a vida não teria sentido.

❦ ❦ ❦

Pergunta: Escolhemos nossos relacionamentos por livre determinação pessoal, ou a escolha do parceiro é determinada previamente pelo destino?

Fonte: Se ao falar de escolha de parceiro vocês estão se referindo a uma escolha amorosa, eis a nossa resposta: a liberdade de vocês está na possibilidade de amar ou de não amar. Vocês estão na Terra para aprender o que é o amor e o que ele significa. Vocês vivem para experimentar o que o amor faz e o que a sua falta acarreta.

Este, portanto, é o seu desejo existencial. Mas há algo que vocês sabem melhor do que nós: não é regra geral que duas pessoas que convivem durante a maior parte de suas vidas, que vivem juntas, concebem filhos e os educam, estejam repletas de amor profundo uma pela outra. Muitas outras necessidades e interesses humanos determinam a escolha do parceiro. Vocês mesmos encontram-se numa fase de criação de parcerias que se baseiam na idéia da autodeterminação e da expressão dos sentimentos individuais. Mas isso não é tudo; é a exceção à regra, se contemplarmos a humanidade como um todo e a sua história.

Vocês querem saber se as pessoas escolhem seu casamento — e parceiro de vida ativamente — isto é, por livre decisão e por livre-arbítrio, ou se essa escolha é apenas aparente, em que a vontade consciente obedece a uma vontade inconsciente. Não podemos responder a essa pergunta com uma afirmação inequívoca. Antes queremos lhes explicar que há no mínimo dois âmbitos nos quais se manifesta a dinâmica de que vocês falam. Em muitas histórias de vida existem encontros obrigatórios, determinados pelo destino, aos quais nenhum dos dois parceiros pode fugir de maneira nenhuma, porque esses encontros foram planejados e marcados em estado não-corpóreo. E, por sua vez, existem encontros que não foram planejados. Uma espécie de parceria não é melhor do que a outra.

Em cada vida isolada existe um importante aspecto de amor a aprender, e mostra-se sempre muito significativo, muito útil, muito rico em ensinamentos viver outra vez com alguém com quem já se viveu antes, e um rela-

O Significado da Vida | 143

cionamento que foi temporariamente encerrado. O novo encontro acontece quando um antigo relacionamento terminou numa vida passada, pelo fato de as possibilidades de amar ou de receber amor estarem limitadas ou esgotadas naquela ocasião. Quando acontece isso, uma nova escolha de parceiro se iniciará num âmbito que já demonstra um alto nível de intensidade. Mas igualmente importante é o fato de cada indivíduo ter, a cada encarnação, a possibilidade de encontrar pessoas cujas almas ele ainda não conhece, ou de escolher um parceiro que lhe é totalmente novo e estranho. Nesse caso vocês não vivem apenas do passado; vocês vivem para o futuro! Onde e quando vocês acham que conheceram todas as almas que imaginam estar reencontrando agora, se em algum ponto não tivesse havido uma primeira vez? E esses encontros de forma nenhuma estão encerrados, mesmo que vocês sejam almas muito antigas. Há sempre algo novo a aprender, sempre existe a possibilidade do enriquecimento emocional por meio do inesperado.

Portanto, muitos de vocês escolhem um parceiro para a vida e o amor, um marido ou uma esposa com uma alma cuja identidade ou vibração lhes é conhecida, e por isso há o reconhecimento. Um tal encontro, como já dissemos, é planejado e marcado. Mas entre esses acordos existem aqueles que se transformam em uniões firmes, enquanto outros, por sua vez, se assemelham a um *rendez-vous* esporádico. Duas almas podem de tal forma se unir durante uma encarnação que uma não possa fugir da outra sob nenhuma hipótese, porque ambas se propuseram, com seriedade, a juntas dominarem problemas graves de relacionamento e comportamentos desagradáveis. E existem os assim chamados *rendez-vous*, que possibilitam encontrar-se com uma alma já conhecida sem marcar um encontro. Quando, por exemplo, um relacionamento intenso e karmicamente determinado como o que acabamos de descrever não dura porque outras exigências têm de ser levadas em conta, ou quando acontece algo imprevisto, forma-se um vácuo. Duas pessoas se encontram, querem ficar juntas, têm de ficar juntas, mas a sociedade não permite que elas se casem e constituam família. Então o *rendez-vous* marcado no mundo astral substitui o primeiro encontro e preenche o vácuo anímico.

Em geral não se exige que uma alma suporte uma parceria kármica em duas vidas seguidas, pois ela é rica em ensinamentos e satisfatória, porém muito cansativa. Aceitar um relacionamento como esse exaure os últimos recursos energéticos de ambos os parceiros, mesmo que essa aceitação só seja empreendida no inconsciente. Por isso na transição surge outra possibilidade para realizar o plano. Numa vida subseqüente a pessoa implicada, para recuperar-se das dificuldades, escolhe a liberdade de ir em busca do parceiro como autônoma, sem as consideráveis exigências de um relacionamento kármico em segundo plano. Esses relacionamentos livres são mais fáceis, mais alegres, mais simples e mais felizes. E segundo nos parece, vocês todos estão convencidos de que uma parceria anímica, tão isenta de compromissos que só serve para os parceiros se recuperarem dos deveres kármicos, é o tipo de relacionamento mais desejável e verdadeiro. Temos opinião totalmente diversa. Vemos que de fato a troca de formas de relacionamento pode torná-los felizes. Só que quem se esforça também gosta de descansar. E apenas quem está bem descansado tem o impulso de desejar realizar um novo esforço.

Portanto, não importa se alguns se declaram exuberantemente orgulhosos de suas parcerias espiritualmente recuperadoras e harmônicas, e outros, por sua vez, se vangloriam de estagnar irrecusavelmente em relacionamentos difíceis e manter as complicações e encargos de uma parceria kármica como a única forma verdadeira de relacionamento. O importante é, acima de tudo, que vocês compreendam o que duas pessoas em sua realidade anímica têm de concretizar juntas. O que as deixa felizes ou o que as comove e cria intimidade entre elas, nem com a melhor boa vontade e com os maiores esforços pode ser compreendido pelos outros. Não é raro vocês depararem com uma falsa disposição para compreender, com um julgamento ou uma condenação, mas vocês não sabem o que de fato reúne dois indivíduos, duas almas. E se um deles só entrega seu coração e sua vida devido a um acordo kármico ou por livre-arbítrio e uma disposição independente — isso não faz diferença para a qualidade do relacionamento. A energia é diferente, a intensidade é outra. Mas o que dizer contra uma dificuldade? E o que dizer a favor de uma facilidade?

Vocês verão que suas almas cuidam por si mesmas para que vocês não fiquem estagnados, nem se esforcem em demasia. Muitas vezes, só mais tarde, ao olhar retrospectivamente para suas vidas, vocês verão quais dos seus relacionamentos eram facultativos no sentido *anímico,* e quais abalaram vocês *animicamente* até as profundezas de seu ser. Todos eles são importantes.

De nada adianta tentarem se convencer: "Agora, nesta vida, estou disposto a elaborar um relacionamento kármico." Uma disposição como essa não pertence ao âmbito de seu livre-arbítrio. Para essa disposição é preciso duas pessoas, mais precisamente as almas de ambos os participantes, e a existência de um acordo prévio. E de pouco adianta vocês resolverem: nesta vida eu formarei todas as minhas parcerias por meio de meu livre-arbítrio e a partir de minha vontade individual. Isso também não funcionará se tiver sido planejado diferentemente. Mas reconheçam a liberdade de vocês e afirmem sua vinculação ao outro. Tudo está bem organizado. Façam o que têm de fazer; e deixem de lado o que for supérfluo.

A consciência dos homens — a consciência da alma

Pergunta: A "fonte" fala tanto de consciência. Mas eu constato que tenho idéias muito vagas sobre ela. Vocês podem explicar o que significa consciência?

Fonte: Só existe uma consciência, e dessa consciência participam todos os fenômenos universais, todas as manifestações do cosmos. Só existe uma consciência! Ela é abrangente, ela envolve toda manifestação isolada do espírito. E quando ousamos aqui fazer uma tentativa de estabelecer uma espécie de hierarquia, queremos acrescentar o que dissemos sobre as diferentes freqüências do espírito e suas funções de mediador,* a fim de lhes mostrar uma imagem que possam compreender melhor.

Vocês sabem que têm um corpo, que esse corpo contém diversos órgãos e que não podem renunciar a nenhum deles, pois cada um tem sua função. Nenhuma célula, nenhuma molécula é supérflua, tudo tem uma tarefa a realizar. A unidade do corpo de vocês é mantida pela pele. Pele e mucosas revestem tudo o que compõe sua manifestação material. Esse corpo, conforme lhes diz sua experiência, nós equiparamos à manifestação simultânea do espírito, da psique e da alma. A consciência, no entanto, é comparável ao revestimento áurico que envolve sua pele material. Ela mantém a unidade no sentido energético, pois quando falta a aura, como acontece no caso da morte de uma pessoa, ou quando ela é ferida e fica sem receber cuidados durante bastante tempo, então o corpo também se decompõe de uma ou de outra maneira.

A consciência, portanto, é o envoltório energético de todos os fenômenos físico-espirituais. Vocês ouviram que essa consciência se subdivide em diferentes formas de consciência. Vocês ouviram falar de uma consciência diurna, de uma consciência ilimitada, de uma consciência do sonho, do subconsciente ou do inconsciente coletivo, e também ouviram falar de uma ultraconsciência. Essa terminologia reflete as tentativas de tornar visível e compreensível o fenômeno incompreensível e indescritível da consciência. Mas é errôneo supor que a ultraconsciência seja algo mais importante ou extraordinário do que a consciência diurna; e tampouco é correto concluir que o inconsciente — individual ou coletivo — tenha uma maior importância do que aquilo que na maioria dos casos penetra a consciência cognitiva. Todas

---

* Veja *Mundos da Alma*.

essas formas têm suas funções. E para continuar usando a imagem do corpo, dizemos: quem de vocês pode viver sem estômago, sem coração ou sem cérebro? E se faltar a pele, alguém pode subsistir? Não queremos prolongar o assunto, pois, neste ínterim, ele se tornou compreensível para vocês.

Ao deixarem que algo penetre sua consciência, vocês participam do Todo. Vocês se tornam conscientes. Quando sonham, estão conscientes. Quer ajam conscientemente ou de modo aparentemente inconsciente, apesar de tudo são parte da grande consciência. Pois de fato é importante que nem tudo o que acontece seja cognitivamente consciente. Da perspectiva das exigências e necessidades espirituais, consideraríamos a vida de vocês no planeta, em seus corpos, insuportável, e até mesmo impossível, se tivessem mais consciência e estivessem direta e conscientemente ligados à grande consciência. Nem todas as necessidades anímicas prementes poderiam ser atendidas, se a qualquer momento vocês tivessem acesso ao Grande Todo.

Como acontece com todos os outros fenômenos, a consciência e o estar consciente não pertencem ao reino da matéria e do plano físico. Eles têm de se manifestar e materializar em alguma forma concreta, caso contrário são inúteis. E é por isso que vocês têm um cérebro, um sistema sensorial, que é dirigido pelo sistema nervoso. Os sentidos são seu acesso à consciência. Portanto, exortamos vocês a cuidarem dos sentidos, caso já não tenham desenvolvido um grande prazer nisso. Cuidem da sua sensualidade! Tratem de aprimorar os sentidos! Eles são as antenas, os receptores sensíveis das freqüências de todas as camadas da consciência. E então, como mestres do mundo causal, também podemos atingi-los através dos sentidos; não apenas através do cérebro, mas também através do coração e da pele e dos intestinos e de tudo o que nos pareça praticável e significativo; estamos interessados em que vocês coloquem sua receptividade em ação.

Nada somos a não ser um aspecto parcial da consciência, e além de nós existem infinitos âmbitos, camadas ou círculos de consciência que, todos juntos, pertencem ao Grande Todo da consciência universal. Nós sofremos com vocês ao constatar ou sentir que muitos de vocês se censuram, se culpam ou se castram porque se sentem ou aos outros pouco conscientes e impõem a si mesmos a necessidade de sê-lo em maior medida ou de ter de desenvolver mais consciência. Em nossa visão, muitas vezes aqueles que parecem não saber de nada e que parecem poder tomar um distanciamento pouco cognitivo de si mesmos estão melhor associados à grande consciência do que os grandes pensadores, porque aqueles seguem seus sentidos e seus impulsos em vez de racionalizar ou criar teorias. Eles estão melhor conectados com o universo do que aqueles que meditam ou fazem terapias de manhã à noite, que se esforçam demasiadamente e se esquecem de ceder a seus impulsos e de prestar atenção aos desejos que as demais camadas de seus sentidos e de sua consciência lhes transmitem. No entanto, como vemos os caminhos que vocês trilham, não queremos dizer com isso que meditar ou fazer terapia seja algo ruim. Ao contrário, queremos ressaltar este pensamento à medida que lhes dizemos: ninguém faz uma terapia ou começa a meditar se a consciência não lhes transmitir os impulsos para fazer isso.

E ninguém esquece o que sabe. Ninguém evita buscar fatos ou acontecimentos em sua consciência diária se não tiver um bom motivo para fazê-lo. Ninguém atravessa a ponte do abismo entre os âmbitos consciente e inconsciente sem que isso tenha sua razão de ser, e o faz no tempo oportuno. Nada pode ficar claro a uma pessoa, se for impossível ver claramente. Nada ficará claro para ela se não quiser reconhecer o que está vendo. Mas se não quer ver, deve haver um bom motivo para isso. E algum dia virá o momento em que esse motivo perderá sua razão de ser— nesta vida ou em alguma outra. Em certa ocasião dissemos que uma pessoa pode subitamente alcançar o estado de clareza ou de iluminação, sem jamais ter-se ocupado de questões de consciência, sem ser inteligente, sem ter feito meditação, e sem jamais ter pensado mais de um minuto sobre algum problema. Isso é difícil de entender e, no entanto, queremos repeti-lo neste momento.

Nós dissemos: quem não pensa muito, muitas vezes é mais consciente do que aqueles que se esforçam por obter clareza, pois o esforço esgota, é motivo de contração. O caminho para ter parte numa consciência ampliada e estar ciente do fato, passa pela descontração: passa por um abraço, por um passeio, por um banho quente, por uma comida saborosa degustada com prazer, seja ela qual for. Quando vocês se descontraem, estão no aqui e no agora. Quando se descontraem, aproveitam aquilo que existe e não ficam pensando no que poderia existir. Vocês se tornam conscientes de seus sentidos e tudo o que está fora de sua consciência pode alcançá-los. Teríamos de fazer uma explanação sobre as camadas, os modelos e os âmbitos de experiência da consciência. Mas este não é o dia nem a hora de fazermos isso. Aqui já lhes demos alguns estímulos que por certo devem ter agido ampliando a sua consciência, e o farão ainda mais no futuro. Para finalizar queremos lhes dizer ainda: a consciência é neutra, a consciência não julga, a consciência não é o amor nem é o medo. A consciência não é Deus e não é ser humano. Não existe nada além da consciência. Ela não está presa na polaridade ou na dualidade. Isso significa: não existe "muita" ou "pouca" consciência. Se algum dia puderem estabelecer contato com essa verdade, sem ter de pensar sobre ela, nossa conversa não terá sido em vão.

✤✤   ✤✤   ✤✤

Pergunta: Já foi estabelecida diferença entre a consciência e o ter consciência. Por favor, eu gostaria de ter essa diferença novamente esclarecida.

Fonte: Consciência significa que, para uma pessoa, fica claro cognitivamente que ela possui uma consciência parcial, associada a uma consciência maior. A consciência designa a verdade intuitiva de que essa consciência é um estado variável, que pulsa, porque depende de um corpo e que por isso é às vezes mais estreita, e outras mais larga, embora se possa movimentar com sua pulsação por diferentes freqüências. Depende de cada indivíduo o quão consciente ele quer ser. Importante também é entender que a consciência é ao mesmo tempo um mal e uma bênção, pois quem dispõe de uma consciência ampliada é muito mais consciente, porém nem sempre mais feliz. Com o acesso cognitivo da consciência à consciência dá-se um parentesco especial do qual falaremos em outro lugar (veja abaixo).

Um tempo para o corpo e um tempo para a alma

Pergunta: Vivemos na dimensão temporal e compreendemos tão pouco sobre o tempo. Temos uma forma de existência no tempo, que é uma experiência específica. No mundo astral ou causal da consciência não existe o tempo. O que há de tão valioso nesta dimensão a ponto de nossas almas escolherem fazer experiências na Terra?

Fonte: Muitos de vocês têm determinados conhecimentos de história, história da pátria ou de países conhecidos. Alguns conhecem detalhes de seu histórico familiar. Poucos, contudo, conhecem seu passado individual, a história de sua alma. Despertar lembranças de vidas passadas não é o mesmo que despertar os acontecimentos da história. E a história, um aspecto da dimensão temporal, tem um significado específico, exatamente o de ensinar que os atos trazem conseqüências. As leis da causalidade, de causas primordiais reais e de seus efeitos na dimensão física, são uma realidade objetiva. As conseqüências energéticas, ao contrário, que, por exemplo, são realizadas através de ações karmicamente atuantes, têm uma outra estrutura e não podem ser percebidas diretamente. Elas se manifestam, por sua vez, no tempo e com certeza somente na consciência subjetiva. Elas devem ser diferenciadas de acontecimentos reais. A consciência de um tempo individual e subjetivo é igualmente importante, mas é coisa diversa de uma vivência objetiva por meio dos semelhantes. Vamos esclarecer isto com uma comparação. Existe uma diferença essencial entre uma pessoa sonhar que assassina uma outra, e fazê-lo de fato. Há uma diferença essencial entre desenvolver uma fantasia sobre um relacionamento amoroso e vivê-lo realmente no dia-a-dia.

A existência humana no corpo é uma história de relacionamentos mútuos. A encarnação das almas tem sentido pelo fato de os fragmentos anímicos, que se soltam da totalidade da família anímica, se entrelaçarem mutuamente de maneira nova, por exemplo, em relacionamentos consangüíneos, em estruturas sociais, em dependência física e psíquica. E esse entrelaçamento é uma correspondência e uma oposição aos entrelaçamentos nas dimensões incorpóreas. Mas o entrelaçamento obedece a outras estruturas e relacionamentos mútuos, pois viver — e também muitas vezes sofrer — é de grande valor para o conhecimento. Assim as almas experimentam algo novo; e essa novidade, por sua vez, faz bem ao Todo.

Deve ficar claro para vocês que todas as almas que encarnam em seu planeta, irradiam por sua vez um cabedal de experiências e uma capacidade de conhecimento para o Grande Todo, que visa buscar novamente a multiplicidade da criação. Essas experiências, essas vivências de tipo específico e, principalmente, o relacionamento mútuo de causa e efeito, de historicismo e de evolução não são um lugar comum em outros âmbitos do cosmos, porém algo específico de alguns poucos mundos de existência.

Até aqui o tempo tem sido uma experiência muito interessante para as almas, ao possibilitar uma vivência linear que não existe nas dimensões sem tempo, embora assim estruturadas, da consciência. Pesquisar os inter-relacionamentos causais e a interação de almas encarnadas no plano da decisão e da conseqüência é uma tarefa para muitas famílias anímicas e seus grupos maiores. Viver a causa e o efeito do ponto de vista material, físico, se distingue essencialmente da experiência de energias que se mesclam, de freqüências que se elevam ou de impulsos espirituais que podem se encadear. Além disso, a combinação do tempo mensurável e da sensação não mensurável da duração são instrutivas, bem como a ligação do tempo real e do tempo do sonho. Também desse ponto de vista os seres humanos são duais. Eles existem no tempo; no entanto, graças a sua alma, têm acesso às dimensões em que não existe tempo.

Pergunta: Numa mensagem anterior surgiu o conceito "história da consciência" e ele foi comparado com a transmissão histórica. O que a "fonte" quer dizer com "história da consciência"?

Fonte: Aqui não se trata da prática de ações, de pensar e de querer ou de uma avaliação de negociações; também não se trata de tomar decisões e de avaliar suas conseqüências, mas da consciência da própria existência com seus limites e possibilidades. Trata-se da percepção conhecedora que não fica sem conseqüências para o indivíduo e para a coletividade.

A história da consciência, por exemplo, é o conhecimento de que a experiência humana está sujeita a uma constante transformação. História da consciência pura é o conhecimento de que existe um relacionamento entre a alma individual e uma família anímica ou de uma determinada família de almas com uma outra. É também o conhecimento das possibilidades que uma alma sem corpo tem no mundo astral e, dentre estas, as que estão abertas a uma família de almas. História da consciência também é o conhecimento de que as almas individuais dos seres humanos, graças a sua reencarnação, dispõem de um histórico que perdura milênios, com recordações que podem ser ativadas. Essas recordações se juntam no reservatório da consciência que vocês denominam de inconsciente coletivo.

❦❦   ❦❦   ❦❦

Pergunta: Por que o relacionamento entre famílias de almas também é "história" e, portanto, uma dimensão temporal? O que vocês indicam é algo não temporal.

Fonte: Trata-se de história no sentido de um acontecimento, mas não de uma ação dentro de um contexto temporal. Por exemplo, quando uma família de almas se encadeia a outra ou uma dimensão de consciência se liga a outra, o mundo astral ao mundo causal ou o mundo causal ao mundo mais abrangente que o contém, isso é um acontecimento que é armazenado em seus resultados energéticos e que também tem efeitos. Antes de tudo ele contribui para o tesouro de experiências não-históricas da comunidade anímica.

A experiência e a vivência de estar inserido num contexto espiritual como uma família de almas e uma união de sete famílias anímicas são válidas num sentido individual, mas também, simultaneamente, num sentido coletivo. Elas formam a consciência. As formas de experiência não podem ser separadas, pois vocês são ao mesmo tempo indivíduos com alma e membros de uma família de almas. Se vocês aceitarem a teoria de que em sua família de almas há uma união de sete famílias anímicas, colonizadas no plano da expressão, no plano da inspiração, no plano da ação e no plano da assimilação e que, além disso, conhecem, sentem e vêem agir irmãos anímicos encarnados vivos, então experimentarão sem esforço que as leis da vivacidade valem tanto para o coletivo quanto para o indivíduo e que também os irmãos não-encarnados de uma família de almas têm uma parte representativa em sua vivacidade, pois em termos de energia vocês são um. Uma família é um todo, uma união de famílias é um todo ainda maior. A energia pode ser dividida e descrita separadamente para os nossos fins teóricos, mas a realidade é diferente daquela que vocês podem experimentar, e nessa realidade a energia não pode ser separada. Ela também é uma unidade e flui como o fenômeno da consciência, que para nossos fins podemos separar em consciência, ter consciência e outras formas de consciência e de vivência aparentemente inconsciente, para que possam ser melhor compreendidas. Como energia, a consciência é inseparável e é experimentada por vocês como uma unidade, quer isso penetre na percepção diária de vocês quer não.

As almas maduras e as almas antigas na nossa sociedade

Pergunta: Vocês deram a entender que apenas almas maduras e antigas se interessariam pelos ensinamentos de fontes transpessoais. Gostaríamos de saber quais as tarefas das almas maduras e antigas na Alemanha.

Fonte: Medo e amor são âmbitos opostos do sentir, do viver e do pensar, entre os quais cada alma que povoa o planeta Terra oscila constantemente. As almas recém-nascidas, as almas infantis e as almas jovens distinguem-se das almas maduras e antigas pelo fato de raras vezes terem consciência de seu medo e de seu amor. Elas sofrem, mas não sabem disso. Elas amam e não sabem nada sobre isso. Por isso as almas maduras e antigas têm a missão de sentir medo e de sentir amor com relação a si mesmas, conforme os âmbitos a que tiverem acesso e só depois com relação aos outros. O domínio paulatino dessas missões tem um efeito que vocês logo irão compreender, quando aguçarem seu olhar e abrirem seus canais de percepção. Para isso vamos usar uma analogia conhecida: bebês lactentes, crianças e jovens dificilmente entendem a si mesmos. Eles dependem da compreensão de pessoas mais velhas para sua existência. Se não encontrarem essa compreensão, vocês todos sabem o que acontece. Eles se enfezam, embrutecem-se emocionalmente, tornam-se confusos e perdem a orientação. Por compreensão entendemos dedicação amorosa que não passe das medidas, para que a pessoa implicada possa viver o medo e o amor nas formas apropriadas para ela, para que aprenda a desempenhar sua responsabilidade de sentir e de agir. No entanto, sem compreensão e sem a possibilidade de se refletir num espelho e de receber uma orientação, nenhum jovem, nenhuma criança e nenhum recém-nascido terá possibilidade de se desenvolver.

Almas maduras e antigas, portanto, têm a tarefa, o dever e o prazer de mostrar às almas mais jovens, que não é tão impossível nem é tão perigoso sentir o amor e o medo, como lhes pode parecer a princípio. Queremos exortar as almas maduras e antigas que ouvem ou lêem nossas palavras a buscar entender o medo das mais jovens pois, ao compreender o medo delas, liberam de suas amarras o potencial que elas têm para o amor. Mas nós bem sabemos que o medo dos jovens atiça o medo dos velhos. Outra tarefa consiste em reconhecer esse medo atiçado como tal, tomar um distanciamento dele, o que não é possível aos jovens, e transformar o medo que quer se desenvolver numa compreensão amorosa. Mas para isso, primeiro, as almas maduras e antigas precisam ter a possibilidade de desenvolver uma compreensão dos próprios medos. Só quem obtém um distanciamento de si mesmo — e isso só é possível às almas maduras e antigas — está em condições de diferenciar entre os medos que provêm das profundezas de seu ser e aqueles que são projetados pelo coletivo sobre a própria situação.

Ao falarmos concretamente sobre o seu país, a Alemanha, queremos dizer que as almas maduras e antigas que aí vivem têm, em primeiro lugar, a missão de compreender as necessidades, medos, preocupações e formas de vida que as almas jovens e infantis projetam enfaticamente sobre elas. Em virtude de sua idade anímica, sentir-se-ão propensas a julgá-las pelo seu jeito diferente de ser, isolando-se, recusando as almas mais jovens para se proteger e se salvar da idéia de que são elas afinal que precisam de compreensão. Muitas vezes vocês, com quem falamos, são como pais que exigem de seus filhos pequenos um amor e uma compreensão que as crianças não podem dar. Desse ponto de vista eles querem transformar os próprios filhos em seus pais. E como não receberam o amor e a compreensão de que precisavam quando eram crianças, agora buscam essa dedicação por toda a vida junto daqueles que não a podem dar. Almas maduras e antigas têm toda a compreensão de que precisam — ou em si mesmas ou nas pessoas que podem, devem e precisam encontrar, que lhes são próximas animicamente e comparáveis a elas. Vocês bem sabem: quando um casal está sempre junto dos filhos pequenos e não de pessoas da mesma idade, suas qualidades de adultos definham. Vocês que são almas maduras e antigas devem procurar a companhia de almas igualmente maduras e antigas! Vocês são adultos. Busquem pessoas com almas maduras para trocar informações. Não se voltem para as crianças quando precisarem de consolo e de compreensão. Essas são tarefas anímicas que talvez custem a entender e que lhes parecem banais. Mas elas são infinitamente importantes quando, em razão da sua vibração aprimorada e elevada, quiserem prestar um serviço às gerações seguintes.

De resto, trata-se do potencial de consciência de que vocês dispõem em virtude da experiência de encarnação e que, no entanto, não está à disposição das almas mais jovens. Essa consciência não se refere apenas aos inter-relacionamentos sociais, econômicos e políticos, porém, em primeiro plano, ao relacionamento entre os homens no âmbito privado. Quando estiverem dispostos a formar seus relacionamentos, seu estado energético e seu potencial de consciência de forma adequada — não apenas os relacionamentos de parceria, porém também os de amizade, os de parentesco e os de negócios —, vocês poderão, sem fazer alarde do fato, servir de exemplo para aqueles que querem aprender, servir de estímulo e ser uma força de aprendizado. Ensinar, pregar ou falar não deve custar-lhes o menor esforço. Sejam o que são, mas sejam! Então tudo se torna simples. Não façam tanto, sejam alguém! Tudo isso é muito mais fácil do que imaginam. Muitos se perdem nas ações e se esquecem de ser. E com isso aparentemente voltam ao estágio de almas jovens, que precisam se realizar através do fazer, mas que têm de aprender aos poucos a renunciar ao fazer exagerado. E quando dizemos "fazer", referimo-nos sempre àquilo que vocês acham que têm de realizar, mesmo que não tenham vontade. Não estamos falando da capacidade de agir que como tal surge de um impulso natural, de um estímulo interior, de uma necessidade, de um sentimento, de um pensamento, de uma idéia. Não falamos dessa lei da vivacidade, mas de sua falsa consciência de dever e do sentimento de culpa que surgem do desejo de compensar os medos incompreendidos. Almas maduras e antigas que têm a possibilidade de se analisar interiormente devem aproveitar esta possibilidade para perguntar a si mesmas: o que estou fazendo de fato provém de mim? Ou ajo desta maneira porque acredito que é o que se espera?

E quanto mais uma alma envelhece, tanto mais importante se torna que ela coloque o seu direito de ser como é sobre todas as coisas, que faça desse direito a medida de todas as coisas, porque o mistério de seu modo de ser preserva o direito de as outras almas serem como são dando-lhes espaço livre, o que, de outra maneira seria, de certa forma, impedido. Sabemos que este é um longo e nem sempre fácil processo de aprendizado. Mas, visto que nos perguntam, queremos responder que esse processo também não é tão difícil quanto às vezes imaginam. No fundo, todos vocês sabem muito bem o que lhes cabe fazer, o que é positivo e construtivo para si mesmos e para os outros. Vocês sabem quais são as suas tendências, vocês sabem que muitas vezes, quando julgam um estímulo interior, no final constatam que se tratava do estímulo correto, que, por exemplo, teria sido bom não fazer nada durante certo tempo, que teria sido bom "preguiçar", para usar a linguagem que se atribui aos jovens, recusando-se a executar os deveres que os incomodam, ficando livres para acatar os impulsos interiores. Vocês conhecem isso tudo muito bem, no entanto alimentam sentimentos de culpa.

Se quiserem transmitir a uma pessoa jovem o gosto por conhecer sua verdade interior, terão de aconselhá-la a fazer algo muito importante, questionar a si mesmos: "O que eu quero afinal, qual é o meu impulso, o que me dá prazer?" E, da mesma forma, como almas maduras e antigas que vivem e agem segundo esse padrão, vocês podem se tornar um espetacular exemplo para todos os que ainda desejam aprender. Vocês sabem que crianças pequenas aprendem por imitação; elas não precisam do conhecimento, elas não precisam da consciência dos inter-relacionamentos organizados ou das leis regulares da psicologia. Os adultos tampouco precisam penetrar mentalmente em tudo o que seus impulsos naturais lhes apresentam. Tudo isso vem com o tempo.

Ao fazerem a pergunta a respeito de suas tarefas e quando esperam ou desejam que nós lhes demos diretrizes detalhadas de como agir, podem ficar decepcionados conosco. No entanto, queremos fazer todo o possível para tornar as possibilidades e as tarefas da alma mais atraentes — tarefas que não compreendemos como um dever ou culpa, porém como uma realização prazerosa. Como seres humanos, vocês devem ter tido outras tarefas a cumprir até o momento. Como almas, contudo, só temos de lhes fazer uma recomendação: ouçam sua voz interior para descobrir quem realmente vocês são! Isso vale para as grandes e para as pequenas coisas. No que se refere às coisas espirituais, não existem apenas inter-relacionamentos ocultos, nobres e divinos, porém os de cada momento, os do cotidiano. E vocês descobrirão que agora são isto e logo depois aquilo, hoje pela manhã são uma coisa, amanhã serão outra; para reconhecer-se é preciso que sejam declaradamente flexíveis, a fim de poder deixar para trás as rígidas opiniões que têm de si mesmos; para que com isso se tornem belos e vivos ao ouvirem sempre novas mensagens e orientações ditadas pelo seu interior, a partir da mais profunda verdade.

Há constantes e há variáveis. O que nós lhes transmitimos sobre o papel arquetípico da alma é uma constante. Ele nunca mudará essencialmente, porém nas particularidades. Mas as variáveis do seu padrão anímico — a matriz —, ao contrário, abrem um amplo espectro de possibilidades, e, por meio disso, vocês podem experimentar um papel anímico através de várias encarnações dotando-o de novos objetivos e mentalidade, enfeitando-o com corpos e medos, obtendo compreensão para aqueles que estão começando a fazer as experiências — uma compreensão que não pode ser substituída por nada, por nada mesmo. E visto que falamos tanto de compreensão, para finalizar gostaríamos de dar mais uma indicação: se vocês descobrirem, por meio do sentimento, e se ouvirem que não conseguem ser compreensivos, não existe nada mais belo e maior do que compreender exatamente essa falta de compreensão.

Se, por exemplo, vocês vivem na Alemanha ou na Europa Central, nós os convocamos: compreendam as pessoas que têm fome, as pessoas que lutam para conseguir sucesso e as pessoas ambiciosas, as pessoas que desejam acelerar seu desenvolvimento e que procuram vocês nesse país. Suas almas **têm** de viver o que precisam viver no lugar onde podem fazer isso. Tenham compreensão também para com aqueles que se sentem ameaçados em sua posição. Mas não se deixem enredar. É preferível agir particularmente do que em público. Sua estrutura energética se torna pacífica e tranqüilizante quando vocês não se expõem demasiadamente aos medos e às ameaças do meio ambiente. Quando vocês se instalam em seu nicho, em vez de adotarem uma política de ilusionismo político e de não quererem saber mais de nada, vocês poderiam se definir como os grandes emissores que ininterruptamente, dia e noite, irradiam uma música energética suave, tranqüilizante e reconfortante. Cada sorriso que vocês derem a alguém que não o espera é parte dessa música. Nada é desperdiçado. Todo pequeno momento que usarem para abrir seu coração sem pensar numa pessoa determinada é um compasso dessa melodia. Mais não é preciso. Não pensem que vocês têm de se expor continuamente à assim chamada realidade. Ela os tocará onde isso não puder ser evitado. Isso nenhum de vocês pode evitar. Mas cuidem para que possam viver a sua energia sem impedimentos, como aqueles que viajam pelo seu país a fim de aí viver a própria energia. Vocês têm o mesmo direito. Na Áustria já temos há mais tempo a experiência de como lidar com essa forma de conflitos entre os homens e, portanto, temos mais disposição para entender e integrar. Naturalmente, isto não vale para todos, porém para as almas maduras e antigas que moram ali. E na Suíça é maior ainda a disposição de compreender, embora sob muitos pontos de vista a política suíça possa parecer antiquada ou pouco inteligente. A possibilidade e a capacidade de ter compreensão para com os outros está há séculos amplamente desenvolvida ali. Mas também a possibilidade de se isolar, de criar zonas de tranqüilidade e de promover segurança, que possibilitam às almas antigas proteger e viver sua energia, está muito evoluída nesse país. Olhem por cima da cerca, informem-se não só mental mas também emocionalmente, e aprendam algo. Vejam como outras pessoas lidaram com esse problema há mais de cem anos, vejam como eles dominaram o coletivo e os indivíduos. Então o medo que vocês têm do futuro será eliminado e o coração se abrirá.

Pergunta: O que dizer da convivência entre nós quando em toda a Terra só houver almas maduras e antigas?

Fonte: Significa, antes de tudo, que devido a uma longa experiência de separação, de isolamento psíquico e anímico, justamente nos países ocidentais há um acréscimo de queixas e o amor entre as pessoas se torna uma exceção devido a repentinos acontecimentos externos em que seria necessária, imprescindivelmente, a dedicação. Antes de uma nova convivência é preciso acontecer uma separação entre os seres humanos.

Vocês receiam que a individualização, o isolamento, a solidão que vocês observam entre as pessoas jovens que estão chegando à idade adulta seja um estado definitivo, uma progressiva desagregação. A proximidade só assumirá novas formas e dimensões quando houver necessidade. Não são as velhas formas conhecidas de agir e de pensar que lhes trarão tempos difíceis, porém formas de amor criadas por uma imensa onda de almas humanas que deixam o ciclo de almas jovens e entram para o estágio de almas maduras. Trata-se de formas que vocês desconhecem e com as quais, para sua grande surpresa, terão muito o que aprender. Essa é a característica do desenvolvimento atual.

Nós falamos, como vocês ouviram, de uma consciência que é abrangente. Também poderíamos denominá-la de inconsciente abrangente, porém sabemos que vocês reagem à palavra "inconsciente" como se ela fosse um palavrão. Por isso não devem esperar que cada pessoa cuja alma dá o grande salto para o ciclo seguinte, subitamente compreenda tudo com uma visão clara e profundo conhecimento intuitivo. Almas jovens que amadurecem, desenvolvem apenas uma outra percepção de sua situação existencial, e nada mais podem fazer do que transformá-la à sua maneira.

Na Alemanha haverá menos mudanças do que nos países subdesenvolvidos, nos Estados Unidos e nos países da antiga União Soviética. A verdadeira força da transformação e também os abalos que irão presenciar partirão daí, onde milhares de almas preparam sua transgressão; e aí vive no momento a maioria das almas jovens que chegaram à sétima etapa. Elas esperam há bastante tempo pelo momento propício. As ideologias políticas e as modificações sociais que lhes infundem medo e que ocorrem no antigo Bloco Oriental, e também, embora de maneira menos perceptível, nos Estados Unidos, são uma preparação para a disposição de aceitar novas formas de proximidade entre os homens — mas apenas depois de terem conhecido um total distanciamento.

A Consciência Cósmica e a consciência individual de sua existência condicionada pelo tempo, isto é, a contemplação horizontal do seu ser, unida com a contemplação vertical de suas condições existenciais, desenvolver-se-ão, em tempo previsível, num bem comum, como aconteceu desde o início do século em que estão vivendo, em que o conhecimento de que um ser humano tem uma dimensão psíquica com suas leis próprias se espalhou por quase toda parte. O conhecimento da realidade da alma humana, que era normal e natural há milênios, mas que diminuiu com a despedida de muitas almas antigas do seu planeta no final da última grande onda de encarnação, ressurge. O fato de que cada alma encarna várias vezes na forma humana só sumiu da vista de vocês temporariamente. Agora ele voltará ao lugar que lhe cabe sem grande dificuldade.

Sem karma não existe amor

Pergunta: Como surge o karma? Como reconheço um entrelaçamento kármico?

Fonte: O karma não surge do nada, por acaso ou através da arbitrariedade. Essa opinião só existe na visão daqueles que têm de necessariamente chafurdar na cegueira do condicionamento temporal a fim de viver. Analisado da realidade astral, só se machucam aqueles que de alguma forma, porém especialmente por meio de laços consangüíneos intensos, criam uma base para o sofrimento. Pois o sofrimento kármico é necessário, ele não é supérfluo e ele não pode ser evitado. Para tornar o inevitável suportável e lhe dar uma dimensão significativa, o pressuposto é que numa vida anterior houvesse a associação, um vínculo amoroso entre as pessoas que numa vida posterior escolhem viver em liberdade. Pois o karma nunca deixa de ter sentido. O karma é estabelecido através do princípio da compensação. Portanto, a vida e a liberdade nunca são apenas tiradas, elas são também presenteadas. Antes e depois esse presente pode ser concretizado. Laços kármicos raramente acontecem entre os membros de uma família de almas. Acontece muito mais freqüentemente de as almas criarem vínculos kármicos com os membros de famílias de almas aparentadas da união das sete (veja o Glossário).

Primeiro vamos lhes dar com poucas palavras a nossa definição de karma, de encargos kármicos e de entrelaçamento kármico. Quando uma pessoa impede outra de executar o seu plano individual de vida e esse impedimento provém de um motivo relacionado com a ganância no sentido mais amplo, portanto à custa do outro, a isso chamamos karma. Há um desequilíbrio. Um se torna devedor do outro — não só na superfície, porém no mais profundo âmbito do planejamento anímico. O entrelaçamento kármico, portanto, não requer que tenha havido encontros em vidas anteriores, porém uma sensação de injustiça, uma intenção maldosa, mesmo que seja inconsciente. E como nós dissemos, isso traz conseqüências que levam uma pessoa a achar sua vida sem sentido ou a querer encerrá-la.

Quando vocês encontram uma pessoa com a qual estão karmicamente unidos, seja no papel de vítima, seja no papel de algoz, o algoz em alguns momentos sentirá a necessidade urgente de consertar a injustiça praticada contra essa pessoa (e não contra qualquer outra); no entanto, a vítima muitas vezes terá grande dificuldade em perdoar. Pois mesmo que na consciência das pessoas implicadas tudo tenha sido esquecido, nada, contudo, foi perdoado. O culpado tem sentimentos de culpa que não sabe de onde vêm. A vítima de um ato passado sente um ódio que não compreende, mas que está emocionalmente ativo. E para se chegar a uma compensação nada mais existe a não ser o amor e a confiança. Mas quando estes sentimentos não existem nessa vida determinada, não é possível uma compensação kármica.

Como vocês podem reconhecer um vínculo kármico? Vocês o reconhecem quando existe uma inexplicável mistura de amor e ódio, de medo e saudade. Pois tanto a alma da vítima como a alma do agente lamentam o que aconteceu naquela ocasião e gostariam de recuperar a harmonia. No entanto, muitas vezes é necessário que aquela alma que foi prejudicada na execução de um plano de encarnação, primeiro crie uma aparente compensação à medida que impede a alma implicada do seu oponente kármico de executar o plano de vida dela. Isso acontecerá várias vezes, até que ambas — não basta uma — estejam dispostas a tentar outro caminho. Portanto, até aqui vocês viveram, sentiram e se lembraram de que não uma, porém várias vezes, um amor intenso e um ódio selvagem existiu entre vocês, alternando-se. Isso provoca uma intensidade que vocês não conseguem explicar e que os faz ter muito medo.

Um vínculo kármico sempre é reconhecido pela sua grande intensidade. Vocês podem identificá-lo pela necessidade mútua de se aproximar e de fugir do outro. A atração e a repulsa são igualmente fortes e vocês não sabem o que fazer! E não existe prescrição de quando e onde esse vínculo será desfeito. O dia da libertação terá chegado quando ambos os participantes estiverem igualmente prontos. Não prontos a perdoar — isso provocaria um curto-circuito —, porém prontos a suportar o amor e o medo que estão simultaneamente presentes; prontos para não sair do caminho, para permanecer, não importa quão difícil seja. Mas queremos resolver um mal-entendido inconsciente que estabelece que esses relacionamentos só são possíveis entre um homem e uma mulher, entre amantes. Vocês podem achar que apenas entre amantes que se entregam totalmente um ao outro é possível solucionar esse vínculo. Mas isso não é verdade.

Vamos dar-lhes um exemplo: uma pessoa não ajudou outra quando esta morreu de hemorragia diante dos seus olhos, embora pudesse ter-lhe prestado essa ajuda. Ela não queria se envolver e, com isso, enredou-se. Isso acontece, por exemplo, quando um motorista foge da cena do acidente. Numa vida posterior é possível que aquele que certa vez deixou o outro sangrar até morrer seja agora um médico ou médica. Uma criancinha que caiu de uma janela é trazida ao seu consultório e apresenta ferimentos graves, mas que não tornam impossível o salvamento de sua tenra vida. Então o médico, em virtude de seu sentimento de culpa inconsciente diante da alma dessa criança que ele certa vez prejudicou, tenta o humanamente possível, de todo o coração e com todo o amor para salvar a criança. No entanto, a criança opta por morrer. Isso significa que sua alma recusa a reparação kármica através do médico. Isso, por sua vez, pode provocar um conflito no médico, o que é bastante salutar. Um sentimento de culpa latente pode ser ativado sem que se perca nada de essencial. Talvez o médico pense nessa criança durante toda a sua vida, pois desta vez não depende dele a criança abençoar a dimensão temporal. A vontade dessa alma é dar um sinal a fim de colocar algo novo em andamento. Numa vida posterior pode ser criada uma nova situação em que haja a compensação.

Portanto, não é mau quando uma alma recusa de início a solução do problema kármico, pois com isso ela traz uma nova proximidade, uma nova intensidade ao relacionamento anímico. Num outro momento nós dissemos que ninguém está mais próximo do que essas almas que demonstram uma história kármica com seus respectivos vínculos. O amor entre estes indivíduos anímicos será tanto maior no curso dos milênios, quanto maior for a culpa que eles criaram mutuamente. Como reconhecer um tal vínculo na vida de vocês? Em primeiro lugar, os dois participantes sentirão um choque frio no peito quando se encontrarem pela primeira vez. E se não fugirem imediatamente, porém estabelecerem amizade um com o outro, não importa em que tipo de constelação, não importa em que tipo de relacionamento, a possibilidade de cometerem algum erro e o desejo de fazerem algo bom por amor estará presente em igual medida.

Quando o encontro é associado ao desejo de proximidade, sempre fica presente uma camada mais profunda do vivido — nos sonhos, em fantasias inexplicáveis, em recordações e associações que não visam cobrir a vida atual —, e que, conforme o caso, segundo a divisão dos papéis, é sentida como raiva ou como culpa. Tudo o que acham inexplicável e que não parece explicável pela história do desenvolvimento psíquico desde a infância, pode ser definido por direito próprio como karma no sentido por nós descrito.

Para vocês, entretanto, que são almas maduras e antigas, há algo importante a acrescentar: não tenham medo de criar novos vínculos! Vocês têm muito o que elaborar. Estão suficientemente enredados e já começaram a se libertar da rede densa de relacionamentos kármicos. O meio de se libertar é o amor, uma capacidade que vocês já aprenderam nas muitas vidas que deixaram para trás. É quase impossível que algum de vocês, junto com outras almas, ainda acumule novo sofrimento kármico.

Há algo mais para o qual queremos chamar sua atenção. Hoje vocês não seriam almas maduras e antigas se tivessem recusado cumprir seu dever de resolver entrelaçamentos kármicos. Ninguém é poupado disso, faz parte da condição do ser humano. O abalo que vocês podem sentir diante dessa verdade é compreensível. Mas só em função do que deixaram para trás é que vocês estão onde estão. Façam, portanto, o que é apropriado para a idade da sua alma. Fiquem aí onde sentem mais medo e mais amor. Enfrentem o ódio que surge do anseio pelo amor. Essa é sua missão, essa é a salvação.

🙢 🙢 🙢

Pergunta: Quero esclarecer um mal-entendido. O karma é solucionado pelo fato de alguém praticar um ato de amor com relação a alguém, ou o karma é solucionado se, como vítimas originais, praticarmos algo comparável ao que sofremos contra o agressor original, restabelecendo desta forma um equilíbrio?

Fonte: Nós demos a entender que a história kármica não é escrita em dois atos, mas em três. Portanto, o drama tem três atos: ação culposa, desforra e perdão. No estágio de alma jovem e de alma no final da juventude, muitas vezes há a necessidade de vingar-se; contudo, almas maduras e antigas já não precisam da desforra. Elas se vêem impelidas a usar outra estratégia que não provoque um novo sofrimento, quer para si mesmas quer para os outros.

De início a desforra traz um equilíbrio para o ódio. A vingança bem-sucedida traz tranqüilidade, no entanto a alma não se satisfaz com isso. E se cada um de vocês ouvir a voz interior sobre a satisfação que a vingança pode trazer, vocês também sabem que essa satisfação nunca dura muito. Portanto, trata-se de uma compensação que se pode chamar de provisória. A verdadeira compensação energética não pode ser concretizada enquanto houver violência contra violência, e impedimento contra impedimento. A vítima tem de perdoar, o agressor tem de perdoar a si mesmo e aceitar o perdão.

Em geral, depois de uma desforra repleta de ódio há uma pausa mais longa de dez a vinte vidas. As almas implicadas buscam sair uma do caminho da outra, buscam não se encontrar novamente para que o rancor não as leve a cometer novos atos nocivos. O medo, contudo, em geral não tem motivo de ser, caso as almas tenham se concedido esse intervalo. Quando, mais tarde, se encontram outra vez, estão de certo modo amadurecidas, pois usaram o intervalo para fazer experiências de amor com outras almas; elas estão mais descontraídas, mais dispostas e podem ser criativas de um modo novo no que se refere às ofertas de amor.

Só quando duas almas perderem a vontade de "se vingar", elas poderão se encontrar com amor. Elas desenvolverão prazer pelo amor, não mais pelo ódio. Criar persistência e unir as fortes sensações do ódio e do amor, e aos poucos encher o prato da balança com cada vez mais amor para que o prato com o ódio fique menos pesado é um grande desafio. Entrar num relacionamento como esse, conquistar compreensão para consigo mesmo e para com o outro é um trabalho de grande significado para dissolver laços kármicos. A dissolução desses laços não é um ato isolado, mas, porém, um processo. Executar esse processo exige paciência e capacidade de resistência. A simples disposição de perdoar nada consegue; isso é uma ilusão. E quando apenas uma das almas perdoa, nada acontece. A outra também tem de perdoar e aceitar essa oferta, caso contrário "o gol bate na trave". Difícil, no entanto, nesse contexto, é renunciar à reconciliação da união certa vez tão íntima e forte. Ambas as almas devem se voltar para outras tarefas assim que tenham feito seu trabalho. Lamentam um pouco perder-se de vista, e esperam com alegria por uma fusão definitiva de suas energias no final de seus dias.

V. Determinação do sentido pela família de almas

A nossa "fonte" transpessoal tem uma grande preferência pelo assunto da "família de almas". Afinal, ela mesma se compõe de uma dessas famílias anímicas, de um grupo de 1.164 almas, que diferentemente de nós seres humanos, e de nossos irmãos de alma, já encerraram seu ciclo de encarnação conjunto na Terra há mais de duzentos anos.

Depois de recebermos as informações sistematicamente organizadas sobre os três mundos da alma e sobre os arquétipos da alma, descobrimos, para nossa surpresa, que essas mensagens fundamentalmente importantes sobre a dimensão anímica da existência humana servem entre outras coisas de preparativo para uma compreensão melhor dos fenômenos da "família de almas" e das sete energias básicas universais.

De fato, a função extremamente individual e a determinação de tarefas de uma família de almas só podem ser compreendidas se deixarmos claro como as energias básicas das quais elas se compõem são diferentes entre si. Dois, três ou quatro papéis anímicos arquetípicos se fundem formando essa unidade familiar que, enquanto no estado fragmentado, isto é, enquanto os membros isolados se encarnam, se compõe de exatamente mil desses indivíduos anímicos e, ainda assim, forma uma unidade energética. Toda pessoa está animicamente irmanada com muitas outras almas individuais. Apesar de sua individualização, ela continua a fazer parte desse coletivo, que contribui para seu desenvolvimento, porque esse desenvolvimento estimula o Todo Maior. As pessoas sempre perceberam isso e deram vários nomes a sua sensação: atman, alman, mahatma. C. G. Jung o chamava de "self" ou de "grande ser humano (velho)".

O objetivo do conhecimento em cada encarnação está baseado numa pretensão maior que é caracterizada pela necessidade básica de todos os irmãos de alma. O sentido de cada vida isolada é, portanto, inseparável, no campo energético, da busca de sentido que une toda a família de almas. A tarefa de vida pessoal sempre constitui um aspecto essencial com relação à tarefa funcional da família de almas. O coletivo da família de almas é o Eu mesmo, a alma individual é o Eu (a identidade) em seu sentido mais amplo. A alma individual e a família de almas são, no entanto, em termos de energia, uma unidade. Muitas vezes esse coletivo anímico também é chamado de Eu Superior. No entanto, é sempre mais do que isso. A "fonte" evita hierarquias e valorizações e indica especialmente que cada um, sem exceção, está ininterruptamente em contato com a própria família de almas. As diferenças residem no fato de que esse contato pode ser percebido cognitiva e fisicamente por algumas pessoas e por outras não. Muitos seres humanos encontram sua maior realização na execução das tarefas de sua família de almas.

Enquanto o grupo maior de irmãos da mesma família de almas está encarnado, os outros existem sem corpo, mas não são menos reais no mundo astral. Eles estabelecem contatos com os irmãos encarnados, que são um aspecto energético de si mesmos. A comunicação acontece na maioria das vezes durante as fases de sono profundo. Contudo, muitas vezes os sonhos e as visões também são mensagens dos irmãos anímicos. As mensagens de ajuda esclarecem e consolam. Além disso, contêm indicações sobre a tarefa comum. Também acontece de irmãos anímicos ou grupos de irmãos anímicos se tornarem perceptíveis como orientadores espirituais.

Vamos dar em primeiro lugar três exemplos de contatos altamente inesperados com a própria família de almas, como raras vezes são observados. Exercícios de meditação, fases mais prolongadas de isolamento, observação de sonhos e certos estados alterados de consciência de grande intensidade possibilitam essas comunicações espontâneas, que não interferem na consciência desperta.

Um outro trecho é dedicado a uma série de mensagens isoladas tiradas de seminários sobre famílias de almas, que apresentam, de forma exemplar, como a composição energética de uma família de almas cunha a própria escolha das tarefas. Entre centenas dessas transmissões mediúnicas nunca houve duas idênticas, e alguns irmãos de alma puderam ser levados a se unir, no curso dos anos, em razão das correspondentes informações. Essas mensagens muito pessoais mostram sempre a mesma estrutura: em primeiro lugar é transmitida a composição da família segundo seus papéis anímicos e seus momentâneos participantes energéticos. Disso se desenvolve conseqüentemente a determinação da contribuição energética dessa família para a pesquisa das leis do mundo físico. Qual é o mais interessante conteúdo de aprendizado para as almas em estado encarnado? O que é necessário?

O derradeiro sentido e objetivo da encarnação é descobrir que conhecimentos e experiências podem ser conquistados através desse estado, desconhecido de "agregação" para o coletivo anímico e, a partir daí, para o Todo. Cada alma individual, equipada com seu papel anímico, com seu padrão anímico (a matriz) e através da ligação com seus irmãos de alma, dá uma contribuição singular, inevitável.

E, naturalmente, por toda a Terra também são possíveis os encontros concretos com os irmãos de almas encarnados, como às vezes acontece inclusive em nossos seminários. Um exemplo conta como duas mulheres totalmente diferentes, uma jurista aposentada e uma jovem psicóloga, se encontraram sob o teto comum de uma missão anímica conjunta de amor. Um outro exemplo mostra que esses encontros nem sempre são fáceis e felizes.

Sabe-se que gêmeos reconhecidamente têm uma história pessoal comum, tanto do ponto de vista material quanto do ponto de vista psíquico. Mas qual o sentido de haver um ou vários duplos no mundo? Ninhadas grandes são comuns entre os animais, mas no caso de seres humanos constituem uma exceção. Sempre se observou que irmãos gêmeos, especialmente os univitelinos (idênticos), mantêm um relacionamento extraordinário um com o outro. A genética e a pesquisa do comportamento chegaram a resultados muito instrutivos e interessantes a esse respeito. No contexto de nossa pesquisa anímica com a "fonte" surgiram duas perguntas. Os gêmeos, trigêmeos, etc., têm almas idênticas? Acaso eles representam um elo de união com as almas coletivas do mundo animal? As almas de gêmeos provêm da mesma família de almas? Para que existem afinal corpos idênticos, e qual o sentido dessa duplicação? Só obtivemos da "fonte" as respostas a essas perguntas quando um par de gêmeos nos procurou.

Outra pergunta freqüente entre aqueles que sentem ter uma ressonância feliz com determinada pessoa, embora essa ressonância seja também perturbadora, é: Essa pessoa é minha alma gêmea? Como posso descobrir isso? Existe um parceiro anímico para mim? O que é uma alma dupla? Sobre esse tema a "fonte" só falou em raras ocasiões, e ela nos pareceu cuidadosa e reticente ao dar as informações correspondentes. Contudo, queremos apresentar algumas mensagens importantes sobre o tema "almas duais" porque, no mínimo, elas mostram que não é adequado ter idéias muito românticas sobre esse tipo de fraternidade anímica de gêmeos. Trata-se de uma realidade anímica que apresenta enormes possibilidades de crescimento, mas também exige das pessoas em questão uma certa disposição ao sacrifício. O contato é de intensidade destrutiva e força as almas gêmeas a valorizarem sua verdade mais íntima.

Para encerrar este capítulo veremos como essa composição específica das sete energias básicas arquetípicas se reflete no cotidiano — através do exemplo do trabalho em equipe em uma grande cozinha!

Quando um ser humano descobre quais as forças que estão a sua disposição por meio de sua família de almas e aprende como fazer melhor sua busca de sentido, não é raro que toda a sua perspectiva de mundo se modifique, e também o sentido de sua existência, no contexto de um todo maior, pode ser mais facilmente compreendido.

Contatos com a família de almas

Pergunta: Há muitos anos tenho visões espontâneas de quadros durante minhas meditações e, depois de alguma hesitação, comecei a pintálas. Elas são muito estranhas e expressivas. Ainda não as mostrei a ninguém. Quero saber da "fonte" o que devo fazer com elas.

Fonte: Você é um mensageiro. Quando lhe dizemos isso, não queremos assustá-lo. Você é um mensageiro, e é sua tarefa receber e transmitir mensagens. Você é uma pessoa que desde a infância mantém um contato especialmente estreito com sua família de almas, com seus irmãos anímicos que, no entanto, não estão fisicamente presentes a seu lado. Você é uma alma muito antiga e não lhe restam muitas vidas a viver. Por isso mesmo — em comparação com o que deixou para trás — não demorará muito até fazer um contato bem mais estreito com os irmãos de alma a fim de crescer cada vez mais e com eles formar uma unidade íntima. E você se declarou disposto a ser um mensageiro nesta vida.

Há pouco tempo você pinta quadros, embora nunca tivesse pego num pincel antes. Os irmãos anímicos inspiram você. Eles lhe enviam visões. Eles lhe dão incumbências. Você se põe à disposição e cumpre essas incumbências, você as faz valer onde devem ser vistas e onde podem ser aceitas. Esse é o motivo pelo qual já se preparou há muito tempo para essas mensagens visionárias por meio de exercícios e experiências, através de meditações e fases de recolhimento. Pois um mensageiro não pode cumprir sua missão sem o devido preparo. Evitamos intencionalmente usar a palavra "médium", pois você não é um médium no sentido habitual do termo, e, no entanto, é um transmissor.

E ao responder sobre sua missão de vida, dizemos o seguinte: ela é o centro da sua vida, para o qual tudo converge. E para dominar suas tarefas você precisa das possibilidades do tempo e do espaço, que lhe permitem realizar suas incumbências. Uma grande parte dos seus irmãos anímicos já encerrou suas encarnações, uma outra parte não está encarnada no momento. Eles descansam entre suas vidas e tecem novos planos. Contudo, eles o acompanham em todos os momentos em que você descansa e se abre para suas transmissões. E os que falam com você são muitos. São muitos os que o alcançam através de impulsos sem forma, através de visões e através da audição interior.

Quando criança você ainda não conseguia digerir o que lhe era dito e transmitido. E de tanto medo, você fez uma tentativa que quase deu certo de fechar seus ouvidos por meio de uma infecção, abençoando o que se relacionava com o terreno. Pois naquela ocasião era uma idéia assustadora entregar parte de sua responsabilidade humana e de sua vontade abrindo-se a forças que eram exteriores a você, dando seguimento às suas indicações. Nós dizemos "dando seguimento às suas indicações" porque não se trata de obedecer. Ninguém lhe ordena que faça alguma coisa, e ninguém o castiga se deixar de fazê-la. Dar seguimento às indicações exige uma disposição, uma abertura, uma despersonalização no sentido de uma dissolução do ego — processos que parecem assustadores a uma pessoa jovem e lhe causam medo.

Naquela ocasião, portanto, você fechou seus ouvidos. Eles infeccionaram, e você quase morreu ou perdeu sua audição em virtude dessas toxinas. Mas durante a doença, quando você estava prestes a abandonar seu corpo, também ficou mais aberto do que de costume às indicações e consolos, às vozes e imagens transmitidas por seus irmãos anímicos. Quando estava acamado, com febre, obteve uma nova clareza e coragem para dominar suas tarefas. Por isso acabou mostrando-se disposto a continuar usando seu corpo, seus genes, que lhe permitem fazer o que sua alma planejou. E você está esplendidamente preparado. Você trouxe muito de vidas passadas, mas também da falta de preparo de sua família, que atormentou você com estruturas preestabelecidas, as quais agora pode criar por si mesmo, a partir de sua profundidade, de sua clareza e de sua pureza.

Pois saiba que os seus irmãos de alma só lhe podem transmitir aquilo que você pode receber! E eles querem lhe mostrar algo totalmente novo, algo que ainda não existe, para que o mostre aos outros. Por isso seria lamentável que se sobrecarregasse com outros deveres, a ponto de não poder mais atender ao chamado deles e a suas visões. Esse é um motivo pelo qual lhe dizemos que deve pensar sobre a profissão à qual quer se dedicar. Pense se lhe sobra bastante tempo e ânimo para executar suas missões espirituais e para pintar.

Esses quadros são de grande importância, e exatamente porque reproduzem diretamente o que lhe é mostrado, são fiéis à verdade. Eles são importantes para as pessoas que precisam ver a concretização de sua transmissão e que não têm a capacidade de recebê-la e de fixá-la como você. Esses quadros têm de ser divulgados. Eles não foram ditados pensando em você. Eles são para aqueles que se comovem com a mensagem que você transmite . Essas pessoas precisam da oportunidade de ver a clareza e a verdade que lhes são transmitidas pelo quadro, pela visão. Não estamos dizendo que você deve pintar para alcançar o sucesso. Pois sabemos que para você o sucesso não importa, o sucesso no sentido mundano, o sucesso sob a forma de fama e riqueza, que atenda a seu desejo de ser respeitado e elogiado. Para nós está tão claro quanto para você, que uma alma antiga tem muito pouco interesse no sucesso exterior. Mas se falamos de sucesso, estamos falando do sucesso de sua missão. Uma missão bem-sucedida é a execução fiel de uma incumbência. E você aceitou uma missão um pouco extraordinária, no entanto, decisiva. Você também poderá cumpri-la em outra vida, se não conseguir nesta pois não foi em vão que se preparou e praticou tanto. Em tempos anteriores você já pintava, o que explica a facilidade com que o faz agora. Você pode lançar mão de conhecimentos e de sabedoria, de experiências e também de lembranças dolorosas que ficaram para trás.

Você verá como é útil e orientador descobrir como afastar suas energias das constantes perguntas: "Isso vale a pena, eu valho a pena? A minha pessoa, os quadros, as visões valem a pena?" usando-as na atividade constante que vise mostrar os quadros às pessoas que se deixem atingir por eles.

Você também pedirá por esses quadros um valor adequado, e verá que as pessoas estarão dispostas a pagar o preço correto. Não espere que o grande público os aprecie ou que sejam multiplicados, aparecendo em calendários ou cartões postais. Não se trata disso.

Os quadros são portadores de energia não só quanto ao conteúdo pintado, porém principalmente porque é você que os pinta. Você impregna o quadro com muito de sua própria força, com suas vibrações sutis. Dedique uma parte considerável de sua força e de seu tempo acatando as indicações que lhe derem. Elas são mais do que valiosas, elas são preciosas. Não espere até ficar velho, não espere tanto tempo, até a sociedade lhe permitir preencher seus dias pintando quadros. A hora é agora. Você se preparou bastante: reconheceu as visões, agiu a partir delas. Não se feche — seria uma pena!

❧❧   ❧❧   ❧❧

Pergunta: Certa noite acordei me sentindo paralisada. Ouvia choros e correrias, isto é, ouvia ruídos extraordinários ao lado de minha cama, no chão. Entrei em pânico porque queria gritar e não podia. Na manhã seguinte, meu marido me disse que eu emitira uma porção de sons em voz alta. Pareceu demorar uma eternidade até que meus membros recuperassem os movimentos. Eu estava tomada por uma clareza especial, tinha uma

Determinação do Sentido pela Família de Almas

sensação corpórea agradável e descontraída. Depois tornei a adormecer. O que significa isso?

Fonte: É compreensível que esse contato a tenha assustado e abalado. Foi um contato extraordinário, porque a pessoa que é procurada durante o sono e o sonho pelas energias que lhe querem transmitir algo e que trabalham com ela, em geral não acorda. Esse contato a assustou. No entanto, queremos dizer-lhe que você teve uma vivência especial, porque poucas pessoas alcançam essas camadas com a consciência desperta. Isso só foi possível porque você trabalhou com muito anseio e grande impressão na abertura dos seus canais de recepção. O fato de poder sentir de forma tão real e concreta a manifestação dos seus irmãos de alma, foi um presente e uma recompensa pelos seus esforços. Queremos lhe dizer que essa não foi a primeira vez em que a energia a procurou e que, agora e no futuro, você poderá viver essa manifestação conscientemente e com mais freqüência do que antes; quanto menos você se assustar com o estado de alheamento e a paralisação conseqüentes, tanto mais nítidas as vivências serão mantidas em sua memória e tanto mais sentirá não só a surpresa mas também a beleza desse contato. Quem procurou você? Nós dizemos que foram seus irmãos anímicos, e justamente aqueles que se encontram num corpo humano como você, partilhando o mesmo tempo, e que por isso têm um acesso às manifestações físicas diferente daquele dos irmãos anímicos do mundo astral que não têm corpo físico. No entanto, também os que estão na Terra são incapazes, como você, de manter contato consciente no plano do dia-a-dia. Todos vocês são muito dinâmicos e tentam colocar o lado animal, o lado vital de sua existência, a serviço de uma missão espiritual, dessa forma sublimando esse lado. O que você ouviu — o ruído, os arranhões e o choro — foi uma lembrança manifesta de que à noite, quando dorme e cessa toda ação diária ou os trabalhos de sua razão, você ainda assim participa desse projeto com toda a sua energia.

Neste ponto queremos lhe dizer que a missão de uma família de almas já é estabelecida e esboçada no início, mas nesse momento se resume a uma série de projetos de trabalho isolados que, ao longo dos séculos, são reformulados, redefinidos, apresentados de forma flexível, adaptando-se às circunstâncias, sem perder o enquadramento da tarefa original.

Queremos descrever-lhe com mais detalhes as tarefas a que você se dedica à noite com suas forças anímicas. Trata-se de refinar sua vitalidade original, sem perder a energia forte que está tanto em você quanto nos outros irmãos anímicos que participam do mesmo trabalho. Qual a necessidade dessa força primordial? Todos vocês participam com suas forças mentais na criação de um tipo de tela elástica energética, apropriada para resgatar as pessoas que caem psiquicamente de grande altura espiritual e de conhecimento, abrigando-as, dando-lhes coragem, tranqüilizando-as, cuidando delas até que se sintam suficientemente fortes para voltar às alturas solitárias. Você compreenderá o que queremos dizer ao se lembrar dos meios de ajuda que os bombeiros colocam à disposição das vítimas de catástrofes quando oferecem, aos que estão em altos prédios, a chance de pularem para a salvação. Assim, vocês se esforçam, cada um a sua maneira, para tecer essa tela cada vez mais firme e primorosa, e uma grande parte da sua energia vital é usada para isso, para oferecer esse socorro em caso de necessidade. Cada um de vocês será usado diversas vezes como instrumento por sua família de almas durante a vida e estará a postos como socorrista de emergência a fim de proteger uma alma depois de episódios de gasto excessivo de energia numa queda para a realidade do cotidiano.

Essa tarefa está associada ao símbolo do cão pastor. O cão pastor é expressão de uma força que protege, defende e fica ao seu lado sem pensar nas próprias necessidades, enquanto for necessária sua ajuda para o dono acidentado. Um cão pastor, uma vez que se apegue ao ser humano, buscará ajuda nem que seja a quilômetros de distância, ou estará disposto a morrer de fome a fim de arranjar alimentos para seu dono. Não estamos dizendo isso no sentido literal do termo. Você nunca terá de passar fome a fim de salvar outra pessoa. Suas energias vitais serão colocadas à disposição de outra pessoa durante alguns dias ou semanas, sem que você mesma tenha de perecer. E nisso você está estreitamente ligada a um grupo de mais de cento e cinqüenta irmãos anímicos. Todos vocês se caracterizam por uma enorme lealdade, uma necessidade de fidelidade e de apoio àqueles que precisam especialmente de sua ajuda no sentido mencionado.

❧❧   ❧❧   ❧❧

Pergunta: Num dia inteiramente normal, fiquei de repente com um medo terrível de entrar na banheira, e pouco tempo depois soube que um político foi encontrado morto na banheira. Existe alguma relação entre os fatos? Isso nunca me aconteceu antes ou depois. Mas não consigo esquecer.

Fonte: A pessoa que foi morta dessa maneira, pertence a sua família de almas. E porque você sempre foi muito ligado a sua família de almas, sentiu intensamente o que aconteceu com seu irmão anímico. Mas é muito importante que você aprenda a não se identificar de modo tão intenso com o que sua sensibilidade e sua forte solidariedade lhe transmitem em forma de visão, para conseguir se desligar. Inconscientemente você está ligada a todos os membros de sua família de almas, não importa se no momento estão encarnados ou não. E você participa de seu destino num âmbito muito profundo, do qual não pode nem deve ter consciência. Mas quando sentir alguma coisa que diga respeito a outro membro da sua família anímica, a um dos seus irmãos ou irmãs, separe o que sente de sua própria pessoa.

Tome conhecimento da sensação. E envie bons pensamentos para a pessoa que se encontra em perigo ou numa hora de necessidade. Sinta a pessoa de sua família de almas e continue seu caminho. Você é parte delas e elas são parte de você. Isso não pode ser mudado. Elas estão ligadas a você da mesma maneira que está ligada a elas. Quando você não está bem, elas também sentem isso, estejam encarnadas ou não. Essa visão foi um daqueles raros momentos em que sentiu de forma bem clara sua ligação com elas. E você captou muito bem que existe aí uma sintonia que não é ocasional. Mas conscientize-se de que você não deve sentir a dor do mundo inteiro em seu corpo. Trata-se apenas daquelas que lhe pertencem estreitamente. E estas não vivem a cada momento algo horrível que deva sobrecarregá-la. Você não recebe de seus irmãos anímicos apenas aquilo que lhes proporciona sofrimento, mas também o que lhes dá alegria. E quando você se sente bem, quando você controla sua energia de forma que ela desenvolva elevadas e primorosas vibrações, você traz um benefício a toda a sua família de almas, pois ela sente o mesmo.

Família de almas e missão pessoal de vida

Segue-se agora uma série de mensagens que os participantes de seminários sobre famílias de almas receberam por ocasião da reunião. Todos os que fizeram as perguntas já haviam pesquisado há alguns meses sua matriz anímica. Por esse motivo eles sabem não só qual seu papel anímico, como também podem distinguir as sete energias anímicas básicas (veja Introdução e Glossário). Aqui queremos apresentar algumas mensagens muito pessoais, para dar ao leitor uma impressão da intensidade e do alcance dessa experiência. Não vamos falar nada sobre as pessoas. Não se trata de casos comuns, mas de camadas anímicas individuais que podem mostrar como o sentido da vida de uma pessoa recebe seu caráter por pertencer a uma determinada família de almas, que não tem similar em todo o cosmos. Todas as famílias que começam e encerram sua viagem de experiência no planeta Terra contribuem com todas as suas encarnações isoladas para ampliar o conhecimento sobre as possibilidades de tudo o que existe. E também aqui fica claro que o amor é o fundamento de todas as coisas. Somente a comunidade anímica e a armazenagem de nossas experiências em nosso mundo voltada para o bem de todos torna nossa ação na vida diária uma experiência que possui valor absoluto.

A composição energética é tão variável e múltipla que nós, para dar ao leitor uma clara impressão, apresentamos cada item da definição da família anímica em questão na forma de uma alegoria numérica. O primeiro número representa a parte maior, o segundo, a energia seguinte e o terceiro e correspondentemente o quarto, aquelas partes energéticas que se dedicam a apoiar o cumprimento da tarefa. Cada uma dessas tarefas das famílias de almas é válida no curso de todas as encarnações; ela pode ser elaborada em todas as épocas da história da cultura, em todos os lugares da Terra e por todo irmão anímico em cada uma de suas vidas isoladas.

O quanto uma pessoa considera sua vida significativa e repleta de sentido depende de quanto tempo e de quanta força ela dedica em geral ou em especial a essa missão, embora nem toda encarnação seja ou deva ser total e inteiramente dedicada a este objetivo. A dedicação interior pode ser completada de forma passiva ou ativa, ser pesquisadora, sofredora ou agente, observadora ou perfeitamente enredada, estar no centro ou à margem do acontecimento. Tanto quanto sabemos, não é possível encerrar uma vida sem essa contribuição para realizar os desejos da própria família de almas. O conhecimento da composição e da determinação de objetivos da própria família anímica serve para a percepção consciente da contribuição individual para o curso da história da humanidade.

Para que se recordem, mais uma vez falaremos das sete energias básicas, que têm significado universal e que aparentemente são eficazes em muitos planos da realidade material e não-material. Para maior esclarecimento colocamos seus correspondentes papéis anímicos e princípios entre parênteses.

Energia 1 (arquétipo: agente de cura; princípio: apoiar)

Energia 2 (arquétipo: artista; princípio: formar)

Energia 3 (arquétipo: guerreiro; princípio: lutar)

Energia 4 (arquétipo: erudito; princípio: aprender/ensinar)

Energia 5 (arquétipo: sábio; princípio: transmitir)

Energia 6 (arquétipo: sacerdote; princípio: consolar)

Energia 7 (arquétipo: rei; princípio: dirigir)

1. FAMÍLIAS DE ALMAS COM MISSÕES DE APOIO

Pergunta: Meu papel anímico é "artista" e trabalho como terapeuta corporal. Qual é a composição de minha família de almas? (*Composição: 1, 2, 3*)

Fonte: As energias de artistas, guerreiros e agentes de cura se juntam na energia da sua família anímica. Os agentes de cura com sua energia predominante fazem com que também os artistas e guerreiros dessa família há milênios se ocupem com a transição entre os âmbitos material e existencial. Portanto, com nascimento e morte, porém mais ainda com gravidez e morte. Como a gravidez humana varia ligeiramente, mas na maioria dos casos dura três quartos de ano, também a morte raras vezes é um processo pontual, em geral leva em consideração o tempo de cada um. Sua família não cuida da pontualidade, mas da formação de passagens fluentes. Outras famílias anímicas, por sua vez, se ocupam dos encerramentos abruptos da gravidez e com o término repentino de vidas curtas ou longas.

No seu caso e no de sua família de almas trata-se de tornar os processos mais lentos, de prorrogá-los, de acompanhá-los cuidadosamente: de curar onde não há nada físico para curar e nos casos em que outros já desistiram; de trazer alegria e ser divertidos onde outros só vêem motivos para luto; e de tornar-se ativos (isso provém dos guerreiros em sua família) onde outros já não podem ou não querem fazer mais. Trata-se, portanto, de acompanhamento aos que vão morrer, mas também de acompanhamento a mulheres grávidas, e é o acompanhamento que queremos enfatizar. O que significa acompanhamento? Significa estar presente, apoiar um pouco, mas não carregar. Ouvir, manter o diálogo, ser prestativo, estar à disposição. Não significa tirar dos outros a possibilidade de partir ou impedi-los de fazê-lo. Quando uma pessoa acompanha outra, é bom andar ao lado dela, estender-lhe a mão ou dar-lhe o braço. Mais do que isso não cabe no conceito acompanhamento.

Você conhece de sobra a própria contribuição para esse tema. O importante é que sinta cada vez mais a força guerreira, a riqueza de iniciativa dos artistas e, principalmente, o silêncio curativo dos agentes de cura de sua família junto de você, de forma que também se sinta acompanhada, em vez de ter de fazer tudo sozinha, em vez de executar tudo por si mesma. E há outra coisa igualmente importante. Para contribuir com esse trabalho você tem de estar descansada, precisa estar concentrada. Como poderá acompanhar outra pessoa se você mesma precisar de acompanhamento? Por isso cultive os períodos em que não é requisitada pelas outras almas e goze das férias, que sua família de almas sempre arranja, para que você se recupere do esforço. Aproveite suas férias! E isso também significa que se leve em conta que outros devem cuidar de você, que outros podem estar presentes de forma mais intensa do que você julgava possível. Tudo isso faz parte de sua contribuição. E você verá que aquilo que parece aos outros muito difícil, uma sobrecarga muito grande, traz leveza, alegria, gratidão e que, como artista, você chegará com mais facilidade a essa leveza.

❧ ❧ ❧

Pergunta: Sou "sábio". Quais as energias em minha família de almas que me dão apoio? (*Composição: 1, 5, 7*)

Fonte: Sua família se compõe de sábios, agentes de cura e reis. Os agentes de cura são em maior número. Sábios e reis ajudam os agentes de cura a reconhecer e a criar a dignidade essencial de cada ser humano na comunicação estabelecida através do contato físico e do contato visual, mas também a defender sua inacessibilidade anímica. Os sábios entre vocês estão impregnados de energia de cura e por isso os sábios silenciosos são repletos de sentimento, são os que ouvem. Eles se comunicam menos pela palavra sonante e muito mais através dos gestos, dos contatos visuais e do toque. Os reis de sua família anímica dão aos sábios e também aos agentes de cura a capacidade interior de perceber e de prestar atenção à dignidade intocável de cada pessoa.

Você mesma descobrirá em sua vida que tem um relacionamento especial com dignidade e falta de dignidade, e é nisso que está sua tarefa pessoal. Pois ninguém que não conheça antes o aviltamento e a indignidade e possa se identificar com eles pode se declarar pela dignidade ou falta dela. Você também passará nesta vida por uma série de situações em que tocará âmbitos limítrofes, em si mesma e nos outros. Você estará em posição de tirar um número limitado de pessoas da indignidade, e de devolvê-las ao estado de aviltamento numa postura de descontração e de orgulho sadio, na autoconsciência de que se extraviou, e elas poderão ser dignas outra vez, independentemente das circunstâncias e dos fatos externos.

Portanto, quando você vir uma pessoa que toque a sua sensibilidade no que se refere à dignidade e à indignidade, não se reprima. Use a sua energia de sábio para estabelecer contato, e quando lhe parecer conveniente, ou talvez inapropriado, diga apenas poucas palavras, envolva essa pessoa determinada com o olhar ou toque-a para que perceba que aparentemente perdeu algo que pertence a ela sempre e por todos os tempos. Restabeleça um estado sadio. Não meça as palavras, não poupe a si mesma nem ao outro, seja corajosa! Não tolere nenhum aviltamento, se ele não for imprescindível para a sensação de dignidade, e não aceite nada que contrarie o próprio sentimento. Preste atenção a seu próprio valor, a sua autoconsciência e a sua dignidade pessoal. Examine sua vida procurando elementos de rebaixamento, auto-impostos ou atribuídos, e modifique isso em primeiro lugar. Pois você já fez bastante pela sua missão de vida e para cumprir os desejos de sua família anímica.

❦❦ ❦❦ ❦❦

Pergunta: Meu papel anímico é "artista". Nesta vida sou um arquiteto. Vejo nisso ligações significativas. Mas talvez haja outras influências. (*Composição: 1, 2, 5*)

Fonte: Sábios, artistas e agentes de cura compõem sua família. Os agentes de cura são em maior número. Os sábios não perfazem mais do que 10%. A comunicação e a formação estão a serviço do conhecimento de que as almas que sofrem limitações desejadas e significativas no planeta Terra devem receber um apoio através da integração dos líquidos que estão à disposição no planeta. Com isso queremos dizer qualquer líquido — do oceano às lágrimas, ou ao leite materno. A alma encarna em um corpo que é constituído de mais de 60% de água, de líquido. Nesse líquido a alma se acostuma a seu aspecto materializado. Por isso o corpo humano está ligado intimamente aos líquidos. Sua família impôs-se a tarefa, desde que se fragmentou do Grande Todo, de estudar o efeito desses líquidos sobre os seres humanos, e assim poder introduzir construções úteis e medidas de apoio.

Nós dizemos que os líquidos mantêm a vida porque unem a alma ao corpo. E por isso sua contribuição pessoal como arquiteto para atender as pretensões de sua família de almas, reconhecível para seus muitos irmãos, está, sempre que constrói um edifício ou planeja uma construção, em prestar especial atenção às condições de umidade e ao isolamento da umidade maléfica, e em que, principalmente nesta existência, desenvolva um conceito de construção que não só limite o fluxo de água através de encanamentos invisíveis, cujas funções têm de ser escondidas, mas pelo fato de incluir água corrente na formação dos aposentos, principalmente dos abertos; a água deve ser incluída não no sentido de uma fonte de água corrente, porém no sentido de uma energia pura fluente. Cortinas de água, instalações de irrigação, que podem ser ligadas enquanto o aposento não está sendo usado pelas pessoas, podem ser instaladas para limpar a atmosfera, tendo um efeito curativo. Não queremos lhe adiantar muita coisa, pois confiamos em sua criatividade para desenvolver esse projeto. Para tanto é importante que você teste em si mesmo a força purificadora da água com maior nitidez ainda. Beber, urinar, chorar, suar e tomar banho — todos esses âmbitos de experiência são um investimento experimental para você, sua originalidade e sua igualmente original contribuição para cumprir os objetivos da sua família anímica.

2. Famílias de almas com missões de formar

Pergunta: Minha essência anímica é "artista". Que energias pertencem a meu potencial através de minha família de almas e como posso usá-las? (*Composição: 2, 1, 6*)

Fonte: Em sua família há artistas, sacerdotes e agentes de cura. Os artistas são em maior número. Sua missão comum lida com a formação de contatos entre os homens. Os artistas se servem das forças inspiradoras dos agentes de cura e dos sacerdotes, e principalmente de suas experiências com os sentimentos, a fim de estimular a arte da cura através do deixar acontecer, da passividade, da audição, do não fazer nada. Esse deixar acontecer, essa passividade, essa captação, essa investigação é uma arte elevada quase caída no esquecimento em sua cultura, mas que você, como membro de sua família e pessoa experiente nessa área, domina em grande medida e pode continuar desenvolvendo. Deixe as coisas seguirem seu curso!

Em geral as pessoas compreendem a ajuda e o apoio como uma modificação efetiva, como uma ação, como um trabalho, e não vêem que limitação pessoal, que eliminação de ego, que capacidade de solidariedade são necessários para dar às outras pessoas o espaço que afirmam querer, independentemente de o fato acontecer para o bem ou não, e colocar esse espaço à disposição, pois ele ainda não ousa preenchê-lo com suas ações, seus sentimentos, suas possibilidades. Como sua própria tarefa de vida, você exercitará essas funções curativas — menos no ambiente profissional, antes na vida particular. Nós chamamos isso de atividade, mas na verdade se trata de uma renúncia à atividade, um nada fazer e ainda assim obter efeitos, uma capacidade de se introduzir à medida que se recolhe, e uma disposição para abrir-se às surpresas. Esse lado agradará bastante a sua essência de artista. Seja como for, você entenderá que a capacidade de superar o medo de perder alguma oportunidade pelo não fazer, pelo não tomar parte, e de tornar-se culpada por isso, representa um esforço e um desempenho. Uma missão de vida correspondente é determinar a medida certa de deixar acontecer. Esse conhecimento tem atividade através da ação e influência objetivada em outros âmbitos como pressupostos. Portanto, nós lhe recomendamos uma total passividade. Por isso em nenhum caso se esforce em ser sempre permissiva ou em agir dessa forma. Limite-se a determinado caso específico. Caso queira tornar essa postura básica o seu ideal, encontrará o oposto, pois o seu eu insistirá no direito de se manifestar.

A sua tarefa consiste, portanto, em agarrar a oportunidade pelos cabelos e ousar experimentos num campo delimitado, que ofereça a você e a uma outra pessoa — sempre uma só por vez — um novo impulso e uma solução criativa para seus problemas.

3. FAMÍLIAS DE ALMAS COM TAREFAS DE LUTAR

Pergunta: Eu gostaria de saber de que energias básicas ou papéis anímicos se compõe minha família de almas. Que influência exerce a composição de minha família de almas sobre a minha missão de vida? Meu papel anímico pessoal é "sábio". (*Composição: 3, 5*)

Fonte: Em sua família há sábios e guerreiros. Os guerreiros perfazem 58%, a porcentagem de sábios é de 42%. Aqueles membros de uma família que correspondem à maioria, determinam sempre, também na vida humana, os fatores necessários à contribuição da família anímica para o desenvolvimento do Todo Maior. Sua família tornou sua a tarefa — e dizemos intencionalmente "Ela tornou sua a tarefa", ela não recebeu essa tarefa! — de fazer-se ativa no plano das idéias, pensamentos, imaginações e ações no âmbito da comunicação de guerra.

Todos vocês se ocupam de forma diferente e variável com a arte do duelo. Estamos nos referindo a um duelo que pode ser executado com todo tipo de armas: com armas de brinquedo, com armas mortais, com a arma da palavra, com a arma da confrontação, com a arma da verdade e com a arma da mentira. Não existe nada entre dois seres humanos que não possa levar a um duelo, e cabe a vocês, que são irmãos anímicos, colocarem duas pessoas em contato. Não queremos dizer que se trate sempre de hostilidade, embora não consideremos as hostilidades tão negativas como em geral vocês o fazem. Para nós elas são confrontos de opostos, que em certas circunstâncias podem terminar até com a morte de um dos participantes ou de ambos, uma possibilidade de fazer experiências importantes e de liberar energias que têm de ser liberadas. Vocês podem partir basicamente do fato de que sempre se tratará de uma equiparação de energias. Nada se perde, e tudo retorna. Isso significa que quem tira a vida de alguém, será aquele que lhe dará essa vida de volta. Quem presenteou alguém com a vida, em algum momento também a tirará.

Na sua família, trata-se de possibilidades de contatos íntimos, da possibilidade de proximidade, que só pode permitir um confronto de forças no sentido de uma oposição. Nesse âmbito você já tem bastante experiência e, no futuro, como membro de sua família anímica, trata-se de aprimorar cada vez mais os métodos de duelo, assim como você passou de armas afiadas para um florete sem corte, do florete sem corte para uma luta com palavras, da luta com palavras para a luta através de pensamentos, dos pensamentos para uma luta através de energias. Por isso você não só se confrontará calorosamente com outras pessoas nesta vida, mas também lutará com imagens de pensamento, com idéias, programas e imaginação interior. Trata-se da presteza em transformar essas energias, de descobrir o que torna as pessoas amigas ou inimigas.

Nisso consiste sua tarefa pessoal, e você pode dar uma contribuição importante para os objetivos de contato de sua família anímica se fortalecer seu gosto pessoal pela luta, sem o medo de que pelo fortalecimento de uma energia guerreira perca algo importante ou essencial, ou seja, a sua sabedoria. Quem luta honestamente, fica agradavelmente cansado, e encontra a paz. Mereceu a harmonia associada à paz e poderá entregar-se a ela sem peso na consciência.

❧❧ ❧❧ ❧❧

Pergunta: Tenho uma alma de "sacerdote", mas também sinto uma boa dose de força de luta dentro de mim. Acaso há "guerreiros" na minha família anímica? (*Composição: 3, 6, 1, 5*)

Fonte: Em sua família há, além de sacerdotes e guerreiros, também sábios e agentes de cura, e estão representadas quatro energias. A força guerreira que você sente provém de seus irmãos anímicos que representam a essência do guerreiro, pois eles são em maior número. Sacerdotes, agentes de cura e sábios têm, juntamente com os guerreiros, a tarefa de lutar pelo progresso no âmbito do ensinamento da nutrição. Os sacerdotes presentes entre vocês sabem (e você sabe também) que nutrição e crença, nutrição e ideologia, nutrição e convicção estão intimamente associadas.

Muitas vezes se aceita que uma pessoa é determinada por aquilo que ingere. Mas nós afirmamos: acontece exatamente o contrário. A pessoa determina o que come e, por sua vez, aquilo que ela come determina o seu modo de agir e de pensar. Trata-se de um efeito recíproco. Os guerreiros entre vocês lutam por desobrigar a alimentação de ideologias e de crenças, pois a alimentação é um fator cultural, bem como absolutamente individual. A alimentação depende das condições existenciais que uma alma encontra no

Determinação do Sentido pela Família de Almas

planeta, e, no entanto, é a alma que encarna aqui ou ali — numa paisagem fértil, em época de fartura, ou numa paisagem estéril em época de carência. Sua família, composta de guerreiros, sacerdotes, agentes de cura e sábios, é, por isso, composta de quatro papéis anímicos, porque é necessária muita energia para mitigar a necessidade básica de um corpo biológico por alimentação. E você deve saber que um doente precisa de outros alimentos, diferentemente de uma pessoa sadia; uma pessoa idosa, de outra nutrição que não a de uma pessoa jovem; um homem, de uma alimentação diferente daquela da mulher. Não tem sentido espiritual estabelecer algo fixo. Em sua família vocês estão ocupados em derrubar tabus, em levar prescrições religiosas supérfluas *ad absurdum*. Vocês querem descobrir a verdadeira ajuda, que hoje está nesta, amanhã em outra substância nutritiva. Todos os membros de sua família querem aprender a lidar de modo flexível com a nutrição e descobrir o que a falta e o excesso de alimentos provocam. E trata-se sempre de descobrir e de destruir as limitações devidas ao seguimento às cegas de prescrições e proibições.

Você mesmo, na vida atual, já entrou em contato com uma série de ideologias da alimentação, mas também com a força de prescrições auto-impostas. Você preparou para si mesmo uma vez isto e outra vez aquilo, fez experiências acreditando que determinada dieta seria sempre eficaz e não só naquele momento. Você gostaria de usar ou deixar de usar algum alimento para sempre. Sua tarefa pessoal de pesquisa está em testar em si mesmo e nos outros o que essa decisão de tentar uma prescrição de regime interior ou exterior traz consigo. E você assumiu o dever interior de testar todas as manhãs e todas as noites o que sua idéia de uma alimentação sadia dita para você mesmo: de que o seu corpo ou o seu espírito de fato têm apetite e o que lhes causa prazer. Grande parte de sua alegria de viver está associada ao fato de não consumir nada que o repugne mesmo que seja de modo sutil. E essa tarefa, no momento em que a aceitar, constituirá parte importante de sua sensibilidade e de sua espiritualidade, pois o integrará totalmente no aqui e agora. Para um sacerdote, como você, a vivência do momento, da dimensão do ser puro, é de grande significado.

❦ ❦ ❦

Pergunta: Como "sábio" quero ter mais contato com meus irmãos anímicos. Quem são eles? (*Composição: 3, 1, 5*)

Fonte: Sábios, agentes de cura e guerreiros formam o conjunto de energia de sua família de almas. Os guerreiros dão o tom, mas os agentes de cura são quase tão fortemente representados. Como sábio você está, portanto, em minoria, mas se aproveita da vitalidade dos guerreiros e da disposição de ajudar dos agentes de cura.

As pretensões de sua família de almas se concentram na forma dinâmica especialmente convincente e esclarecedora da expressão falada, quando serve à verdade, uma verdade que tem de ser dolorosa a fim de ter um efeito curativo, assim como um remédio amargo, que cheira mal. Esse remédio não deve ser embelezado nem adoçado se for para desenvolver toda a sua força curativa. Sua família, portanto, para explicar melhor, está ocupada em dizer o que é necessário, em comunicar com clareza guerreira e lealdade inabalável temperada com uma dose de sabedoria e uma disposição amorosa de ajudar o outro em sua dor, uma verdade que talvez o magoe, mas que no final o torna mais sadio do que era antes. Tudo o que sua família faz pode ser descrito com a expressão "falar sem papas na língua". E se vocês seguirem essa indicação, isso também está associado ao fato de se tornarem cada vez mais indiferentes, conforme forem envelhecendo como almas, ao efeito que vocês têm sobre o meio ambiente no momento. O efeito duradouro é o que os ocupa, não o efeito a curto prazo.

Nesse contexto você tem a tarefa pessoal de dizer coisas desagradáveis às outras pessoas, mas de forma que elas as possam aceitar; de feri-las superficialmente com a sabedoria do coração, como se fosse uma vacina. Você dirá a palavra certa, a sentença correta e a energia adequada para criar uma breve doença de confusão e desespero, para que possam recuperar-se de um estado antes crônico de que não tinham consciência. Assim você se parece com um médico de guerra, e quando se compreender como tal, também entenderá que um médico de guerra não pode tocar todos os pacientes que lhe são enviados com luvas de veludo. Ele faz o que é necessário para curar em determinadas circunstâncias. Essa é a sua diretriz, apegue-se a ela e não tema que se volte contra você, pois isso nunca ocorrerá se você unir o coração e a sabedoria à vacina.

4. Famílias de almas com tarefas de pesquisa

Pergunta: Tenho alma de "agente de cura". Há muito tempo procuro pelo sentido de minha vida e, quando imagino tê-lo encontrado, ele desaparece outra vez. Por favor, me expliquem de que energias minha família anímica dispõe, para que eu possa usá-las melhor. (*Composição: 4, 6, 1*)

Fonte: Em sua família há agentes de cura, sacerdotes e eruditos. Os eruditos são em maior número. Por isso eles cunham a tarefa da família, que consiste em reunir e avaliar a sabedoria através dos efeitos de um constante contato entre pessoas e determinados animais, que elas consideram seus amigos. Trata-se em primeiro lugar de — e esta é uma pretensão do sacerdote — descobrir como um animal pode ser uma ajuda, bem como um consolo para o ser humano. Os eruditos querem descobrir como uma pessoa, que não consegue se comunicar com as outras em virtude de determinados medos, mágoas e necessidades, ainda assim encontra no relacionamento com um animal uma oportunidade de abrir seu coração ao amor. Nisso os ajudam os sacerdotes e agentes de cura de sua família.

Nós lhe damos alguns exemplos. Um cego de nascença não pode ver outras pessoas. E muitas pessoas não gostam de vê-lo nem querem vê-lo e evitam ao máximo o contato possível com ele. Mas ele fez amizade com seu cão, que o serve, na medida em que o conduz, e que lhe serve também de consolo, que lhe dá calor físico, lealdade incondicional e uma proximidade em que é possível confiar, à qual muitas vezes um cego tem de renunciar. Ou pense numa pessoa mais idosa, solitária, que sente um pouco do brilho do sol em seu coração através do canto diário de seu canário. A pequena ave traz certa realização a sua vida, porque além de lhe fazer companhia, precisa ser alimentada e limpa diariamente, o que faz essa pessoa sentir-se útil.

Assim sua família sempre estará ocupada de uma ou de outra maneira, em analisar como um animal e uma pessoa podem estar num relacionamento de utilidade, e não só de mero consolo, mas de ambos. E se você contribuir para essa pesquisa, reunindo observações em seu ambiente pessoal ou fora dele, através da leitura de filmes ou do contato com pessoas que mantêm um relacionamento desses com um animal, por exemplo, você terá feito tudo o que é necessário para servir aos objetivos de sua família. Você serve ao Todo como agente de cura, você usa determinada energia e ativa assim seus irmãos anímicos. Você pode, antes de mais nada, observar com que freqüência acontece uma transposição de forças de um animal para uma pessoa, no sentido de uma cura emocional, sem que o animal tenha consciência dessa tarefa, da forma como um ser humano pode ser consciente disso. Isso lhe trará inspiração e interesse.

❦❦ ❦❦ ❦❦

Pergunta: Como "agente de cura" eu gostaria de saber como apoiar minha família anímica. (*Composição: 4, 1, 6*)

Fonte: Agentes de cura, sacerdotes e eruditos formam a estrutura energética de sua família de almas. E dessa estrutura energética deriva a pretensão de sua família. O ponto de gravidade está com os eruditos, no entanto os agentes de cura e os sacerdotes juntos formam uma força inspiradora, que é percentualmente superior à dos eruditos. E por isso os desejos de sua família se alternam entre os âmbitos da abertura aos semelhantes e da manutenção da necessária distância deles.

Os eruditos querem, juntamente com os agentes de cura e os sacerdotes, descobrir quão próximas as pessoas podem chegar e devem chegar sem perder de vista as próprias necessidades, desejos, pretensões, sempre que surge proximidade entre duas pessoas e dependendo da faixa de alcance dessa proximidade, sem que haja fusão indesejável ou um indesejável esfriamento e distância.

Esse é um projeto de pesquisa que se define pelo fato de todos os participantes, todos os irmãos anímicos dessa família de almas, se entregarem em cada vida ao conjunto de um ou mais relacionamentos, a fim de testar essa faixa de alcance e reportar o pesquisado à família de almas. Isso também significa que cada um desses irmãos de alma sempre ultrapassará os limites ideais para um ou para outro lado, tendo de suportar o sofrimento correspondente.

A sua família, portanto, caracteriza-se, em comparação com outras, por uma elevada disposição para o sofrimento nos relacionamentos. E essa disposição para o sofrimento consiste na perda transitória dos limites do eu e das estruturas pessoais com o conseqüente esforço de recuperá-los e descobrir uma nova dimensão do eu que possa encontrar o outro sem se perder novamente. Sua contribuição pessoal para esse grande projeto de pesquisa já deve estar clara para você, pois em quase todos os dias de sua vida você se ocupa com pensamentos, palavras e atos que sirvam para manter a distância correta em relação àqueles a quem você ama e que o amam também. Nessa área você já conheceu muita coisa. Já agiu de modo adequado, muitas vezes foi além e muitas vezes foi de menos. Se puder lidar com o fato de que as oscilações têm sua razão de ser, que você só pode pesquisar algo se também se permitir cometer erros, estará no caminho certo e dará a desejada e ansiada contribuição para a realização da tarefa de sua família de almas.

❧ ❧ ❧

Pergunta: Sou um "erudito". Com que se ocupa a minha família de almas? Qual é o seu âmbito de pesquisa ao longo do tempo e do espaço? (*Composição: 4, 2, 3*)

Fonte: Em sua família há eruditos, artistas e guerreiros. Os eruditos e artistas aparecem em partes iguais, 42%; os restantes são guerreiros. Sua família trata de colecionar idéias, de forma original, inédita, para que sempre fique em aberto um restabelecimento espontâneo, para que sempre possa ser encontrado um caminho, a fim de preservar ou reavivar tradições que estejam num inter-relacionamento de fortalecimento físico, de saúde mental e de desempenho cultural.

Para tornar compreensível a você o que se quer dizer com isso, nós o lembramos de que, por exemplo, no final do século III, segundo sua contagem do tempo, o império romano viu sua força diminuída por causa da preguiça, da negligência do fortalecimento físico, por causa dos desvios e abusos de natureza sexual, bem como do consumo desmedido de álcool; e as realizações culturais conquistadas no âmbito da administração, da estrutura e da organização não puderam mais ser mantidas.

O desempenho mental de cada pessoa é determinado por uma medida mínima de bem-estar e depende da clareza mental; essa clareza mental será fundamentalmente tornada nebulosa pela sonolência, por processos digestivos interrompidos e pelo excesso de bebidas alcoólicas e afrodisíacos, que retiram a energia do cérebro e a entregam a âmbitos que não podem organizar nem prever, coisa que só é possível ao espírito. Trata-se também de vigiar o âmbito parcial nessa correlação a cada vida, um pequeno âmbito e isso bastará. E para isso, você, como é próprio de um erudito com tendência artística, sempre terá de entrar em contato com substâncias que primeiro enevoarão os seus pensamentos, mas que, desaparecidos tais efeitos, irão proporcionar-lhe uma nova clareza.

Por isso não se mantenha distante demais dos excessos, mas também não se aproxime demasiado de uma ou de outra substância. Faça, quando tiver vontade (pois só então a experiência terá sucesso), no curso de sua vida, algumas tentativas de sentir certos estados em si mesmo, com movimentação excessiva por um lado e falta de movimentação por outro, por grande ingestão de alimentos ou por jejum absoluto, por consumo exagerado de álcool e por completa abstinência, estados que estimulam uma capacidade mental de planejamento e também um desempenho cultural, que tragam algo totalmente novo no campo da exibição, do planejamento e da organização.

Estamos nos referindo também a um âmbito ao qual você ainda não tem acesso, ao âmbito da previsão inspirada no sentido de uma clarividência que se estenda ao planejamento de inter-relacionamentos maiores. Com o correr do tempo você descobrirá que, por exemplo, uma determinada medida de tempo dedicada a intensa movimentação, uma quantidade mínima de álcool e um pouco de preguiça, bem como uma coragem clara formarão a mistura mais promissora de sucesso. Essa mistura especial que lhe corresponde, você só poderá estabelecer quando conhecer também os outros estados, o da abstinência e o da embriaguez.

. No decorrer de sua vida, você cederá a uma ou outra vontade e não é necessário nada mais do que avaliar conscientemente os estados decorrentes, tirando deles suas conclusões. O que acontece de fato quando você está consciente, dopado, semiconsciente, sonolento ou inteiramente acordado? Seja qual for o seu objetivo, acrescentará dados importantes com suas experiências à pesquisa de sua família de almas.

❦ ❦ ❦

Pergunta: Não só sou uma docente numa universidade, mas também tenho alma apaixonada de "erudito". Que outros papéis anímicos estão representados em minha família anímica? O que ela quer realizar na Terra? (*Composição: 4, 5*)

Fonte: Sua família é composta de energias de eruditos e sábios. E como nós, a quem vocês chamam de "fonte", somos sábios e eruditos, queremos explicar sua família à medida que falamos sobre nossas próprias funções.

Sua família, tal como a nossa, se ocupa de estruturas, teoremas, organizações e de temas de disposição clara. Mas isso não basta. Pois quando as estruturas não podem ser transmitidas, os teoremas não podem ser solucionados, as organizações não podem ser concretizadas, isto é, quando o receptor dessas informações, seja ele quem for, não puder ser alcançado a fim de aceitar e traduzir, disseminar e transmitir o que os eruditos desejam, o trabalho deles será em vão. Eruditos não conseguem se extèriorizar sem a ajuda dos outros. Eles retêm todo o conhecimento e existe o perigo dele perecer com eles. Mas como vocês descobriram, ninguém está realmente só. E por isso os eruditos em sua família e na nossa receberam a companhia dos sábios para que o que seja experimentado e vigiado, para que o que ainda está em estado latente, seja transmitido ativamente.

Como erudito, você traz muita energia de sábio em si. E essa energia torna você esperta, viva e temperamental, faz com que participe. E no que se refere ao trabalho de sua família, trata-se de analisar formas e estruturas em decursos de vida, reconhecer a ordem nelas e estudá-las, formando uma teoria viva com essa análise, uma teoria de onde podem derivar conhecimentos e certezas que devem ser mantidos diante dos olhos das outras pessoas como exemplos de vida. É importante que algo comum possa ser deduzido dos cursos de vida e das histórias individuais, o que por sua vez possa tornar-se uma ajuda para os que ainda estão vivendo. Queremos lhe dar exemplos claramente compreensíveis para que use neste trabalho de sua família de forma ainda melhor do que o vem fazendo até agora. Quando for a uma livraria, e o seu olhar cair sobre uma biografia, será certamente interessante para você ocupar-se rapidamente com a vida de qualquer pessoa que morreu há pouco ou há muito tempo. Se você descascar as estruturas internas dessa biografia de forma que possa observar a regularidade comum dessa vida individual, que não vale apenas para esse indivíduo, mas pode ser transmitida para todos, isso terá sido positivo. A leitura não só será estimulante e um entretenimento, mas também instrutiva, dando-lhe conhecimentos ou intuição que poderá usar com grande lucro para si mesma e para os outros.

Desse ponto de vista, os desejos de sua família de almas e os seus, bem pessoais, não devem ser separados. Se quiser fazer algo a partir disso, peça que lhe contem histórias. A história da vida das pessoas que nunca escreverão uma biografia, que também nunca darão permissão para outros autores escreverem ou comporem a história de sua vida, é especialmente interessante para você. E com sua capacidade de obter uma visão geral, de reconhecer estruturas e leis, você poderá ajudar a muitos a entender a própria história confusa e a elaborá-la. Esta é, em sentido estrito, sua missão de vida. No entanto, é importante que acima de tudo você não se esqueça do prazer, pois enquanto ouve, também deve rir. E, quando lhe for contada uma história triste e trágica e você não deixar de ver o lado claro, os raios de luz no horizonte, estará fazendo bastante por si mesma e por sua família de almas.

Caso queira, pode começar com sua própria vida. Como erudito deve estar claro que pode observar de uma ou de outra maneira, e seria uma grande vantagem se tentasse organizar sua própria observação da vida. Tente fazer o seguinte: escreva sua história uma vez de forma o mais negra, sombria e opressiva possível, e depois conte a mesma história de uma perspectiva mais clara, diferente. Assim você reconhecerá que tem a capacidade de modificar seu estado de ânimo de uma e de outra maneira, e será capaz de sorrir tanto ao ler a história sombria quanto ao ler a história cor-de-rosa. Talvez a verdade esteja no meio-termo. Mas o que está por trás você o reconhecerá quando fizer esse interessante exercício no futuro, quando, por exemplo, uma gripe a prender na cama, ou quando em plenas férias chover o tempo todo; não queremos lhe adiantar nada agora, pois não desejamos tirar-lhe o gosto da descoberta.

5. Famílias de almas com missão de comunicar

Pergunta: Agora também fiquei curiosa e desejo descobrir alguma coisa sobre minha família anímica. Que potencial ainda está adormecido em meu interior? Sou um "sábio". (*Composição: 5, 7, 3*)

Fonte: Em sua família, além de um grande grupo de sábios ainda há 11% de reis e 6% de guerreiros. Os sábios determinam a missão da família; reis e guerreiros apóiam, com sua disposição de ação, as necessidades expressivas e as funções de transmissão da comunidade anímica. A tarefa de sua família gira interminavelmente ao redor da temática de ouvir e ser ouvido, de se fazer ouvir, de ser ouvinte, mas também de ser surdo. Tudo o que estiver relacionado física, simbólica ou alegoricamente com a capacidade ou impossibilidade de ouvir, faz parte de seu campo terreno de pesquisa. No mundo astral nos comunicamos de outra maneira. Na Terra as almas têm ouvidos. Vocês todos estão sempre ocupados em aguçar seus sentidos; em idade anímica avançada, também em ouvir o inaudível, em não descansar enquanto não tiverem encontrado ressonância e, às vezes, estão ocupados também em gritar a fim de superar outros ruídos. Reis e guerreiros dão sua grande força no desejo de obrigar os completamente surdos a uma reação. E quando não há outra alternativa, eles lançam pequenos dardos de energia nas costas, para que se voltem, ou batem em sua cabeça com um livro, para que acordem. Pois quem dorme às vezes ouve melhor muitas coisas, outras, porém, não ouvirá tão bem.

(*Varda ri no transe: "São os sábios da 'fonte' que fazem essas piadas!"*)

Os reis batem com o cetro no chão, até todos fazerem silêncio, e quando ficam com raiva por sua incapacidade de realizar a própria vontade, eles também estão dispostos a arrancar a coroa da cabeça e arremessá-la pelo aposento. Todos os meios e métodos, todos os procedimentos são corretos para eles. Naturalmente, os muitos, muitos sábios na família a qual você pertence usam métodos mais sutis. Deles faz parte a hospitalidade, deles faz parte a piada, para a qual todos aguçam os ouvidos, ou também a famosa capacidade de ficar num silêncio repleto de palavras, que estimula os ouvintes a ouvir de outro modo, abrindo os ouvidos e entendendo as mensagens que não podem ser transmitidas verbalmente. Não se esqueça também dos gestos e da mímica, dos pigarros e das batidas de porta. Todas essas possibilidades estão a sua disposição como sábio que é. Você pode escolher o que dizer. Pois nenhum sábio (e assim chegamos a sua tarefa pessoal) pode planejar com a consciência tranqüila o que desejará dizer amanhã ou depois de amanhã, no próximo ano ou daqui a dez anos, se quiser viver de acordo com sua essência.

Como sábia, você precisa expressar o que surge no momento. Comunicações diretas significam tudo para você. Não pretenda fazer mais do que é necessário, e mantenha-se aberta para todo tipo de informação espontânea. Ouça tudo o que desejar. Transmita sem censuras tudo o que lhe ocorrer, pois você não sabe antes quantas dessas pérolas de comunicação são de vidro e quantas provêm de ostras das profundezas do mar.

Se quisermos, portanto, reduzir sua tarefa a uma fórmula, nós a denominaremos de "demolição de toda censura interior", pois a audição das vozes interiores e a captação de impulsos espontâneos só pode se completar quando a voz do medo se torna tão fraca que mal pode ser ouvida. Fique surda à voz do medo. Aguce os ouvidos para todas as outras comunicações, e quando as vozes do seu medo se tornarem mais altas, a fim de serem ouvidas, preste atenção e manifeste-as à medida que as identifica como aquilo que são. Fale sobre elas. Não seja tão boa a ponto de transmitir sem censura tudo o que aparecer em seu interior, sempre que se encontrar entre amigos. Não preste atenção ao seu valor; sua dignidade está em sua despreocupação. Você a tem, seja como for, através de sua existência individual, mas também pela presença de reis em sua família. Mas seja sábia e estabeleça a intensidade do som de acordo com a capacidade de audição de seus ouvintes. Se você sussurrar para surdos, eles não poderão ouvi-la. Se gritar com pessoas ultra-sensíveis, elas manterão os ouvidos fechados. Seja flexível e pratique a arte da transmissão.

❦❦   ❦❦   ❦❦

Pergunta: Também sou uma "sábia". E eu aposto que na minha família anímica também há reis! (*Composição: 5, 3, 7*)

Fonte: Você tem razão. Sábios, reis e guerreiros compõem a sua família de almas. Os guerreiros acentuam juntamente com os reis o lado ativo, embora os sábios sejam em maior número. Os sábios completam 45%, os guerreiros 34% e os restantes são reis. Assim, apesar de tudo, os sábios são maioria, e estão sempre em ação e movimento. Eles aproveitam a energia e a vitalidade dos guerreiros, aceitam a orientação dos reis nesta família e aprendem com eles a usar sua força comunicativa no sentido de servir de exemplo.

A pretensão desta família consiste em unir aos fenômenos do bem-estar e da paz, da fartura e da dignidade assegurada, da influência e da força impulsiva de uma dimensão pessoal, a capacidade de conhecer e de ironizar a si mesmo, a disposição de questionar as motivações e os efeitos. Os sábios de sua família são, portanto, o motor para um questionamento de tudo o que parece tão necessário, mas talvez nem seja — ou talvez seja mesmo! Poder-se-ia dizer que os sábios assumiram a tarefa de, juntamente com os reis e guerreiros, questionar o que ninguém questiona, duvidar do que ninguém duvida. Essa família quer plantar antes de tudo essa dúvida, essa dúvida pungente no coração das pessoas. Pois dúvida significa diálogo consigo mesmo. E nisso os sábios da sua família, apoiados pelas energias reais e guerreiras, são verdadeiros mestres.

Você começou há muito tempo a fazer perguntas e a expressar dúvidas construtivas sobre o que lhe parece necessário e importante. Para você, então, é de significado decisivo não cair numa espécie de cinismo destrutivo por causa de todas essas dúvidas que são boas e curativas para você. Nisso consiste sua tarefa pessoal. Quando falamos de cinismo destrutivo, estamos nos referindo a tudo o que torna as coisas más, a tudo o que as torna indignas, a tudo o que desperta dúvidas. E para você trata-se de manter os semelhantes amorosamente sob suas vistas em seus esforços por obter a felicidade. Só quando você não se ocultar, nem mesmo atrás de formas mais leves de cinismo, poderá ver o coração dos outros, e reconhecer o desamparo tocante com o qual eles buscam.

A questão sobre o cinismo ser ou não o melhor caminho para retirar a couraça do coração dessas pessoas é instigada pelos guerreiros, pois eles gostam de bater, e em sua família há muitos deles. Mas você reconhecerá os modos comprovados de comunicação, vendo que apenas um pequeno comentário cínico pode causar uma mágoa, que fará o seu interlocutor se fechar em vez de se abrir; você saberá que haverá um diálogo entre uma pessoa e seu próprio eu, à medida que você instilar uma dúvida construtiva no ânimo dessa pessoa. Trata-se de uma missão bem concreta e, no entanto, abstrata. Você compreenderá que a forma da sua transmissão é de significado decisivo. Aqui estamos nos referindo a um caminhar consciente pelo arame estendido entre o comentário que abre e o que fecha o ouvinte.

❈❈ ❈❈ ❈❈

Pergunta: Qual é a pretensão da minha família de almas? Como "sábio", eu gostaria de falar com meus irmãos anímicos. (*Composição: 5, 7, 2*)

Fonte: Em sua família, além de sábios, há ainda reis e alguns artistas. Os sábios determinam a missão da família. Ela lida com a transmissão do tesouro de idéias em geral, especialmente com os conhecimentos intuitivos que as pessoas transmitem em sentenças, ditados, reflexões, aforismos, centelhas de pensamentos e outras formas cunhadas que, entretanto, não têm grande alcance. A ocupação com essas unidades de pensamento, nas quais uma idéia é pensada até o fim de uma forma que não provoque fadiga mas relaxe, e através do conhecimento que objetiva uma modificação, é congênita nos sábios. Ela corresponde a sua capacidade de síntese, à disposição de se comunicar através do humor provocando um sorriso.

Os reis e artistas na sua família contribuem para o efeito de sua tarefa pelo fato de esses conhecimentos e formas de pensamento lapidadas surgirem com a rapidez de um raio no cérebro dos implicados, ocorrendo-lhes ou sendo lembrados por eles. Os reis estão em situação de assumir responsabilidade pelo fato de esses conhecimentos preciosos, esses aforismos e sentenças, esses ditados, alcançarem uma grande publicidade. Eles cuidam para que sejam duradouramente guardados, entalhados na pedra, impressos ou distribuídos em folhetos nos aviões. Através dessa divulgação muita coisa é posta em ação nos indivíduos pois um novo conhecimento, embalado de forma agradável e facilmente digerível, é um motor que corresponde à energia do rei. Não fosse assim, isso tudo estagnaria.

Os sábios, entre vocês, mostram, portanto, uma disposição para articular esses conhecimentos, divulgando-os e expressando-os. Você também pertence a eles, e a tarefa que lhe cabe consiste não só em formular os próprios conhecimentos em palavras e colecionar os pensamentos não divulgados de outras pessoas, mas também de transmiti-los de maneira que seu conteúdo não seja diluído por outras idéias, menos significativas. Se você imaginar que uma dessas sentenças, um desses pensamentos decisivos e modificados pode ter um efeito semelhante ao de um copo pequeno de forte vinho sobre uma pessoa, pode estar certo de que o álcool refinado e a pequena quantidade causarão um efeito bem diferente do que uma garrafa de cerveja. Pois você tem de entender que não deve diluir um vinho do porto especial com um pouco de água, a fim de diminuir seu efeito alcoólico, acreditando que essa bebida se torne, assim, mais benéfica a seu organismo.

Queremos descrever a sua tarefa mais uma vez em palavras claras, talvez um pouco secas, sem querer diluir nossa própria imagem. Se você sentir que lhe surge um conhecimento na forma de um ditado, cale-se a princípio, para poder, depois, expressá-lo de forma mais impressionante! Não tente, como fazemos agora, esclarecê-lo de um fôlego. Deixe ficar! Assim conhecimentos valiosos recebem uma forma valiosa, e a jóia formada pelo todo, pela pedra preciosa e pelo engaste feito de paz e concentração, será mais admirada ainda, e recebida com mais gratidão. Pois o que você tem para dar são presentes valiosos. Não é correto embrulhá-los em papel de pão.

6. *Famílias de almas com missão consoladora*

Pergunta: Como "sábio", como posso apoiar as pretensões de minha família de almas? Trabalho no setor psicoterapêutico. (*Composição: 6, 2, 5*)

Fonte: Em sua família há sábios, sacerdotes e artistas. Os sacerdotes são em maior número; os sábios, em menor. Sacerdotes, sábios e artistas resolveram, juntos, fazer uma modificação importante e uma inovação no âmbito do medo como um fenômeno mental e psíquico e a manifestação desse medo no âmbito material e corpóreo. Trata-se especialmente do medo pela expectativa do castigo e do medo causado pelo castigo já experimentado. E este projeto tem longo alcance, porque diz respeito aos muitos medos que se compõem de castigos imaginários, de castigos fantasiados ou lembrados, como também de diversos métodos de castigar e dos efeitos que têm sobre o corpo humano.

Vamos dar-lhe um exemplo: quando uma pessoa tem a mão amputada como castigo por um roubo, isso tem um efeito significativo sobre seu corpo, sobre sua estática, sobre todo o seu comportamento e também sobre o modo como ela continuará estabelecendo contato com o mundo. Quando uma pessoa tem medo da falta de amor, isso também se manifestará visivelmente em seu corpo. Quando alguém usa um instrumento, seja físico ou psíquico, a fim de causar medo a outra pessoa e de ameaçá-la com um castigo — por exemplo, um bastão que fica pendurado na parede a fim de ser usado para castigar as crianças, ou um pelourinho em praça pública —, isso também tem efeito sobre a psique de um indivíduo e ainda um efeito coletivo e corporal, que se torna visível pela postura, tensão, movimento dos olhos, expressão fisionômica, modo de andar, etc. Sua família sempre esteve ocupada com a dissolução de medos que uma vez se formaram e se fixaram, fazendo fluir novamente o que havia estagnado.

Sua tarefa pessoal se associa diretamente à da sua família anímica. Trata-se em primeiro lugar de uma metódica versátil de dissolução do medo, e você poderá agir com seu papel anímico de sábio de várias maneiras, objetiva ou inconscientemente. As possibilidades de contato que você pode oferecer, a disposição de se comunicar não só através da fala mas também com todo o seu corpo, dissolve em pessoas medrosas algo de sua tensão; e se você ainda ajudar um pouco mais com uma técnica ou uma palavra intencionalmente colocada, tanto melhor.

Isso é bom, mas não é necessário. Muito mais importante é que você pense nos inter-relacionamentos entre medo e castigo também com relação à evolução histórica pela qual uma pessoa passou — não só nesta vida, mas em sua cultura, em seu coletivo, com relação a lembranças de vidas passadas ou também à lembrança coletiva de sua nação ou de seu povo. A postura corporal falha de uma pessoa expressa muito, muito mais do que um trauma de infância ou uma torcedura ortopédica. Ela tem motivos mais profundos, mais amplos e significativos. Quando com todos os métodos e instrumentos que você usa, você deixa não só sua fantasia associativa brincar, mas também as fantasias das pessoas que buscam sua ajuda, e reflete sobre o caso a fim de desenvolver imagens e recordações que podem ser úteis para dissolver o medo específico do castigo ou as lembranças de castigos dados,

Determinação do Sentido pela Família de Almas 191

você estará executando, no contexto de sua família anímica, um bom trabalho para você mesmo e para os outros que não pertencem a sua família.

❧❧ ❧❧ ❧❧

Pergunta: Meu papel anímico é "guerreiro". O que vocês podem me dizer sobre a minha família anímica? *(Composição: 6, 3, 5)*

Fonte: A sua família de almas se compõe de guerreiros, sacerdotes e sábios. Os sacerdotes são em maior número. Vocês dispõem de poucos sábios, no entanto estes têm tarefas importantes como a de realizar a divulgação dos seus desejos. Os guerreiros perfazem 36%.

Os sacerdotes e guerreiros cultivam, juntamente com uns poucos sábios, uma tarefa que se ocupa com a ligação entre as leis universais e as leis naturais que vigoram na Terra. Trata-se de múltiplos inter-relacionamentos, de correspondências e de diferenças entre o que vale no geral, e aquilo que só tem validade no momento atual ou durante certo tempo. Assim, por exemplo, a força da gravidade em sua forma atual é uma lei da natureza no planeta Terra, porém ela não pertence às leis universalmente válidas da existência. Mas o relacionamento entre falta de gravidade e a força da gravidade é um caso espiritual. Essa e outras coisas semelhantes fazem parte da pesquisa de sua família.

Os guerreiros, aos quais você também pertence, têm a tarefa de vigiar o todo e o detalhe, o fácil e o difícil, o geral e o específico em sua própria vida e de lutar para o reconhecimento do caráter duplo ao qual as pessoas estão sujeitas. E você sabe muito bem a partir de sua vida atual, que você não só é grande como também pequeno, saudável, bem como doente, infinito e finito. Você se movimenta pelo planeta e fora do planeta. E se pudesse olhar para trás, para as várias encarnações e para as encarnações de seus irmãos de alma, você saberia que todas as sensações duplas e os estados dúbios sempre os ocuparam.

Desde o início a sua família fez experiências com substâncias e drogas que alteram a consciência, ela se ocupou com sonhos e visões, pois isso é o que querem os sacerdotes entre vocês. Os guerreiros lideraram a experiência de como a dor e a falta de dor podem levar a estados de alteração e de destituição do corpo; eles mostram onde estão os limites da força. Os sábios entre vocês contaram e espalharam a notícia e sempre lidaram com as condições de que uma pessoa precisa para se ligar ao extra-humano.

Queremos especialmente chamar sua atenção para o fato de que há um sábio que se tornou recentemente famoso em sua família, que fez com que o sacerdotal e o imperial fizessem efeito, e essa alma chamou-se, há bem pouco tempo, *Albert Einstein*. Esse homem sabia como ultrapassar as leis naturais de seu tempo, a partir do conhecimento profundo de que existe algo diferente: que vale universalmente, que não obedece e que nunca obedecerá às regras conhecidas.

Sua tarefa especial nesta vida atual consiste em procurar um caminho que lhe permita viver um "também como" e estabelecer a ligação entre um cotidiano banal e aparentemente destituído de significado e um poder que lhe permite ter visões e passar por estados que não cabem em seu dia-a-dia, embora estejam intimamente associados a ele. A duplicação que você vive, não deve guardar para si mesmo. Certamente terá de escolher a quem relatará o fato e por certo nem todos mostrarão compreender. Em virtude de seu histórico familiar e temática você tem um lado diurno e um lado noturno. E esses lados noturno e diurno não precisam estar obrigatoriamente associados à luz do dia e às trevas noturnas. Você também pode mostrar o lado noturno de dia e seu lado diurno à noite. Isso significa simplesmente que há noites em que você adormece num sono tranqüilo e recuperador, e dias em que você empreende viagens espirituais e anímicas que levam você para longe. Isso também depende da duplicação e da experiência de que os limites geralmente reconhecidos são apenas normas às quais não tem de se submeter. E de forma nenhuma valem universalmente para todas as pessoas.

Para finalizar, queremos dar-lhe um conselho, na medida em que nos solidarizamos com os sábios de sua família e lhe contamos algo sobre a energia que mora e vive em você mesmo: não leve tão a sério tudo o que lhe acontece e o que você é. Se tornar a despertar em você a capacidade de contemplar a forma dos acontecimentos da realidade com um pouco de humor, não só será mais fácil viver a vida diária e as noites, mas você descobrirá novo prazer de viver. E desejamos esse prazer para esta sua vida e para as suas duas últimas encarnações.

❦❦ ❦❦ ❦❦

Pergunta: Quero saber mais sobre minha família anímica. Meu papel anímico é o de "sacerdote". (*Composição: 6, 4, 3*)

Fonte: A energia de sua família de almas é composta de sacerdotes, eruditos e guerreiros. Os sacerdotes são em maior número, os eruditos também são muitos, e os guerreiros representam uma parte pequena, porém forte. A tarefa dessa família, cunhada pela energia de sacerdotes, consiste em desenvolver métodos, técnicas, medidas, estender a mão e desenvolver ajudas a fim de auxiliar as pessoas que se perderam ou se desviaram a voltar para seu caminho, levando-as a ficar de pé outra vez. Isso deve acontecer a uma distância simpática útil, não amarrada, mas amorosa, e isso os sacerdotes aprendem com os eruditos. Eles experimentam como é benfazeja a mistura correta de distância e proximidade, de simpatia e neutralidade com a qual dar a uma pessoa que se envergonha de sua fraqueza, de sua insuficiência e de seus erros, uma impressão de seu valor existencial. Os guerreiros de sua família contribuem energeticamente, dada sua rica experiência em derrotas diante da força superior e de um oponente mais forte. E eles apóiam a missão desta família, que consiste em reerguer os que caíram, respeitando sua vergonha e ao mesmo tempo não permitindo que tornem a se envergonhar, através de uma ação exagerada ou de uma postura descontraída, que os sacerdotes gostam de adotar quando se sentem impelidos a dar a um outro sua mão, para puxá-lo para cima outra vez. Os seus guerreiros sabem que as pessoas não querem piedade, quando sofreram uma derrota, mas simplesmente que lhes estendam a mão, para poderem se recuperar de seus ferimentos. E todo guerreiro sabe (o que sacerdotes e eruditos não aprenderam através da experiência) que não é nenhuma vergonha — e por isso não deve despertar nenhum sentimento de vergonha — ser atingido por uma pancada, uma lança ou uma bala, caindo ao chão.

Sua missão atual e pessoal como sacerdotisa consiste em contemplar com atenção e consciência sua tendência de sentar-se no chão ao lado de quem caiu, chorando sobre seu infortúnio. Você mesma se sente como tendo tropeçado e, além disso, acha que fracassou de alguma forma, quando uma outra pessoa que lhe está próxima não tem mais força, se sente fraca e cai. Você se sente responsável pelo fracasso de seu semelhante. Sua tarefa consiste, em primeiro lugar, em manter diariamente o distanciamento correto, usando a ajuda da parte erudita em você para despertar a certeza eterna da justiça de todos os acontecimentos que dormitam no seu interior. Pois você verá com outros olhos os tropeços de seus semelhantes e também sua própria disposição de cometer erros e de cair. Sua contribuição é a situação da consciência com que você deve colaborar para realizar o objetivo comum de sua família de almas.

7. Família de almas com missão de orientar

Pergunta: Sou uma "artista". Quem mais faz parte de minha família de almas? (*Composição: 7, 3, 2*)

Fonte: Artistas, guerreiros e reis compõem a energia básica de sua família anímica. Os reis perfazem 42% e estão extraordinariamente representados;

os artistas estão em menor número, e mesmo assim a energia resulta em grande peso, ativa, que é temperada pela espontaneidade, pelos jogos e pela alegria, pela movimentação mental e originalidade dos artistas. A disposição de agir de todos os irmãos de sua família anímica é forte e indiscutível. Vocês todos dispõem de uma vitalidade e força de resistência devastadora.

As energias ativas 3 e 7 se completam no desejo de experimentar e de pesquisar movimentação e modificação em seu jogo recíproco, e esses princípios da movimentação e modificação encontram-se de alguma forma nas situações e âmbitos da vida. Um desses âmbitos, por exemplo, é a ginástica terapêutica; um outro é a geologia. Eles parecem ter pouco em comum, contudo têm a movimentação e a modificação. Pois quando um deslizamento de terra abala um vale, assim resulta, para todos os que participaram disso ou de alguma forma são atingidos, uma modificação existencial. Também a paisagem é modificada por esse movimento. Os artistas, enquanto não se sentem ameaçados em sua vida e em seu corpo, sentem alegria com isso. E eles são os primeiros a correr para esse vale, a fim de reconstruí-lo e firmá-lo e para tirar o melhor proveito dessa situação modificada, na medida em que procuram ter uma idéia para começar algo novo e original. Os reis e guerreiros assumem a liderança em todas as situações a que têm acesso, nas quais há forte movimentação ou modificação suportadas ou desejadas. Eles estão dispostos a agir imediatamente e a empreender algo.

Queremos dar-lhe um outro exemplo para que compreenda melhor o princípio de sua família. A época de vocês entrou numa movimentação nunca vista antes, chegando até a velocidade do ultra-som, aos foguetes e às viagens espaciais, mas para cada um de vocês o meio de transporte é o carro de passageiros. E quando o movimento se descontrola, acontecem modificações indesejáveis. Os reis e guerreiros que pertencem a sua família anímica são os primeiros a parar no lugar do acontecimento e a começar a agir, salvar, colocar ataduras, correr ao telefone, empreender tudo o que é necessário para que a modificação consiga o melhor resultado e não termine sendo demasiadamente nociva. Ao fazer isso não visam vantagens pessoais e agem de forma espontânea, como lhes é prescrito pelas energias de artista.

Sua tarefa pessoal como artista, dentro do todo de sua temática familiar, pode ser descrita da seguinte maneira: você tem a energia orientadora de um rei bem como a força de ação de um guerreiro e as une com sua energia artística sensível, esteticamente perceptível e mentalmente orientada. Essa ligação, que conhece há milênios, pode ser usada nesta vida, à medida que prestar especial atenção à estética do movimento e da modificação e se esforçar por corrigir as modificações inestéticas resultantes de movimentos errados. Já no início falamos de ginástica terapêutica, mas esta é apenas uma parte de suas possibilidades. Você também pode observar e corrigir o corpo humano através da dança, das correções suaves do corpo, de modificações na postura, por treinamento para as costas, por primorosos movimentos das mãos. Você também pode se dar novos impulsos, pode chamar a atenção dos outros para distorções desnecessárias, principalmente em sua mímica e nos seus gestos, mas também em seu modo de andar e em sua postura. E como tem guerreiros e reis na família, você não pode se recolher a sua timidez de artista, mas deve dizer francamente o que lhe ocorre, em vez de desejar poupar os outros. Pois sua tarefa está em, como já dissemos, preservar o esteticamente necessário e só aceitar o absolutamente imutável. Você pode aprimorar mais ainda suas capacidades, ocupando-se cada vez mais com o rosto humano, com suas formas de expressão, examinando, por exemplo, com que intensidade os movimentos interiores do medo ou da alegria causam distorções e caretas crônicas no rosto; e você pode aprender a devolver a esses rostos contorcidos sua forma estética fluente e bela através dos seus dedos e de seu espírito, e de sua sensibilidade para a beleza. E para isso resta a você bastante tempo. Quanto mais envelhecer, mais fácil achará escolher as palavras, eliminar as inibições e se dedicar à tarefa que é uma grande fonte de satisfação para você mesma e para os outros.

❧❧ ❧❧ ❧❧

Pergunta: Quem além de "reis", aos quais pertenço, contribuem para a energia de minha família de almas? *(Composição: 7, 2, 1)*

Fonte: Em sua família há 42% de reis, 32% de artistas; os restantes são agentes de cura. Os reis deram o estímulo para a formação da tarefa comum, que visa desenvolver uma nova arte de responsabilidade humana e de orientação a serviço dos outros. Isso se refere à orientação como arte e não como instrumento de poder, orientação a serviço do Todo, não domínio. Nisso se concretiza a pretensão de sua família. Todos os membros, todos os seus irmãos de alma (e você mesmo também) se sentem como que convocados a colaborar para unir de forma não exigente a responsabilidade com a orientação e para isso devem ter idéias novas, originais e incomuns. Poder-se-ia dizer que em sua família só há reis realmente originais, ricos de idéias, que também gostam de se disfarçar a fim de realizar suas tarefas, o que acabam por fazer usando sua força de servir.

Você pode imaginar que se um rei se disfarça de garçom, ele tem acesso aos garçons, mas estes recusariam um rei genuíno e ficariam rígidos de veneração. Veneração separa em vez de congregar. Quando um rei quer ficar sabendo do que um garçom precisa e o que ele faz da perspectiva do mundo de um serviçal, uma boa idéia é assumir uma vez esse papel, sem referir-se ao tronco familiar, dizendo: "Na verdade não pertenço a vocês." Sua família cultiva, portanto, a modéstia e a verdadeira humildade e a orientação com responsabilidade.

Na sua vida você pode, no entanto, cumprir ainda melhor sua tarefa se usar a energia do 2 — portanto a energia da parte artística da sua família — à medida em que cultivar o original, o criativo, o inusitado, e se deixar cumular pelas idéias dos irmãos que não estão no corpo, descobrindo o modo de unir a essência de rei com as pretensões de sua família. Você descobrirá a parte artística em si mesmo com bastante facilidade e poderá tomar consciência de quando se movimenta em círculos, buscando o criativo, o humorístico, o prazeroso e o infantil da novidade.

Lembre-se sempre de que se trata de unir a orientação com o serviço. Os artistas entre vocês são os que constroem a ponte e que contribuem para a união de dois extremos. Mas cada pessoa de sua família de almas é ao mesmo tempo artista, agente de cura e rei com diferentes partes de energia. Você pertence àqueles que sempre se servem de diferentes papéis para se aproximar dos outros.

Irmãos de alma

Duas mulheres, uma idosa e outra jovem, se encontram num curso de fim de semana dedicado ao estudo da autodescoberta. Imediatamente elas se sentiram atraídas uma pela outra, embora em essência fossem totalmente diferentes. Depois que descobriram a possibilidade de serem parentes por parte da família de almas, ambas sentiram que essa poderia ser a explicação para sua estranha amizade. No entanto, não falaram conosco sobre o assunto, até que a própria "fonte" assumiu uma posição. Antes que se seguisse a mensagem sobre a tarefa da família de almas, uma delas disse: "O sentimento de que podemos pertencer à mesma família de almas nos foi confirmado agora mesmo pela 'fonte'. Isso me deixa feliz. Sentimos que existe uma forte ligação entre nós. Como é a tarefa dessa família e como podemos contribuir em conjunto para nosso trabalho de vida? Minha amiga é 'agente de cura', e eu sou 'artista'." (Papéis anímicos: 2, 4, 1)

Fonte: Agentes de cura, artistas e um número considerável de eruditos compõem a sua família anímica. Os artistas são em maior número. Os eruditos perfazem um total de 28%. Há 52% de artistas.

Os artistas vigiam, juntamente com os agentes de cura e os eruditos, de cujo apoio precisam urgentemente, o valor de um efeito recíproco entre concentração e distração. Isso se refere a uma reformulação de objetos por um lado, e ao desenvolvimento de formas de vida por outro. Concentração e distração contribuem juntas para o surgimento das inovações. A tarefa dessa família se dá predominantemente no âmbito mental, no âmbito das idéias e das inspirações. Inicialmente, as inovações só podem surgir no âmbito mental quando os membros dessa família anímica estiverem em condições de pensar em outra coisa além dos seus objetivos, estabelecidos por eles pessoalmente. O essencial, portanto, acontece quando aparentemente estão desconcentrados, devaneando, brincando ou mesmo distraídos, até o ponto de serem senis. Sua família anímica conhece como nenhuma outra todo o alcance da falta de concentração e de orientação objetiva. Assim, uma tal distração — nós não a chamamos de falta de concentração, pois não se trata de uma carência, porém de uma riqueza e plenitude — constitui um solo fértil nos espaços intermediários de grandes blocos de concentração. Vocês podem ter diante dos olhos a imagem de uma pirâmide gigantesca, uma construção de respeito e bem-planejada, perene, cujas rachaduras entre rochedos enormes foram preenchidas com o sedimento de milênios nos quais se instalaram todo tipo de sementes e criaturas vivas. Elas encheram essa construção de vitalidade, que representa uma contribuição essencial para sua sobrevivência, e que colaborou para que a arquitetura dos blocos de granito não sobrevivesse aos tempos isenta de toda vida. Para se manter coesa, a concentração do granito precisa de uma substância intermediária viva, formada de acasos. Disso pode surgir também para a sua família a verdadeira concentração, que leva vocês para onde querem ir, exatamente para a formação de vida, que obedece ao acaso criativo das leis. Também podemos descrever a missão de sua família com um outro exemplo. A música nada seria sem os intervalos. Compasso, tonalidade, ritmo... qualquer som que seja composto por um espírito artístico precisa da pausa. Música é concentração. Pausa é brincadeira, e, no entanto, a música e a pausa descontraem da mesma forma.

A artista dentre as duas usará a concentração e a distração de maneira distinta da agente de cura. E, contudo, ambas contribuem essencialmente para o abrangente campo de experiência de sua família. A artista experimenta a concentração e uma ausência interior no campo do amor, em todos os âmbitos que têm a ver com movimentação de sentimentos, no âmbito da união e da separação. Uma troca através da presença e da ausência do amor, a concentração no amor e a perda no nada de sua ausência caracterizam seu caminho. Quando você entender que uma coisa é o pressuposto da outra, que, por sua vez, é o pressuposto da primeira, e quando souber que só atingirá o ponto máximo do amor através de sua ausência, de seu vazio interior e de seu pensamento concentrado em outras coisas que não o modo de obter o amor, poderá ficar em paz consigo mesma e, ao mesmo tempo, contribuir para sua família sem precisar sofrer demais ao dar sua contribuição.

A agente de cura de sua família vigia o espaço entre a exatidão e a inexatidão, entre estreitamento e ampliação, mas através do sentimento, não do pensamento. O pensamento não é de grande importância em sua vida como também não o é a justificação decisiva, mas constitui, de muitas formas, uma proteção contra o sentimento. Você mesma fará justiça à tarefa de sua família e dará a sua contribuição quando usar o princípio da concentração e da distração, permitindo-se ser temporariamente exata e inexata em sua percepção, mas num ritmo caracterizado pela arte, pois os artistas de sua família anímica têm um peso energético que também a favorece.

O ritmo deve, portanto, ser organizado e também desorganizado. Isso significa que deve estabelecer determinados horários, de dia e de noite, nos quais volte a concentração para a percepção precisa de sua realidade. E tenha outros períodos nitidamente delimitados em que não se esforce nem um pouco para entender algo mais precisamente, mas deixe lugar para um caos interior tranqüilizante, benfazejo, para que possa reunir forças para observar, em outras situações delimitadas pelo tempo e que acontecem sempre no mesmo horário, o que de fato acontece com você, com os outros, com o seu mundo, com os seus pensamentos, com os seus sentimentos. Não estamos nos referindo obrigatoriamente a uma forma de meditação, mas clara e nitidamente a uma forma de concentração. Você pode manter essa concentração, pois a conhece há milhares de anos, enquanto faz compras, passeia ou limpa a casa. Não é necessário, ou ao menos não é necessário de início, no caso dessa ocupação prazerosa, manter uma forma determinada de tranqüilidade. Ao contrário, essa tranqüilidade a tornaria muitas vezes nervosa e perturbaria sua concentração. Só uma coisa lhe recomendamos ao realizar qualquer atividade: concentre-se nessa atividade e não pense em outra coisa. Juntas, isso também queremos recomendar, vocês podem apoiar os aspectos diferentes do mesmo projeto, à medida que se informam e corrigem. Corrigir não é criticar. Esta é uma orientação importante para as duas.

❦❦   ❦❦   ❦❦

As duas mulheres que se encontram na situação seguinte são almas irmãs. Elas reagiram com espanto e susto. A idéia de que devem se reunir a fim de brigar uma com a outra não foi apreciada por elas. Embora tivessem se conhecido há alguns meses, ainda não haviam tido nenhum contato verbal. Mesmo depois desta mensagem, isso continuou difícil. Depois que alguns encontros marcados e algumas brigas sempre ameaçadoras, que elas não acharam nada divertidas, fracassaram, elas resolveram não se encontrar mais. (Papéis anímicos: 1, 3)

Fonte: Chame Vera para junto de você, pois vocês pertencem à mesma família de almas. Essa família é composta por agentes de cura e guerreiros. Agora que vocês têm a possibilidade de se conhecer, poderão ajudar-se a concretizar as tarefas de sua família e contribuir com sua parte para a pretensão conjunta, fundindo o serviço e a luta numa unidade fecunda. Pois esse é o seu objetivo. Vocês querem estabelecer uma nova ligação com a família inteira, entre a recusa de unir-se e a simultânea união, com a consciência de que a recusa serve a uma compreensão mais profunda.

Quando fizerem a experiência de dizer não uma à outra, agora ou no futuro, isso deve ser compreendido como um serviço a sua oponente e de forma alguma como uma indicação de que não são irmãs. De muitos pontos de vista, a simpatia e o amor só crescem quando há disposição para dizer não a fim de ajudar o outro. E ambas podem experimentar como fazer essa disposição aumentar. Os agentes de cura de sua família aprendem com os irmãos guerreiros, em todas as encarnações, que é importante não se retrair quando o outro ataca. Os guerreiros aprendem com os agentes de cura como pode ser maravilhoso abaixar-se diante daquele que lhe aplica um golpe.

Na vida atual vocês retomarão uma ligação que começou há mais de três mil e quinhentos anos. Desde então vocês não se viram mais com os olhos físicos. Por isso há muito a relatar. Vocês se encontrarão como se tivessem se visto nesta vida como recém-nascidas no berçário e descobrirão que, embora tendo sido adotadas por famílias diferentes, ainda assim são irmãs.

Desejamos a vocês que essa troca intensa e significativa encontre uma forma expressiva, e que vocês determinem um tempo, abram espaço para que esse parentesco tão forte possa se confirmar. E nunca se esqueçam de que se trata, antes de mais nada, de brigar uma com a outra a fim de esclarecer as coisas e tornar evidentes as que possam uni-las.

❈❈ ❈❈ ❈❈

Pergunta: Observamos que a concretização das tarefas de sua família anímica toma bastante espaço na vida atual de muitas pessoas, e que, em outros casos, parece ficar mais à margem. Por que acontece isso?

Fonte: Todo fragmento anímico sempre e de modo constante está ocupado com os objetivos de sua família, independentemente de ter consciência dos fatos ou não. No entanto, em determinadas vidas, algumas almas ocupam o centro do trabalho espiritual coletivo, e muitas ficam durante várias vidas apenas à margem, trabalhando de forma a que no centro muita coisa possa ser resolvida. Este é um aspecto: toda contribuição tem o mesmo valor e, no entanto, não tem a mesma validade. O outro aspecto consiste em que, além das pretensões da família anímica, existem várias outras tarefas e objetivos de encarnação importantes que durante uma vida inteira ou parte de uma existência terrena passam para o primeiro plano ou para o plano central.

Quando, por exemplo, um relacionamento kármico exige toda a força e esse relacionamento não está primariamente relacionado com a tarefa da família de almas, os desejos da família de almas apenas serão executados à margem, por pensamentos e nos sonhos, ou através de um efeito a distância. Em outras épocas, por sua vez, ele entrará no foco quando for necessário. E isso pode acontecer inesperadamente, de forma súbita. Queremos acentuar que toda pessoa tem seu estilo próprio e que nunca depende da contribuição condicionada pela duração temporal, mas realmente de sua intensidade e energia, da motivação e, quando a idade anímica é avançada, também da consciência de que a tarefa será executada. Contudo, a intenção, consciente ou inconsciente, é decisiva à afirmação do ato, não importa como se apresente à percepção limitada do indivíduo. Não existe uma pessoa que em sua forma encarnada esteja ininterrupta e exclusivamente ocupada com os objetivos de sua família anímica.

A dimensão da família anímica e sua tarefa é apenas uma das dimensões da concretização espiritual; seja como for, uma dimensão muito importante. Mas vocês podem ter certeza de que não existe nenhum ser humano que não dê sua contribuição para o todo, mesmo que seja por um segundo apenas. A existência de um irmão ou irmã anímicos no mundo astral, ao contrário, é dedicada quase exclusivamente ao cultivo dos relacionamentos entre irmãos de alma. A ausência de corpo físico e a despreocupação largamente associada ao fato, bem como a libertação da obrigação de agir e decidir no plano astral, deixam surgir para os irmãos anímicos muitas possibilidades de agir e de estar presentes, coisa que é recusada a uma alma no estado encarnado.

No contexto de uma missão de vida e dos desejos de uma família anímica, pode-se falar também de uma vocação interior. O conceito "vocação", contudo, é usado de forma um tanto exagerada por muitos de vocês. Essas pessoas ligam ao conceito uma missão de caráter místico ou religioso, e acreditam não poder viver sua vida com sentido se não seguirem essa vocação. A verdadeira vocação se torna visível apenas quando o ego cessa aos poucos, especialmente quando a pessoa alcança satisfação num trabalho e emprego. Vocação — como nós a entendemos — não é nada de espetacular. A vocação não livra ninguém do tédio existencial. A vocação é uma mescla de proximidade da essência e de circunstâncias muito reais. O que entendemos por vocação é a capacidade de um ser humano não viver muito afastado das próprias necessidades reais de amar e trabalhar. Todos podem sentir em si essa vocação. E cada um de vocês sabe muito bem se passa seus dias ocupado e trabalhando com pessoas que nada têm a ver com o seu modo de ser e suas necessidades mais íntimas, assim como cada um sabe muito bem o que existe em seu íntimo quando pensa ou faz alguma coisa. Quem pode transformar essa atitude numa atividade profissional encontrou a sorte grande. Mas isso não é necessário para viver uma vida repleta de sentido. É isso que entendemos por vocação e queremos tirar desse conceito um pouco das expectativas altas demais, assim como das exigências altas demais e do sentimento enganoso de que deve acontecer algo extraordinário, único e notório para justificar a própria existência.

Gêmeos biológicos e anímicos

Pergunta: Por que somos gêmeas univitelinas? O que minha irmã e eu temos de executar juntas?

Fonte: Vocês não têm de executar nada juntas. Vocês têm a oportunidade de viver algo juntas se quiserem. Toda vivência é voluntária, mesmo que de início não pareça que vocês escolheram livremente essa forma de duplicação. Quando dizemos "vocês" falamos primeiramente de sua consciência encarnada. Ela é limitada, e é bom que o seja. As almas de vocês, ao contrário, sabiam exatamente o que queriam ao se realizarem dessa forma em dois corpos quase idênticos. Suas almas, portanto, escolheram um procedimento — e o chamamos friamente de "procedimento" — que lhes permite sentir uma maior proximidade quando encarnadas, o que na Terra não é possível de outra maneira, dado que um corpo abriga apenas uma alma de cada vez. Não existe proximidade maior, não existem intimidade e identidade mais perfeitas, não existe possibilidade de um maior entendimento senão a que gêmeos podem desenvolver um em relação ao outro, porque seu potencial foi criado dessa forma.

Quando você pergunta o que podem aprender com isso, respondemos: uma forma muito específica, uma forma especial de amor. Essa forma de amor não pode ser experimentada de outra maneira. Você nunca poderá amar do mesmo modo uma pessoa que não seja formada do mesmo material genético que você; nunca irá ao encontro dela como irá ao encontro de sua irmã gêmea. Agora você entenderá que uma identidade física jamais pressupõe uma identidade anímica. Vocês têm duas almas muito diferentes. A alma de uma de vocês — não vamos dizer-lhes qual para que não haja concorrência entre elas —, a alma de uma de vocês, portanto, já está envolvida no processo de encarnação há muito tempo, e a da outra não participa dele há tanto tempo assim.

As almas de vocês escolheram, então, um tipo muito especial de proximidade humana, para que uma ajude um pouco a outra a dar um salto que até agora evitou. Tudo em vocês é igual, apenas as almas são diferentes. As almas também desempenham papéis anímicos diferentes. Uma das almas tem essência de artista, a outra, a mais antiga, tem essência de agente de cura. Já no mundo astral declarou-se pronta a ajudar a alma de artista a superar seus obstáculos, que se relacionam com o fato de a alma mais jovem ainda ter medos que a mais antiga já superou há tempos. Tomemos como exemplo o tema "morrer e viver". A alma mais antiga, a alma de agente de cura, já morreu muitas vezes e com mais freqüência do que a mais jovem, tanto que pode tirar-lhe um pouco de sua preocupação. E quanto à energia, também já tem outro acesso aos mundos do invisível, aos mundos que não se pode compreender, do que a alma mais jovem, que representa o papel de artista. No entanto, não é somente a alma de artista que aprende com a de agente de cura, o processo de aprendizado também ocorre no sentido inverso. E não estamos mencionando isso levianamente, pois todos sempre têm de aprender com os outros o tempo inteiro, e isso vale para todos os seres humanos. De forma muito específica, uma alma de agente de cura, que de tanto ajudar e dedicar sua vida incansavelmente à outra se torna um pouco fraca e cansada, pode aprender com a irmã artista como é possível carregar-se de energia, fortalecer-se através de inspirações fantasiosas, através de vários métodos novos, abastecendo-se outra vez de energia essencial que vem tão rapidamente quando a pessoa se esquece de si mesma. E não recomendamos esse tipo de esquecimento.

Portanto, unam-se realmente. Dessa forma poderão alcançar o objetivo de terem se encarnado juntas no útero materno. Encontrem-se, aprendam uma com a outra, animem-se, sirvam uma à outra, e não se esqueçam: amar não é o mesmo que querer bem. Amar significa apoiar o outro em seu modo de ser, em seu crescimento, mesmo que seja totalmente diferente do seu. O amor não exige que o outro seja nem sinta como você.

Pergunta: Muitas pessoas, ou talvez todas, têm algo como um parceiro anímico; existe uma alma parceira para mim? Se a resposta é afirmativa, como posso reconhecê-la? Eu já a conheço? Se não conheço, onde posso encontrá-la?

Fonte: É fato que toda alma no plano anímico está classificada para uma alma idêntica — idêntica em todos os seus sinais, em todos os desejos e possibilidades de desenvolvimento, em todas as suas capacidades e em todo o seu querer. Essa identidade de almas, que cada alma só experimenta com relação a uma única outra, pode ser chamada de alma gêmea ou também, como muitos dizem, alma dual. Todo fragmento animado possui com uma outra alma uma correspondência perfeita e não a tem apenas no estado fragmentado, mas também enquanto todo. Pois a união significa libertação da individualidade, mas não uma missão de identidade. E identidade não significa personalidade, mas originalidade energética. O conceito "alma dual" não foi mal escolhido, pois descreve a dualidade na unidade. Quando vocês usam a palavra "gêmeos" para definir gêmeos univitelinos, vocês acertam na mosca.

Alguns gêmeos são totalmente idênticos na formação genética, a despeito de constituírem duas almas e dois corpos distintos. Eles têm caracteres diferentes, embora estejam infinitamente próximos e ninguém em estado encarnado possa jamais estar tão perto do outro como os gêmeos idênticos entre si. São dois corações, dois corpos, duas almas e, no entanto, são iguais. Isso é um mistério. Seus caminhos de vida podem se diferenciar — e em geral são diferentes — e no entanto eles continuam muito próximos e trocam experiências de uma maneira impossível aos homens que não vivem essa condição.

Isso vale para os gêmeos anímicos ou almas duais. Quando falamos de alma dual, estamos sempre nos referindo a um outro aspecto da mesma coisa. Pois o conceito "alma dual" abarca ambas as almas. Ela une ambas e leva em consideração o aspecto duplo que elas caracterizam. A expressão "alma gêmea", ao contrário, acentua a fragmentação. A identidade, e não a semelhança, é difícil de entender, pois almas gêmeas, com freqüência, vistas com olhos humanos, são muito diferentes. Elas têm corpos que pertencem a raças diferentes, ou a faixas etárias diversas. Nem sempre pertencem ao mesmo sexo e podem até — embora isso seja muito raro — ter idade anímica diferente. Na maioria dos casos, no entanto, estão ligadas pelo mesmo papel anímico. Por exemplo, são dois sacerdotes, dois sábios, ou dois agentes de cura. Isso não é sempre verdade, mas é a regra.

Você quer descobrir o que é uma alma dual ou gêmea. Vamos explicar com o seguinte modelo: você já conhece o conceito de família de almas, e você ouviu que numa família anímica há lugar para mais de mil membros.

Todos eles têm seu lugar numérico na seqüência do derrame de almas. Para isso usamos a imagem de uma cápsula que se abre e espalha suas sementes. Todas as sementes são iguais, têm o mesmo valor, têm a mesma idade, nada distingue uma das outras, e, no entanto, uma chega ao solo antes de outra. Se imaginar que os irmãos de uma família anímica recebem um número seqüencial no momento da fragmentação, ou seja, do derrame de almas, em cada família de almas existe, por exemplo, a 31ª alma e a alma número 954. Famílias de almas, por sua vez, se juntam em grupos de sete. Dentro de um grupo de almas constituído de sete famílias anímicas, sempre uma alma com determinado número de ordem corresponde a uma única outra alma de outra família de almas desse grupo. Isso acontece porque a fragmentação ou o derrame está ligado a certo medo, que a alma sente de forma muito dolorosa, porque ela nunca esteve só anteriormente. É um medo elementar da separação. No momento da fragmentação, portanto, pela primeira vez, à alma isolada é atribuída uma companheira, e esta companheira é a única entidade intimamente conhecida durante todas as vidas e em todos os períodos entre as vidas, a mais próxima que existe para o fragmento.

Ela nunca se sente tão só como a alma individualizada em seu medo existencial. Isso, no entanto, não significa que todas as vidas são formadas juntas. Bem ao contrário. Cada uma das duas almas segue seu próprio caminho, como pode acontecer com gêmeos humanos. E, contudo, sempre existem momentos de encontro, vidas que oferecem uma maior ou menor possibilidade de contato. Esses encontros não são sempre do mesmo tipo, que a pessoa com sua consciência limitada descreveria como felizes ou agradáveis, pois, almas gêmeas que compartilham uma alma dual — o que não significa que tenham uma só alma, mas que possuem posições anímicas idênticas —, são as mais importantes ajudantes uma para a outra no caminho para uma nova união. E como querem de fato ajudar, elas também entrarão em conflito. Elas se estimularão a duelos terríveis e não facilitarão nada até alcançarem o objetivo anímico comum, seja o que for que formaram ou planejaram. No entanto, o encontro de duas almas gêmeas encarnadas tem uma qualidade extática dotada de uma intimidade intraduzível. Pois cada uma conhece a outra, que pode ser decifrada como um livro aberto, sabe que não há motivo para querer manter algo em segredo ou se esconder, a ponto de manter o sofrimento e a separação onde eles não existem. O contato dessas almas gêmeas serve ao crescimento e não ao sonho da felicidade terrena.

Você quer saber se existe uma alma assim para você, que lhe tenha sido atribuída e à qual foi destinado, e nós lhe respondemos que sim. Tal como todo ser humano vivo também você tem um correspondente perfeito na comunidade de almas. Sua alma sabe, mas o espírito no corpo de um homem no início da casa dos quarenta anos só começa a intuir o fato. O corpo, no entanto, que sua alma gêmea anima nestes anos é o corpo de um homem de 56 anos.

(Varda: "Eu mudei de plano. Vejo um homem com traços asiáticos, só que não consigo enquadrá-lo. A Ásia é muito grande, pode tratar-se de um coreano. Posso afirmar que não é chinês, nem japonês.")

Se quiser, você tem a possibilidade de encontrá-lo, só que terá de aproximar-se dele de uma maneira que o alcance intimamente antes que possa haver um reconhecimento anímico espontâneo. Terá de reconhecer a identidade não por fatores externos, porém pela sensação de grande proteção, pela intimidade que carece de palavras e, principalmente, por uma sensação de que ele está perto de você. Pois a alma gêmea que não provém de sua própria família de almas, distingue-se de todas as outras pessoas que se aproximam de você e tocam sua alma, pelo fato de, por natureza, não ser um oponente, porém seu segundo si mesmo.

A alma gêmea, portanto, está ao seu lado. Por isso não é apropriada especialmente para ser um parceiro amoroso. Você também reconhecerá que desenvolve, junto com ele, uma necessidade de estar por perto dele, de andar e de se sentar, e perceberá que as palavras são desnecessárias para chegar a um acordo. Quando almas gêmeas assumem um corpo — o que não acontece, nem deve, em todas as vidas —, elas manterão contato de alguma maneira, seja através de ligação telepática, seja através de cartas e visitas ou também pelo envio recíproco de energias amorosas e curativas que fazem tanto bem à alma. No seu caso, quando tiver encontrado essa pessoa, desejará nunca separar-se dela, contudo, em virtude de circunstâncias de vida totalmente diferentes, haverá uma separação. Quando a avistar pela primeira vez, sentirá as lágrimas correrem pelo seu rosto, sem que saiba por quê. E você também derramará lágrimas quando se sentir obrigado a abandoná-la outra vez. Pois saiba que ela é uma essência de rei como você, e você verá como num espelho quem é e quem pode ser, embora os outros elementos do padrão anímico de sua alma gêmea se diferenciem dos seus. E porque ele é um rei, será mais fácil você encontrá-lo quando iniciar a busca. Ele está num estágio de desenvolvimento que lhe permite congregar um grupo de pessoas a sua volta, que aprendem com ele, sem que tenha de fazer uso das palavras.

❦❦ ❦❦ ❦❦

Pergunta: Sou um homem de 36 anos. Gostaria de saber se já encontrei minha parceira anímica, ou quando irei encontrá-la. Que influência ela po-

de ter sobre o meu desenvolvimento? Eu também gostaria de saber o nome dela.

Fonte: Sua parceira anímica no sentido mais estrito — ou seja, sua alma gêmea, a pessoa que no mundo inteiro é mais parecida com você —, é um australiano, um homem de trinta e poucos anos, que tem uma cabana na praia onde vende bebidas, sucos frescos de frutas e sanduíches. Trata-se de uma pessoa totalmente contente consigo mesma e com o mundo, e que não espera muito mais da vida a não ser o que os pais lhe deixaram. E nisso inclusive é parecido com você, embora se manifeste de outra maneira. Vocês dois ainda têm o que esperar da vida, mas não está errado estarem satisfeitos com o que têm. Nós somos da opinião que você ainda pode encontrá-lo nesta vida, se quiser e se fizer um pouco de esforço. Mas terá de procurá-lo. Ele não sairá do lugar onde está. Ele não tem motivos para viajar para a Europa, não tem o dinheiro necessário nem o desejo de empreender uma viagem mais longa. No entanto, ele ainda dirigirá esse quiosque por cerca de vinte anos. Ele pretende procurar um outro lugar e se você quiser, se de fato sentir a necessidade de vê-lo, de senti-lo e amá-lo, pode procurá-lo. Não podemos lhe dizer exatamente onde ele está, pois é missão de sua alma procurá-lo e reconhecê-lo. Esses encontros são únicos, são intensos, e é preciso desejá-los a fim de suportá-los. Nem sempre representam pura alegria; eles causam um abalo. De muitos pontos de vista você nunca mais conseguirá afastar-se dessa pessoa, nem desejará fazer isso, quando a tiver encontrado.

Mas terá antes de decidir-se se quer ou não fazer isso. Talvez você tenha de viver um pouco mais antes de tomar essa decisão. É uma beleza procurar o nosso parceiro anímico, encontrá-lo, ficar perto dele. É maravilhoso, mas não é simples. E separar-se dele outra vez é quase impossível.

❧ ❧ ❧

Pergunta: Há trinta anos sonhei com um símbolo estranho. Era uma cruz com três hastes em diagonal. A cruz era vermelha, e embaixo da haste superior havia uma coroa negra que envolvia as duas hastes inferiores. Então uma voz disse: "Este é o seu sinal." O que a "fonte" diz sobre isso? Meu papel anímico é "artista" e por profissão sou uma psicanalista. Minha própria interpretação não me satisfaz.

Fonte: O oval negro, a coroa, é sua figura atual, sua forma, o que traz consigo nesta vida como envoltório. Nesse ovo, nessa casca há o dobro do que mostra no exterior. Para dentro dirigem-se duas cruzes, para fora uma só.

Você sempre viveu assim, como se tivesse de mostrar as duas cruzes interiores também no exterior.

Seu lado de fora, seu ambiente, sinalizou que você não exterioriza o suficiente. E você adotou esse modo de ver, muitas vezes ficando com um sentimento indeterminado de culpa, um sentimento de ainda não ter alcançado tudo. Você ainda se esforça por ser alguém que há muito tempo já é. Você valorizou mais a cruz exterior do que a cruz dupla dentro do envoltório. Mas você é uma pessoa que tem muito mais por dentro do que gosta de mostrar. O que há de errado nisso? Não é uma fraqueza, é uma forma de realidade. É definido como fraqueza por aqueles que não entendem o que você tem por dentro, por aqueles que não conseguem ver. Sua estrutura de "ainda não basta" foi definida como fraqueza por aqueles que se sentem inseguros e perturbados com o que você tem em seu interior. O interior, o duplo, o mais forte é o que os outros consideram loucura. É algo que eles não entendem.

Então você pensou que é sua tarefa tornar-se compreensível interiormente, ser como eles, a fim de que a reconheçam. Mas veja, esse é o seu símbolo. O símbolo é um sinal que ninguém conhece. Seu sinal é um sinal que não tem modelos. Você o criou. Ele reflete sua individualidade única, insubstituível. Embora consista de símbolos primordiais arquetípicos, o oval e a cruz, ainda que composto por coisas conhecidas, ele o é de maneira que apenas descreve você — um terço para fora, dois terços para dentro. Um círculo negro e cruzes vermelhas. As cruzes não falam apenas de sofrimento e dores, mas antes de tudo de uma combinação feliz de dois elementos. A haste longa e as hastes diagonais formam uma síntese, com força simbólica; elas transmitem que dois se encontraram. E o que faz você especial é que em você as duas se encontraram. A segunda haste diagonal foi uma indicação de que nesta vida lhe será concedido encontrar o complemento de sua alma dual, a sua alma gêmea. E isso é algo que você ainda não compreendeu.

Mas essa experiência você só pode sentir interiormente. Não é possível comunicá-la. É por esse motivo que a cruz exterior não tem duas hastes diagonais. Você pode experimentar apenas a interior, apenas a verdade interior, apenas a sensação interior. Somente sua capacidade espiritual de conhecimento tem olhos para ver o que em você provoca ressonância em outra pessoa e apenas nela, uma ressonância valiosa e rara, que está além da compreensão, composta de amor puro, independentemente do caráter e da personalidade. Trata-se do contato de dois seres humanos que se conhecem tão bem como nenhuma outra dupla. O contato de duas pessoas que se amam sem motivo, que não podem explicá-lo a si mesmas, porque esse amor está além da capacidade de explicação e da lógica, e que poderia ter-se iniciado antes se tivessem sido menos rígidas, mais abertas — ambas ao mesmo tempo e no mesmo lugar.

Apenas a cura, que acabou de realizar, a coragem e a ocupação com o seu próprio interior durante essa cura, puderam descontrair ambos os amigos primordiais de tal modo que puderam se avistar. Não só com os olhos do corpo, mas com os olhos da alma. Inexplicável, incompreensível e, no entanto, real, mais real do que tudo o que ambos viveram em sua vida até hoje. E esse é seu sinal — o sinal de um ser humano que aceita o desafio de encontrar seu Eu numa segunda figura, não a máscara da personalidade, mas o verdadeiro reflexo, a correspondência autêntica que se manifesta num corpo que é totalmente diferente, numa personalidade que tem uma outra história. E, contudo, a igualdade é visível, há identidade anímica e energética.

A igualdade é o que move vocês e os atrai além da compreensão, além de sua educação. Os fatores externos como simpatia foram acrescentados; no entanto, a ligação se apóia em verdades muito mais profundas. E estamos dispostos a explicar no que consiste essa antiga, essa primordial ligação sempre presente. Toda alma, não importa se está encarnada ou não, tem entre milhões de outras almas uma que lhe corresponde em todas as coisas, em todas as experiências, em todos os desenvolvimentos. E essa alma se torna a companheira, a camarada que ultrapassa todo tempo e espaço e que faz com que ninguém esteja sozinho com o aprendizado do que sua alma se determinou aprender. A existência da alma dual garante que ninguém esteja isolado. Todos podem compartilhar experiências com sua alma gêmea.

De forma alguma isso significa que todo ser humano encarnado em cada vida tenha de encontrar esse companheiro. Esses encontros são, antes, raros, visto que são de enorme intensidade e alcance e muitas vezes mal dá para suportar os efeitos dessa proximidade inexplicável. Apenas a alma madura e, posteriormente, a alma antiga estão em condições de suportar a tensão, a intimidade de ter de se olhar constantemente no espelho da outra alma e definir-se novamente ao fazer isso, sendo confrontada com todos os medos, com toda a sua capacidade de amar e com todos os desafios que uma tal intimidade traz consigo. Por isso as almas gêmeas evitam muitas vezes aproximar-se demais. E apenas quando estão prontas a integrar um tal encontro em sua vida elas se reconhecem e, a partir do momento em que se aproximam conscientemente uma da outra, elas são inseparáveis como se tivessem crescido juntas. Quando, no curso de uma encarnação, uma alma — não importa quando isso acontece — encontra uma alma gêmea, ela não quererá nem poderá separar-se dela nunca mais. A proteção especial, a intimidade que ninguém pode explicar são tão preciosas, são tão únicas, que não há motivo exterior, não há briga, não há mágoa que separe de modo definitivo essas duas almas. Foi isso que você viveu há pouco. Foi-lhe concedido, mas você também trabalhou para isso. Pois se você não fosse aquela que se tornou, aquela que é agora, que enfrentou todos os contratempos, todos os seus medos e necessidades por meio de sua terapia, de seu desenvolvimento necessário embora não obrigatório, você não teria estado na situação de ouvir a voz de seu coração no momento certo e de enfrentar os desafios, as dificuldades e também a intensidade de um encontro com sua alma gêmea. Por isso o encontro não foi possível antes, embora houvesse chance para isso. Certa vez — isso aconteceu há mais de vinte anos — estiveram presentes a um concerto, sentadas a poucos metros de distância. Vocês poderiam ter conversado no intervalo, mas ainda não era a hora. Ainda não era possível esse encontro, pois não queriam dar lugar ao amor, ao amor inacreditável, assustador e incompreensível em seu coração, que estivesse à altura desse relacionamento, desse encontro. Muita coisa as impedia, inibições em demasia, muita timidez do seu lado, demasiado orgulho do lado de sua amiga.

Mas nós lhe dizemos que não se trata disso. Não se trata da duração do relacionamento mas do estímulo e das sensações anímicas que ela despertou. Nesse caso um ano pode parecer longo como cem anos. Uma hora conta tanto quanto um ano. Não é a duração em meses que é decisiva, mas o que surgiu entre vocês, e isso fica além do tempo e do espaço. Vocês se reconheceram. Durante um único ano alegraram-se uma com a outra. Vocês brigavam por terem personalidades muito diferentes. Mas isso não tem nenhuma importância. Sua amiga era trinta anos mais velha que você, uma senhora idosa. Agora ela morreu, e você sofre as dores da separação. Mas não vai demorar muito, segundo a contagem humana do tempo, até que haja outra oportunidade de tornarem a se aproximar. Sua amiga a espera, até que chegue o seu momento e você tenha encerrado tudo o que ainda tem de realizar nesta vida. Resta alguma coisa por fazer — sobre a qual falaremos adiante.

Sua amiga a espera. No mundo astral onde ela está agora o tempo não representa nenhum papel de importância. Ela a espera, a fim de combinar um novo encontro, a fim de tecer planos com você para uma encarnação seguinte, em que desejarão encontrar-se mais cedo, a fim de viverem mais coisas juntas e para poderem continuar o que iniciaram agora. Portanto, pode alegrar-se com uma continuação. Não se alegre com uma repetição, mas com a continuação do desenvolvimento daquilo que surgiu nesse ano em que se amaram. Ambas chegaram a um ponto em que não há mais necessidade de pausas maiores entre seus encontros. Vocês já se conhecem muito bem de várias vidas passadas. Vocês já passaram por muitas coisas juntas. Muitas dificuldades foram eliminadas. Muita coisa não precisa mais ser vivida dolorosamente, mas no futuro vai servir para nova determinação de objetivo, e esse objetivo vai amplamente de encontro ao que já foi indicado: amar sem motivo, além de compreender superficialmente e de ser compreendido, simplesmente entender que o amor é mais e outra coisa além da soma das experiências ou dos interesses comuns.

Fique alegre com o que está diante de você — e não lamente por mais tempo o que ficou para trás. Nesta vida o encontro de vocês foi um degrau, que ambas escalaram, a fim de olhar sobre o muro. Na próxima vida estarão do outro lado do muro, e abrir-se-ão novos paraísos para vocês. Paraísos nem sempre trazem felicidade e, contudo, eles contribuem para que tudo pareça mais colorido, mais claro. Você ainda viverá muitas horas junto com sua amiga em corpos que estarão próximos, não como amantes, mas de uma forma que pode renunciar amplamente à sexualidade, porque a sexualidade não será importante para a intensidade e a intimidade de sua amizade anímica.

Agora você poderá confiar na orientação e no desempenho dela a partir do mundo astral. Você está constantemente em ligação com ela e ela com você. Duas almas que estão tão próximas não se separam, porém continuam abraçadas amorosamente, mesmo que ambas não tenham mais um corpo à disposição. Você pode estar confiante de que ela a acompanha a todo momento e que lhe dará estímulos e orientações para que possa formar sua vida com sentido, plenitude e, antes de mais nada, de modo criativo. Pois é isso o que ela pretende dizer no momento para você — "Estou pronta a mostrar-lhe com minha criatividade, como a gente faz para criar algo próprio e inusitado. Confie em minha direção. Não pense em fracasso, desenvolva firmemente seu próprio ponto de vista com o conhecimento de que traz em si mesma tudo o que é necessário para alcançar seu objetivo de vida. E esse objetivo você só alcançará no final. Os anos que ainda tem diante de si são anos de fartura."

❧ ❧ ❧

Pergunta: Estou convencido de que, quando eu tinha treze anos, encontrei minha alma dual, o que resultou num relacionamento difícil e complicado. O que devo aprender com ele?

Fonte: Você realmente tem a impressão de não ter aprendido o suficiente? Quando sente que tudo ainda está em aberto, embora tenha havido uma plenitude de coisas boas e mesmo dolorosas, o que também foi bom, saiba que o aprendizado advindo de um relacionamento de almas aparentadas, continua válido mesmo quando surgem separação, dores, incompreensão e outros fenômenos que os homens consideram difíceis. Dizemos que você aprendeu bastante, mas sempre pode continuar aprendendo. Antes de tudo você pode aprender que amor e isenção de problemas de forma nenhuma precisam ser companheiros. O amor profundo, as ligações profundas em geral não se constroem porque não existem problemas ou conflitos, em plena harmonia. O amor profundo só é estimulado quando o ego tem de ser superado, a fim de alcançar o outro. E essa superação não deve acontecer à custa da própria identidade. Isso caracteriza o encontro com a alma dual e é um desafio de tipo especial. Muitas vezes uma tal tensão precisa de toda uma vida para tornar claro o relacionamento e o fato de ele ser absoluto. Você ainda tem um pouco a viver e seu companheiro também. Aprenda a aceitar tudo o que provier desse relacionamento, sem desistir de seu si mesmo; e com a expressão "si mesmo" não nos referimos àquilo que vocês chamam de ego.

❧ ❧ ❧

Pergunta: Sou uma alma antiga e me sinto muito só. Além disso, sou cronicamente doente. Estou sempre buscando algo, mas não sei o que procuro. Muitas vezes penso que não tenho mais nada a esperar da vida. De que me adianta toda a minha espiritualidade e energia primorosa?

Fonte: Sua busca não é uma busca sem fim. Mesmo que muitas vezes fique desesperado e impaciente consigo mesmo e com o destino, mesmo que muitas vezes não compreenda para que servem sua sensibilidade, seu sofrimento, sua transparência, saiba que esse é um estágio de transição que o levará de uma grande insegurança para uma segurança descontraída. A fim de consolá-lo, podemos lhe dar uma perspectiva do seu futuro distante. Por ora queremos dizer que não existe nenhum caminho que pudesse constituir um desvio para o que você aprende e vive agora. Não que você não deva passar por isso. Mas sabemos que você quer passar por isso. E tudo o que você vive é resultado de uma grande reconstrução de todo o seu estado. Você ainda é um convalescente. Você ainda é uma pessoa que se recupera de uma nova orientação profunda, que abrange todos os aspectos de seu ser corpóreo. E a recuperação — os médicos sabem disso — não progride em linha contínua e ascendente: muitas vezes tem o aspecto de uma nova crise, de recaídas e retrocessos; contudo, o caminho é para cima, principalmente para os especialistas, mesmo que para o paciente ele muitas vezes seja imperceptível, porque o receio das recaídas leva-o a observar como hipnotizado o seu estado e a registrar toda modificação como negativa, deixando com isso de ver que há um aumento de forças no estado em que se encontra.

Queremos falar mais uma vez sobre seu futuro, época em que você se sentirá como uma pessoa que, ao sair do banho, verifica que toda a sua pele está envolta num brilho dourado. Enquanto estava no banho, ela não podia ver o efeito em sua pele. Apenas ao sair da água e olhar no espelho lhe foi possível observar a modificação. Em termos concretos, assim que esse processo de reestruturação estiver completo e as fases de convalescença encerradas, você se sentirá fisicamente mais forte, psiquicamente mais estável e espiritualmente mais claro; sua alma estará mais realizada. Você carrega, com grande coragem, um grande fardo. Podemos ver como é difícil. Verá também que livremente e com total consciência tornou as coisas difíceis para você mesmo a fim de fortalecer sua musculatura anímica. Você treina como se estivesse usando halteres pesados, mas isso o tornará mais forte.

E há mais outra coisa que acontecerá no período de convalescença, assim que começar a tornar-se consciente de seu próprio brilho. Você encontrará sua alma gêmea ainda nesta vida e será uma felicidade infinita encontrar uma pessoa que é sua parte complementar, cujos desejos são os mesmos que os seus, uma pessoa que em todos os sentidos é ao mesmo tempo diferente e igual a você. Você só compreenderá isso quando passar pela experiência. Mas saiba o que significa. Na velhice não estará só, e experimentará grande felicidade espiritual; e se despedirá desta vida sentindo-se tão realizado, como hoje só pode imaginar em sonhos cor-de-rosa. Mas essa imagem você deve manter diante de seus olhos para que possa alegrar-se com ela. Antes disso, as coisas serão difíceis, mas não em vão. Pois sua alma dual passa pelo mesmo desenvolvimento. Ela se purifica no banho do conhecimento e aparecerá para você envolta na mesma luz dourada com que você se apresentará a ela.

Neste contexto é importante que não rejeite sua alma dual pura e simplesmente ao encontrá-la, pois de início não corresponderá à idéia que fez dela, devido a sua formação pessoal e social. Mantenha abertos os olhos e o coração e, ao mesmo tempo, não perca sua maravilhosa capacidade de distinguir, pois só ela possibilitará que descubra a pessoa certa entre todas as outras.

❧ ❧ ❧

Pergunta: Estou casado há vinte anos com minha alma gêmea. É sempre belo, mas não é simples. Estou constantemente sob uma tensão sutil e tenho colesterol alto, embora não coma muitos alimentos gordurosos. Eu gostaria de perguntar à "fonte" se o inter-relacionamento continua.

Fonte: Há duas razões para a ocorrência desses problemas de metabolismo: falta de exercício por um lado, e uma tensão interior constante por outro. Esses motivos agem em interdependência, pois quem está sempre sob tensão gostaria de poder relaxar e por isso se torna preguiçoso; mas quem não se exercita, fica sob uma tensão maior do que alguém que mexe o corpo no plano físico a fim de estimular uma capacidade de relaxamento. Além disso, o fígado trabalha melhor quando há uma medida sadia de movimentação junto com uma medida correta de descontração.

Como a maioria dos fatores de *stress* foram paulatinamente postos de lado ou minimizados durante o ano passado, você pergunta com espanto qual seria ainda a causa da tensão. Queremos explicar que os fatores externos — ou seja, a tensão causada pelo trabalho — não são o motivo maior para o contínuo estado de tensão, porém uma contração interior que não pode ser influenciada ou diminuída por nenhuma medida exterior, visto que nada tem a ver com o trabalho ou as exigências de desempenho profissional. Essa contração interior surge da constante ameaça inconsciente, que pode ser causada pelo fato de a dualidade só poder ser vivida quando se renuncia à unidade, de que essa dualidade é necessária para poder restabelecer uma unidade consigo mesmo em vez de a ficar procurando em outras pessoas ou em estados alterados de consciência.

Conhecer a unidade em si mesmo e consigo mesmo significa ter uma personalidade integrada e autônoma. E esta só pode ser desenvolvida quando se experimenta a dualidade sem uma medida considerável de medo e sem uma constante ameaça profunda. Há anos você se esforça pela unidade, depois de ter reconhecido essa dualidade que leva a uma nova unidade, mas sempre se depara com dois obstáculos. O primeiro está em você mesmo, o segundo, na sua alma gêmea.

Como nesta vida você não conhece um estado de real e verdadeira separação, porque sempre está simbioticamente unido a outra pessoa, tem um medo, que é inominável e indescritível e está tão profundamente arraigado na vida, que nem sequer pode imaginar qualquer dualidade. Sua alma gêmea se esforça à sua maneira pela dualidade, ou seja, pelo rompimento da simbiose. E a sua alma gêmea, porque a dualidade parece ser tão manifesta em sua vida, não tem consciência de como almeja a unidade quando a obtida dualidade tenta tocar em âmbitos que foram ocupados pela unidade.

Vocês tentaram viver sua sintonização de forma a colocar a dualidade num âmbito superficial, até certo ponto satisfatório, apenas para acentuar a unidade em outro âmbito existencial com mais intensidade. A dualidade de almas une vocês muito mais profundamente do que uma convivência conjugal poderia fazê-lo. Já dissemos muitas vezes que o encontro real e a convivência de almas gêmeas representa uma grande carga para a psique, visto que, desse ponto de vista, é impossível transpor a ligação da unidade para a dualidade.

Por mais que essa unidade possa ser e é feliz no âmbito puramente anímico, ela é muito ameaçadora para ambos os gêmeos no que diz respeito à autonomia psíquica. A fusão, a integração profunda e a existência simbiótica — que sempre acontecem à custa do outro, no que se refere à estabilidade psíquica, e sempre ao mesmo tempo —, representam um fator de *stress* que de forma nenhuma atinge só você, mas que no momento é sentido com mais intensidade por você e guardado na consciência. Os conflitos dos dois últimos anos podem ser uma indicação para a dinâmica destes aspectos. Vocês discutem cada vez mais, e isso é bom. Através dessas discussões vocês, de todos os pontos de vista, conquistam mais segurança, mais força pessoal, o que permite que vivam de modo independente um do outro. Deve-se observar, contudo, que a luta de vocês pela liberdade, pela separação e pela autonomia pode assumir uma forma que paradoxalmente quase a torna nula, e isso por sua vez causa um novo e considerável *stress* por causa da desesperança emocional que parece derivar do fato.

Quando, portanto, você ousa, tremendo e hesitante mudar alguma coisa nos sentimentos ou pensamentos referentes a seu passado, você tenta articular isso e criar uma dualidade através da crítica ou do estabelecimento de limites. Mas logo é detido por sua alma gêmea, de modo que só pode ter esses sentimentos e manifestá-los enquanto não o ferirem em seu próprio desejo de ser entendido e aceito. Sua alma gêmea prescreve, consciente ou inconscientemente, como você deve se sentir, pensar e se expressar, o que lentamente a oprime; lentamente, porque lhe dá medo tomar conhecimento dos conflitos. E por isso, pelo fato de ela desejar corrigir todas as vibrações e insinuações que lhe causam sentimentos profundos de não ser visto, não ser ouvido, de não ser levado em conta e não ser entendido, ela impede uma verdadeira discussão que sem "afastar um do outro" não pode realmente ser proveitosa. O medo de uma separação — mesmo que dure apenas vinte e quatro horas — é muito maior do que querem confessar a si mesmos, visto que a separação não combina com os seus esforços conscientes e com a sua vivência da dualidade.

A experiência que você faz ao oferecer a separação, em primeiro lugar faz com que desenvolva uma sensação positiva, clara e sadia. Mas quando seu amigo reage subitamente com a castração da ligação energética surge em você um medo incurável, um estado que mal pode suportar e que tão rapidamente quanto possível tem de ser levado de volta à unidade simbiótica primordial. O que aparece com menor clareza é que também o seu gêmeo anímico reage com uma completa castração da ligação mais íntima e sua demonstração visível, porque ele age a partir de sua estrutura de medo e de sua saudade primordial da união indissolúvel. E assim as reações se completam e se fundem novamente de um modo que na vivência inconsciente leva a uma tranqüilização, mas que no íntimo, no entanto, leva a uma tensão que tem efeitos colaterais desagradáveis sobre o sistema nervoso vegetativo de ambos os participantes.

Se pudermos dar-lhe um conselho, gostaríamos de acrescentar o seguinte: vocês podem confiar em todas as faixas de alma e do coração e ao fazer isso permitir que haja a ligação espiritual, e, apesar disso, podem brigar e zangar-se um com o outro; não importa se isso lhes parece significativo ou não, a fim de estimular a dualidade. Trata-se, portanto, de aprender a dualidade. Trata-se de poder manter intacta a dualidade — que significa uma nítida separação do eu e do você com uma simultânea consciência do nós. A dificuldade até agora consistiu em que ambos, cada um a sua maneira, tentaram manter a unidade ou recuperá-la a cada tomada de fôlego durante uma briga. O esforço requerido por esse procedimento agora pode ficar mais claro para vocês. Como fizeram tantas vezes, vocês tentam transformar o impossível no possível, e esse não é apenas seu hábito pessoal. Se sua alma gêmea não continuar fazendo questão de que você brigue com ela conforme as regras dela, sendo você então um oponente, algo no relacionamento ficará melhor. Se você mesmo apenas pode ver a dualidade, sem ao mesmo tempo irradiar que se sente ameaçado por ela, e se no mesmo momento eliminá-la outra vez, muita coisa ficará melhor, não só em seu amor, mas também em sua saúde.

❧ ❧ ❧

Pergunta: Há anos a dor pelo meu antigo amor me persegue. Por que essa criatura não me deixa em paz, e como devo lidar com esse sentimento?

Fonte: Vocês se encontraram e agora ele simplesmente não está mais presente. Essa é a sensação que você tem. No entanto, ele continua presente, por isso queremos lhe dizer que ele sempre estará, com certeza, apenas em espírito e com algumas fibras do seu coração. O plano de vida dele o leva necessariamente a uma parceria. A parceria, contudo, não é com você; ela não pode nem deve ser com você. O amor não depende de uma parceria. Aos poucos você compreenderá que pode amar essa pessoa e ela também pode amar você, sem que tenham de se tocar ou viver juntos. Nós também sabemos que esse *não poder*, esse *não dever* será doloroso para ambos, embora em medidas diferentes. Vocês anseiam um pelo outro, no entanto há muita coisa contra o fato de permanecerem juntos.

Essa alma está muito próxima, ela é para você como um irmão ou uma irmã. É por isso que a perda sempre será sentida. Mas podemos dizer a ambos que haverá outras existências, outras vidas em que estarão inseparavelmente unidos. Trata-se de um relacionamento que se assemelha àqueles que sua alma originalmente lutou para conseguir quando você foi concebido e pôde crescer no ventre materno. Você anseia por um gêmeo, você sente saudade de uma pessoa que seja semelhante a você e que o compreenda sem serem necessárias palavras ou algum esforço. Você sente falta do gêmeo no plano físico, e sente falta do gêmeo também no plano anímico. Essa saudade ninguém a não ser o seu velho amor pode mitigar, mas nesta vida você não vive para estar inseparavelmente unido a ele. Você vive a fim de sentir a saudade. Vocês se conhecem bem, porém não estiveram juntos como marido e mulher, mas como irmãos. Vocês se amam, e mesmo que o fio de suas vidas os separe, você viverá com ele de uma forma que tornará ambos felizes. Separar e reencontrar, separar-se e unir-se outra vez, esse é um tema com que as almas duais sempre terão dificuldade de lidar. Esta é uma fase de separação, depois vem uma fase de reencontro. Você ficará imensamente feliz e a sensação de que pertencem indefinidamente um ao outro, pela qual você anseia no momento, será uma realidade.

Equipe de almas no exemplo de uma grande cozinha

Pergunta: Todo o nosso trabalho conjunto na Terra — na profissão, na equipe, no grupo — também é cunhado pelos papéis anímicos? E os grupos de pessoas têm um corpo próprio de energia?

Fonte: Vocês não estão sós. Isso vale para as dimensões físicas tanto quanto para as dimensões extracorpóreas. Vocês não estão sós e isso não significa que seu tesouro energético e o de seu meio ambiente não possam se manter apenas a partir da força da fragmentação. A fragmentação faz de vocês muitos, transforma-os numa multiplicidade que provém de uma totalidade. A lembrança da totalidade está sempre presente em cada um de vocês nos dois planos, no corpóreo e no não-corpóreo.

Um grupo terreno ou uma organização, da qual realmente sintam que fazem parte, é a imagem dessa pluralidade. O menor grupo é sua família. Uma família, não importa se lida amorosa e harmoniosamente ou de modo distante e sem amor com seus membros, é um componente importante de sua vida. Ela é essencial, e tudo o que vale para a família, pode ser usado para todas as outras formas da família maior.

Chamamos de família maior as uniões de interesse, firmas pequenas até médias, organizações de caridade, agências de viagem, clubes, em resumo, todos os grupos em que os indivíduos em certa medida participam dos mesmos interesses e têm a mesma proteção. Essa proteção, visada ou não, acontece quando há duas coisas presentes. Uma é um objetivo comum, a outra, é a capacidade de manutenção da união de determinadas essências ou papéis anímicos familiares que possibilitam perseguir esse objetivo.

Quando falamos de um objetivo, estamos nos referindo superficialmente à meta que as pessoas de um grupo ou organização estabelecem conscientemente. Sob o objetivo consciente e intencionalmente visado se esconde uma objetivação interior que é determinada pelo que chamamos de objetivo de desenvolvimento matricial. Essas determinações do objetivo, no entanto, não são igualmente válidas quando um grupo ou uma organização ultrapassa um determinado número de pessoas, que para o indivíduo isolado já não é possível abranger ou que o sobrecarrega emocionalmente. Em geral isso acontece quando o número de pessoas ultrapassa a casa de cem. Uma família grande, um clã em que não há mais contatos pessoais entre todos os seus membros, uma firma em que nem todos os gerentes de seção se conhecem, não preenche mais os critérios que colocamos para um grupo ou uma organização que possui um tesouro próprio de energia.

Assim chegamos ao âmago de sua pergunta. Uma organização ou grupo tem um corpo energético próprio? Dizemos que não, ela não tem um corpo energético próprio, que só um fragmento com alma individual pode ter; no entanto ela dispõe de um querer coletivo e de uma força de impulsão que assumem o lugar desse corpo energético. Essa força de impulsão é chamada por nós de dinâmica. Dinâmica é algo extremamente móvel e mobilizador e tem seu próprio efeito energético.

Além disso, como corpo de energia entendemos as diversas camadas da consciência, que uma alma fragmentada traz consigo em cada momento de sua vida encarnada. Elas são, por um lado, as camadas da recordação de sua união com o Todo, as camadas da recordação de existências anteriores, as camadas da recordação de tudo o que ela viveu até agora em sua encarnação atual e, por outro lado, também as camadas daquilo que ela intui e que gostaria de formar no futuro.

Essas camadas formam diversos âmbitos da aura e unem um fragmento com sua família anímica, da qual provém, e também com um histórico coletivo bem como com a própria raça e os pais genéticos. Muitas dessas camadas estão presentes, não se trata de apenas três ou sete, como muitos imaginam. A aura é uma formação extremamente complexa e dispõe tanto de constantes como de variáveis.

A dinâmica de um grupo ou de uma organização também pode ser extraordinariamente forte. Ela se desenvolve e se move entre as forças das energias unidas de papéis anímicos isolados, que participam de um projeto ou de uma formação da vontade e de sua determinação interior de objetivo. Trata-se da movimentação, de uma troca rápida entre as exigências das essências e as medidas obrigatórias, que empurram um ser humano para a realização dos seus objetivos de desenvolvimento.

Nós vamos dar um exemplo, e este lhes poderá mostrar que as imagens desses grupos e organizações correspondem, do pequeno até o grande, à estrutura das tarefas e da composição das famílias anímicas. Uma firma instala uma grande cozinha nova, a fim de servir refeições a seus empregados. Nessa grande cozinha trabalham 48 pessoas. Dentre elas, vinte são artistas e guerreiros, e esses artistas e guerreiros se mantêm predominantemente onde há muito a fazer. Eles criam o cardápio, agitam a colher de pau no ar, mexem nas grande panelas e cuidam, com grande empenho, para que o almoço esteja pronto na hora determinada. Na caixa e na entrega, ao contrário, são os sábios que se sentirão muito bem.

Estabelecido o fato de que essa equipe é composta predominantemente de artistas, guerreiros e sábios, formar-se-á um determinado campo de energia que cunha sua dinâmica. As exigências de uma cozinha industrial por sua vez atrairão determinadas pessoas, e o trabalho nessa cozinha dará alegria antes de tudo à alma daqueles indivíduos que escolheram o objetivo de desenvolvimento da "aceleração" e da "subordinação", ou a característica principal da "impaciência". Mas essa organização não pode trabalhar com eficiência ou atender com sucesso às necessidades, se não houver uma direção rígida. Isso significa que em diversas funções-chave as almas com o objetivo de "dominar" devem também encontrar seu campo de atividade.

Quando analisarmos juntos todos esses elementos matriciais e examinarmos, de um lado os papéis anímicos, e de outro os objetivos, poderemos constatar que determinadas formações importantes nem podem acontecer, ao passo que outras são obrigatórias. A energia, a formação da vontade, a força impulsiva que resultam da dinâmica entre as essências e a formação de objetivos que, por sua vez, devem levar a determinações externas de objetivos, resultam num movimento e numa mobilidade que, por sua vez, exercem um forte efeito sobre o ambiente e espalham uma irradiação que deriva do que dissemos.

Por certo toda unidade organizacional maior contém elementos (via de regra precisa deles) que assumem uma posição de tranqüilidade e uma postura neutra. Se ficarmos com o exemplo de nossa grande cozinha, também aí deve haver alguém que goste de se retrair, a fim de fazer a contagem do material e cuidar dos livros; no entanto, isso não contribuirá para a irradiação conjunta de tal grupo.

Nem todos os aspectos de um padrão anímico contribuem, portanto, de forma identificável, para a dinâmica anímica de um grupo ou organização, desde a família até uma firma importante. E porque também a família pode ser tão conhecida como grupo, queremos descrever mais uma vez esse fator, a fim de esclarecer melhor os fatos.

A constelação clássica composta de pai, mãe e dois filhos, pode ser ampliada com uma tia e um avô. Assim temos seis pessoas que convivem em estreito relacionamento biológico. A composição das essências de um grupo de seis pessoas sempre terá um ponto de gravidade, o que significa que um dos sete papéis anímicos estará presente, via de regra em até três expoentes. Portanto, haverá de dois até três guerreiros ou três sacerdotes ou três sábios, e estes entrarão num consenso com o segundo grupo maior sobre o modo de viver juntos, o modo de organizar essa vida. E também os objetivos, que uma família estabelece consciente ou inconscientemente, serão determinados pela formação do ponto de gravidade dentro da matriz.

É por isso que uma família, mais do que pelo parentesco sangüíneo, parece uma unidade — tanto no sentido positivo quanto no negativo: isso significa um grupo delimitado, muitas vezes isolado. O fato de pertencer a uma família no sentido de uma irradiação ou de uma dinâmica será reconhecido com mais facilidade pela composição da matriz como uma combinação interior neurótica. Muito mais se pode atribuir essas combinações à composição momentânea das essências e da determinação do objetivo no sentido matricial. As lutas e discussões que provêm disso podem ocasionar um atrito lucrativo, gerador de calor, ou um conflito doloroso. Por sua vez esse atrito é uma parte da dinâmica que descrevemos e que forma uma espécie de irradiação ao redor do grupo.

Se tiverem interesse em tomar conhecimento da dinâmica especial de um grupo ou organização e usar isso para seus interesses, antes de mais nada é útil testar o efeito que essa energia grupal exerce sobre seu corpo, que é seu primeiro campo de ressonância. Se sentirem primeiramente a energia neutra do erudito, podem sintonizar-se de modo diferente do que se em primeiro lugar uma energia comunicativa atingir seu corpo.

Observem que âmbitos, chakras, glândulas são estimuladas ou acalmadas no seu corpo. Isso é muito mais fácil do que imaginam, pois o corpo de vocês reage diretamente, e não só através dos padrões reativos que vocês já conhecem. Todos os âmbitos de seu físico reagem às vibrações, na medida em que estas são enviadas com determinada carga. Caso seu estômago comece a roncar, vocês sabem que o pâncreas começou a funcionar e os sucos gástricos começaram a agir, e reconhecem: aqui está presente uma energia guerreira, ativa, agressiva, dominadora e resistente. Ela é produzida pela maioria dos componentes de um determinado grupo. Mas se, ao contrário, sentirem a necessidade de dizer algo que em geral não dizem, saberão que predomina a energia comunicativa, não importa se venham a dizê-lo ou não. Também a repressão da comunicação, as coisas não ditas, que ficam no espaço, chegarão diretamente a vocês se prestarem atenção aos sinais.

Impossível falar individualmente sobre todas as reações agora. Vocês podem traduzi-las e estabelecer analogias. Para nós é importante o princípio, e se tiverem afinado e refinado seus instrumentos será fácil, com a ajuda dos canais de percepção, ter acesso à dinâmica interior de grupos e organizações. Todo grupo tem seu jeito específico de ser, e nem sempre se identifica com a definição que um grupo dá de si mesmo. Assim há organizações em prol da paz, em que predominam as energias guerreiras e lutadoras; e há unidades militares que prestam atenção à comunicação, de tal modo que vocês têm de testar a irradiação individual e não apenas dar crédito à manifestação superficial. Sintam o que de fato lhes importa, sintam a verdade e o modo direto do contato energético. Assim, mais clareza, mais força se manifestará na vida de vocês. Vocês podem orientar-se pela verdade interior, em vez de deixar-se levar por falsas percepções.

VI. Religião —
a religação espiritual

A espiritualidade pessoal, quase privada, vive, há exatos trinta anos, um renascimento significativo, porém assume formas totalmente novas, diferentes das dos primeiros séculos. Ela foi totalmente absorvida por tradições religiosas do Oriente: pela meditação, pela yoga, pelos gurus e pelos ashrams. Principalmente no Ocidente, a pessoa "esclarecida" busca um sistema religioso que lhe transmita uma visão total de sua existência, sem eliminar a visão de mundo cunhada pelas ciências físicas e naturais. Queremos trabalhar no computador, mas também deitar as cartas do tarô, queremos voar para Marte e, apesar disso, nos sentirmos protegidos sob as estrelas de Deus. Neste capítulo trata-se de ter uma nova compreensão das necessidades primordiais do ser humano. Na História da Criação, como é mencionada na Bíblia, nós vivemos plasticamente o conflito entre um anseio infantil por ininterrupta confiança na onipotência de um ser mais elevado e o desejo ardente pelo conhecimento. Na lenda da infância de Buda menciona-se como o pai tentou mantê-lo afastado do mundo — num estado de ignorância e de inocência, num estado paradisíaco. Quando ele pisou pela primeira vez do lado de fora dos portões do palácio, seus olhos se abriram para o sofrimento do mundo, e ele se tornou um conhecedor.

Em nosso desejo de obter conhecimentos somos apoiados pela "fonte". O homem ocidental moderno tem um duplo anseio: ele não quer perder seus mitos originais, necessários à vida, mas tampouco quer entender o que eles significam na linguagem de sua época. Sua religiosidade precisa de formas conceituais e conteúdos que lhe sejam compreensíveis e que satisfaçam suas necessidades reais pela verdade transcendental. No entanto, a ligação interior às tradições de nossa civilização não devem perder-se.

A "fonte" conhece a diversidade histórica das imagens humanas de Deus. Ela indica que as religiões existem para os seres humanos e se destinam a dar-lhes consolo. Deus não precisa de adoração. Os capítulos sobre Deus e sua onipotente e onisciente figura de Pai, sobre a oração, a meditação e os símbolos de culto da humanidade levam essa idéia mais adiante.

Um antiqüíssimo símbolo da experiência religiosa é o encontro com um anjo. No início deste capítulo será explicado o que se entende por força angélica segundo a mensagem da "fonte". Quanto à sensação que muitas pessoas experimentam de ter um anjo da guarda, a "fonte" acha que, no caso de entidades protetoras, trata-se de instâncias anímicas da própria família de almas, que provêm de uma dimensão transpessoal, porém ainda totalmente anímica. Os anjos, ao contrário, assim ouvimos, são representantes de forças que pertencem a mundos que estão além do mundo da alma.

Os anjos se empenham pela equiparação das forças, sempre que a estrutura energética organizada entra em desequilíbrio. Assim sendo, os anjos não são entidades aladas fascinantes, como nós tradicionalmente imaginamos, porém eles também geram intranqüilidade quando é necessário, a bem de uma harmonia universal maior, para nós incompreensível. Nós soubemos que as sete energias básicas também cumprem seu dever nesse contexto.

E quando o Todo tem de fazer uma troca global de energia, há sempre, ao mesmo tempo, grandes auxiliares em forma humana, cujo corpo, entretanto, é animado por uma estrutura anímica diferente da nossa. Trata-se das almas transliminares (energias causais introduzem no corpo uma alma que encerrou sua última encarnação), que vêm com uma missão global e fazem as ofertas espirituais necessárias para que os homens não percam sua confiança diante de um mundo que lhes parece incompreensível. O exemplo mais conhecido por nós desse efeito é o de Jesus. Em Arquétipos da Alma já falamos sobre isso (pp. 349ss do original). Seres transpessoais (toda a família de almas anima o corpo de uma alma antiga, com isso ela passa de alma isolada para alma coletiva) aparecem com mais freqüência quando as almas das pessoas anseiam por eles. Já ouvimos falar de uma figura assim, cujo nome é Sai Baba. A "fonte" nos esclarece sobre a singularidade do pequeno menino Flavio, da Argentina. Ele encerrou seu ciclo de encarnação num outro mundo físico e se declarou disposto a encarnar-se outra vez na Terra como ser humano para poder nos contar sobre sua comunidade de almas. Este é um bom exemplo para o encadeamento de tudo o que é espiritual.

Num capítulo sobre o milagre de Pentecostes (uma vivência coletiva de iluminação) ficamos sabendo algo novo sobre a função de aparições especiais na estrutura da comunidade de almas.

Agrupamentos religiosos, não importa de que tipo, precisam de símbolos, de objetos de culto, que eles adoram como sagrados. A "fonte" nos explica o que significa santidade e como os homens mesmos podem elevar a vibração dos objetos para uma freqüência superior — apenas através de nossa adoração. Nesse contexto também estão incluídos o xamanismo, a possessão e os fenômenos energéticos.

Mas ai de vocês se a adoração no culto se distanciar do enquadramento aceito pela sociedade! Se os cultos e seitas tiverem um efeito ameaçador para as idéias de crença e de moral dos semelhantes, eles perdem a validade e seus seguidores são perseguidos — muitas vezes até a morte. Um subcapítulo é dedicado ao tema da busca espiritual não-oficializada e também responde à questão da função da Igreja Católica em nosso mundo em transformação, na virada para o século XXI depois do nascimento de Cristo.

Como a cura espiritual adquiriu recentemente um alto significado, a "fonte" também responde a perguntas sobre o xamanismo, sobre a possessão e sobre a força curativa de almas encarnadas.

Anjos — administradores das energias cósmicas

Pergunta: Atualmente surgiram muitos livros sobre anjos. Todas as grandes religiões falam sobre eles. Gostaria de saber se realmente existem anjos. Afinal, o que é um anjo?

Fonte: As aparições que vocês chamam de anjos são os mensageiros do Todo, os portadores da consciência de uma esfera para outra e os intermediários entre o Todo e o fragmentário. O grande Todo — também para nós — é tão imensurável que não pode ser compreendido ou captado por nenhum ser no cosmos. Para transmiti-lo, a energia mais abrangente ou a dimensão estreita da consciência envia mensageiros à camada menos ampla do plano mental e do plano sensual a fim de compartilhar. Como uma pedra que cai na água e forma muitos círculos concêntricos, minúsculas ondas que por fim chegam à praia e molham até o menor grão de areia, há impulsos que saem do Todo e alcançam também a alma individual.

Portanto, os anjos são os portadores da consciência. Aquilo que tentamos compartilhar com vocês, ainda que a partir de um modo de percepção limitado, lhes permite entender que há mensageiros ou enviados das mais diversas formas de energia e que nem todos representam as mesmas formas de consciência. Nem todos têm as mesmas tarefas, ao contrário, cumprem diferentes funções. Quanto mais próximos os enviados do Grande Todo estiverem de sua própria camada de consciência, tanto mais perceptíveis são eles para vocês. Por isso vocês captam estruturas de consciência essenciais que, por exemplo, são formadas por aspectos de seu eu superior e os percebem com mais freqüência e mais nitidamente como formas angelicais. Vocês as definem e as sentem como seus guardiães pessoais, ou como seus anjos da guarda. Nós não os chamaríamos de anjos no sentido real, pois eles são sempre um aspecto energético parcial de vocês mesmos. Se quiséssemos definir os anjos, teríamos de definir cada um de vocês, cada fragmento anímico, também como anjos. Vocês podem fazer isso, se quiserem!, mas tornaria confuso aquilo que poderiam ouvir de nós.

As pessoas falecidas tampouco devem ser confundidas com anjos, mesmo quando encerram sua recente encarnação como crianças pequenas, por mais inocentes que sejam. Um falecido se livra da sua última forma, e à alma livre do corpo é quase indiferente qual corpo ela habitou anteriormente. Quando, portanto, uma pessoa falecida lhes aparecer em sonho ou em uma visão, ela não pode nem irá ter a imagem de um anjo. Só adotarão imagem de anjos entidades que não podem chegar até vocês a não ser através de uma aparição espiritual. Entretanto, é freqüente vocês perceberem sua presença sem que possam avistar sua forma. E nós lhes dizemos: quanto mais sutil, elevada e pura é a esfera de consciência a partir da qual o enviado penetra na dimensão de vocês, tanto menos e tanto mais raramente ele se materializa. O enviado só se tornará visível quando ele — também poderíamos dizer "ela" ou "a coisa" — achar que é inevitável, quando a visibilidade, portanto, tiver como função surtir um efeito específico. Tudo o que for angelical ou tiver caráter de enviado pode alcançá-los, mas só se vier de além dos mundos da alma. Isso coloca vocês em ligação com camadas de consciência que ultrapassam em muito sua identidade espiritual.

Falamos de ordens de consciência e de dimensões da consciência. Mas isso não significa uma hierarquia espiritual, isto é, níveis de santidade entre aqueles que estamos lhes descrevendo como anjos. Portanto, não afirmamos que existem anjos melhores ou piores, anjos mais fortes e mais fracos. Dizemos: existem enviados de diversas esferas. Muitos são amplos ou mais densos, outros são mais limitados ou mais transparentes. No entanto, como sempre ressaltamos em outros temas, não constitui uma diferença de qualidade, porém uma diferença de função e de alcance do portador.

Ainda hoje o Grande Todo ou universo é também chamado de Deus por vocês. Seja qual for o nome que lhe dêem — ele é o que movimenta tudo. Ele enche tudo de sentido, sem ter ele mesmo um sentido. Ele é indescritível e incompreensível, a não ser que se manifeste por meio de alguma imagem ou forma. Esta pode ser mental, sensual ou material. E assim como o amor só pode ser experimentado através da união estabelecida por duas pessoas em algum ponto do tempo numa existência encarnada — em casos favoráveis, antes do nascimento —, e assim como esse amor liga vocês com um fio invisível à instância divina, vocês tampouco podem perceber o angelical, os enviados, a transmissão da energia divina — que não são só amor, mas são também amor — a não ser através do contato com uma força que se manifesta para vocês. Ela tem de se manifestar. E ela não pode se manifestar a não ser por meio de um toque que pode ser sentido no plano mental ou sensual.

Estamos sempre mencionando esses dois planos e queremos dizer que eles são os grandes filtros pelos quais a energia ilimitada pode fluir a fim de se canalizar. O mental é o princípio da capacidade de conhecimento espiritual. O sensual é o princípio da pura sensação. Nas dimensões sem corpo existe ainda a possibilidade da comunicação energética. No entanto, aqui não fluem apenas as comunicações telepáticas ou verdades de um lado para outro. Também as sensações como o amor, a compreensão e a proximidade são transmitidas. Em todos os mundos da consciência são percorridos dois caminhos que não estão um em oposição ao outro, mas se completam: o caminho do conhecimento e o caminho do amor.

Os anjos não são masculinos ou femininos, eles nem sequer são neutros. Mas como vocês os entenderiam se não os captássemos e descrevêssemos a partir das categorias humanas? Tudo o que vocês experimentam como um efeito angelical, como ampliação da consciência limitada de vocês para a do Grande Ser, precisa penetrar em vocês de forma mental e sensual. E todos os fenômenos devem ser assimiláveis de alguma forma, para que possam dizer: "Fui tocado." Ou então: "Eu vi uma luz." Ou: "Eu ouvi uma música." Ou ainda: "Eu ouvi o silêncio." Ou: "Eu não estive lá e voltei." Isso que vocês imaginam como um rufar de asas ou o suave toque das asas dos anjos, não tem nada a ver com asas verdadeiras. Asas são a imagem sensual que vocês ligam a essa sensação, a essa comoção.

A própria experiência da luz, de figuras luminosas ou de aparições é apenas uma forma de ajuda para aquilo que vivem. Não passa de um contato com uma forma de energia diferente, que lhes é desacostumada, estranha e, no entanto, extremamente agradável, porque abre as dimensões existenciais que cabem a vocês e destacam sua existência. Ela amarra vocês à força divina, de modo que vocês não estão sós, não perdem a coragem e são alimentados com um manjar insubstituível.

Se vocês aceitarem que os anjos essencialmente têm a função de protegê-los e de apoiá-los, temos de lhes dizer que isso não é verdade. O que os protege e apóia são as partes anímicas de seu próprio ser, o que vocês chamam de eu superior, ou o coletivo espiritual ao qual pertencem — a família de almas. Ela vela por vocês por interesse pessoal, no bom sentido, para que possam existir em forma encarnada por tanto tempo quanto for necessário para cumprirem suas missões momentâneas no sentido do Grande Todo.

O plano angélico, que provém de várias forças diferentes e, contudo, de uma única instância de energia, tem outras funções além da de proteger os fragmentos encarnados antes que se percam. Esses intermediários entre as diversas camadas energéticas são comparáveis às substâncias transmissoras que tornam um organismo capaz de funcionar. Eles são também os que unem a vida biológica e a vida espiritual, pois vida é energia. A vida física humana é uma energia que reflete um aspecto parcial da avassaladora energia da Grande Força. A energia incorporada não pode existir sem a energia destituída de corpo. Se a transmissão de energia for interrompida, o corpo morre.

Usaremos uma comparação que pode lhes parecer profana, mas é muito plástica. Em diversos planos os anjos são a esfera dos contadores, dos procuradores e dos administradores, dos inspetores da energia, dos que a carregam e distribuem. E assim como um império tem de ser organizado até o último empregado — para funcionar, para manter-se capaz de agir e para servir à sociedade, para que todos os caminhos possam ser percorridos de cima até embaixo, chegando às mais finas ramificações e retornando —, o mesmo acontece com as esferas da consciência.

E queremos dizer-lhes algo mais. As sete energias básicas de que agora já têm algum conhecimento, também são válidas no âmbito dos mensageiros da consciência. Portanto, podemos afirmar: entre os enviados há aqueles que predominantemente apóiam e servem vocês (energia 1); outros, por sua vez, enchem vocês de força criativa (energia 2); e outros ainda prestam atenção a contatos e processos comunicativos e os estimulam (energia 5); existem os que os aguilhoam com suas forças, os defendem ou fortalecem (energia 3); e há os que os conduzem e orientam (energia 7); há os que estimulam sua capacidade de amar e dissolvem limitações desnecessárias (energia 6); e há, ainda, anjos que ensinam vocês (energia 4) — e isto sempre a partir da camada de consciência que representam.

Não é raro que os enviados angelicais tremam e estremeçam de expectativa, na esperança de que um ser humano ou outra entidade do cosmos que possua uma alma se abra para recebê-los. Mas quando, e vocês conhecem isto de suas lendas, sagas e escrituras sagradas, uma comunidade humana se fecha ou estagna por tempo demasiado num estado de tensão repleta de medo, sem obter ajuda, os enviados estão prontos a superar sua costumeira discrição para chegar até as almas, chegar a todos os fragmentos que se enganaram ou perderam o caminho, para, com um adejar de asas,

Religião — a Religação Espiritual

lembrá-los de todas as possibilidades que sempre estão abertas para eles. Nesses casos, no entanto, eles têm de assumir formas, o que custa muita energia, pois uma energia da consciência precisa de considerável esforço para se densificar a ponto de se tornar visível ou adotar uma outra forma qualquer, que resulte em uma aparição semelhante a uma materialização. Mas os enviados do princípio divino, as forças do cosmos só darão esse passo quando isso for inevitável.

Nós, que falamos com vocês, também somos transmissores. Contudo, não nos definiríamos como anjos no sentido apresentado neste momento. Nós pertencemos aos mundos da alma, ao mundo da consciência causal. Por anjos vocês entendem algo estranho, numinoso, sagrado — forças que não podem captar ou nem sequer chegar a conhecer, algo impalpável, que inspira respeito. E nós lhes damos razão. Mas não queremos ser anjos para vocês.

Muita coisa se modificaria para todos os que habitam um corpo humano em seu planeta, se pudessem levar em consideração as forças da consciência de um número infinito de mediadores como nós — hostes de anjos, como vocês dizem —, como parte de sua vida cotidiana. Vocês podem interrogá-los, podem fazer pedidos, podem procurá-los sempre que precisem de apoio, ensinamento, comunicação, ampliação de suas forças amorosas, orientação ou novos impulsos, ou um aprofundamento de sua criatividade. Não sejam tão tímidos! Ousem mais, visto que nós e muitos outros estamos aí, à disposição de vocês! E não apenas por vocês, mas também para vocês. Nós existimos, por um lado, pelo fato de termos uma existência, e por outro lado, porque temos uma função. Se nenhum ser humano nos chamar ou muito poucos de vocês aproveitarem essa oportunidade, nossas funções se atrofiam como músculos que não são usados. A energia só flui e continua viva quando se permite que flua. Se não puder fluir, a energia leva a um estado de tensão.

Como fragmentos isolados do Todo é essencialmente mais fácil, mais belo e benéfico quando o contato é estabelecido de uma ou de outra parte sem esforço. Mensageiros de energia como nós estão sempre aí por perto, ao lado de vocês, acima ou embaixo de vocês. Não tenham medo de nós, não nos considerem estranhos. Não nos adorem, porém olhem para nós como amigos! Não somos como vocês, mas somos a ponte que podem atravessar para chegar às dimensões do plano transpessoal e transcendental. Como entidades incorpóreas do mundo causal da alma, somos as escadas para o céu. Nós os servimos com prazer com os diferentes degraus que nossas energias apresentam; e o degrau inferior não é menos importante ou valioso do que o mais alto de todos.

Nossa força não é uma força angelical. O conceito "anjo" só se torna significativo quando o espiritual como existência mais estreita ou mais ampla não tem mais valia — portanto, quando está além dos três mundos da alma.

A fragmentação certamente já foi compensada na camada causal da consciência, contudo persiste uma recordação dessa fragmentação que nos possibilita falar com vocês diretamente e sem rodeios, uma vez que em virtude de nossas experiências no espaço e no tempo estamos bem próximos de vocês. Os anjos, ao contrário, os verdadeiros anjos no sentido estrito, não são e nunca foram encarnados. Eles tampouco são almas, pois não têm alma. O plano anímico é parte do cósmico, mas não do Todo. Os mundos da consciência da alma são formas de manifestação que constituem tão-somente um segmento do Grande Todo.

Se souberem tirar proveito do mundo causal, vocês podem usá-lo para todos os interesses e âmbitos de sua vida. Nenhum indivíduo é grande ou pequeno demais. Com isso queremos dizer que vocês podem ter toda a intimidade conosco! Com os anjos, em contrapartida, vocês podem manter um contato que nada tem em comum com sua vida, seu cotidiano. Trata-se de uma ampliação de consciência, tão pungentemente diferente, tão abrangente que não seria suportável por mais de um momento, de um rufar de asas. Vocês compreenderão quando dissermos: ser tocado por uma força angelical não pode tornar-se parte da vida cotidiana. Isso não seria necessário, isso não teria sentido. Para ter efeito, o plano angélico precisa se manifestar numa situação excepcional. A força da consciência é tão avassaladora que provoca um eco que continua válido através de anos, de décadas. Outros portadores da energia, expansivos e menos limitados assumem a tarefa de cuidar dessa ressonância.

❧ ❧ ❧

Pergunta: Vocês podem relatar um contato histórico com anjos que nos permita entender isso?

Fonte: Durante as negociações de paz no final da Guerra dos Trinta Anos, em Münster, que aparentemente tomavam o curso desejado, subitamente fez-se silêncio entre os participantes; os presentes prenderam a respiração e o coração deles quase parou de bater. Num momento em que cada um queria cumprir sua incumbência política segundo seus interesses particulares, e só aparentemente estava disposto a encontrar uma solução que de fato trouxesse a paz, todos os participantes tiveram uma ampliação de consciência e correram os olhos pelo círculo de pessoas, o que lhes mostrou que não podiam mais persistir em sua pretensão original. Eles reconheceram que nenhum dos outros estava em condições de exigir ou de executar o que originalmente haviam planejado.

Como se tratou de uma comoção interior da qual não era oportuno falar, houve um tácito consenso entre todos os participantes do encontro para que essa ocorrência não entrasse para os anais, embora seus efeitos tenham sido terrivelmente fortes e tenham vigorado durante muito tempo. Nenhum dos que estavam presentes naquela ocasião pôde continuar a pensar e agir de forma tão limitada, tão mesquinha quanto antes. Sempre que uma grande comunidade se fecha durante muito tempo à consciência, ao amor e aos interesses do Grande Todo, são enviados mensageiros que, com muito esforço, dissolvem a rigidez. Esses mensageiros são os administradores e guardiães do Grande Todo de energia; sempre que uma forma especial de manifestação energética deixa de estar em equilíbrio durante um longo tempo, seja por demasiada paz ou por muita insatisfação, há uma intervenção.

(Varda: *"Antes de voltar do transe, quero dizer que essa energia angelical em Münster veio da camada de consciência da misericórdia (energia 6); porém a irrupção das hostilidades na Europa também veio de uma força angélica, e na verdade de uma força da energia 3, a energia básica do guerreiro, da qual dissemos que aguilhoa o ser humano. Digo isso apenas para tornar compreensível que as forças angélicas no sentido comum não trazem apenas paz e amor, como nós imaginamos, mas também acontecimentos que nos parecem desagradáveis e que provocam turbulências de efeito hostil e destrutivo. E elas podem dever-se, em grande estilo, ao efeito de forças angélicas cósmicas, sem que de modo algum possam ser chamadas de diabólicas."*)

O milagre do dia de Pentecostes

No dia de Pentecostes de1993, a "fonte" nos transmitiu uma mensagem pessoal endereçada aos participantes de um seminário sobre o significado do dia de Pentecostes. No ano seguinte, nós nos encontramos no domingo de Pentecostes com alguns amigos para uma sessão mediúnica e o desejo de Frank nesse dia era, mais uma vez, interrogar a "fonte" sobre o fenômeno de Pentecostes. Primeiramente, ele leu para nós a passagem do Novo Testamento em grego. Nós não entendemos essa língua, porém sua sonoridade nos deixou num estado de espírito especial. Eu já estava em transe e tentei me adaptar às vibrações do texto, à medida que ouvia a voz comovida e querida de Frank. Eu me sentia muito solene e podia sentir em mim a ressonância de meu papel anímico sacerdotal. Inclusive durante a transmissão da mensagem, que só começou depois que ou-

vimos o mesmo texto em alemão, essa vibração não passou. Desde que a "fonte" falou para nós sobre Jesus e a crucificação há dois anos, eu me sinto ligada à tradição religiosa cristã e a seu fundador de uma nova maneira. Também desenvolvi um outro relacionamento com algumas vidas passadas, nas quais a crença cristã representou um papel muito mais importante para mim do que nesta minha encarnação atual. Além disso, estas mensagens sobre "falar em línguas" se relacionam diretamente com nosso trabalho mediúnico e estabelecem uma correlação ampliadora.

PENTECOSTES DE 1993

Fonte: Queremos despertar a lembrança de vocês e fortalecer sua consciência para o que significa o dia de Pentecostes no enquadramento de sua religião. O dia de Pentecostes é celebrado em memória de um derramamento do Espírito e de sua manifestação por meio da expressão em línguas.

Hoje lembramos vocês desse fato porque desejamos lhes dizer o seguinte: cada um de vocês pode celebrar seu próprio milagre de Pentecostes, tornando-se receptivo a expressar-se em línguas. E o ser humano também se abre ao fazer perguntas que liberam a língua dessas forças divinas invisíveis.

O milagre de Pentecostes é expressão de misericórdia, que abençoa em igual medida quem recebe e quem dá. Nessa troca, vocês, seres humanos, se tornam realmente pequenos quando insistem em que são insignificantes, em que são indignos de que lhes proporcionem algo que vocês não mereceram. Nós queremos, entretanto, lhes dar algo e dizer que não só ficamos agradecidos, como insistimos para que façam perguntas. As perguntas de vocês desatam nossa língua. E somos muitos. Podemos ficar sempre à disposição de vocês, não apenas em um dia de maio, porém todos os dias e todas as noites; basta vocês se abrirem para que pequenos milagres possam acontecer no cotidiano.

A receptividade não é um estado em si mesmo. A receptividade não é um fim em si mesmo. Vocês também têm de aprender a se fechar. Só poderão ouvir a língua do divino quando conhecerem um estado de interiorização tal que não consigam ouvir nada que venha do exterior. E quando se fecharem por bastante tempo, ouvirão finalmente o mais leve sussurro do vento, o mais delicado rumor das folhas e a respiração da cidade grande — de um modo que não é possível quando estão constantemente à escuta e nunca fecham os ouvidos ao que os rodeia.

Domingo de Pentecostes em 1994

Frank lê: "E quando chegou o dia de Pentecostes, todos se reuniram no mesmo lugar. E eis que subitamente veio do céu um rugido como um vento forte que soprasse e encheu a casa em que estavam. E surgiram diante de seus olhos línguas como que de fogo e elas se dividiram e pousaram sobre cada um deles, e eles ficaram cheios do Espírito Santo. E começaram a falar em outras línguas, conforme o Espírito lhes ordenava falar."

❧❧ ❧❧ ❧❧

Pergunta: Como devemos entender o rugido do céu que parecia a passagem de um vento forte?

Fonte: Milagroso é todo acontecimento para aqueles que não o esperam, não o entendem e dele não participam. Maravilhoso é todo acontecimento para os que permitem ser tocados por ele sem tentar entendê-lo e que participam dele com tudo o que são e com tudo o que têm.

O vento, o rugido do qual estamos falando, não reproduziu nada além da enorme mobilidade, da emoção, do fato de cada pessoa que havia se reunido ali ser tocada pelo Espírito. Trata-se de uma vibração criada por todos e sentida por todos ao mesmo tempo, que surgiu porque os presentes haviam se reunido para sentir outra vez algo familiar que os unisse como nunca; mas também porque essa disposição de sentir, de captar, de lembrar elevou de tal forma a vibração de todos, inclusive dos que não participavam diretamente, que uma outra vibração, em geral pouco manifestada, pôde entrar em contato com os membros dessa reunião, desse grupo.

Vocês sabem por experiência própria, que um tumulto interior, uma agitação, um movimento pode se expressar como uma tempestade para vocês e para outros grupos correligionários através de uma explosão de gestos, sons e lágrimas. Isso também acontece nesse caso. Quando todos estão comovidos e respiram mais profunda e completamente a fim de controlar essa emoção, e mesmo assim não conseguem fazê-lo, surge um murmúrio, um rugido, um vento, que enche o aposento como um remoinho. Os centros energéticos se abrem todos ao mesmo tempo por meio do entrelaçamento coletivo, as funções cotidianas dos sentidos sofrem uma delimitação e ampliação, tudo é captado e sentido mais intensamente. Sendo assim, vocês podem imaginar que o fato de ser tocado pode ser sentido como o rugir do vento que, como um sopro, traz uma vibração nova e, para muitos, estranha. Mas esse é apenas o começo.

✵✵ ✵✵ ✵✵

Pergunta: O texto fala em seguida de línguas de fogo que se dividem, e nos diz que sobre cada um dos presentes pousou uma dessas línguas de fogo. O que isso significa para nós?

Fonte: É difícil tornar compreensível para vocês a intensidade dessa experiência comum de arrebatamento, pois teriam de vivê-la em si mesmos para compreendê-la. Contudo, sabemos que alguns de vocês podem se reportar a uma experiência semelhante e se lembrar que vivências comunitárias exercem um efeito potencializado sobre o próprio ânimo, sobre o ânimo individual, e que podem levar ao êxtase, definido por muitos como histeria porque têm medo; uns poucos o consideram agradável, arrebatador e profundamente transformador.

Sempre que uma comunidade é tomada simultaneamente por uma onda de uníssonos emocionais e mentais, ela está pronta a acolher experiências, a receber informações que dificilmente obteria em outras circunstâncias. Ao dizermos isso não estamos nos referindo unicamente ao toque de indivíduo por indivíduo, de alma isolada por alma isolada, porém a um grande número de forças anímicas e extra-anímicas que tocam uma comunidade maior de almas entrelaçadas, unidas e irmanadas.

A manifestação de línguas de fogo sobre a cabeça dos presentes é uma sensação, não é uma realidade física ou visual. O enfraquecimento dos medos pessoais durante um tempo limitado para os que se colocam nesse estado de consciência ou a ele são levados por uma energia maior, é sentido como um raio de luz, uma claridade, um brilho, um ficar dilacerado de forma agradável ou que desperte medo. E se vocês pudessem ver o campo energético de extrema densidade que se forma entre os participantes e o grupo tocado pelo espírito interior e exterior comum, e se ao mesmo tempo pudessem ver a aura desse grupo, vocês a veriam como uma luz tremeluzente azulada.

A abertura do sétimo chakra no alto da cabeça do ser humano muitas vezes pode ser descrita como uma fonte, uma coroa, um fogo de artifício luminoso. E quando um grupo de vinte ou mais pessoas o abre simultaneamente e ativa esse sétimo chakra, a energia armazenada aumenta e explode como uma fonte pelo alto da cabeça formando campos de energia que, por sua vez, tocam os outros campos energéticos. Isso acontece no exato momento em que esse estado não é criado de forma voluntária, conhecida, intencional e consciente, porém é vivido como uma eliminação de limites chocante, súbita, inesperada.

Esses campos magnéticos aumentam reciprocamente sua tensão e não é de se admirar que esse fenômeno seja descrito como um estremecimento de línguas de fogo divididas. Muito mais admirável é que as pessoas, os observadores, em maior ou menor medida participantes, pudessem tomar conhecimento desse fenômeno. Pois não se esqueçam de que, nem os apóstolos nem os judeus e os cidadãos de Jerusalém que estavam presentes, tinham sido preparados para isso por anos de prática de meditação tranqüila ou de técnicas ocidentais de ampliação de consciência. Eles não eram esoteristas, não tinham conceitos, teorias ou técnicas. Tudo aconteceu de forma espontânea e interior. As pessoas que estiveram presentes a esse acontecimento tinham um mestre, mas não tinham uma doutrina que estabelecesse uma diferença entre a parte teórica e a parte prática do que lhes era transmitido de forma tão direta. Ninguém interpretou a doutrina para eles. Eles foram os primeiros a recebê-la, e diante da mensagem direta e do exemplo indireto eles sentiram que não sabiam o que fazer, ficaram confusos e tiveram a impressão de que se exigia demais deles.

Foi exatamente essa exigência excessiva que abriu muitos deles de tal forma, que eles não queriam, não podiam nem desejavam mais pensar, e por isso captaram coisas às quais normalmente ficariam fechados. Entre eles nenhum conseguia pensar de forma mais clara do que Paulo. Entre eles não havia nenhum que quisesse fazer uma abstração, pois para entrar em contato íntimo com o homem Jesus, o indivíduo teria de estar em condições de estabelecer uma ligação com sua essência anímica, com o agente de cura emocional. Essa ligação não passava pela força do intelecto, mas pela força do emocional, do espontâneo, do plástico, do auxiliador, do comovente, do sensual — da energia 1.

✥   ✥   ✥

Pergunta: Falou-se várias vezes de uma mensagem que foi recebida. Qual o conteúdo dessa mensagem?

Fonte: Este acontecimento foi uma vivência de apelação para todos os espíritos feridos, confusos, que se sentiam roubados de sua essência, de seu amado mestre. Eles haviam construído suas vidas em torno de uma pessoa, que subitamente desapareceu, eles haviam desistido de tudo e agora estavam diante das ruínas de sua existência — um momento decisivo para todos os que queriam deixar acontecer algo novo. Eles haviam se reunido para se consolar, para lamentar-se em comunidade, para rasgar o peito e arrancar os cabelos.

Queriam buscar conselho junto aos outros que não sabiam igualmente o que fazer, e o sofrimento que os uniu foi também o que os abriu para uma lição, para essa vivência de apelação que captaram simultaneamente, sem contudo ouvi-la em palavras. Ela foi sentida e reconhecida, ela lhes foi mostrada por uma iluminação súbita, não tão duradoura para todos, mas que ainda assim durou alguns anos; essa iluminação lhes possibilitou, a cada um isoladamente, distanciar-se de suas reflexões, de suas considerações mesquinhas, de suas vinculações e enredamentos, de suas argumentações, desculpas e racionalizações para cumprir com firmeza envolvente uma tarefa declarada, abrangente, que antes não teriam condições de cumprir, visto que cada um nutria tantas dúvidas, tanta tristeza, tantos anseios e sentia tanto abandono e solidão, que não havia possibilidade de agir, a partir do núcleo tornado órfão, sem o milagre de Pentecostes.

Portanto, a mensagem era para todos e para cada um individualmente. Você é quem pode noticiar, quem pode contar, quem pode testemunhar! Você *sabe* porque sabe, você *sente* porque sente! Nada há a explicar, basta fazer uma comunicação que lhe é dada no momento. Não é necessário pensar, não é necessário que você pessoalmente desenvolva algo. Você sabe que lhe foi dado um presente, que lhe foi aberto um acesso. Você pôde declarar-se à disposição; e o espaço resultante de sua dedicação, de sua confiança continuará a ser preenchido até a abundância. Não há nada mais a fazer além de abrir a boca, deixar brilhar o coração e lembrar-se desse dia. Se foi possível uma vez, será sempre possível.

❧❦ ❧❦ ❧❦

Pergunta: Quero saber com mais exatidão o que as pessoas que foram tocadas, nos mercados da cidade, deviam ou queriam dizer.

Fonte: Em primeiro lugar não havia ali muito conteúdo. Havia afastamento, êxtase, uma transformação, um brilho que envolvia cada pessoa que, mesmo por poucos minutos, não sentia mais medo. Isso causava um efeito que não deve ser menosprezado. Se vocês conhecem uma pessoa há bastante tempo e ela subitamente se modifica diante de seus olhos adquirindo uma nova irradiação, vocês não perguntam: "Como, por que, de onde e para quê?" Vocês se sentem contagiados por essa irradiação. E desejarão gozá-la e experimentá-la uma vez. O júbilo, o clamor expresso por palavras ou não, o arrebatamento que gera uma ressonância e um amplo eco são suficientes. Só muito mais tarde alguém que passou por uma dessas vivências de arrebatamento desejará falar sobre ela e procurar entendê-la.

Vocês também podem partir do fato de que cada um dos presentes que caiu nesse estado de arrebatamento sentiu a presença do Mestre desaparecido a partir de seu sofrimento, a partir de seu amor e nunca mais duvidará ou negará essa presença. Uma inabalável certeza foi gerada. Essa certeza teve seu efeito — e nunca se esqueçam disso — sobre o estado de ânimo dos presentes, que eram pessoas simples. Eles não se perguntaram qual era o fenômeno psíquico, qual era a deformação patológica ou qual era a confusão existente, porém obtiveram, em virtude da simplicidade de seu coração e de sua mentalidade não-educada, um impulso direto, uma impressão imediata daquilo que estava acontecendo.

Vocês sabem por experiência própria que entre as pessoas que são pouco influenciadas pelos métodos da dialética ou da escolástica, pelas questões técnicas e científicas do pensamento ocidental analítico, dificilmente surgem dúvidas como as que vocês conhecem, pois muito poucas coisas são questionadas. Uma vez recebida uma impressão, ela continua a mesma. Ela é transmitida de geração a geração e mantém sua qualidade própria, direta. Sua interpretação é uma forma posterior e igualmente válida do raciocínio, porém entre os contemporâneos daquela época havia poucos que rissem do arrebatamento dos presentes ou que interpretassem o acontecimento dizendo, por exemplo: "Estão todos embriagados."

❧❧ ❧❧ ❧❧

Pergunta: Por que plano de vibração energética aquelas pessoas foram tocadas naquele acontecimento?

Fonte: Vocês o podem entender como uma ligação de forças causais e anímicas com a energia poderosa dos anjos, da maneira descrita por nós. Falamos dos anjos como administradores da energia cósmica divina, e há muitas dessas energias. Para serem captadas pelos seres humanos, elas têm de passar por uma transformação; para alcançar os seres humanos, elas se servem de intermediários e de enviados que estão em contato direto com almas humanas. São eles os membros de famílias isoladas de almas, que, em geral, por sua vez têm ligações com outras famílias de almas cujo caminho de encarnação já se encerrou. Estas, por sua vez, estão ligadas às almas que existem há mais tempo no mundo causal; ali, afinal, há aquelas que estão prestes a dissolver sua qualidade anímica e a fazer a transição para uma vibração não-anímica.

Pergunta: O surgimento do Cristianismo foi estimulado por essas duas correntes energéticas — de um lado, pelo surgimento concreto da alma transliminar de Cristo, como mencionam os evangelhos e, de outro lado, pelas vivências da vocação e pelas energias conseqüentemente liberadas?

Fonte: Mesmo uma alma transliminar não pode trabalhar sozinha se quiser atingir os seres humanos. Ela precisa do apoio de energias superiores e também do apoio de ajudantes materiais, manifestos e encarnados. Todo o processo, se é que podemos denominá-lo assim, é um processo que, dentro da regularidade da causalidade, transforma energias e vibrações espirituais em ações, em efeitos, em verdades que também têm conseqüências físicas. A energia se transforma em história no processo terreno e necessita de um grande e cada vez maior número de almas isoladas encarnadas.

E assim, vocês percebem que essa vibração original, que não pode ser captada e é verdadeiramente insuportável aos seres humanos, é transformada até poder ser percebida pelo pastor e suas ovelhas mais simplórias. Quem foi tocado por um *quant*, uma partícula minúscula dessa energia primordial, nem que seja por um átimo de segundo, continuará a carregá-la à sua maneira, e independentemente de sua qualidade, que se mantém. E isso vale também para todas as outras energias.

Além disso, queremos lembrar-lhes que não é apenas esse fenômeno energético o fundamento da sua religião, não é apenas a expressão do Ungido que tem validade. A energia de Cristo não coloca fora de ação outras energias, como tantas vezes se espera ou deseja. Na verdade, acontece o seguinte: cada pessoa que, por exemplo, entra em contato com alguma forma de guerra ou violência, seja por experiência pessoal, seja por leituras ou relato de outros, por meio de uma fotografia ou de qualquer outra coisa que possibilite esse contato, continua a carregar a energia que recebeu. Como usa a energia recebida e a transforma não se diferencia essencialmente de como usa e transforma a consciência de Cristo. É problema dela, sua responsabilidade, seu livre-arbítrio.

Pergunta: O que significa realmente na nossa língua a expressão "falar em línguas"?

Fonte: Quando uma pessoa perde o medo, quando transcende sua característica principal e seus outros medos essenciais, ela se livra de sua cegueira e abandona os trilhos de sua percepção limitada do tempo. Ela tem imediatamente acesso a seu passado anímico e como esse acesso sofre uma limitação — devido ao tempo moderno em que existe, não ao tempo em que paira a sua consciência —, as lembranças primordiais de vidas passadas podem ser liberadas aos poucos.

As primeiras lembranças que surgem são as daqueles acontecimentos que deixam uma impressão especial, forte, muitas vezes traumática, algumas vezes feliz. E assim aconteceu; e assim as testemunhas do milagre de Pentecostes voltaram a uma vida em que falavam outras línguas a fim de se fazer entender; muitas até mesmo passaram a usar formas de expressão conhecidas de outras vidas, que não conheciam na vida atual. Elas viveram sua multidimensionalidade, sua essência, o seu cerne e observaram a existência como um todo. Durante esse acontecimento avassalador, subitamente puderam falar umas com as outras nas mais diversas línguas, que haviam usado em outras épocas para se comunicar.

E depois que essa primeira etapa foi considerada como um obstáculo vencido, reconheceram que até podiam falar sem usar palavras. Eles desenvolveram uma metalinguagem energética, cujos conteúdos também podiam ser entendidos pelos outros, os não-participantes. Os ouvintes tinham acesso direto ao que era dito, porque essa metalinguagem por sua vez despertava neles uma recordação. Eles ouviam, eles não entendiam e, contudo, compreendiam o que era dito.

Quando se diz: "Ide e preguei a todos os povos," isto tem um grande significado: compartilhem com todos o que vocês são e o que vocês têm! Confiem em que podem falar a partir da plenitude, que também podem falar outras línguas além de sua língua natal. Para tanto basta voltar a esse estado de transe de olhos abertos para se ligar às fontes de sua consciência coletiva e individual. Com a certeza dessa missão e dessa vocação, não terão dificuldade em desenvolver essa confiança e realizar esse esforço espiritual.

Portanto, no acontecimento de Pentecostes, trata-se do que foi transmitido, de uma progressiva liberação do fluxo limitado de consciência. E se compreenderem como é fácil ativar sons e línguas alguma vez ouvidos, sem os limites estreitos da razão, os quais consideram nunca poder expressar, mas dos quais cada detalhe foi impresso em sua consciência, não mais ficarão admirados de isto ser possível depois de uma tal experiência, que deixou nos participantes daquele acontecimento uma marca específica que nem todos podem alcançar ou repetir.

Pergunta: Apesar de tudo, eu estou surpreso! Vocês falaram de iluminação, mas em outra ocasião falaram sobre como é difícil suportar o estado energético de iluminado, e mencionaram que pressupostos energéticos uma pessoa tem de trazer — por exemplo, a idade da alma. Então, como foi possível a esses apóstolos de Jesus suportarem esse estado ilimitado de consciência, se nem todos eram almas antigas no estágio 5 ou mais antigas ainda?

Fonte: Quando dissemos a vocês que um tal estado não pode ser alcançado a qualquer momento por qualquer pessoa, dizemos "alcançado" no sentido de que não se deve usar de esforço para atingi-lo, aproveitando todas as forças que estão à disposição de um indivíduo: persistência, esforço, conhecimento, educação, meditação, orgulho, ausência de ego, ou seja lá o que for. Esse estado não pode ser alcançado, com forças próprias, antes de uma determinada idade anímica.

Acontece algo diferente quando esse estado é provocado — enviado por forças transpessoais devido a uma razão determinada e com um objetivo específico. O contato direto através de Jesus e de Cristo, o contato físico, anímico e espiritual direto com esse portador e enviado de Deus, tornou possível que exatamente aquelas pessoas que não se esforçavam de maneira consciente, ambiciosa, objetiva e duradoura por alcançar esse caminho de iluminação pudessem ser abertas, e que justamente elas, que não esperavam — lembrem-se de nossas palavras introdutórias —, fossem alcançadas de um modo que as impressionou fortemente, modificando-as e enchendo-as da certeza de que nunca mais ficariam confusas, muito embora esse estado de iluminação desaparecesse depois de alguns anos em algumas delas, como um dia claro que passa para o entardecer e para a noite.

Símbolos de culto, xamanismo e possessão

Pergunta: Objetos e construções de culto, como, por exemplo, a Arca da Aliança do Velho Testamento ou as pirâmides, têm significado espiritual global por causa de sua vibração?

Fonte: Quando milhares de pessoas, em virtude de um acordo espiritual, resolvem voltar seus impulsos mentais e emocionais para uma pedra qualquer que encontram no campo, essa pedra recebe imediatamente um sentido e começa a se carregar com os impulsos que lhe enviam. Todo pensamento e sentimento individual que é dirigido para ela é como um raio que preenche seus átomos, moléculas e íons com uma nova carga. E apesar de externa ou visivelmente nada se modificar, ela adquirirá um sentido que está além da simples atribuição ou superstição.

Essa é a força do espírito e dos sentimentos. Esse é o encantamento, a magia da união de forças espirituais. Ela não só faz a pedra amolecer no sentido mais verdadeiro da palavra — mas pode gerar a força que essa pedra emite ao ser transformada em centro de um culto. Como essa força é muito mais forte quando se trata de um objeto formado pela natureza, uma rocha, por exemplo, ou então um objeto formado com a ajuda do espírito humano e das emoções grávidas de símbolos, esse objeto se torna portador de um significado de grande alcance. Sendo assim, todo anel fabricado pelo ourives com alguns pensamentos bons e amorosos, se torna um objeto de grande significado e de grande transcendência. Se for dado de presente como anel de noivado e usado, ele recebe uma vibração pessoal, insubstituível. Isso vale ainda mais quando o objeto central do culto de um país é adorado por milhares ou milhões de pessoas e carregado com as mais puras vibrações de seus corações. A carga energética que é enviada ao objeto não se perde. Ela modifica a estrutura molecular de uma forma ainda não descrita pelos físicos, porque eles não chegaram a analisá-la. No entanto, isso não significa que ela não seja mensurável ou que não exista.

Objetos de culto e objetos simbólicos, desde os menores até os universais, reúnem as energias emocionais e espirituais, e as armazenam a partir do momento em que são consideradas sagradas. As pessoas podem enriquecer tudo com forças espirituais. Desde a folha seca da primeira rosa dada pelo namorado, que a pessoa que ama guarda, até os livros de leis e as escrituras sagradas; desde lápides e totens, desde a caaba, o bezerro de ouro ou a Arca da Aliança até as respeitadas relíquias dos fundadores das religiões ou dos santos: trata-se de portadores de freqüências energéticas.

Em si mesmos os objetos não têm significado. As pessoas é que lhes dão significado. As forças de vocês são muito mais independentes e diretamente voltadas para objetos do que em geral imaginam. Vocês mesmos enchem os objetos de significado e de magia. Em sua forma original de ser eles não têm nenhum significado. Mas a adoração humana, a adoração no culto e a atribuição simbólica não ficam sem conseqüências energéticas físicas mensuráveis. Quando um objeto de culto desconhecido ou há muito tempo perdido é encontrado e uma força de pensamento torna a acender a velha chama estabelecendo assim um contato que torna a repor a vibração viva, pode partir dele um efeito que não deve ser negligenciado. O significado dos objetos não é independente das pessoas. Ele necessita das forças ativas da consciência.

A vibração daqueles indivíduos e comunidades que adoram tais objetos, e também a idade anímica dos que os veneram e adoram são decisivos para a freqüência da carga energética que esse objeto recebe. Existem também cargas negativas. Vocês devem ter ouvido falar que um mestre espiritual só entra em contato com alunos de determinada mentalidade ou estrutura anímica, e que determinados alunos têm de procurar um mestre específico. Ninguém pode existir para todos. Algo semelhante acontece com o relacionamento entre os objetos do culto e seus adoradores. Estruturas diferentes buscam e precisam de objetos diferentes. Pessoas de diferentes idades anímicas buscam sempre formas específicas de adoração e de fundamentos.

Para hoje deve bastar mostrar-lhes isto. As imagens e idéias de vocês continuarão se desenvolvendo nessa direção e quando acharem conveniente, vocês irão tirar sua atenção dos maiores ícones das comunidades de fé e voltar-se para seus objetos de culto pessoal, íntimo, particular, que muitas vezes constroem uma ponte entre vocês mesmos e sua disposição de amar. Vocês podem sentir neles a própria força e dirigir sua magia de amor para determinados objetos a fim de santificá-los.

❦ ❦ ❦

Pergunta: Para mim não está claro qual vibração energética parte desses objetos assim carregados, como, por exemplo, a caaba.

Fonte: A santidade criada da qual falamos atua com reciprocidade, à medida que libera uma santidade no coração e no cérebro das pessoas. Isso que vocês sentem quando ficam comovidos com lugares ou objetos é um sopro da santidade que milhões de pessoas devotas imprimiram a eles. Vocês também contribuíram para isso em suas vidas passadas. Nada é sagrado por si mesmo, nem a própria vida. A santidade que hoje imprimem a lugares ou objetos com a vibração de vocês é tão real quanto raios X ou irradiação atômica — e ela se irradia diretamente sobre todos os que uma vez contribuíram para carregá-la, mas também para as outras almas.

Isto significa que entre vocês não são poucos os que se sentem atraídos por uma determinada estátua de Buda ou um santuário islâmico ou um templo hindu, um totem ou outros objetos de culto, porque vocês os carregaram com a mesma ou com uma veneração semelhante no passado. As ligações energéticas permanecem também quando a consciência de uma nova encarnação as esquece. No entanto, objetos de culto não são objetos sagrados — objetos mágicos no sentido de que deles se desprende o bem do mundo; ou como se da revalorização de um desses objetos, ou da ardente veneração por um objeto declarado santificado pudesse partir qualquer tipo de perigo para a humanidade.

Não se esqueçam: não se trata de fetiches ou de totens, mas do reflexo de um aglomerado de energias que partem das almas individuais e que estas mesmas podem aproveitar.

❦❦ ❦❦ ❦❦

Pergunta: O que é xamanismo?

Fonte: Por um lado, o xamanismo é um conceito estreito e, por outro, um conceito muito abrangente. As formas religiosas de expressão, que podem ser incluídas nessa designação, descrevem o desejo de atividade, a participação, o efeito imediato e o apelo dramático de um acontecimento religiosamente motivado.

O xamanismo estimula em igual medida os sacerdotes e os fiéis para um trabalho conjunto de culto. Esse trabalho conjunto exige antes de mais nada eliminar os limites da consciência; movimentos inusitados, sons estranhos e cheiros contribuem para que todos participem da conjuração do invisível, para que sejam tocados por forças e poderes que estão distantes deles na vida cotidiana.

Neste contexto, queremos dizer que os ritos da missa católica, de uma procissão no campo, o culto dos antepassados e outras práticas das grandes religiões mundiais contêm, de nosso ponto de vista, traços de xamanismo, mesmo que os sacerdotes desses cultos não os definam como tais. Portanto, o xamanismo é uma linguagem entre almas, especialmente entre aquelas cujos componentes do padrão anímico pertencem aos planos da ação e da vivacidade, embora o plano da expressão represente um papel considerável. Do ponto de vista religioso, tudo o que pode ser melhor associado com o movimento e a expressão, aproxima-se de rituais xamanísticos.

Esta tendência independe amplamente da idade da alma, embora almas muito antigas já não sejam tocadas da mesma forma pela magia de situações dramáticas. Mas também para elas, de vez em quando, faz bem se perder, deixar-se levar pelas forças que, ao menos temporariamente, tiram-lhes o medo do arrebatamento, visto que esse arrebatamento acontece num enquadramento coletivo e está organizado ritualmente, especialmente pelos próprios sacerdotes xamãs, de forma que ao arrebatamento siga-se uma nova ligação.

Pergunta: Quem pode ser sacerdote xamã? Que condições são necessárias?

Fonte: O sábio, o artista e o rei — enquanto essências anímicas — prestam-se especialmente para a formação de funções de xamã. O sábio, porque pode disseminar conhecimentos durante o transe; como pessoa em perfeito estado de consciência ele não poderia captar ou transmitir esses conhecimentos, pois, como um ser humano comum, ninguém lhe daria crédito. O artista, porque como xamã pode expressar suas idéias estranhas, originais, podendo modelar situações mágicas que modificam por muito tempo as energias dos ouvintes, observadores ou participantes. O rei, porque está em condição de assumir responsabilidade por todo acontecimento mágico e ritual, deixando imperar uma visão global em estados de consciência que estão associados, para todos os participantes, a certos perigos, especialmente o perigo da dissolução do eu.

Pergunta: Gostaríamos de saber mais sobre esses perigos e sobre como lidar com eles.

Fonte: Na medida em que é completado temporariamente, o arrebatamento é um perigo aparente. Seu caráter ameaçador é subjetivo, visto que as pessoas se definem por meio da sua firme personalidade e de seus limites. No entanto, a religiosidade é constantemente a expressão de um desejo ardente de ao menos temporariamente transcender esses limites do eu, obtendo assim acesso ao si mesmo e suas diferentes formas de expressão. Portanto, o perigo está menos em concretizar um duradouro distanciamento do próprio eu, que leva à loucura, mas consiste muito mais na impossibilidade de manter a velha personalidade com seus limites estreitos. Logo de início isto não é desagradável para os participantes, visto que leva a um maravilhoso ampliamento do que vivem, mas tem um efeito de estranheza para os amigos, parentes ou para as pessoas de fora, que não puderam realizar essa ampliação de consciência — com as conseqüências que dela advêm — por não terem participado do ritual. Portanto, são os outros que têm dificuldade em aceitar a personalidade modificada pelos novos limites do eu. Isso gera problemas e causa medo. Todo e qualquer tipo de alteração e ampliação da consciência parece assustar os de consciência limitada.

O xamã, portanto, é um xamã porque ele sabe eliminar esse perigo para si mesmo. Graças à força de sua função, ele fica distanciado da comunidade. Ninguém espera que ele seja normal. Ele está destinado a fazer seu trabalho. A comunidade do culto o encarregou de ser diferente do coletivo. Um xamã abre-se às forças que sabe usar. Ele entra em contato com energias que lhe pareçam úteis para seus objetivos; contudo, é muito raro que se entregue a esse jogo de forças em planos que não domina, ou que supervalorize as próprias forças e limites. Para o xamã, portanto, existe apenas um risco mínimo que com o aumento da idade e da experiência ele sabe reconhecer. Ele não se exporá ao risco. Apenas durante o tempo de aprendizado ele se aproximará e mesmo ultrapassará esses limites e isso também faz parte dessa fase. Durante esses anos de aprendizado ele será confiado a um mestre que o protegerá das ameaças essenciais.

Um xamã, não importa se homem ou mulher, dispõe de uma força pessoal e de determinadas qualidades de liderança; estas já são identificadas por um mestre antes de a pessoa ser aceita para o aprendizado. A introdução aos mistérios da comunidade xamanista só ocorre depois de um exame ritual conforme os ritos iniciáticos organizados segundo etapas progressivas. E exatamente devido ao fato de essa formação ser longa e exaustiva, há uma garantia psíquica de que nada definitivamente avassalador e danoso possa acontecer para os próprios xamãs.

A situação é inversa para aquelas pessoas que participam voluntariamente ou por imposição coletiva da prática de rituais xamanistas. Elas não completaram os mesmos ritos iniciáticos, não conhecem seus limites como um xamã os conhece. E caso alguém esteja presente a esses rituais por mera curiosidade, por interesse turístico ou concupiscência de sensações, podem ocorrer modificações de consciência dentro desse contexto altamente carregado de energia. Essas modificações são intensas demais e de difícil elaboração, visto que podem influenciar a visão cósmica espiritual e a estrutura energética da personalidade sem preparo, de tal modo que requer tratamento posterior. Os medos, que podem ser despertados pela súbita elevação de energia e pelo confronto com o totalmente desconhecido e, portanto, perturbador, não são fáceis de controlar. Se forem reprimidos, em vez de elaborados, podem levar a danos psíquicos permanentes.

Pergunta: Vocês disseram que a religiosidade tem a ver essencialmente com arrebatamento. Até que ponto o xamanismo é diferente das outras formas de expressão da religiosidade?

Fonte: Podemos estabelecer um contraste entre os procedimentos xamanistas e uma silenciosa e fervorosa oração feita por um fiel a sós numa capela, que abre coração e espírito às forças do Divino. Um tal arrebatamento ocorre no plano da inspiração e da vivacidade. Mas quando uma pessoa começa a dançar e ao mesmo tempo inala vapores ampliadores da consciência ou é levada a um estado de êxtase por meio de tambores, um tamborilar que mexe com sua sensibilidade inconsciente e gera vibrações que a colocam num estado que de forma nenhuma corresponde ao de suas experiências cotidianas, trata-se de um estado alterado no plano da ação, ou seja, do xamanismo. No entanto, quando, ao contrário, esse estado é gerado por meio de gestos rituais, de gritos e de máscaras, por meio de balbucios e da imitação de sons animais, de uma expressividade no plano verbal e não-verbal, da mímica e dos gestos — e isto também pode ser obtido por meio de determinadas drogas ou através do êxtase coletivo —, trata-se de uma prática de arrebatamento no plano da expressão.

Todas as três formas são igualmente válidas, porém apenas o cristianismo ocidental e o hinduísmo conhecem a submersão solitária. Quase todas as outras formas de expressão religiosa no planeta de vocês são vivências coletivas. Elas abrangem os outros âmbitos da disposição religiosa humana. As igrejas cristãs colocam à disposição das almas correspondentemente estruturadas algo adequado: cânticos conjuntos e orações, por exemplo, se realizam no âmbito da expressão, sendo que alguns grupos cristãos cultivam o êxtase coletivo. E quando as freiras e os monges são orientados para isso, eles têm de rezar e cantar juntos durante a noite, e, embora este conceito não seja usado, trata-se de uma prática xamanista que objetiva um estado de êxtase.

❦❦ ❦❦ ❦❦

Pergunta: Com freqüência ouvimos dizer que o xamanismo se relaciona com agentes de cura. Que ligação é essa?

Fonte: O xamanismo atua sobre os centros energéticos, ou seja, sobre os chakras de todos os participantes e sobre seus corpos. Num ritual xamanista realizado com perfeição não existe nenhuma célula do corpo que não esteja envolvida. A paixão da comoção, que abrange todo o corpo e todas as suas energias, leva ao arrebatamento que acabamos de descrever.

Neste contexto queremos voltar mais uma vez aos aspectos xamanistas das religiões que vocês conhecem. Em lugares de peregrinação e de longas romarias nada acontece de diferente: muitas pessoas são levadas a transpor os limites de sua vida cotidiana por meio da vivência religiosa coletiva, por movimentos físicos comuns, também pela movimentação do ânimo, por compartilhar visões, por exemplo, quando uma pessoa curada confessa e reconhece sua cura.

Todo esforço empreendido por um espírito religiosamente impregnado pode levar a esses processos de cura. Quando uma pessoa vive o fato de todos os seus centros energéticos, desde o chakra básico até o chakra da coroa, estarem simultaneamente abertos e ativos durante alguns segundos ou minutos, realiza-se uma cura, e um xamã conhece as práticas, as técnicas e os métodos com que pode ocasionar uma tal abertura em si e nos outros que estão presentes ao seu ritual.

※ ※ ※

Pergunta: Os que, tradicionalmente, definimos como bruxos caberiam no contexto geral do "xamanismo"?

Fonte: Naturalmente.

※ ※ ※

Pergunta: De que tipo de xamanismo se trata?

Fonte: Vocês têm de aprender a diferenciar entre a realidade dos bruxos cunhados pelos homens e das distorcidas idéias sobre bruxos que provêm de suas lendas, contos de fadas, mas que também foram derivadas dos relatos históricos. Portanto, se perguntam pelos verdadeiros feiticeiros e mestres de feitiçaria, por magos e magas, trata-se sempre de sacerdotes e sacerdotisas xamãs, mesmo que pratiquem sua arte no âmbito de apresentações e efeitos religiosos. No entanto, quando se usa a força da magia no sentido da magia negra, sem contexto religiosamente caracterizado, sem o desejo de conhecimento e independentemente do desejo de obter ampliação da consciência, para, por exemplo, matar um feto, atrair de volta um amante que desistiu do amor, ou provocar uma doença que só fará mal ao doente, trata-se de um mau uso das possibilidades mágicas do xamanismo, que necessita de um exame minucioso. O ser humano — tanto faz se um bruxo, um mago ou um xamã — tem grande capacidade para influenciar a realidade e seu meio. Ele pode formar outras realidades, realidades alternativas. Não é impossível influenciar energias ou modificá-las. Vocês são de carne e osso e ao mesmo tempo são portadores de forças que não podem ser atribuídas à matéria. Essas forças podem ser manipuladas para o bem e para o mal.

***

Pergunta: Esse processo pode de alguma maneira ser descrito fisicamente?

Fonte: Com os conhecimentos limitados de que dispomos, não podemos descrever fisicamente esses processos que estão à disposição de vocês. Contudo, nós podemos lhes dar uma indicação energética. Em comparação com a experiência diária de vocês, trata-se de uma colossal contração e expansão das energias. A apresentação da ordem física e seus aspectos caóticos são objetivamente incluídos num processo xamanista. Isso significa que se cria temporariamente um caos energético que deve ser levado em consideração. Deve-se suportar que toda ordem seja revertida e, no final, descobrir uma nova ordem. Ao caos são estipulados novos limites, e esse processo exige simultaneamente uma concentração artística especialmente forte e a capacidade para uma renovada expansão que se segue a essa concentração. Usando conceitos que vocês já conhecem, trata-se de um ritual xamanista bem-sucedido e de uma pequena simulação da explosão primordial.

***

Pergunta: Nós lhes pedimos uma mensagem sobre o tema da "possessão".

Fonte: O fenômeno "possessão" não pode ser compreendido nem ordenado se excluirmos o possuído — em geral considerado uma vítima — de toda a responsabilidade, se quisermos liberá-lo da parte com que contribui para seu estado. A possessão é como um vício. Vocês não pensariam em liberar o alcoólico da responsabilidade que ele tem diante da bebida alcoólica. Trata-se de uma questão de respeito e de dignidade. Quando a pessoa que acredita estar possuída, que se sente possuída ou que de fato está possuída se isenta do que lhe acontece, o que a transforma em vítima, vocês não poderão ajudar.

Portanto, a possessão é um vício. Ela é uma doença. Essa doença viciosa está em estreita ligação com o tema da dependência interior. Portanto, vemos nas pessoas que se sentem possuídas um grande desejo de dependência. Não no sentido superficial, mas como um desejo inconsciente.

Muitos de vocês são viciados e muitos de vocês estão possuídos. Vocês deixam-se possuir por objetos, por idéias, por pessoas. A isso chamamos possessão; mais especificamente, autopossessão. Dela queremos diferenciar uma possessão por estranhos, que acontece com muito menos freqüência do que vocês imaginam. Mas existe de fato esse fenômeno chamado possessão. A disposição de possuir e de se deixar possuir está sempre presente quando o nível de energia física e mental decai muito. Isso pode se manifestar quando uma pessoa fica doente, tem muito medo ou quando é espiritualmente pouco desenvolvida. Então acontece de sua vibração ser extremamente baixa, a ponto de os que se encontram no plano astral se sentirem atraídos por ela, porque se trata de energia idêntica ou semelhante à que eles mesmos irradiam.

No segundo território do mundo astral encontram-se almas que tiveram uma evolução espiritual ínfima durante a última encarnação. Antes de tudo trata-se de almas que não compreendem e que não querem tomar conhecimento de que a morte existe. Elas não conseguem ou mal conseguem soltar-se da vida que acabaram de abandonar. Portanto, tentam tomar para si uma vivacidade substituta porque têm medo do não-ser. Essas entidades procuram pessoas medrosas que correspondem a suas vibrações de medo. Elas as seduzem e tratam de obter acesso. Às vezes vocês falam de posse ilegal de propriedades. O que acontece aqui é uma posse de seres humanos. Os seres do astral são posseiros de seres humanos.

Mas também existem seres humanos que querem deixar-se possuir. Faz-lhes bem serem subitamente importantes e chamar a atenção em virtude disso, sem terem de colocar a própria personalidade em evidência. Faz-lhes bem serem vistos. Quando se quer ajudar um possuído, é muito importante dar-lhe atenção, levando-o a sério, de forma nenhuma desconsiderando o que ele transmite como fantasia. Respeito e amor são as armas que podem ajudar a libertar uma pessoa de seu indesejável hóspede do astral. Por isso é imprescindível comunicar-se de forma igualmente respeitosa com o possuído e com quem o está possuindo. E nada é mais desagradável para ambos do que serem maltratados ou desprezados, pois sentem-se confirmados em seus medos e desejos. Mas esses desejos são mal orientados, os medos são grandes demais. Torna-se necessário um extremo cuidado para descobrir como proceder com esse espírito obsessor.

Antigamente, com freqüência se recomendava a expulsão do diabo por meio de belzebu. Mas, seja como for, queremos adverti-los enfaticamente para não entenderem mal uma pessoa que suporta maior ou menor sofrimento com uma possessão, achando que ela está ligada ao "diabo". De acordo com as mensagens que desejamos transmitir-lhes, o "diabo" não existe. Há pessoas encarnadas e almas humanas sem corpo, que são menos desenvolvidas e por isso, no sentido espiritual, menos evoluídas do que as outras. Elas têm um grande medo do castigo. A tentativa de expulsar o diabo por meio de belzebu, usando portanto de métodos brutais e violentos, passa aos doentes viciados uma vibração negativa e assustadora que em nada os ajuda.

Os procedimentos do exorcismo trabalham com o medo e o castigo. De nada adiantam. Já dissemos que é necessário levar os dois a sério, o possuído e o que possui. E para obter sucesso é necessário, portanto, abdicar de todo escárnio, de toda zombaria. Uma conversa com a entidade possuidora, em que se esclareça que ela não está mais entre os vivos, é de grande efeito e resulta em uma libertação mais prolongada do que quaisquer maus-tratos. Convém também que o doente esteja cercado por pessoas que têm uma vibração mais elevada do que a dele próprio. Isso em geral é conveniente para que depois de terem sido involuntariamente expulsos, certos hóspedes não tenham a oportunidade de procurar um novo lar humano no qual se instalar.

❧ ❧ ❧

Pergunta: Nos relatos de pessoas possuídas ouvimos e vemos que esses espíritos do plano astral xingam e amaldiçoam a Deus. Como isso é possível?

Fonte: As vibrações cheias de medo do possuído, que sofre pela falta de atenção, levam-no, muitas vezes, exatamente às manifestações que lhe dêem a oportunidade de criar e provocar escândalo em seu círculo cultural. Trata-se de explosões que a mesma pessoa, em outras circunstâncias, acharia incompreensíveis e descabidas. Mas não são os espíritos que proferem essas maldições. Os espíritos seduzem as pessoas que precisam de atenção excessiva, levando-as a proferir as maldições. Mais uma vez, ambos participam desse processo.

Mas são raras as pessoas que se prestam à possessão em virtude de suas freqüências energéticas que correspondem às do baixo plano astral. E chamamos novamente a atenção de vocês para o fato de que em princípio elas, inconscientemente, desejaram a possessão, colocando-se à disposição dos espíritos. Mas isso não significa que querem passar o resto de sua vida nesse estado. Portanto, quando um possuído pedir ajuda, é chegada a hora de ajudá-lo.

A possessão como a descrevemos se manifesta por meio de doenças físicas e mentais. Os possuídos estão mentalmente doentes. Eles sofrem em seu espírito astral. Mas vocês não os descreveriam como doentes mentais no sentido usual da palavra. Por isso um tratamento no sentido descrito é um alívio em qualquer caso. Mas isso não quer dizer que essas pessoas fiquem sempre completamente curadas. Com freqüência, quando o processo de expulsão através do exorcismo é violento e dramático demais, consegue-se exatamente o objetivo que a pessoa implicada queria alcançar: ela obtém finalmente toda a atenção, todo o respeito que lhe fez falta nesta vida, porém o obtém de uma forma nociva. Nossa sugestão de usar de uma dedicação séria e amorosa atua contra o desejo de assegurar a atenção de modo nocivo. Finalmente, as modificações no corpo não devem ser negligenciadas. Quando o espírito astral, por mais indesejável que fosse a sua presença, abandona voluntariamente seu campo de ação, o doente não se sentirá, a princípio, livre da possessão, mas sim, em grande desespero. Sentir-se-á completamente vazio e oco, como se a sua vida não tivesse mais sentido. Portanto, é necessário continuar com os cuidados para que esse vazio seja novamente preenchido. Com um único ato de alívio só se ajuda temporariamente um possuído.

Comunidades religiosas, igrejas e seitas

A religião cristã, que Jesus, como um judeu de uma época que tinha certeza do fim próximo do mundo, ousou fundar, dividiu-se em vinte mil cultos, igrejas, denominações e seitas para continuar de pé. Nas demais religiões do mundo aconteceu o mesmo. Com certeza existem mais orientações religiosas do que línguas no mundo. Elas são os dialetos da religiosidade. Incontáveis seres humanos tiveram de morrer, porque um medo doentio das crenças estranhas ou dos erros espirituais dos semelhantes levou a atos de violência em todas as épocas históricas. Ao que parece, não conseguíamos deixar nossos vizinhos rezar em paz.

Também em nosso país moderno e democrático, onde no momento, depois do passado recente sangrento, quase ninguém mais perde a vida em virtude de sua fé, não é simples confessar abertamente que se pertence a determinada fé, sem ao menos estar sujeito a uma perseguição moral ou ser motivo de risadas. Quem medita é considerado alienado por muitos, quem se converte se vê abandonado pelos amigos, quem se associa a determinada seita é considerado perdido. O conceito de "lavagem cerebral" e de "transtorno da personalidade" tem de ser desconsiderado quando se trata de convicções e de práticas que muito poucos conseguem realizar. Certamente muita coisa vai de mal a pior. A luta pelo poder e a ânsia de obter lucros de muitos grupos que se definem como religiosos são evidentes. Mas esses grupos também são formados por pessoas que possuem essas características e que talvez até precisem desse tipo de experiência. A "fonte" nos ensina mais uma vez a assumir uma perspectiva neutra, superior. Ela nos apresenta uma defesa para a compreensão que fica além do medo do que é diferente.

Uma comunidade religiosa do antigo Oriente quase desconhecida na Alemanha serve de exemplo da perseguição e da simplicidade das pessoas que têm de se afirmar num ambiente caracterizado pelo islamismo. A questão sobre a função da Igreja Católica moderna também é respondida de nova maneira. Ela é um organismo vivo que — tal como nós humanos — não é perfeito, mas que faz a muitas almas mais jovens e mais antigas uma oferta espiritual perfeita: a idéia do amor ao próximo, que — como em nossa vida pessoal diária — provoca um atrito entre a pretensão encoberta e a falta de realização.

⁓❀⁓   ⁓❀⁓   ⁓❀⁓

Pergunta: Hoje eu quero perguntar algo sobre a situação espiritual da nossa sociedade. Observei que, por exemplo, nos meios de comunicação sempre há queixas de que as igrejas tradicionais não fazem nenhuma oferta espiritual significativa para muitas pessoas, embora por outro lado exista um medo mais ou menos pronunciado das alternativas, mas especialmente dos pequenos novos agrupamentos espirituais, para os quais se voltam indivíduos isolados na busca. Entre eles parece que existe uma espécie de vácuo. Vocês podem manifestar-se sobre essa situação?

Fonte: Todas as pessoas buscam algo. Todas buscam uma verdade, e essa verdade tem muitas facetas. Todos buscam pela razão de sua existência e pelo sentido de sua vida. Mas esse motivo, esse sentido tem uma aparência diferente para diferentes pessoas. Por que é tão difícil deixá-los realizar sua busca? Para todos trata-se unicamente de buscar a verdade. Mas a verdade escapa pelos dedos de todos eles.

No fenômeno formulado em sua pergunta trata-se de um autêntico conflito de interesses. Quem espera que as igrejas oficiais e seus representantes admitam que sua oferta espiritual não pode satisfazer a todos, está esperando demais. E quem parte do princípio de que exatamente esses defensores da religião devem se alegrar e apoiar o fato de certas pessoas desejarem algo diferente, buscarem algo diferente, pede realmente demais. Portanto, partam do fato de que eles não podem fazer outra coisa além de julgar ou até mesmo estigmatizar os que buscam uma espiritualidade pessoal ou recusam a que lhes é oferecida tradicionalmente.

Mas não são os padres, os religiosos, os sacerdotes e os fiéis repletos de espiritualidade que mais lutam contra essa busca pelo novo, e sim, justamente aqueles que perderam a fé pessoal ou que não conseguem mais reconhecer nenhum motivo ou sentido para sua existência. Nessa problemática trata-se daqueles que se impuseram, num ato natural de busca pessoal e de auto-afirmação, a não-crença e a negação de sua dimensão espiritual. São almas que lutaram por um não-conhecimento e que se sentem durante certo tempo muito bem nessa posição. Para elas o consolo está em pensar: não existe nada além do que eu sou e vivo — não existe antes nem depois, não existe sentido, motivo e objetivo. Almas jovens na sexta ou sétima etapa de seu desenvolvimento não podem permitir que no contexto de sua visão do mundo haja alguém que possa mais, saiba mais ou execute mais do que elas mesmas e sua sociedade de correligionários.

Por isso essas almas têm de passar por uma fase de agnosticismo ou de repugnância contra todas as comunidades religiosas. E para encontrar uma perfeita auto-afirmação, que mais parece um broto de sua força egóica do que uma ligação com o verdadeiro eu, é necessário que façam explodir toda dependência religiosa e se certifiquem da própria força de ação e formação da melhor maneira. Apenas pela fixação no eu a insegurança existencial pode entrar para a etapa seguinte de "maturidade 1" onde será elaborada a temática da dependência e da liberdade.

Então surgem as pessoas que afirmam que o sentido está em outro lugar, o motivo é reconhecível, o objetivo nítido. Quem não enxerga é obrigado a considerar loucos aqueles que lhes falam de coisas para ele invisíveis! Afinal, trata-se de uma ameaça profunda a tudo o que o ser humano conseguiu através da experiência. Os agnósticos não mais tomam conhecimento das ofertas das igrejas, muitas vezes nem sequer as rejeitam. Eles também não podem aceitar o novo, mas lutam contra ele porque o acham ainda mais ameaçador do que tudo o que deixaram para trás.

Vocês têm de compreender que aqueles contemporâneos que buscam por novas dimensões, por novas facetas da verdade e que se esforçam por sondar as dimensões interiores, mesmo assim em geral negam muitos valores da sociedade em que vivem, ou não se curvam sem mais às convenções de sua comunidade. Portanto, independem de sua postura religiosa — são um pouco excêntricos, são considerados pessoas originais, querem algo no cotidiano que aos outros parece supérfluo e recusam coisas que os outros desejam. E então existe uma notável dedicação ao numinoso.

Além disso, vocês sabem que as pessoas que acabam de encontrar algo novo, que as realiza e satisfaz e lhes promete um lampejo da verdade definitiva, facilmente são presas fáceis de um entusiasmo coletivo e que, ao lado de um grupo de correligionários, afastam-se de todos os outros que não têm as mesmas opiniões e ideologias. Os espiritualistas convencionais são descartados. Isso gera inimizades. Não estamos falando de conteúdos de crenças isoladas. Trata-se de diferenças básicas. Quem analisar as condições de religiões estabelecidas *versus* as das seitas que existem em todas as sociedades e culturas, quem as contemplar de uma perspectiva superior descontraída, reconhecerá dinâmicas que são sempre iguais em suas estruturas. Quem é diferente é rejeitado. Quem não participa das opiniões espirituais e dos anseios da maioria, é considerado estranho.

Todos os que se defrontam com qualquer divisão, agrupamentos heréticos ou seitas estranhas com postura de ceticismo, criticismo ou condenação, temem ser perseguidos pelos rituais inusitados, para eles de caráter oculto e de aparência sinistra. Pois quem se movimenta num enquadramento religioso aprovado pela própria sociedade e fundamentado culturalmente, sabe organizar os rituais válidos há séculos e sabe como elaborá-los psiquicamente. Mas quando surgem rituais desconhecidos, reservados a uma pequena hoste de iniciados, de sábios e de pessoas isoladas, esses ritos são considerados especialmente inquietantes e assustadores, não importa se são formas de meditação, de orações, tipos de encontro, outros signos, trajes, danças, batismos, rituais de confirmação e coisas semelhantes.

As necessidades e a consciência dos rituais estão ancorados em todas as pessoas num plano que alcança amplamente o inconsciente coletivo. Tudo o que é modificado ou que é novo, tudo o que perturba a segurança coletiva, precisa primeiro ser recusado, visto que as pessoas têm uma natureza muito mais conservadora do que estão dispostas a confessar. Enquanto os novos grupos e comunidades se encontram a portas fechadas, não permitindo a entrada de estranhos e fazem um grande mistério sobre seus novos conhecimentos, eles são considerados inimigos. Enquanto é necessário infiltrar espiões nesses grupos para observar o que acontece ali, é compreensível que uma maioria que desconhece os fatos tenha pensamentos inconvenientes e crie fantasias. Onde não existe a etapa anímica de conhecimento que confirme novos rituais eles têm de ser considerados endiabrados.

Quando em sua busca pela verdade definitiva as pessoas se associam em seu encantamento a um ou outro grupo, a um professor, a um mestre, a um guru ou a um charlatão, vocês podem ter certeza de que essa filiação é quase sempre apenas uma fase na vida da pessoa em questão. E isso também causa estranheza e provoca insegurança. Existe alguém que durante dez ou quinze anos está ativo junto aos teosofistas e os abandona, fazendo críticas sobre a associação. Disso os amigos concluem que não se tratava da verdade para ele. Possivelmente eles chegarão à conclusão de que nada é verdadeiro na teosofia. Ou uma outra pessoa entra numa seita hindu e, depois de alguns anos, afasta-se dela. Também este fato pode ser um sinal para aqueles que olhavam para essa seita com ceticismo e repugnância: acham que o amigo voltou à razão. Melhor ele não acreditar em nada, do que acreditar no que é falso. Os processos interiores ligados à admissão e à recusa de uma ideologia, continuam invisíveis para os que dela não participaram. O fato de a confiança, bem como a elaboração da decepção e da separação individual serem hormônios de crescimento é esquecido.

As igrejas tradicionais, ao contrário — e não só as igrejas mas também as organizações e as outras religiões —, oferecem uma filiação eterna que não depende do tempo. Quem nasceu muçulmano, nunca pode ser outra coisa a não ser um muçulmano. Um budista não pode transformar-se num não-budista. Ele pode certamente entrar para outra religião, mas os budistas não o liberam oficialmente de seus relacionamentos espirituais com eles. Um cristão pode sair da igreja, mas para os dignitários da igreja ele continua sendo um cristão embora renegado. Da perspectiva das comunidades religiosas estabelecidas ele não pode abandoná-las sem tornar-se um inimigo, ao passo que é bem possível entrar para uma comunidade não-oficial, não-cunhada ou estabelecida, ideológica ou religiosamente, e tornar a sair, sem se distanciar da sociedade comunitária. Naturalmente, essa saída representa, para todos os que continuam no grupo espiritual, algo ameaçador e lhes parece que na verdade não deveria ser permitida.

Ofertas espirituais, não importa de que tipo, foram criadas para os seres humanos. E estes têm de aceitar essas ofertas. Uma pessoa procura uma coisa, outra procura algo diferente. Isso não é novidade, e a pergunta de vocês tem um significado muito maior e mais amplo do que descrever um fenômeno de seu tempo. No contexto de nossa resposta queremos indicar um paralelo que vai além do que lhes dissemos até agora.

Pensem um pouco na inacreditável multiplicidade de comunidades religiosas e de grupos ideológicos, de seitas e correntes espirituais que enchiam há dois mil anos todo o mundo conhecido do Oriente antigo, do Império romano e de seus reinos limítrofes. Sempre que se anuncia uma modificação na estrutura global da idade anímica — o que ocorria não só naquela época mas ocorre também no tempo atual, em que vocês vivem —, surge um grande número de movimentos maiores e menores de busca, dos quais muitos vão dar em nada, outros, ao contrário, captam o pico da verdade; outros grupos ainda chegam a um âmbito maior que não só atrai mais adeptos, mas também provoca um novo desenvolvimento no tempo. Os cultos de Ísis e de Mitra, as formas de religião germânicas e celtas, as seitas pré-asiáticas pereceram, o cristianismo se espalhou e imediatamente a verdade cindiu-se.

Da multiplicidade e confusão da espiritualidade pessoal com o tempo desenvolve-se uma corrente de consciência mais abrangente, e apenas graças ao anseio e principalmente à insatisfação espiritual de muitas pessoas o fundador de uma religião pode realizar seu trabalho como portador de energias transpessoais.

As contradições, portanto, de que vocês se queixam, e a tensão entre o que não mais dá satisfação e a satisfação passageira de recém-desenvolvidas necessidades espirituais, na verdade são um fenômeno do tempo de vocês e o resultado de conflitos de interesse das sociedades. Mas está bem assim. Elas servem antes de mais nada para a preparação de uma nova onda gigantesca de compreensão alterada do mundo e da realidade. Elas antecedem a criação de uma nova religião mundial. Esses preparativos ainda durarão algumas décadas, ou mesmo séculos. Nesse contexto não existe planejamento de tempo, pois onde acontece esse planejamento, o tempo não representa nenhum papel. Quando a porcentagem de energia das almas famintas tiver alcançado um estado que as faça achar oportuno o alimento, elas podem contar com a assistência daqueles que repartem esses alimentos.

As almas maduras e antigas são levadas a buscar sua verdade primordial, e elas não devem desejar proteger-se de erros e decepções. Elas têm de sentir saudade, elas têm de recusar o inaceitável. Seus impulsos movem a roda da história espiritual. E almas mais jovens, que necessitam de orientação, são arrastadas pelo desenvolvimento dinâmico daquelas que vêem a luz ao longe ou que acreditam vê-la.

❧ ❧ ❧

Pergunta: Encontrei um homem vindo do Líbano. Descobri que ele não é muçulmano, mas druso. Eles acreditam no renascimento, tal como os tibetanos. Não sei bem quem são esses drusos e de onde eles vêm. Neste ínterim li que se trata presumivelmente de uma comunidade que surgiu no século XI, na época dos fatimidas xiitas no Nital; seus pais espiri-

tuais foram Hamza e Darisi, que estavam subordinados ao califa fatimida Hakim. Gostaria de saber algo mais sobre isso.

Fonte: O movimento espiritual por trás dessa pequena comunidade religiosa é muito mais antigo. No séc. XI um grupo constituído há séculos e que atuava em segredo surgiu de uma divisão aberta, visto que ambos os dirigentes citados, depois de cinco séculos de islamização, não viam mais nenhuma possibilidade de que o grupo — naquela época composto apenas de algumas centenas de filiados — pudesse aumentar pacificamente.

Dissemos que essa comunidade era essencialmente mais antiga. Ela divulgava tradições alimentadas por duas fontes; por um lado, toda a doutrina das antigas religiões egípcias que acreditavam no além, por outro, as influências dos primórdios do cristianismo que se misturava com camadas mais antigas da gnose e que se desenvolveu como uma convicção não oficialmente reconhecida da doutrina secreta. Quando falamos de cristianismo nesse contexto, apenas o fazemos pelo fato de a idéia de uma salvação ter sido associada aos outros conhecimentos dos judeus e a uma forma ideológica e à prática de amor ao próximo formulada por Jesus.

Essa nova filosofia do amor se ligou intimamente ao conhecimento tradicional da imortalidade da alma, embora com sentido diferente daquele conhecido pelo judaísmo. Como, no entanto, a estrutura de fé das igrejas cristãs que se estabeleciam se apoderou da verdadeira mensagem de amor e aos poucos reprimiu a desagradável idéia da imortalidade real da alma e sua constante volta em corpos diferentes, não continuou sendo possível confessar abertamente uma convicção como essa. Contudo, aqueles que tinham certeza de que esta verdade não podia ser conhecida por qualquer pessoa, se uniram e transmitiram sua certeza aos membros de uma pequena comunidade.

Mas, como todo grupo orientado para o segredo, também neste caso houve traidores que, posteriormente, acusaram seus irmãos de fé pelas vantagens obtidas e, por cobiça, disseram que eles eram ortodoxos no ambiente islâmico; assim aumentou o perigo de que a comunidade que cultivava esse conhecimento e o protegia pudesse ser destruída. Teria sido fácil exterminá-la, e quando os dois dirigentes perceberam isso, resolveram distanciar-se de Nital — da mesma forma como os perseguidos religiosos do velho Egito haviam fugido para Nital, enquanto ali ainda imperava uma grande liberdade religiosa, antes dos séculos em que passou a vigorar a enorme influência islâmica. Sendo assim, os drusos fugiram e mudaram para lugares montanhosos, impraticáveis, do Oriente distante e deram às suas convicções religiosas uma forma comunitária e estatal exemplar. Não existiu nenhuma comunidade de cunho religioso que estivesse tão intensamente disposta a manter para si seus conhecimentos essenciais como a dos drusos. Essa reserva foi fundamentada na opinião dos mais velhos, que diziam que o ensinamento de imortalidade essencial não devia ser divulgado por missionários, pois não era a ideologia religiosa apropriada para todas as pessoas. A isso se acrescentou o medo constante.

❦❦   ❦❦   ❦❦

Pergunta: Que função uma comunidade como essa pode ter dentro de um ambiente de dilaceração política e religiosa maior?

Fonte: Os drusos não levavam tão a sério o que acontecia com eles e a seu redor quanto os membros da maioria das outras comunidades religiosas. Ao dizermos "não levavam a sério" queremos indicar que não tinham a convicção de que lutavam apenas por esta vida. Por isso não são tão amargurados, não são tão radicais, por isso dispõem de um horizonte essencialmente mais amplo, podendo elevar-se espiritualmente sem ser arrogantes demais com os que brigam uns com os outros, como cachorros que rolassem no solo lutando por um osso. Um druso vê com mais facilidade do que um cristão ou um muçulmano que as panelas de carne espiritual estão cheias. Elas também alimentariam os cachorros famintos, se eles pudessem parar de arrancar-se mutuamente o pêlo.

Eles são assim um elemento estabilizador espiritual que, seja como for, apenas despertou aborrecimento e mal-estar entre aqueles que não compreendem por que os membros dessa comunidade não se deixam aliciar para a guerra da mesma maneira, para uma luta que, do seu ponto de vista, é combatida pela vida, pela morte e pela verdade; do ponto de vista dos drusos, trata-se predominantemente da liderança política poderosa exercida no país.

❦❦   ❦❦   ❦❦

Pergunta: Estive no Peru e no México e fiquei muito impressionado com os velhos templos. Eu gostaria de saber mais sobre o que não está nos catálogos de viagem — sobre as perdidas religiões desses países.

Fonte: A espiritualidade da velha América nunca fez uso de muitas palavras. Ela conhece uma mística de lugares, objetos, construções — uma mística do silêncio, que também é muito atraente e enriquecedora para as pessoas de hoje.

Muitos dentre vocês, que buscam a possibilidade de uma espiritualidade de poucas palavras, voltam-se para a Índia, o Japão, o Nepal e o Tibete. Deixam de ver a espiritualidade latino-americana, visto que esta não tem muito a ver com gurus nem é enfeitada por velhas e secretas escrituras. Uma religiosidade que não cria acesso ao divino por meio de palavras é desconhecida no Ocidente. Contudo, ela faz falta e é verdadeiramente necessária.

Falamos da força afirmativa das estátuas e das construções, dos locais, das paisagens, das plantas e dos sons. O que os liga uns aos outros é a renúncia aos sermões e aos sacerdotes, à oração, à advertência e à exigência, ao conceito de pecado e de delito. É por isso que mensagens espirituais desse tipo não lhes parecem religiosas, pois estão acostumados a outra coisa. O que caracteriza esse tipo de religiosidade é que o princípio místico é orientado para a união energética, para o ser tranqüilo e silencioso na certeza do contato direto com o divino, que não depende de intermediários. Procurar determinados locais e determinadas construções, entrar em contato com estátuas de pedra e com plantas e paisagens e assim passar por uma ampliação de consciência que não se baseia na fé, mas na experiência da solidariedade, caracteriza essa religiosidade.

Só falamos parcialmente da reformulação dessa mística antiqüíssima pela igreja cristã católica. Contudo, muitos dos novos objetos, instrumentos musicais e cânticos do círculo cultural latino-americano contêm vários desses antigos elementos, e dando acesso ao que se queria dizer primordialmente.

Mas o mais importante é que as pessoas — também em viagens de férias — vão a lugares que não só são considerados dignos de uma visita, mas aos quais elas se abrem. Ali reconhecem a própria necessidade de contato emocional e de certeza sentimental da união com o Todo. Existem muitas organizações que levam os buscadores espirituais ao Egito, à Índia, ao Tibete; no entanto, há poucas que dão à espiritualidade do continente sul-americano um valor próprio e que estão dispostas a torná-la conhecida a partir de seu conhecimento interior e exterior. Além disso, quase não há acesso à espiritualidade sem palavras dos povos esquimós e de outros povos, dos cultos de pedra dos povos nórdicos. Também os que vivem ali desconhecem muita coisa, porque essa religiosidade não foi mostrada e transmitida por livros sagrados.

❧❦ ❧❦ ❧❦

Pergunta: Que missão a Igreja Católica cumpre hoje?

Fonte: Comunidades religiosas, não importa em que cultura elas se formam, existem para as pessoas, para atender a suas necessidades, para responder a suas perguntas, para o domínio de sua existência. O homem não foi criado para as igrejas. A quem faz uma pergunta como a de vocês, temos de responder com outra pergunta: Hoje... para quem?

Quando Jesus desenvolveu e divulgou seu ensinamento, ele já naquela ocasião — sem usar de palavras muito duras — ofereceu um modo de análise para os posteriores alicerces da igreja. As três colunas do cristianismo são: amor, fé e esperança. Sua pretensão era abrir uma nova oportunidade para as almas em desenvolvimento experimentarem o amor, a fé e a esperança e divulgarem essa experiência. Hoje, para muitos de vocês, o amor, a fé e a esperança são os âmbitos em que deve atuar a igreja, ou ao menos são os âmbitos em que esperam vê-la atuar. Contudo, nós vemos que muitas pessoas perdem sua fé, seu amor e sua esperança exatamente por isso. Quando vêem que os sacerdotes, os religiosos e os fiéis não vivem mais de acordo com esses princípios, elas acham que a igreja fracassou em suas funções. E elas se afastam da igreja.

Queremos apresentar-lhes uma forma de observação, uma perspectiva que vocês poderão compreender melhor com a dinâmica de um desenvolvimento que dura dois mil anos. Nós afirmamos: as religiões foram criadas pelas almas para as almas. E as almas têm necessidades diferentes, objetivos diferentes. Quando uma alma no caminho do amadurecimento entra em conflito com a fé tradicional e com os dogmas de fé que lhe são oferecidos, do nosso ponto de vista isso não é um mal. Ao contrário, pelo fato de perder a fé, de duvidar ou de não consentir mais em certos dogmas ou conteúdos, ela se ocupa intensamente com as missões que sua alma quer realizar nesse ciclo de amadurecimento.

Toda igreja, especialmente a igreja católica, tem missões e funções além das que cumpre conscientemente. Ela quer ser a organização mantenedora do estado dado por seu fundador divino no plano terreno e divulgar seus princípios, cumprir seus ensinamentos. No sentido superior, ou seja, com respeito ao Grande Todo, ela tem a tarefa de fazer uma oferta espiritual com a qual as almas devem entrar em atrito a fim de poder se desenvolver, diante da qual elas têm de adotar uma posição para poder evoluir. Passando por isto, ainda há uma série de outras tarefas e funções fundamentadas na alma que essas comunidades religiosas cumprem, em outras partes do planeta de vocês.

Muitas, muitas pessoas na Terra têm alma de sacerdote e essas almas querem dedicar-se a temas, a formas de vida e a hábitos religiosos. Isto é necessário também para as almas infantis ou jovens. Se não houvesse instituições da igreja católica na América do Sul ou na África, por exemplo, essas almas que amadurecem não teriam nunca a oportunidade de se tornarem atuantes no enquadramento de uma comunidade episcopal que inscreve o conceito do amor ao próximo em sua bandeira a fim de divulgá-lo nessa expressão especificamente cristã. Além disto, elas não poderiam ser monges ou freiras, uma vez que essa possibilidade não existe em muitas outras comunidades culturais e religiosas. Nas sociedades africanas, por exemplo, com suas religiões tradicionalmente voltadas para a natureza, não existem eremitérios ou a vida monástica. Na América do Sul, por sua vez, muitas almas maduras de sacerdote receberam da igreja católica a oportunidade de se libertar dos mundos imaginários da alma infantil e jovem e de se dedicarem a uma realização desconhecida, orientada para o interior.

Sempre falamos apenas de oportunidades espirituais e de ofertas. Elas estão abundantemente disponíveis para todos que de alguma forma entraram em contato com os ensinamentos do cristianismo e da igreja católica. Elas não são as únicas, nem sempre são as melhores, mas elas são eficazes. E todos os que lidam de algum modo com a doutrina da igreja católica e com a organização que representa e divulga essa doutrina, podem esperar obter um lucro pessoal e espiritual. Não é importante que haja uma crença firme. Ao contrário, é importante que uma pessoa lide com sua capacidade de acreditar, que faça amizade com ela ou que teste sua posição quanto à fé. Em que acredita pessoalmente não é importante. Na verdade pode parecer a vocês que a "verdadeira fé" seja uma realidade terrena, mas ela não é.

Quando a igreja católica moderna é agredida por muitos ou contemplada com censuras, isso se deve antes de tudo à grande insatisfação surgida pela discrepância existente entre a pretensão de realizar e a realização daquilo que é pregado. Mas nós dizemos que se trata de dois lados da mesma moeda! Na busca de sentido é necessária a insatisfação espiritual.

Pretensão de realizar e realização estão intimamente ligadas. Vocês todos conhecem sua existência pessoal, particular, individual e não podem fugir de sua sombra. Como uma instituição criada por homens para os homens poderia escapar da sombra? Isso não é necessário, isso não é possível, isto também não tem sentido. Portanto, se vocês não estão satisfeitos ou duvidam da pretensão e da realização da igreja católica não se aborreçam. Mas se sentirem a necessidade de se libertar do rótulo impresso pelas tradições da igreja, para seu próprio bem se despeçam com um olhar amoroso para o passado, para o imperfeito, para tudo o que chamam de hipocrisia. Ela faz parte da natureza humana! E não seria nada humano vocês pedirem que uma instituição de alcance mundial, que tenta fazer justiça a tantas necessidades e ciclos anímicos diferentes, atendesse a todos os seus ideais e exigências no plano espiritual. O perfeccionismo nada traz de bom.

Permitam que esse organismo imenso sinta suas dores, suas dificuldades, suas insuficiências. Algumas vezes vocês podem também dar-se o direito de ser incoerentes, indignos de confiança, simplesmente humanos, de reagir uma vez de um modo e no outro dia agir de forma diferente. Faz parte da realidade de vocês não poderem ser conseqüentemente nobres e amorosos desde o primeiro até o último dia de sua vida. Uma pretensão desse tipo os tornaria rígidos e destituídos de amor. A perfeição não existe em nenhum lugar. Portanto, não peçam que um organismo que ainda hoje é tão vivo como a igreja católica seja perfeito!

Mestres, professores e mensageiros do cosmos

No nosso século, às vesperas da mudança de milênio, é compreensível que as pessoas sejam tomadas por um sentimento de solenidade, mas também por uma certa sensação de intranqüilidade. O medo do fim do mundo aumenta e é também estimulado por muitos grupos e líderes religiosos.

Mas, naturalmente, trata-se, antes de mais nada, de uma simples data no calendário. E, mesmo assim, ela desperta as mais pungentes emoções. Datas também são símbolos, e o ser humano precisa de sistemas de referência significativos para dar um enquadramento a sua busca de sentido. Movimentos milenares comprovados existem em cada mudança de milênio, e os relatos dos tempos relativos ao ano 1000 assemelham-se de forma surpreendente aos relatos dos centros esotéricos do século XX que termina. Previsões do final dos tempos também cunharam a "mudança de época" antes do nascimento de Cristo. E nessas épocas sempre surgem personalidades espirituais na liderança, professores, mestres e fundadores de projetos de religião para captar as necessidades espirituais dos amedrontados e dar-lhes uma nova direção.

Será que pode tratar-se de um acaso? Será que as datas do calendário têm realmente um significado superior? Ou a consciência dos homens cunha o curso do tempo e os acontecimentos por atribuições de sentido? A "fonte" indica este e outros inter-relacionamentos interessantes. Tocou-nos especialmente o conhecimento de que as assim chamadas almas transliminares desempenham um papel muito importante na formação da história da nossa consciência.

Informações sobre algumas outras figuras espirituais incomuns, como o tibetano Rimpoche, um mestre como Bhagwan (Osho), uma alma transliminar como Sathya Sai Baba e um mensageiro de outros mundos físicos como o jovem Flavio da Argentina nos ajudam a entender melhor os inter-relacionamentos do desenvolvimento de almas individuais no ciclo de encarnação com a história de nossa comunidade humana e de almas. Pode-se notar que o desejo de autoconhe-

cimento, de autodescoberta e de uma proteção espiritual se torna cada vez mais forte em grande parte da população terrena.

❧ ❧ ❧

Pergunta: Como se dará o aparecimento de novas religiões mundiais?

Fonte: Queremos lhes dizer que vocês todos, que agora povoam o planeta Terra, já foram tocados várias vezes por uma consciência transliminar e sentem seus efeitos, mesmo que nem sequer pensem nisso. Isto não aconteceu apenas no passado; isso acontece ainda hoje.

A população da Terra — na Índia e no Extremo Oriente —, por exemplo, em determinado momento da história, pouco antes da assim chamada mudança de milênio, havia adquirido uma densidade em que fazia sentido dar preferência a influências ligadas e determinadas, que se tornavam necessárias pelo fato de a comunicação entre pessoas em regiões mais remotas ainda não estar desenvolvida como a da época de vocês. Nessa época de mais de centenas de anos foram enviadas algumas almas transliminares como Buda e Cristo. Krishna surgiu numa fase comparável, contudo dois mil anos antes.

A consciência é uma só. No entanto ela pode manifestar-se de diferentes maneiras. A consciência de Krishna, a consciência de Buda, a consciência de Cristo são uma e a mesma energia que se serve de vários portadores para se propagar.

❧ ❧ ❧

Pergunta: Como podemos explicar o efeito que o Mestre hindu Sai Baba exerce sobre tantas pessoas em todo o mundo?

Fonte: Sai Baba, ou aquele a quem vocês chamam de Sai Baba, tem um corpo humano. Ele anda como ser humano, dorme como ser humano, come como um ser humano mas não é em todos os aspectos um ser humano como cada um de vocês. Pois em seu corpo não mora apenas uma alma: esse corpo tornou-se um recipiente para toda uma família de almas. E a energia que essa família de almas reunida gera e que entra em seu corpo frágil e delicado o torna diferente de todas as outras pessoas. Essa energia o diferencia daqueles que o amam, e o sujeita — se falarmos dele como uma pessoa, para nos tornarmos mais compreensíveis para vocês — a condições de vida e existência bastante incomuns. Ele se coloca à disposição para fazer justiça a uma missão estabelecida por aquele que criou esse corpo, que ajuda a carregá-lo, embora seja usado por uma coletividade de almas maior e mais significativa.

Esse aglomerado energético também tem um efeito concentrado. E que uma figura como Sathya Sai Baba atraia tantas outras pessoas tão diferentes entre si, desde o mais simples camponês até o mais primoroso manequim de Nova York, ou seja, possa enchê-las com seu espírito, é um efeito dessa energia de amor e de almas tão múltiplas e de tantas camadas e impregnada de tantas maneiras diferentes.

Quando um corpo é habitado por uma coletividade anímica e essa coletividade apóia com uma concentração de forças um projeto que essa alma como fragmento anímico não consegue realizar sozinha, essas forças lhe abrem possibilidades que não existem para almas isoladas. A família de almas que habita um corpo pode, por exemplo, a qualquer momento, fazer com que haja uma fragmentação e a mesma figura seja vista com animação parcial em lugares diferentes com espantosa aparência de realidade material, tão enganosa que a própria pessoa parece estar presente. E deixando de lado essa impressionante e não rara espetacular capacidade e as famosas e conhecidas materializações de objetos, há algo que não se deve deixar de levar em consideração: um grande grupo de mais de mil almas pode gerar um campo energético de amor, que nunca é possível à alma individual, mesmo que ela esteja no último estágio de sua última encarnação.

Muitos dos adeptos de Sathya Sai Baba o adoram como um deus ou como Deus. Isto não está correto e também não é incorreto, pois as pessoas não podem compreender e descrever de forma diferente o que lhes é tão caro, tão estranho e tão querido, a não ser com conceitos que estão acostumadas a usar para definir o que amam e ao mesmo tempo estranham. Portanto, todos os que cresceram com a tradição indiana conhecerão e reconhecerão seu muito venerado mestre e orientador como uma figura divina. Outros, por sua vez, que foram decepcionados pelo seu deus, buscarão nele um novo deus. Outros, ainda, o conhecerão e venerarão principalmente em sua humanidade.

Tudo isso está certo e em ordem, mesmo que os princípios se desviem uns dos outros, mas nada disso corresponde à realidade anímica que, seja como for, é mentalmente incompreensível e emocionalmente perceptível. Ser perceptível emocionalmente significa sentir o que provém dessa figura, dessa família de almas num corpo humano, o que ela provoca, o que desperta numa coletividade de milhões de pessoas e em cada indivíduo, o que ela modifica, para onde conduz, mas também que fantasias provoca, que anseios e decepções, que idéias e sonhos. Mas se vocês mesmos estiverem empenhados em alcançar esse tipo de consciência transpessoal, ver-se-ão inevitavelmente diante dos limites de suas possibilidades como almas encarnadas individuais. Mas, naturalmente, vocês podem alegrar-se com a idéia de conseguir transpor esses limites.

No momento em que um corpo humano é escolhido para acolher toda uma família de almas, essa família de almas não pode furtar-se às exigências básicas da existência no corpo. Portanto, isto significa — mesmo que lhes pareça perturbador ou sem sentido — que um corpo humano, seja ele habitado por uma ou por muitas almas, está sujeito às quatro leis da vivacidade; além disso, também aos princípios da polaridade e da dualidade. Nenhum corpo pode, por exemplo, estar completamente livre do medo.

Para muitos de vocês parecerá uma heresia afirmarmos: também ele, a quem chamam de Sathya Sai Baba, conhece o medo. Ele reconhece seu medo, mas não se sujeita a ele. Ele o aceita como um fato que pode lhe ser útil a fim de entender o medo de seus discípulos e adoradores. Pois quem não conhece o medo não pode vê-lo nem entendê-lo nas outras pessoas. Só quem lidou profunda e exaustivamente com o medo, pode lidar com o medo dos outros de forma a não estimulá-lo, porém mitigá-lo.

E é exatamente isso que Sathya Sai Baba faz. Ele coloca à disposição daqueles que o procuram um grande raio energético para permitir que muitos tenham acesso a seus medos intensos, passando pela experiência de vê-los desaparecer no nada como por um ato de magia, de modo que possam entregar-se durante horas, dias ou semanas à descontração total. O medo pode ressurgir inesperadamente sob forma ou figura modificada, quando voltam para casa e retomam a vida costumeira. E isso não vale só para os europeus ou norte-americanos, mas igualmente para os hindus que voltam para suas aldeias ou mergulham na vida das grandes cidades.

Sathya Sai Baba encarna, portanto, uma entidade que definimos como alma transpessoal e representa algo muito especial, uma exceção entre os homens. Mas isso não significa que todos os que se aproximam ou se entregam a essa energia estão convocados a segui-lo ou correr atrás dele até se tornarem iguais a ele. Estes tentam irradiar o mesmo amor, realizar as mesmas façanhas e se esforçam pela bilocação. Mas não é esse o sentido, não é esse o objetivo. Pois nenhum de vocês pode tornar-se igual a ele! E se de fato a exemplo dele uma outra família de almas entrasse em um outro corpo e se realizasse nele, a irradiação dessa entidade parecida com um ser humano seria totalmente diferente da que Sai Baba difunde.

Não podemos falar da matriz anímica de Sai Baba como vocês desejariam. Com a entrada da família de almas, com a entrada de uma coletividade anímica no corpo humano, esse corpo renuncia a sua matriz original e cai num estado que independe da tensão originalmente presente entre as polaridades. No entanto, isso não quer dizer que uma aparição como a de Sai

Baba não tenha nenhuma característica, nenhum modo específico de ser, nenhuma identidade. Apenas não se deve confundi-la com um plano anímico ou padrão anímico, como o que definimos com o nome de matriz, com esse aspecto especial de individualidade.

O modo próprio e individual de ser de uma alma transpessoal resulta da composição e da determinação do objetivo da família de almas que ocupa seu corpo. A família de almas daquele que colocou seu último corpo à disposição dessa comunidade, se compõe de agentes de cura, sábios e artistas. Há predomínio de agentes de cura. Os artistas e sábios cuidam para que haja componentes criativos, formadores e bons. Isso leva ao fato de Sai Baba conseguir aceitar todos os que chegam até ele — não importa por que motivo — da mesma maneira, independentemente da estrutura anímica pessoal: a maioria dos que chegam até ele também se sente aceita de um ou de outro modo.

Muitos querem que ele lhes dê mais atenção. Mas os sábios em Sai Baba sentem o que acontece quando alguém recebe mais do que pode elaborar, quando recebe aquilo que deseja ardentemente. Essa pessoa não se sente bem e adoece; é por isso que ele recusa a essas pessoas a atenção pela qual anseiam e cria assim uma energia poderosa que, por sua vez, contribui para a realização da pretensão superior. A família de almas que anima Sai Baba tem uma meta repleta de sentimentos, que pode ser atribuída à energia 1 (energia do agente de cura). E essa meta é bem diferente daquilo que a maioria imagina. Ela objetiva, através da abertura dos corações e da redução temporária do medo, estabelecer contato entre aqueles que se sentem unidos em Sai Baba. Dessa maneira, Sai Baba estabelece contato entre pessoas que de outra forma nunca se encontrariam. Com isso, por sua vez, ele cria uma rede energética que pode envolver todo o globo terrestre. E Sai Baba não é o único que trabalha nesse projeto. Outras almas transpessoais cuidam dessa tarefa, que somente na superfície parece um envoltório com colorido religioso. Debaixo dele só existe amor, e quando vocês quiserem elevar o amor à condição de religião, isso também pode ser feito. No entanto, o amor não é uma religião, mas um modo de ser que está além de qualquer religiosidade.

Quando, portanto, a família de almas que anima o corpo de Sai Baba, por exemplo, conseguir unir o coração de duas pessoas provenientes de círculos culturais diferentes e de camadas sociais diversas, sua missão estará cumprida — independentemente da duração desse contato: um segundo ou dez anos. E enquanto acontecer isso, também depois da morte do ser humano que colocou seu corpo à disposição como moradia, a missão dessa família anímica continua ativa. Ela só termina quando nenhuma pessoa viva, nenhuma alma individual se lembre de Sathya Sai Baba e possa abrir seu coração diante do seu nome ou em virtude do seu amor. Haverá então outras famílias que cumprirão missões semelhantes.

Sai Baba não é um homem e também não é Deus. Sua presença é caracterizada por um estado intermediário raro, um estado da capacidade de manifestação anímica que só entra em funcionamento e aparece quando se pode esperar uma ressonância anímica apropriada das almas individuais. Isso também significa o seguinte: quem anseia pela abertura do coração é que evoca esse fenômeno e pode fazê-lo realizar-se. A energia, que é sempre perfeita, não importa onde e como, impulsiona a realização. Não existe isolamento no plano dos fenômenos energéticos.

Sathya Sai Baba é parte daqueles que o amam. E quando eles o adoram, eles se distanciam um pouco do amor que ele gera e que vocês merecem. Adoração cria distância, adoração provoca separação. Se puderem amá-lo, então amem! Mas se quiserem adorá-lo, é preferível que adorem outra pessoa. Vocês não estarão tendo a atitude certa com relação a ele. Se vocês o adorarem, ele nada terá a lhes oferecer.

❧ ❧ ❧

Pergunta: Depois de tudo o que aconteceu com o movimento Sannya, sou sempre atormentado por uma dúvida: se Bhagwan (ou Osho, como se denominou posteriormente) foi de fato um mestre. Ele era uma pessoa íntegra ou consentia em obras criminosas de seus adeptos mais queridos? Qual o significado da sua atuação? Ele estimulava realmente o desenvolvimento espiritual de seus discípulos?

Fonte: O grupo de pessoas que aceitou a oferta da energia que partia de Shree Rajneesh, aprendeu a conhecer e a tornar visíveis dois aspectos de si mesmos: a capacidade de abrir os braços e o coração a tal ponto que queriam libertar o mundo e, principalmente, seu medo. Essas pessoas não poderiam ter feito tal experiência sem a influência de seu Mestre, ou teriam precisado de anos ou décadas para poderem concretizá-la, em vez de, já em idade precoce, vivenciarem ativa e passivamente o amor e seu efeito em seu coração. Encontraram o amor numa nova forma à qual se acostumaram perfeitamente, mesmo que por alguns minutos.

Mas de importância ainda maior é o encontro com o medo. Só envolta pelo amor uma pessoa pode admitir o medo, pode examinar seus medos existenciais. E Rajneesh dizia que valia a pena examiná-los. Ele era uma das poucas e raras pessoas que podiam deixar a vida acontecer simplesmente. Ele dava impulsos e sempre novos impulsos, como um pesquisador comporta-mental, que expõe suas cobaias a perigos sempre novos, fazendo com elas várias experiências, chegando a cortá-las no final para ficar sabendo mais alguma coisa sobre a vida e suas leis. Mas esse mestre era diferente do pesquisador comum, e a ele tantos se entregaram repletos de um amor humano primordial. Foi exatamente isso que o moveu a dar aos que se entregavam a ele a oportunidade de tirar proveito de sua aptidão espiritual rara, mesmo que muitas vezes mal compreendida. Simplesmente pelo fato de ele deixar acontecer o que tinha de acontecer, ele deu impulsos à humanidade. E esses impulsos geraram mais acontecimentos do que qualquer um teria conseguido fazer gerar.

Esse homem se interessava por fenômenos, por leis, por potenciais que ainda não estivessem esgotados. Ele estimulava uma renovação espiritual que só pode acontecer quando velhos caminhos de pensamento, de ação e de sentimento forem abandonados. Ele não ofendeu ninguém pessoalmente. Tudo o que acontecia depois que ele "punha a pedra para rolar", acontecia sem seu conhecimento e responsabilidade. Ele tinha a grandeza rara de não se sentir culpado por tudo o que era realizado em seu nome. Sobre muitas coisas pairava um manto sombrio de desinformação e ocultação. Apenas os ingênuos dentre seus seguidores acreditavam na sua onisciência.

❦ ❦ ❦

Pergunta: Fiquei impressionado com um filme a que assisti, "A Reencarnação de Khenso Rimpoche". Eu gostaria muito de saber se essa reencarnação do antigo lama aconteceu. Tive a impressão de que todo o filme, presumivelmente um documentário, apresentou uma grande harmonia entre os homens. Por outro lado, até onde eu entendi o desenvolvimento da alma segundo o ensinamento da "Fonte" até aqui, não há sentido no fato de uma alma se encontrar diversas vezes numa situação semelhante como lama, pois pouco poderia aprender. Como se explica essa contradição, se é que existe?

Fonte: Que se trata de uma reencarnação é fato incontestável tanto no sentido que vocês lhes atribuem como no nosso. Aqui nasceu uma pessoa que abriga uma alma que não está pela primeira vez no planeta. Essa alma quase encerrou seu ciclo de encarnações. Mas nisso não há nada de extraordinário. Quem sempre teve um papel de liderança numa comunidade religiosa e cumpre esse papel não só segundo técnicas de administração ou de política, mas com o coração, não poderá nem desejará fazer isso se já não tiver vivido várias vezes num corpo.

Então há o seguinte a considerar e a compreender, quando se trata da tradição do tibetano Rimpoche. A comunidade monástica desenvolve-se freqüentemente em direção a uma elevada espiritualidade e intensidade, porque é estimulada pelo superior espiritual que é contemplado como um ser escolhido. Vamos explicar assim o processo e as expectativas e tradições associadas com ele: almas muito desenvolvidas com uma encarnação como Rimpoche, ou como alguém em posição semelhante, aproveitam essa maravilhosa oportunidade dada a sua existência corpórea com alma muito antiga, para despertar amor ou dá-lo, para assumir e para exigir responsabilidade. E por isso escolhem intencionalmente o correspondente círculo cultural, o ambiente adequado, um corpo que preencha a expectativa dos fiéis e satisfaça os desejos da comunidade religiosa.

Por isso, é permitido que tanto a causa geralmente seja apoiada, como também sejam estimulados os desejos dessa alma individual isolada. Circunstâncias adequadas para essa alma, na medida em que esteja nas últimas etapas de seu desenvolvimento como alma do ciclo de almas antigas, não são muito freqüentes. Este pequeno Rimpoche vive na etapa de desenvolvimento anímico 6. Sua missão é "atuar pelo simples fato de ser e renunciar à ação". Essas almas antigas precisam dos correspondentes abrigos. Enquanto ainda querem participar ativa e responsavelmente da vida na comunidade humana, elas precisam de condições extraordinárias para poderem transmitir sua mensagem de conhecimento. E nós lhes dizemos num piscar de olhos mas também com grande seriedade, que para uma alma dessas, que está sob determinada necessidade da encarnação, tudo está certo, desde que não cause danos. Quando ela apóia a capacidade de crer e de confiar e a disposição de amar de muitas pessoas, apresentando-se sempre outra vez com a identidade anímica de lama, ela também apóia o aperfeiçoamento de toda a humanidade. Só nesse papel a alma desse pequeno garoto pode deixar-se amar e com uma qualidade não pessoal. Tornar-se um elevado lama tibetano oferece todas as condições que uma alma antiga precisa para cumprir suas missões.

❧❧ ❧❧ ❧❧

Pergunta: Quero saber algo sobre um livro que caiu recentemente em nossas mãos sobre o garoto Flavio (Flavio Cabobianco, *Ich komm aus der Sonne*, Editora Falk). O texto do livro nos comoveu bastante e nos surpreendeu também. O garotinho conta as dificuldades de ser humano, e

também fala sobre sua família de almas e sobre a estrutura do cosmos. Que entidade está por trás dele?

Fonte: Entidades com almas de outras dimensões da consciência enviam mensagens para vocês, da mesma forma que grandes ligas de entidades animadas que povoam o planeta de vocês enviam mensageiros para outras dimensões. Trata-se de entidades que constroem uma ponte entre unidades de 7 elevado a 7 famílias de almas (= 823.543 famílias de almas com cerca de 1.000 almas cada uma), para criar uma rede densa de comunicação entre as entidades animadas de todos os mundos da consciência.

É muito raro — mas sempre torna a acontecer — que uma pessoa feita de carne e osso e que de modo visível é animicamente bem desenvolvida nunca tenha vivido antes num corpo humano. Parece uma alma antiga, no entanto não passou por nenhum ciclo anterior de encarnação na Terra. E uma entidade como essa viverá toda a sua vida como uma criança recém-nascida e, ao mesmo tempo, como um velho de mil anos. Vocês bem que podem imaginar que não são exatamente as almas recém-nascidas que são denominadas enviados. São necessárias determinadas características e funções a fim de cumprir essa missão de enviado cósmico.

Naturalmente uma entidade de outro sistema de consciência precisa submeter-se às condições de existência iguais às de vocês. Senão, para que ela teria de vir? E sendo assim, ela tem de adotar uma matriz que lhe permita desenvolver em forma humana as características e capacidades correspondentes aos seus planos. Flavio é um sábio e, portanto, representa a forma energética 5. Portanto, ele não é um sábio só porque pode associar sua consciência com a consciência coletiva e passa correntes de consciência extra-corpórea, mas também porque como ser humano entre seres humanos ele domina nesse papel anímico a capacidade da transmissão e da comunicação em alto nível. Por isso ele é capaz de transmitir informações para ambos os partidos, para aqueles que o enviaram e para aqueles que o aceitaram como hóspede — os pais e amigos, os leitores e ouvintes de suas mensagens.

O momento que vocês vivem atualmente comporta pouco menos de vinte desses mensageiros em seu planeta. Nem todos são crianças ou jovens. Muitos já envelheceram, para pesquisar também essa dimensão estranha do terreno, mais exatamente o processo de envelhecimento e o contínuo passar do tempo, com o intuito de apresentar relatos sobre o assunto. Muitos dos enviados são mulheres, outros são homens. E nem todos vêm da mesma dimensão.

Flavio não vem de uma experiência existencial do sistema solar de vocês. Para nós é muito difícil explicar-lhes a multiplicidade e amplidão das realidades cósmicas. Trata-se de fatos existenciais que estão sujeitos ao eixo espaço/tempo, porém de forma totalmente diferente do que vocês conhecem. Para vocês também é difícil imaginar isso. Somente porque sabem que uma viagem numa nave espacial confunde a sua estrutura de espaço e de tempo, e que existe um fenômeno como o dos anos-luz e um outro fenômeno como a telepatia, que nem sequer depende da velocidade da luz, podem ter uma vaga idéia dessas outras qualidades de tempo.

Mas queremos lhes dizer: mesmo que outras entidades animadas tenham a capacidade ou consigam fazer coisas que vocês não podem, isso não significa que estejam mais adiantadas do que vocês! Significa apenas que fazem experiências de outro tipo. E por isso são tão curiosas e querem saber o que podem aprender com vocês. A Terra também enviou algumas entidades, que deixaram para trás todas as encarnações como humanos, como mensageiros em outros mundos de vivência para ali buscar informações sobre novos caminhos de aprendizado para a alma.

Sempre existiram esses construtores de pontes. Não é nenhuma novidade. Apenas a mensagem é outra. Esses enviados de outras dimensões querem ser bem tratados e recebidos com todas as honras. Eles trazem uma mensagem que deve ser ouvida.

A densidade corporal desses mensageiros, sua densidade energética, também é diferente da das pessoas que viveram todas suas encarnações na Terra. Eles querem ser tocados suavemente e com cuidado e precisam de muita proteção, de mais roupa, de alimentos leves, de mais cuidados. Eles são muito vulneráveis porque sua estrutura energética é e tem de ser muito delicada. Eles não aprenderam durante os milênios de sua existência como têm de se comportar na Terra. A proximidade com outros seres humanos é totalmente nova para eles. Antes de tudo, eles não têm a couraça de medo que é formada através das experiências terrenas dolorosas durante muitas vidas e épocas. Eles ainda não sabem como se forma uma calosidade quando se coloca repetidamente a mão no fogo e se sofre uma queimadura.

A espiritualidade pessoal: saudade, sensibilidade e crises

Pesquisar as ligações e contatos entre as diversas camadas da personalidade humana e seus aspectos transpessoais é o objetivo de muitos buscadores. As técnicas esotéricas da descoberta da verdade se rejubilam com a crescente procura; em cada cidade há no mínimo um médium canalizador. Muitos sentem as forças curativas aumentarem em si mesmos, e milhares de pessoas praticam o reiki. A alegria com as múltiplas possibilidades de transmitir energia, do eu superior ou de fontes extraterrenas, de receber informações do além ou de outros planetas que não seriam acessíveis à consciência cotidiana, é extraordinária e se infiltra também nos âmbitos da ciência, da bolsa de valores e da política. Mas os problemas com os limites da capacidade de transmissão se repetem continuamente.

A "fonte" defende o ponto de vista de que as transmissões afinadas só podem acontecer duradouramente quando o eu, a personalidade, o caráter de um médium estão firmes no sentido psicológico. Só pode dissolver os limites aquele que os conhece. A segurança pessoal parece ser o pressuposto para uma viagem na incerteza das esferas transpessoais. Ninguém que se ponha a caminho sem um guia, será poupado de ter suas experiências, por vezes amargas, com deslizes, erros e com o superestimar-se num relacionamento com as forças de diferentes mundos da consciência.

Nesse contexto desejamos saber o que se entende afinal do ponto de vista espiritual, por "eu" e por "si mesmo". E nos interessa saber o que diferencia a divisão ou "anulação do si mesmo" da personalidade durante uma situação de recepção mediúnica de uma divisão psicótica da consciência. O que é verdade, e o que nós imaginamos? Como o terceiro olho atua na captação da multidimensionalidade? Quando a informação extraordinária referente aos inter-relacionamentos mais profundos da ordem cósmica se transforma numa loucura? E o que é crise espiritual?

O nosso livro sobre a sabedoria da alma é completado por textos com opiniões estranhas sobre o tema da imagem de Deus, da oração, da meditação, da verdade interior e da perfeição humana.

❧ ❧ ❧

Pergunta: Qual é a diferença entre "eu" e "si mesmo"?

Fonte: No trabalho conjunto com vocês, para quem falamos, ambos os âmbitos do "eu" e do "si mesmo" sempre são ativados e questionados. E como isso acontece, queremos tomar essa forma de trabalho conjunto como exemplo, para distinguir os conceitos um do outro, para defini-los e tornar a uni-los.

O si mesmo descreve um âmbito mais amplo. E o eu de cada pessoa é uma parte do seu si mesmo. Muitos de vocês o chamam de ego e acreditam que o ego é algo ruim, algo mau, talvez até algo nocivo. Vocês despendem muitos esforços na tentativa de se livrar do seu ego ou de transcendê-lo. Mas nós afirmamos que isso não é possível. Tampouco faz sentido. Pois cada ser vivo precisa do seu eu, precisa sentir sua identidade. No entanto, isso não significa que para cada um preservar sua identidade, para sentir o seu eu, o seu si mesmo, seja preciso renunciar à ligação com o Todo Maior. Quem está em comunicação com uma fonte de informações do plano astral ou causal, não vê necessidade de colocar de lado uma parte do seu eu a fim de tornar esse contato acessível a seu si mesmo. Dizendo isto de modo bem simples: para experimentar algo que o eu não sabe, esse eu precisa ser libertado de sua quota de medo, mesmo que não completamente. O medo e o contato com uma fonte fora do eu e do si mesmo não é possível. O medo não pode andar junto com uma abertura e uma descontração. E quanto menos medo restar, tanto mais forte e significativa será a ligação com as dimensões transpessoais.

Quando esse eu pertencer estreitamente a sua humanidade e estiver associado a seu sentimento de ser, vocês não gostarão de ceder uma parte dele — nem que seja por pouco tempo. Pois quem dissolve seu eu e seus limites do eu ou mesmo apenas os empurra um pouco para o lado, não sabe mais quem ele é. E todos os médiuns, todas as pessoas que buscam o contato com dimensões invisíveis ou informações extraterrenas têm esse problema. Eles não sabem mais ao certo quem são quando se abrem a essas forças. Eles perdem sua noção de identidade. Mas nós dizemos a vocês: o eu, o ego, não é mau. Nós os desafiamos a primeiro conhecê-lo melhor em vez de tentar superá-lo. Esse eu, sem o qual nenhum de vocês pode viver, tem dois pólos, como tudo o que pertence ao mundo físico. O fato de serem bons faz parte desse eu tanto como o fato de serem ruins, o seu medo faz parte, da mesma forma que o seu amor. O si mesmo que envolve esse eu, não está mais ligado da mesma forma a essa polaridade. O si mesmo é mais do que cada um de vocês isoladamente, mas apesar disso não é o todo. Se quisermos descrever rapidamente o si mesmo, nós o chamaríamos de família de almas, pois o si mesmo de vocês é muito mais amplo, muito mais abrangente do que o ego de vocês; ele abarca uma grande parte de seus irmãos anímicos que no momento não estão na Terra, porém permanecem no mundo astral.

Ao descrevermos o si mesmo, nós estabelecemos uma diferença entre um si mesmo pessoal, portanto da família de almas que completa cada indivíduo, e um si mesmo superior ao pessoal, um si mesmo transpessoal: referimo-nos àqueles aspectos do si mesmo que se relacionam com a "consciência coletiva"; não gostamos de chamá-los de "inconsciente coletivo"! Esses aspectos são, entre outros, as famílias de almas de outros indivíduos e suas correspondentes uniões de almas com suas experiências e vivências no espaço e no tempo. Além dessas, existem outras instâncias que também pertencem ao si mesmo de vocês e que, no entanto, têm uma viagem mais longa atrás de si, não apenas durante as várias encarnações na Terra; elas também fizeram experiências que não estão disponíveis no planeta Terra.

Voltamos ao problema do eu e do si mesmo ao trabalharmos em conjunto com uma fonte de informação que não tem o *eu*, portanto não estabelece o tu. As pessoas estão acostumadas a lidar com um tu concreto ou imaginário. Elas também transformam seus deuses num tu com os traços de um eu na forma humana. Contudo, algumas pessoas já estão suficientemente evoluídas, são bastante inteligentes ou fizeram muitas experiências a ponto de saber que nós não representamos nenhum tu dessa forma. Mas isso tem como conseqüência que o eu em contato conosco não encontra ressonância: ele se sente perdido e nos questiona de mais de uma maneira. E uma das perguntas básicas que um médium fará, que terá de fazer a partir do eu, é a seguinte: "Quando isso acontece comigo e os transpessoais fazem de mim o que eles querem, onde fica o meu eu na definição da minha vontade, da minha intenção, da minha capacidade de recusa? O que ainda sou eu?"

E os médiuns ficam com medo disso e do desempenho do seu eu neste trabalho conjunto. Eles temem ser apenas um instrumento mecânico ou um órgão realizador de coisas, temem não se respeitar o suficiente nessa atividade aparentemente "transplantada" e também temem não ser suficientemente respeitados pelos outros e pela posteridade por causa disso. Nós entendemos isso muito bem. Reconhecemos esses movimentos não só como algo proveniente da estrutura pessoal nascida do medo, mas também como um problema básico do trabalho conjunto entre pessoas e o mundo causal. Enquanto houver pessoas, haverá entre elas algumas que foram inspiradas por diversas energias e forças do cosmos. E pôde-se comprovar sempre que elas não sabiam o que acontecia com elas, que se sentiam impotentes e que se viam compelidas a seguir uma ordem que lhes infundia medo ou que não estava de acordo com a compreensão do mundo fundamentada na personalidade. Mas quando se entregam completa e integralmente a esse trabalho conjunto, tornam-se instrumentos e aparentemente abdicam do eu; ou acaso seria correto e importante manter a posição contrária, portanto opor-se, questionar ou criticar? Sobre os impulsos interiores que moviam os oráculos, os santos e os profetas nesse trabalho praticamente não há, ou melhor, nem há relatos; esta é uma das razões pelas quais as pessoas que cumprem tal tarefa sentem-se hoje tão sós, sós com sua preocupação de perder os contornos de seu eu e com seus esforços para firmá-los graças a esse medo. Além disso, o medo de se perder nesta época de forte acentuação da individualidade é extremamente grande.

O eu de vocês, composto dos dados colaterais do padrão anímico e do desenvolvimento na encarnação presente com tudo o que faz parte dela, é o que buscamos e de que precisamos para nos fazermos entender. Nós usamos o fato de esse eu ser completado e envolvido por um eu maior, que se sujeita sem opor resistência. Mas esse eu superior é algo natural para nós. Lidamos diretamente com essas imagens de eu superior, nós mesmos temos um desse tipo. Contudo, não dispomos mais de um eu, embora o conheçamos de estágios anteriores de nosso desenvolvimento. Por isso nos interessamos pelo indivíduo, pelo eu e pela ampliação dos limites do eu de vocês; nós sabemos que vocês também objetivam essa ampliação.

Nós dissemos que um eu se compõe de todos os aspectos da matriz; o campo maior, que abrange a família de almas até a união de sete famílias e seu grande grupo de 7 elevado a 7 famílias é o si mesmo. O eu de uma figura livre de determinados limites do corpo também não se perde no plano astral enquanto a família de almas não se tiver fundido com o último de seus membros. Além disso, o eu é mais do que o lado da matriz ocupado pelo medo. Ele abrange toda a pessoa, inclusive seu amor: é totalmente impossível que alguém perca seu eu com tudo o que ele representa por nossa causa. Trabalhar junto conosco e com tudo o que podemos dar sem passar por um conflito grande demais com a vontade egóica momentânea é vantagem para nós bem como para o médium. Repetimos o que nos parece importante: sem esse eu nós não conseguiríamos alcançá-los de nenhuma maneira; sem esse eu, com todas as suas ramificações, vocês não nos conseguiriam alcançar. É o eu de vocês que desenvolve as perguntas, é o eu de vocês que quer saber. Ele anseia por ampliação; em suas partes conscientes e inconscientes ele tem como suporte o impulso dinâmico de buscar realizar cada vez mais experiências com aquilo que nós temos a transmitir.

O si mesmo de vocês, que é muito maior do que vocês mesmos, apóia o eu momentâneo a cada momento e com toda a força. Vocês são uma espécie de válvulas de escape para os movimentos desses aspectos coletivos do si mesmo. Sendo assim, podemos criar o seguinte modelo: o eu, a personalidade de duas pessoas, é muito diferente um do outro, como sabem; basta analisar a matriz momentânea e o padrão anímico. A camada superposta de famílias anímicas momentâneas também pode ser distinguida; contudo, concentradas, elas estão unidas por um envoltório de igualdade através da liga de famílias de almas com suas pretensões superpostas. Nesse aspecto vocês não são mais distinguíveis, vocês passam a ter uma e a mesma vontade. De importância decisiva em tudo é o jogo recíproco de diferenças e igualdades entre o eu e o si mesmo. Trata-se de uma sempre existente dualidade do ser. Enquanto o ser humano está encarnado, não existe para ele um eu sem um si mesmo e nenhum si mesmo sem o eu, não existe individualidade sem os aspectos coletivos e nenhum coletivo sem as manifestações individuais.

Em outro ponto falamos da diferença entre o eu interior e o eu superior (veja *Mundos da Alma.)* Queremos elucidar os diferentes conceitos que estão em voga entre vocês, no sistema que estamos explicando. O eu interior, portanto a voz do medo, da verdade e da intuição interiores, pertence totalmente ao eu. Ele é parte da matriz, dos pólos e da tensão entre os pólos e a experiência terrena. A voz do medo é atribuída aos pólos matriciais negativos, a voz da verdade e da intuição interiores é atribuída aos pólos matriciais positivos. Ao falarmos de eu superior estamos mencionando o eu pessoal da família de almas, ao passo que a camada superposta do si mesmo, o assim chamado Eu Superior, não tem nada mais a ver com o eu superior que vocês conhecem.

O Eu Superior é acessível a cada um de vocês por um segundo na vida terrena. Mas pedimos que não exijam que esse acesso sempre seja consciente! Contatos conscientes com o grande âmbito do Eu Superior pessoal e transpessoal são extremamente raros, e é bom que seja assim. Vocês estão na Terra para fazer experiências com o eu, para esgotar suas possibilidades e limites, suas dimensões terrenas em contato com outros eus a quem vocês chamam de tu. E o si mesmo de vocês lhes dá orientação, lhes dá um ou outro conselho ou impulso de como deve ser esse contato de pessoa para pessoa. Há outra coisa de grande importância para a alma em figura humana: encontrar-se com o próprio eu, com a própria consciência. Isto significa dar um passo ao lado de si mesmo e compreender-se como ser humano.

Desde o princípio da viagem de encarnação cada pessoa tenta usar milhões de métodos para compreender que é um ser humano. Entre outras coisas, isto significa que o seu eu tem limites bem definidos, que são determinados pelo fato de ser humano. E por isso podemos afirmar com toda razão que nenhum eu se assemelha a outro eu na Terra. Cada um é absoluta e relativamente diferente de todos os outros. Esta é uma das dimensões decisivas do ser humano. Naturalmente, ter um corpo também faz parte do processo, mas o fato de esse corpo ter sido escolhido e ser habitado por um eu absolutamente único, que o distingue fundamentalmente de todos os outros eus, proporciona a uma alma no caminho de sua evolução um dos lados mais interessantes de sua experiência de encarnação.

Como seres humanos vocês também se distinguem dos animais. Os animais têm um si mesmo, mas eles não possuem um eu, mesmo que possa parecer o contrário. Talvez vocês tenham um animal doméstico, um cão, um pássaro ou um porquinho-da-índia; vocês acreditam encontrar nesse animal um indivíduo, um insubstituível eu animal. Mas isso não é verdade. Seja como for, o eu de vocês se reflete nesse animal que vocês amam e que ama vocês. Não é por acaso que muitos dizem que o cão se parece com o dono e vice-versa. Os animais somente existem no coletivo anímico e não podem, como os humanos, unir uma alma individual a um ego individual. Vocês não conseguem entender isso quando se trata de mamíferos, porém pensem nas abelhas e nas formigas. Ali só existe o coletivo e a parte do coletivo, não há eu nem ego.

Portanto, quando os grandes professores e mestres pregam: "Superem o ego", antes de mais nada estão querendo dizer: "Superem o medo de responder pelo eu." Mas vocês entendem de outra forma! Eles dizem: "Superem o medo de ver seu modo de ser, de respeitá-lo, de reconhecê-lo, de amálo com todas as suas facetas, com seu pólo do medo e com seu pólo do amor." E, de fato, esse é um bom caminho se o compreenderem corretamente. Por meio do eu que se reconhece vocês chegam ao si mesmo. O si mesmo está sempre presente, mas a consciência do si mesmo nem sempre está à disposição. Se cada um de vocês demonstrar o interesse de encontrar o próprio, o insubstituível eu original, aquele que a alma revestiu de carne para determinada encarnação, e se fizer a pergunta repetidas vezes: "Quem sou eu? Quem sou eu?", não se trata de nenhuma exposição de umbigos ou algo que possa ser criticado, porém um caminho válido para chegar a Deus.

⚜ ⚜ ⚜

Pergunta: O que afinal é uma crise espiritual? Como é possível distingui-la de outras situações de crise?

Fonte: O que se define geralmente com o conceito "crise espiritual" e que queremos distanciar da idéia de uma crise — mais tarde falaremos disso —, se distingue de outras situações críticas pelo fato de a situação psíquica excepcional ser motivada pelo desejo da alma de obter uma modificação e um desenvolvimento perceptíveis. Outras crises — crises existenciais, crises de vida —, embora vocês não sintam isso e a aparência também seja outra, sempre são induzidas do exterior. Há para isso um ou vários motivos, uma ou várias ocasiões. Por exemplo, pode-se passar por uma dessas crises por perda grave, por traumas ou pelo medo exagerado, todos derivados das circunstâncias e da situação pessoal. Essas crises, além de derivarem de determinadas circunstâncias, são inteiramente compreensíveis para os outros.

Uma assim chamada crise espiritual não é compreensível. Ela não acontece por meio de fatos externos, provocados por outras pessoas ou pelas circunstâncias às quais um ser humano está exposto, porém depende única e exclusivamente de uma dinâmica interior em que a alma e a psique trabalham juntas: e essa crise sempre apresenta aspectos de um toque novo que outras crises não têm, embora estas não sejam menos profundas, abrangentes ou transformadoras. O que queremos dizer ao falar de "toque"? Trata-se do contato com dimensões e camadas espirituais da vivência que, anteriormente, apenas eram intuídas ou haviam se anunciado teoricamente. Uma crise espiritual em geral mostra que a idéia que um ser humano tem dos inter-relacionamentos divinos ou humanos — não importa qual seu grau de desenvolvimento espiritual — pode ser muito dolorosa e pouco convincente, não está de acordo com a realidade. Esses inter-relacionamentos são bem diferentes. A imagem que a pessoa tem do mundo se desfaz, e ela tem de subitamente lidar com essa estranheza.

Mas a própria pessoa de repente ficou diferente, ela não é mais a mesma. Tudo o que antes lhe parecia seguro, agora não é mais. Tudo o que antes lhe parecia claro, agora está confuso. Se antes se sentia abandonada por Deus, agora Ele se manifesta. Se antes se sentia protegida pela fé, agora se sente perdida. Esse estado pode ser reconhecido exteriormente como uma crise. É uma mudança de identidade que provoca um grande abalo.

Para nós é importante dar-lhes uma visão da dinâmica dessa situação interior de crise, pois essa dinâmica vive da dualidade à qual toda alma encarnada está sujeita. O que antes era de um modo, agora é diferente. Mas a dualidade pode ser aprimorada e dessa forma tornar-se mais nítida. O que antes estava claro, no momento está confuso, o que era certo, no momento não está mais. Segue-se então uma nova fase. O que era incerto se torna certo outra vez, o que estava confuso fica novamente claro. Quem eu era não sou mais, e quem eu sou durante a crise, nunca mais serei. Meus pensamentos seguem outros caminhos, minhas necessidades são diferentes das anteriores, minha aparência se modifica, minha visão de mundo mudou. Por tudo isso passa uma pessoa que atravessou a assim chamada crise espiritual. Uma crise não-espiritual, como vive a pessoa que passa por dificuldades ou teme por si mesma ou pelo seu mundo, fará com que ela saia desse estado aliviada, porém ela será essencialmente a mesma pessoa. Estará um pouco mais madura — certamente um pouco mais esperta, com certeza um pouco mais cuidadosa — tudo isso faz parte do processo. No entanto, não se sentirá modificada em profundidade, e não será considerada essencialmente diferente pelos outros.

Assim, uma crise espiritual é sempre uma crise da alma no sentido estrito, verdadeiro. A parte de uma pessoa que é tocada pelo espírito divino, seu cerne eterno, exige seu direito de desenvolvimento. Esta crise acompanha manifestações psíquicas. Ela não existe em forma vivenciável por si mesma. As pessoas apenas podem sentir a alma quando ela está ligada a sua psique e a seu corpo. À confusão inicial segue-se uma clareza desconhecida. À insegurança segue-se uma nova certeza. Decididamente, uma forma de vivência como esta, que questiona totalmente uma identidade antes considerada certa e coloca uma nova identidade em seu lugar, tem um sentido e um objetivo. Outras crises muitas vezes também parecem sem sentido e sem objetivo logo que passam. Elas são algo que tem de ser superado e deve ser superado. Um ser humano entra em crise espiritual mas não sabe como. Ele sente-se tocado por forças que desconhece e das quais nem sequer intuiu a presença. E sai desse contato com a sensação de que está preparado para assumir nova missão.

No âmbito espiritual esses fatos nunca acontecem sem ter um sentido especial, que se liga a uma missão, ao exercício de determinadas funções numa comunidade. Eles são orientados para o objetivo e incontornáveis. Portanto, quando uma pessoa passou realmente por uma crise espiritual e não por uma das muitas importantes e inteiramente normais situações de crise humanas que fazem parte da vida, vocês reconhecerão o fato, pois essa pessoa sente um novo anseio e desenvolve as possibilidades e capacidades de tornar útil para a comunidade o que conseguiu com sua experiência.

No entanto, essas crises são muito raras porque exigem da pessoa que passa por elas um desempenho formidável e digno de admiração em todos os âmbitos em que, na verdade, não é possível nenhum desempenho e nenhum pensamento de desempenho e também nenhuma prática e preparação. Portanto, exige-se das forças da própria alma da pessoa algo que ela não pode aprender nem executar com base em suas experiências do mundo em determinada encarnação. As crises espirituais se distinguem das outras crises por isso.

Mas queremos dizer algo sobre o conceito "crise". Queremos distanciar, como dissemos, o fenômeno que descrevemos da palavra "crise"; pois, para vocês, que conhecem e usam essa palavra, ela sempre significa algo desagradável. Certamente não queremos embelezar a vivência que acabamos de descrever. Ela não é agradável e, no entanto, é maravilhosa. Ela é significativa e enriquece e depois que passa não quer ser vista e entendida como crise, porém como uma transformação. Digamos que o ser humano atravessa uma parede de fogo, queima seu eu e está sujeito a uma perda da pele. Por certo os outros que o observam e assistem a sua caminhada pelo fogo temem por ele e têm de lidar com esse medo. Mas ele mesmo, apesar de todo o medo, carrega a certeza de que sairá fortalecido desse episódio.

A situação será considerada de crise pelos familiares, pelos que cuidam da pessoa, pelos agentes de cura que querem ajudar, mas a própria pessoa implicada não a considerará como tal. Para a pessoa que passa pela parede de fogo e está disposta a perder a velha pele, a desfazer-se da identidade atual — não importa se homem ou mulher —, a sensação será de clareza dentro da confusão, de segurança na insegurança, de certeza na incerteza. A dualidade parece estar suprimida, embora a pessoa em questão continue a preencher as condições da dualidade requeridas pela existência no corpo.

Quando vocês virem e sentirem uma pessoa nessa fase de transformação na vida, vocês a compreenderão e terão de encarar a situação como uma crise psíquica, como uma doença. Mas a pessoa em questão verá e sentirá de modo diferente, e negará que algo não está em ordem com ela. Quando, portanto, uma pessoa vem ao encontro de vocês e ainda consegue olhá-los nos olhos, quando pode, clara e visivelmente, fixar o olhar no de vocês e dizer: "Tudo o que está acontecendo comigo está inteiramente sob controle", vocês sabem que se trata de uma transformação espiritual e não de uma das outras crises existenciais.

Queremos sugerir o conceito da transformação como uma alternativa. Ele tira do acontecimento um pouco da conotação doentia, que inspira preocupação e provoca medo. O resultado é uma cura no plano anímico, uma religação consciente, irrevogável ao Todo divino. Uma transformação espiritual não é fácil, mas é bela.

Santidade, divindade, oração e meditação

Pergunta: Sempre lemos e tornamos a ler que o centro da religião ou da religiosidade é a santidade, que às vezes também é chamada de estado numinoso. E queremos compreender melhor o que é isso afinal.

Fonte: Para lhes falar sobre a santidade, temos primeiro de estabelecer uma diferença entre a santidade objetiva e a santidade subjetiva. Por "objetiva" não entendemos nada absoluto. A bem da clareza do conceito designamos todos os objetos, ações, pessoas e sentimentos que são oferecidos ou ordenados oficialmente aos fiéis pelas religiões e seus representantes da classe sacerdotal, como objetivamente santos. Disso fazem parte também os feriados, rituais como batismos, ritos de iniciação e de morte e os dogmas das diversas comunidades religiosas. Mas a pergunta de vocês visa a santidade subjetiva e vamos falar com vocês sobre ela; pois a santidade objetiva é uma derivação dessa santidade subjetiva.

Na origem da santidade há uma qualidade especial de vivência humana. Trata-se de ficar comovido, o que acontece quando o centro emocional (1) e o centro extático (6) estão ativos ao mesmo tempo e são tocados por energias que podem provir de dentro ou de fora do plano pessoal. Portanto, quando o chakra do coração e o chakra da coroa estão simultânea e inesperadamente abertos, o ser humano vive um acontecimento, uma vivência considerada sagrada.

Em primeiro lugar não importa o que desperta essa sensação, esse acontecimento energético. Pois o resgate dessa sensação só pode acontecer devido a uma lembrança muito pessoal, quase banal, bem como pelo contato com as energias angélicas. O alcance dos sentimentos e dos objetos, dos acontecimentos e das energias é grande, as possibilidades são múltiplas. Ela depende do posicionamento cultural da pessoa, de sua disposição individual, de sua disposição psíquica, bem como da idade da sua alma.

Quando o centro energético emocional é tocado ao mesmo tempo que o centro extático e se abre, o indivíduo entra em um estado de sensibilidade que em sua pureza e inquebrantabilidade não é comparável a nenhum outro estado físico. As funções da razão, com sua tendência de julgar e de organizar, ficam desligadas. As demais funções corporais não são mais levadas cognitivamente em conta. Por esses motivos, esses estados excepcionais não são nem podem ser duradouros.

Do que dissemos vocês podem deduzir que a sensação da santidade se trata de uma qualidade de vivência do plano da inspiração, que provém da fusão das energias 1 e 6. Essa qualidade também pode ser descrita como inspirada e emocional.

Nossas palavras e explicações de início podem lhes parecer um pouco áridas, pois numa preleção sobre a santidade vocês esperariam chegar a um estado santificado. Quem ouve falar ou fala sobre o divino, só pode fazê-lo de forma convincente — na medida em que habita um corpo humano —, quando seu centro do coração e seu centro extático forem tocados, ainda que levemente. Mas hoje, a bem da causa, queremos tomar distância disso, hoje não queremos tocá-los de uma forma que faça suas emoções virem à tona — para que possam entender melhor o que nós (como uma entidade sem corpo que só conhece o que lhes é sagrado de memória) queremos acrescentar a essa análise.

Ficar comovido com a sensação da santidade é uma reação e só pode ser descrita com a ajuda de um padrão reativo incomum limitado pelo tempo (para saber mais sobre os padrões reativos veja *Arquétipos da Alma*). Nós, ao contrário, só agimos, não reagimos mais. Isso nos permite responder à pergunta de vocês de uma posição isenta de emoção. Se ficássemos comovidos, não poderíamos nos comunicar diretamente.

Durante a abertura e a atividade energética dos dois chakras mencionados, as forças da razão foram postas fora de combate. Uma pessoa tocada pela santidade não compreende, portanto, o que está acontecendo com ela. Esse não compreender, esse não conseguir organizar lhe dá medo. O estado é novo e totalmente desconhecido. A vivência é significativa, mas o sentido mesmo ultrapassa a razão. Ela não consegue estabelecer parâmetros para entender essa experiência. Aqui a elevada felicidade é emparelhada com o susto mais profundo. A pessoa que se encontra nesse estado está ao mesmo tempo deliciada e horrorizada. Uma grande extensão da energia é diretamente seguida de uma contração dolorosa. O que torna a experiência inesquecível, digna de nota e significativa é essa união especial de opostos que normalmente não podem ser unidos.

A consciência passa por uma profunda mudança; isso faz com que a sensação do tempo seja elevada de um turno causal para um plano sincrônico. A sincronicidade como regularidade também é uma função do tempo. Ela não elimina a temporalidade, porém coloca os acontecimentos e inter-relacionamentos percebidos em um outro relacionamento e lhes dá um significado que não podem ter na seqüência ou no relacionamento causal.

Embora, portanto, o tempo não seja suprimido — pois isso suprimiria a humanidade de vocês —, a sensação do tempo é tão alterada, que as pessoas a sentem como um sopro da intemporalidade. Essa sensação de fazer o tempo ir pelos ares lembra à pessoa tocada pela santidade da verdadeira dimensão da intemporalidade na qual a alma se sente à vontade. Por isso vocês imaginam sentir um sopro do divino. E, de fato, acontece isso mesmo, o princípio divino nunca os toca mais profunda e diretamente do que nesses momentos.

O padrão reativo inusitado com sua ligação entre as energias 1 e 6 não serve, como os demais padrões reativos, à sobrevivência física, mas constrói uma ponte para os mundos imateriais. Com essa ponte liga-se a consciência limitada humana com a consciência cósmica ilimitada. O significado que vocês dão aos fatores que despertam uma sensação como essa é subjetivo, às vezes até mesmo banal. Pois tudo é sagrado quando a pessoa o sente como tal. Tudo se torna sagrado quando é percebido a partir da união do chakra do coração com o chakra da coroa.

De nossa perspectiva nada é sagrado. No entanto, nós não pressupomos que os seres humanos possam considerá-lo assim. Para vocês um acontecimento sagrado tem de ser seletivo e ser preservado para estados excepcionais. Seja como for, não são estabelecidos limites objetivos para os fatores que provocam esses estados, embora os representantes das religiões de vocês gostem de prescrever isso.

Com relação à santidade subjetiva é indiferente se os seus chakras ou centros energéticos se abrem com a concepção de um filho, diante da visão de uma bela árvore antiga, durante a oração feita numa igreja, durante os sacrifícios no templo, na meditação ou na contemplação de um objeto pessoal. Uma música ou uma pintura podem provocar esse padrão inusitado de reação. Vocês podem sentir a santidade subjetivamente como um sentimento de bem-estar que se irradia dos assim chamados locais sagrados, ao venerar os assim chamados homens santos ou durante a adoração às assim chamadas divindades.

Mas o sagrado também pode tomar conta de vocês quando observam um ser amado ou uma tempestade que ofereça um tocante espetáculo da natureza, ou ao viver uma catástrofe que lhes mostra como seus planos e con-

Religião — a Religação Espiritual

trole humanos são limitados. Não há tabus nem prescrições para se viver a santidade subjetiva. Em outro ponto já explicamos que a santidade de objetos de culto ou de ações é criada pelo movimento, pela comoção e pela fé das próprias pessoas. Nada é sagrado em si mesmo. A santidade, num sentido mais abrangente, é um fenômeno energético e nenhum fato característico. O que é sagrado para uns, pode ser profano para outros.

Mas quando uma pessoa se sente comovida da forma que descrevemos, e quando ela dá um significado a essa comoção, pois esta dá um novo sentido a sua vida, aconteceu algo decisivo. Em geral se trata de um processo individual. Mas se muitas pessoas forem tocadas simultaneamente por um sentimento semelhante e se ficarem igualmente comovidas com a plasticidade de um acontecimento, a vivência e o que ela despertou são compreendidos como algo sagrado por todos. Quanto mais intimamente as pessoas se sentirem unidas com as energias curativas e sacerdotais 1 e 6 e quanto mais se comoverem com elas, tanto mais fortemente ela atuará sobre a santidade do objeto, da pessoa ou do acontecimento. Uma experiência coletiva dessa ordem é inesquecível; ela é retida na memória, ela se ancora na memória coletiva e na História. Assim surge uma passagem para a formação de dogmas, de ideologias de crença e de rituais religiosos que nos lembram acontecimentos sagrados primordiais.

No entanto, essa santidade só criará nova energia sagrada enquanto houver pessoas que se sintam tocadas e fiquem comovidas ao presenciar novamente um culto. A intensidade dessa comoção e sensação pode ser muito diferente. Pode ir de uma simples comoção ou emoção até um alheamento extático ou um desmaio. Ser tocado pelo divino não é uma experiência duradoura. Ela não pode caracterizar o dia-a-dia. A formação do mencionado padrão reativo 1-6 não pode se realizar intencional ou voluntariamente. Deve haver uma ligação energética entre a disposição e a situação. Raramente acontece de uma pessoa contar que foi tocada mais de três ou cinco vezes por uma experiência de santidade ao longo de sua vida. Quando as pessoas se sentem emocionadas, comovidas ou emocionalmente enlevadas, elas muitas vezes consideram essa comoção sagrada enquanto não viverem o estado verdadeiro, essencialmente mais forte, de uma ligação entre os chakras do coração e da coroa. O contato com a santidade no próprio ser e ao mesmo tempo no Todo, no plano pessoal e no plano transpessoal é essencialmente mais intenso e modifica toda a experiência de vida do passado e também do futuro.

A vivência decisiva pode ser compreendida ao mesmo tempo como uma dissolução de limites e uma união. Uma pessoa que sente a santidade, reconhece, com um conhecimento que está além da sua razão, que a santidade também o envolve e o une à santidade do universo. Uma pessoa tocada pela santidade se torna uma consigo mesma, e rompe os limites que levam às dimensões transcendentais. Na santidade a alma se percebe como fragmento do Grande Todo. Ela reconhece simultaneamente sua finitude e sua infinitude, sua pequenez e sua grandeza. O humano e o divino se fundem. A verdade do ser humano e da própria existência se tornam indelevelmente visíveis.

✧✧   ✧✧   ✧✧

Pergunta: Existe um Deus pessoal, que registra os desejos de cada pessoa? Existe um Deus que conhece cada um de nós, cujo objetivo é a nossa saudade e que nós encontraremos pessoalmente depois das nossas encarnações?

Fonte: Não existe um Deus assim. Não sabemos tudo sobre o que você quer saber. Mas desejamos responder a sua pergunta, à medida que lhe contamos nossa experiência.

Tudo o que você busca e pelo que anseia a sua saudade está presente. Mas não tem a forma de um Deus pessoal ou de uma divindade definida. Existe uma instância que o acompanha. Existe uma força que toma parte de você, visto que você é parte dela. Ela reconhece você, ela quer algo de você. E você está próximo dela, não só depois da sua morte, porém já agora. Chamamos essa instância de princípio divino — com a consciência de que se trata da designação neutra mais apropriada para fazer justiça a esse fenômeno essencial que só podemos perceber de modo imperfeito. Cada civilização tem seu próprio nome para designar esse princípio que queremos lhe explicar. Uns o chamam de Tao, outros de Consciência Superior, outros ainda de o Único. Preferimos usar a palavra "Todo" porque descreve o essencial pelo que buscam os homens.

Compreendemos sua pergunta sobre a saudade de uma determinada forma de proximidade que lhe parece necessária. O Todo está distante de cada um de vocês e ao mesmo tempo próximo. Não há nada mais próximo e não há nada mais distante. Você acredita, como muitos de vocês, que a proximidade torna feliz e a distância assusta. Sabemos, e talvez você também saiba, que pode acontecer exatamente o contrário. A proximidade pode causar medo e a distância pode tranqüilizar.

Você é um ser humano. Todo ser humano sente em si e fora de si mesmo o princípio de divindade. E todo ser humano vive, porque é ser humano, sob a lei da dualidade. Se você está em busca de um Deus pessoal, você está buscando proximidade. Você conhece a proximidade no dia-a-dia. Se, ao contrário, você imagina que o objeto do seu desejo está infinitamente distante, você talvez brinque com o pensamento e a sensação de fluir com essa distância. Você também se submete ao medo de que poderia perder-se no vazio que está associado a distância.

Do mesmo modo que você brinca em sua consciência com as idéias de proximidade e de distância, também o fazem seus semelhantes. Eles querem uma imagem de Deus que possam alcançar com as mãos e, ao mesmo tempo, não querem que ele se comporte como as outras pessoas que estão a seu alcance. O Deus delas tem de apresentar traços antropomórficos, ele deve sorrir ou castigar, ele deve compreender e perdoar, ele deve se vingar e equilibrar as coisas — e, contudo, ele não deve ter as mesmas atitudes dos seus semelhantes, que vocês conhecem tão bem! Ele deve ser igual a vocês e, no entanto, completamente diferente.

Sob a lei da dualidade vocês percebem o princípio divino como proximidade e distância. Mas objetivamente vista, a força do Todo está ao mesmo tempo próxima e distante. Queremos explicar para vocês que se trata de um consolo aparente apresentar-lhes o princípio divino como uma figura pessoal. Pois a essa personalidade vocês logo associam, em seu mundo de pensamentos, os aspectos considerados dolorosos, negativos e sombrios da personalidade. Caso as coisas fossem como imagina a maioria de vocês, que existe um Deus ou vários deuses, que velam como pessoas sobre vocês e estão num relacionamento pessoal com vocês, isso também significaria que teriam de suportar todas as falhas, injustiças e a imprevisibilidade de uma tal pessoa divina. Se imaginam o princípio divino como uma mãe ideal ou um pai perfeito, decepcionar-se-ão muitas vezes. Por exemplo, o que vocês vêem como a essência bondosa ou severa de Deus é um aspecto de sua neutralidade que deixa as coisas acontecer. Ninguém interfere. Ninguém também julga vocês, ninguém registra seus atos e os anota num grande livro com duas colunas. Vocês são seus próprios juízes; são vocês mesmos, como seres humanos, que distribuem elogios e censuras, que premiam e castigam. E é bom que seja assim.

Para vocês é perturbador, mas ao mesmo tempo será benéfico, tentarem considerar a neutralidade — ou seja, o afastamento da dualidade — como uma lei espiritual. Seja como for, um princípio divino, neutro como é, não se interessa em elogiar ou em castigar vocês, o que lhes causa insegurança. O Todo neutro não se alegra com suas boas ações e não se vinga das más. No mundo de sentimentos de vocês isso provoca uma grande insegurança. Para que viver então, se ninguém lá em cima os vê? Para que existir se não há ninguém que abençoe essa existência considerando-a boa ou má?

Uma forma de contemplação infantil como essa provém exclusivamente da perspectiva humana. Ela é compreensível. Mas o amor, que vocês presumem existir em tudo o que é divino e que está por trás de toda divindade, significa exatamente que não se deve julgar. O amor significa deixar acontecer a partir de um interesse neutro. Vocês, ao contrário, têm de julgar, têm de enredar-se e envolver-se. Porém, no universo espiritual ao qual pertencem, também existe o não-enredado, o não-envolvente. Trata-se de observação pura, que nem sequer é benevolente. E é exatamente por isso que é tão amorosa.

Não teremos sucesso em descrever o Todo, pois ele não pode ser descrito. Ele não tem forma, não tem contornos e nenhuma característica. Isso se torna muito difícil para nós, pois como descrever com palavras o que não pode ser descrito? No entanto, podemos senti-lo. E vocês também podem.

❧❧   ❧❧   ❧❧

Pergunta: Dadas as circunstâncias, ainda devemos rezar? A quem dirigir a oração — se na realidade nada é como sempre pensamos que fosse?

Fonte: Não há nada a opor se as pessoas criam uma imagem ou uma idéia à qual possam se voltar a fim de expressar suas necessidades ou sentimentos. Uma oração existe para você, não para Deus! Uma oração, pouco importa a quem seja dirigida, serve para abrir *seu* coração, para expressar *suas* necessidades em palavras, para expressar *suas* esperanças e falar sobre *seu* agradecimento. Queremos apoiá-los e fortalecê-los para que se dediquem à oração sempre que tiverem vontade.

As orações serão muito mais eficazes e valiosas quando souberem que não há ninguém que os escuta, além da própria alma e que, junto com você, todos os que pertencem a essa alma as ouvem. Toda oração é um apelo ao eu superior de vocês, um apelo aos irmãos anímicos da sua família de almas, um apelo a todas as forças potenciais adormecidas dentro de vocês e que são ao mesmo tempo um aspecto do Todo. Esse Todo a quem chamam Deus só pode se manifestar a vocês por meio de alguma forma ou idéia. Portanto, no fundo, não seria impróprio se dirigissem suas orações a uma fotografia de si mesmos ou a um quadro de seus semelhantes. Pois o divino só se apresenta para a capacidade de conhecimento humano em forma de rostos humanos.

Vocês têm um grande medo de que não exista ninguém quando ficam com medo. Outras pessoas não bastam. Deus, o princípio divino, o Todo, não conhece necessidade. O Todo não tem medo. E é por isso que só conhece o amor, mas de uma maneira que vocês não conseguem compreender. Pois para vocês, o medo é o oposto do amor e o amor é o oposto do medo. Vocês nem sequer imaginam que essa oposição possa ser desfeita, mesmo com esforço — e isto acontece porque são humanos. Por isso lhes é tão difícil viver

Religião — a Religação Espiritual

sem imagens. Vocês só se sentem consolados se puderem dar ao princípio divino os traços de um Buda, de um Jesus ou de uma outra forma divina. Os intermediários a quem se dirigem são os santos e os fundadores das religiões.

Portanto, rezem sem preocupar-se com escrúpulos ou dúvidas quanto ao fato de a oração de vocês chegar até as instâncias onipotentes que querem alcançar. O que obtém resultado é a energia criada por meio de suas orações corretas. Quando uma oração provém do fundo do coração e a energia é criada pela mais profunda necessidade ou a maior gratidão, ela sempre alcança alguma coisa. Não fiquem imaginando se alguém os ouve ou não. É muito bom quando vocês mesmos se ouvem enquanto rezam.

❧❧ ❧❧ ❧❧

Pergunta: Afastei-me da Igreja e quero encontrar meu próprio caminho de fé. Como minha mulher suportou minha saída da Igreja? O que eu posso fazer?

Fonte: Para você, afastar-se da Igreja foi um passo correto e importante com amplas conseqüências sobre as quais ainda iremos falar. Não é só a sua esposa que tem dificuldade em aceitar esse passo, muitas vezes você também. Mas o afastamento da Igreja oficial corresponde à etapa de desenvolvimento na qual sua alma se encontra no momento. Você não pode contentar-se mais com uma fé gasta. Você não se contentará mais com qualquer forma de contato com Deus que se apóie em afirmações dos outros, às quais seja obrigado a se apegar, em vez de voltar-se à própria percepção, às próprias sensações e a sua convicção primordialmente pessoal.

Você se voltou para uma reunião espiritual e depois de certo tempo desenvolveu uma sensação de mal-estar, que o motivou a afastar-se outra vez das pessoas participantes dessa reunião. Todas as pessoas desse círculo têm boas intenções. Todas estão convencidas de estar fazendo o que é certo e de se aproximar de Cristo da maneira correta. Deixe que fiquem com essa posição, porém não enfatize a própria dúvida com auto-acusações. Ouça a voz interior que lhe dirá se algo está certo ou não para você. Nem você e muito menos nós queremos determinar qual seja o caminho correto para a fé. Preferimos dizer: cada pessoa precisa encontrar seu caminho. E esse caminho tem de corresponder à etapa de desenvolvimento em que a alma se encontra. Para você pessoalmente dizemos: agora você está num ponto de seu desenvolvimento em que o que os outros lhe oferecem não basta. Você está convocado a procurar o próprio caminho. E você só poderá encontrá-lo esforçando-se por conta própria para captar a voz de sua verdade interior.

Você tem um relacionamento especial com Cristo. E você não deve insultar esse relacionamento. Você deve protegê-lo e cultivá-lo pois ele ainda lhe dará muita força. Mas esteja pronto a perceber as próprias inspirações e a descobrir sua verdade que lhe poderá dar indicações mais claras e precisas sobre o que Jesus, o Cristo, quis dizer e disse. Quando você nos pergunta: "Voltarei à minha comunidade religiosa?", nós respondemos: Não. Você se voltará para onde encontre inspirações e conhecimento, que provêm de você mesmo e ao mesmo tempo não. Confie em que abrindo-se e praticando a verdadeira dedicação será alcançado pelos que querem lhe dizer o seguinte: "Isto é certo para você." Você se orientará cada vez mais pelas próprias sensações. E cada vez mais perceberá o verdadeiro espírito cristão nas pessoas que falam pouco sobre ele e fazem muito por ele.

As doenças físicas de sua esposa estão intimamente ligadas a seu caminho individual para Deus. Se quiser ajudá-la, terá de primeiro reconhecer o que os separa. E se quiser ajudá-la, é importante que passe primeiro pelo sofrimento dessa separação. A separação consiste no fato de — por ela ser outra pessoa, por estar animicamente em outra etapa de desenvolvimento — ter outras necessidades com respeito à orientação de sua fé. Mas a separação também se deve ao fato de sua mulher não querer reconhecer seu caminho e suas necessidades porque lhe infundem medo. Para ela, você está cada vez mais estranho. Ela não sabe muito bem por que não consegue sentir conscientemente. Por isso ela se afasta cada vez mais. Se você quiser ajudá-la a sentir-se melhor, primeiro terá de reconhecer isso, mesmo que lhe cause sofrimento.

Ela acha você esquisito. Como não capta isso conscientemente, ela procura manifestar a distância que quer criar entre vocês no plano físico. Você nos pergunta se ela o perdoou e se suportou seu afastamento da Igreja. Ela gostaria de ter suportado. Ela até mesmo se empenhou nisso. Mas o medo dela de que surgisse um rompimento intransponível entre vocês a marcou profundamente e se manifesta no plano corporal. Para você não será fácil lidar amorosamente com esse tipo de rejeição. Queremos ajudá-lo a entendê-la melhor. A recusa de sua mulher provém do medo que ela sente de que você possa causar danos a ela ou à alma dela.

Sua mulher não tem medo apenas por você, ela tem medo por ela; ela se sente culpada por não ter conseguido evitar seu afastamento da Igreja e, portanto, da verdadeira e única fé que ela aceita. Como alma, sua mulher é um pouco mais jovem do que você. E ela precisa da estrutura firme de uma igreja oficial para se orientar por ela. Você, ao contrário, não precisa mais dessa estrutura. Ao contrário: ela impede seu desenvolvimento.

A primeira coisa que você pode fazer em benefício de sua mulher é reconhecer de coração as necessidades e anseios dela. A sentença, "ama o teu próximo como a ti mesmo", também significa: "Ama o teu próximo do mo-

Religião — a Religação Espiritual

do como ele é; do modo como é agora." Pois você também quer ser amado da forma como é agora. A segunda ajuda que você pode lhe dar, caso ela queira aceitá-la — isto é muito importante: só se ela quiser aceitá-la! — é voltar com ela às fontes; é abrir a Bíblia com ela; é deixar que ela fale sobre o que quiser; é você usar essa conversa como uma oportunidade de aproximar-se um pouco mais dela e de Jesus ao mesmo tempo; e para que perca o medo de não estar fazendo o que é certo.

Assim vocês podem aproximar-se juntos do que os comove, e aproximar-se mais um do outro, cada um a sua maneira. Voltem às fontes que os alimentam. E peguem e bebam quanto cada um quiser. A água dessa fonte terá um gosto diferente para cada um de vocês. Mas é assim mesmo.

Para você será difícil dominar os medos da sua mulher, pois já tem os seus. Tolerância significa deixar que a outra pessoa tenha seus medos enquanto precisar deles. Amar significa reconhecê-los como medos. Amar também significa dar exatamente a ajuda que pode ser aceita pelo outro.

Se puder conversar com sua mulher sobre o que Jesus quis dizer e disse, tal como nos foi transmitido, sem querer convencê-la do que agora não serve para ela e que não consegue compreender, você terá conseguido alguma coisa. Mas é importante também que a deixe trilhar os próprios caminhos — da mesma forma que você não faz mais concessões quando se trata de percorrer o seu.

※　※　※

Pergunta: Afinal, o que é meditação?

Fonte: Meditação é um estado de tranqüilidade interior. Essa tranqüilidade leva diretamente a um arrebatamento. No arrebatamento acontece um contato. Esse contato é diferente de todos os contatos que são estabelecidos em outras situações de descanso. Ele se diferencia do sonho; ele se diferencia também do conhecimento intuitivo, que pode ser obtido quando duas pessoas se comunicam por palavras ou pelo toque.

A meditação é sempre um estado de descontração que não leva ao sono, porém a uma atenção mais elevada, a uma vigilância e consciência que dão um novo aspecto à consciência desperta do cotidiano, com a qual vocês executam seus trabalhos e gozam seus prazeres.

Meditação também significa deixar acontecer — deixar acontecer nesse estado de tranqüilidade e descontração o que tiver de acontecer. Quer dizer: quando vocês estão dispostos a ficar sentados quietos, embora o movimento queira acontecer, quando se obrigam a manter os olhos fechados, embora queiram abri-los, quando se obrigam a manter o rosto impassível, embora estejam comovidos, não se trata de meditação, porém de um exercício de disciplina.

Com isso queremos dizer que a meditação é um impulso natural, inerente a todo ser humano, que ele pode liberar ou reprimir. Não é necessária uma técnica para provocar esse estado, que é natural. A técnica existe apenas para estimular um conhecimento que é natural em vocês. E há várias técnicas. Não existe um caminho de rei, não existe um caminho de mendigo. As técnicas são tão variadas e numerosas quanto vocês mesmos o são. Para cada um de vocês seria significativa uma técnica diferente, um outro preparo e um outro caminho. Nós também sabemos que uma sugestão como a que lhes fazemos não é praticável. No entanto, acreditamos que há métodos que levam um grande número de pessoas à calma e descontração, métodos que antes não conheciam; por sua vez outro método é mais apropriado para que outro grupo de pessoas alcance esse estado de descontração, método que lhes é agradável e as leva ao conhecimento de si mesmas.

Mas quando dizemos que a meditação é um estado natural, isso também significa que milhões, talvez bilhões de pessoas ficam diariamente nesse estado sem "meditar" ou sem nem sequer ter ouvido falar em meditação. Quem sempre tem momentos de tranqüilidade ou que busca e encontra um contato consigo mesmo, com sua família de almas ou com outras instâncias de seu interior, está em meditação.

Isso pode acontecer durante o trabalho doméstico, no campo, na cama de doente, na esteira, ao ler um livro, ao praticar esporte. Não há limitações, não há proibição ou mandamento para alcançar esse estado. O álcool e as drogas podem ajudar a prolongar esses momentos. Seja como for, raramente é possível ancorar na consciência, de modo duradouro, os contatos e os conhecimentos conquistados quando o estado alterado é obtido por meios artificiais de ampliação de consciência. Muitas pessoas precisam descansar a fim de se tranqüilizar, outras por sua vez precisam se movimentar. Isso depende da sua estrutura anímica, de sua necessidade de fazer uma coisa ou outra, e de seus objetivos — por exemplo, se querem acalmar os nervos ou estabelecer um contato com seus sentimentos, se querem fazer contato consigo mesmos, ou estabelecer um contato com seu Deus ou buscar acesso a outras pessoas. Nada é obrigado, nada é proibido. Trata-se de um estado natural, latente em cada um de vocês.

Assim como a necessidade de dormir, tampouco a necessidade de meditar pode ser reprimida a longo prazo. Acontece, porém, que algumas pessoas dão a sua tranqüilidade interior o nome de meditação e gostam de cultivar esse estado; outras não o chamam de meditação embora o cultivem da mesma maneira. E então existe no hemisfério ocidental um grande número de pessoas que tentam renunciar à meditação como renunciam ao sono. Vocês conhecem várias pessoas que se queixam de insônia ou que constantemente descansam muito pouco ou em horas erradas do dia. O mesmo acontece com a meditação. Comparável à insônia, também existe uma falta de meditação ou de um estado de descontração que se equipara a uma carência de meditação.

E tal como contra a insônia nem sempre dá para fazer algo pura e simplesmente, porque não raro ela tem seu sentido numa economia da psique, também contra a falta de meditação nada se pode fazer com violência, com técnicas ou métodos. Seja como for — quando chega o dia em que a meditação pode ser eliminada com sentido, temos dois importantes raciocínios. E novamente comparamos o processo com a terapia para curar insônia. Podemos deixar de meditar à medida que propomos uma mudança momentânea de orientação de vida. Assim como um insone em geral dorme melhor quando está de férias ou quando não é requisitado durante longo tempo pelo trabalho ou pela família, assim também pode surgir novamente um estado meditativo natural, quando uma pessoa tensa demais e separada de sua natureza, se permite uma descontração, que é o contrário de sua mudança normal de vida. Quanto maior a duração da falta de meditação, tanto maior terá de ser a fase de tranqüilidade posterior.

Assim como às vezes é necessário tratar uma insônia com medicamentos, também é necessário tratar uma falta de meditação com técnicas de meditação. As pessoas muito tensas precisam, portanto, para recuperar sua naturalidade, de um sonífero, de uma pílula que elas têm de tomar para poder descobrir novamente o que é dormir. Elas já haviam esquecido o que significa restauração, como podem sentir-se bem quando dormem toda uma noite tranqüilamente e seus ritmos naturais são recuperados. Uma técnica de meditação tem o mesmo efeito. Quem, portanto, sentir que está tenso e que não volta novamente à tranqüilidade, a qual completa a tensão dual por si mesmo, precisa de uma técnica. Mas a técnica não é a própria meditação, da mesma forma que tampouco a pílula para dormir é o próprio sono.

❦ ❦ ❦

Pergunta: Ouvimos bastante sobre métodos. E para poder avaliar isso no momento, seria importante saber como o padrão anímico de uma pessoa combina com as técnicas possíveis ou com as formas naturais de meditação.

Fonte: Almas recém-nascidas e almas infantis são meditativas de forma inteiramente natural. Apenas almas jovens, que se esforçam ambiciosamente até os limites de suas possibilidades e também exigem demais de si mesmas, ficam nervosas. Almas infantis e recém-nascidas não conhecem o nervosismo, elas no máximo conhecem doenças nervosas. Mas quem não é nervoso, não sente necessidade de qualquer forma estruturada de meditação. Quando se está tranqüilo, não é preciso procurar tranqüilidade. Na tensão não é necessário criar estados descontraídos fora do curso do dia. Quem está cansado, deita-se para dormir. Uma alma jovem, que pela primeira vez constata a própria tensão, não saberá o que fazer com uma técnica que estimule em primeiro lugar a consciência e a auto-observação, como o Zen. O que lhe faz bem é a pintura meditativa, o cântico de mantras, meditações em movimento, trabalhos de jardinagem, e o remo. Disciplina e regularidade são muito úteis para almas jovens.

Uma alma madura precisa de um objeto interior para a meditação. Esse objeto pode consistir num pensamento, num sentimento, numa imagem, numa idéia, até mesmo, por exemplo, a idéia ou o desejo de transformar determinadas partes do corpo no centro especial de interesse — a barriga, o coração, o terceiro olho, os pés, as mãos. Almas maduras gostam de formas de meditação e técnicas que as ajudem a voltar sua capacidade de concentração, que de qualquer modo possuem, para determinados âmbitos interiores a fim de reconhecê-los melhor e obter conhecimentos intuitivos que as ajudem a formar melhor a sua vida. O que acontece nesses momentos de conhecimento é antes de tudo a surpresa. O contato inesperado com a verdade interior, que acontece nesses momentos surpreendentes, é estabelecido através da atenção concentrada. O raciocínio, o sentimento, a reflexão sobre determinados conteúdos, problemas, idéias, pessoas e objetos é especialmente benfazejo nestas fases de desenvolvimento anímico. Trata-se de métodos contemplativos.

Como isso acontece, se num estado físico de calma ou em movimento, através da atividade em várias medidas ou na troca entre movimentação e tranqüilidade, é indiferente. O trabalho que cada pessoa desempenha na vida é estimulante quando ligado à contemplação de idéias, imaginações, pensamentos e imagens. Não existe âmbito da vida que tenha de ficar excluído da meditação. Como se trata de um estado natural, que acompanha todos os aspectos da vivacidade e está sempre presente, ele impregna todos os âmbitos da vida e não é reservado para aquela hora ou minuto que a pessoa reserva para essa postura contemplativa de consciência.

Almas antigas têm um interesse central, e esse interesse aumenta à medida que elas envelhecem. Elas querem conhecer a própria identidade para, ao mesmo tempo, dissolvê-la. Esse é um processo paulatino, que se completa sem interrupção. Para uma alma antiga não existe a possibilidade de fugir dele. O autoconhecimento e o arrebatamento obtidos por deixar acontecer são o elixir de sua vida. Mas queremos alertá-los para um mal-entendido.

Só poucas almas, também entre as almas antigas, completam esse processo com a ajuda de uma orientação consciente ou através de conhecimentos cognitivos. Almas antigas meditam com grande satisfação através de contatos visuais com uma outra pessoa, pois assim se reconhecem como um aspecto parcial de uma grande totalidade. Também a contemplação dos milagres da criação com olhos abertos ou fechados as deixa muito felizes. Quanto mais velha uma alma se torna, tanto menos convencionais se tornam seus meios e métodos de estabelecer uma ligação consigo mesma, com sua família de almas e com o Grande Todo.

❦❦   ❦❦   ❦❦

Pergunta: Qual a função de um orientador ou de um mestre durante a meditação?

Fonte: Ele coloca sua paz interior e sua capacidade de descontração e de auto-análise à disposição de todos aqueles que confiam emocional, mental ou tecnicamente em sua orientação. Ele coloca amorosamente à disposição a experiência com as várias possibilidades de contato que um verdadeiro professor e mestre traz consigo. Ele cria um campo energético em que se tornam possíveis mais tranqüilidade e descontração, mais autoconhecimento e comunicação, mais alegria e seriedade. Às almas mais jovens um mestre oferece um contexto disciplinar.

❦❦   ❦❦   ❦❦

Pergunta: Muitas tradições orientais dão grande valor ao fato de a meditação ser um caminho régio para a iluminação. O que a fonte acha disso?

Fonte: Quem está ancorado nas civilizações da Terra "ocidental", sempre pensou sobre si mesmo e o mundo. Às pessoas do hemisfério oriental essa reflexão, esses pensamentos, essas dúvidas e cálculos, esse descontentamento e desejos são totalmente estranhos. Elas aceitam o mundo como ele é. Sua civilização não as educa para fazer perguntas. Para tanto, um campo igualmente importante da existência humana é vivido e acentuado de tal forma que se torna cada vez mais inacessível às pessoas ocidentais — os fenômenos básicos da vida terrena, especialmente a transitoriedade, a doença e a morte e o aproveitamento direto dos alimentos como nutrição — não o consumo de alimentos de luxo depois das 13 horas —, a percepção dos ritmos naturais do dia e do decurso do ano, etc.

Quando uma pessoa — é isso que visamos dizer — não está acostumada a pensar sobre si mesma e sobre o próprio ser, a questionar a ação e as vivências ou a duvidar da realidade de sua percepção, qualquer enriquecimento cognitivo e analítico essencial lhe parecerá uma iluminação, independentemente de sua inteligência. Quando um ser humano não está acostumado a viver conscientemente as contradições e a cultivar opostos, a eliminação desses opostos, a eliminação das contradições não lhe parecerá nada de extraordinário. Para as pessoas do hemisfério oriental, falando de modo geral, tudo é um. Quando elas obtêm um conhecimento espiritual do Grande Todo, em geral a dualidade é vista como algo novo. As que moram no hemisfério ocidental, ao contrário, abrem um olhar extático para a unidade. Elas vivem da mesma forma o essencialmente diferente. Ambas completam sua estrutura dual.

❦ ❦ ❦

Pergunta: Nós interpretamos as técnicas de meditação oriental, em parte, como algo maravilhoso e muito valioso e lhe associamos também uma certa expectativa, que também é alimentada pelas tradições orientais. Considero que muitas vezes sofremos decepção, pois ainda não se está iluminado como foi prometido.

Fonte: Temos de argumentar um tanto hereticamente a fim de dar-lhes uma ajuda para a compreensão desse fato. Quando as pessoas estão acostumadas a se comunicar através de tambores, um telefone lhes parecerá algo sobrenatural ou divino. Quando uma pessoa depois de vagar longo tempo na neblina vê uma vela brilhando, essa luz representa para ela a salvação. Mas também existem holofotes que podem iluminar todo um estádio de futebol. Existe a lua, que mergulha metade da Terra numa luz difusa. E existe o sol.

Assim, para cada pessoa importa onde começa seu conhecimento. Cada um de vocês pode passar por essas experiências que nós descrevemos, e levá-las em consideração. Mas compreendê-las como algo definitivo, como uma vivência derradeira que permite a uma alma sair de seu ciclo significativo de encarnações, seria o mesmo que faz aquela pessoa perdida na neblina que, ao avistar a luz da vela, a toma pela luz do sol. Partam do princípio de que cada um de vocês — em cada etapa de seu desenvolvimento anímico e com a variação de seu padrão anímico — desenvolve uma sensação temporária pessoal de iluminação e que ninguém pode suportar mais luz do que sua sensibilidade momentânea permite.

Se ficarem por muito tempo presos num aposento escuro, um minúsculo raio de luz, que subitamente entre pelo buraco da fechadura, parecerá cegá-los. Ao mesmo tempo, ele lhes dá esperança, uma esperança da qual já haviam desistido. Outros podem suportar diariamente o sol ardente do equador, sem ficar cegos. Mas não há diferença na qualidade da experiência. Para uns é de um jeito, para outros é de outro. Quando começam a comparar e a invejar a capacidade dos outros, vocês conseguem apenas suportar isto ou aquilo. Vocês perdem as possibilidades de aprender o que vocês mesmos têm de suportar.

Não imaginem que a iluminação seja algo concreto, algo definido ou passível de definição. Lutem por obter os próprios conhecimentos. Apenas eles têm valor, só eles são valiosos. Vocês devem ser poupados dos conhecimentos de outras pessoas.

❧ ❧ ❧

Pergunta: Como posso desenvolver melhor o meu chakra frontal?

Fonte: O terceiro olho, o centro espiritual ou chakra da testa, pode ser treinado por toda pessoa que deseje fazê-lo, como se treina um músculo, que fica tanto mais forte quanto mais é usado. Mas ele não é o único, e ele não é o mais importante. Queremos alertá-los contra uma superestimulação dos chakras.

Quando uma pessoa treina determinados músculos continuamente, e não dá a esses músculos tempo para se regenerar, se desenvolver e se recuperar, para que o estágio seguinte de fortalecimento seja alcançado, nada mais consegue do que dores, talvez uma ruptura muscular ou uma inflamação. E o mesmo acontece quando se treina o terceiro olho com muita freqüência. Se podemos lhe dar um conselho, não esforce demais esse centro espiritual! Mas se reservar dez minutos por dia para treinar a abertura e o fechamento do chakra, logo terá uma sensação de poder e de força — exatamente o poder sobre a própria capacidade de abrir e fechar o terceiro olho e a força para efetivar algo com isso.

Falamos de um poder, e isso intencionalmente, pois o terceiro olho também pode ser usado para objetivos de poder. Pode-se influenciar pessoas, mesmo contra a vontade delas. Mas nos parece mais essencial que toda pessoa que lida com as forças contidas em si mesma, determine quando acontece de o chakra abrir e quando isso deixa de acontecer. Isso exige uma certa dose de autocontrole, e também a intenção firme de não deixar nada nesse centro que não se queira deixar. Não se trata, portanto, somente de ativá-lo e alcançar o exterior, mas também da capacidade de receber informações com o terceiro olho. Quem a vida toda só transmite, enfraquece esse âmbito. Mas quem mantém uma troca correta e regular entre o receber e o transmitir age bem. No entanto, você tem de aprender a determinar quando quer transmitir e quando quer receber e a apagar todo o resto.

Você pergunta: "Como posso fazer isso?" Tome consciência de que se trata única e exclusivamente de capacidades telepáticas. Outras capacidades não estão domiciliadas nesse âmbito. Da telepatia faz parte não só a transmissão de pensamentos, mas também a recepção dos pensamentos dos outros. Trata-se de um âmbito mental no qual você se movimenta. Nós o chamamos de centro espiritual, porque nele só existe a capacidade do espírito, de se colocar em ligação com o Grande Todo em seus mais diversos aspectos parciais.

A telepatia pode ocorrer tanto entre indivíduos que atuam ora como transmissor, ora como receptor, como também entre instâncias não corpóreas e pessoas. Aprenda a distinguir. O importante é colocar-se à disposição, mas não mais do que dez minutos por dia. Depois de ter feito esse exercício por mais de um ano, você se tornará um bom receptor.

Esse exercício nada mais é do que colocar o seu dedo médio sobre o terceiro olho, sentir o calor que passa de seu dedo para a cabeça, se possível não pensando em nada, não querendo nada, apenas deixando as coisas acontecer. Pratique durante cinco minutos. E nos cinco minutos restantes convém que você pratique com outra pessoa. Ela não precisa estar presente, só deve se tornar receptora no mesmo horário. E então você pode transmitir algo para ela. Depois, naturalmente, é interessante testar se a sua mensagem chegou. Se você fizer esse exercício durante dez minutos todos os dias (e isso não vale só para você, mas para todos os que quiserem treinar o terceiro olho) constatará que logo conseguirá perceber se está sintonizado para transmitir ou para receber; e também conseguirá distinguir se recebe algo de outra pessoa ou de uma fonte transpessoal.

Mas algo mais faz parte do treinamento. Quando recebe o que não quer receber, quando ouve o que de fato não quer ouvir, desligue o transmissor, e instale seu receptor em outra freqüência! Fale mentalmente com aquela pessoa, o falecido ou a força ou instância que não quer receber, e diga-lhe nitidamente, com toda a sua energia, que não pode mais ser recebido nessa freqüência. Nisso seja bem firme e conseqüente, caso contrário sua cabeça logo começará a chiar, como se você fosse um rádio sem possibilidade de sintonização.

Certifique-se imediatamente do que objetiva com seu treinamento. Você quer ser mais forte em receber? Tome sua decisão depois de um ano de treinamento — não o faça antes disso. Então, coloque-se à disposição e continue disponível. Você terá muitas surpresas se fizer esse exercício. Ele é fácil e ao mesmo tempo difícil. Não pensar em nada, não querer nada, não poder efetivar nada nem que seja durante cinco minutos é extremamente difícil para um ser humano. Mas se você quiser de fato fortalecer o âmbito do terceiro olho, terá de fazê-lo.

❧❧ ❧❧ ❧❧

Pergunta: Toda pessoa possui a força para fazer cura energética? Uma capacidade dessas pode ser transmitida do professor para o aluno?

Fonte: Todo ser humano tem força curativa. Basta ser humano para estar repleto dessa força, pois a metade da existência de um ser humano é uma entidade transcendental. A alma, que anima o corpo, está presa à força infinita, que dá vida a tudo e que pode tornar tudo sadio, sem que haja necessidade de qualquer condição prévia. Portanto, toda pessoa dispõe da possibilidade de agir influindo em outra pessoa, curando-a, tornando-a inteira, e também santificando-a; mas o modo como isso acontece e o efeito são muito variáveis.

No entanto, antes de falarmos sobre possibilidades isoladas, queremos enfatizar que a capacidade curativa de tocar outra pessoa fazendo-lhe bem, abrindo-lhe o coração ou acalmando-a a fim de fazê-la sentir-se um pouco melhor, é dada a cada indivíduo que vive como ser humano na Terra, não importando se é inteligente ou não, se é extrovertido ou introvertido, bruto ou delicado, educado ou mal-educado, jovem ou velho — tudo isso não tem nenhuma importância! Apenas a intensidade do processo curativo, sua motivação e seu objetivo se distinguem de pessoa para pessoa. Para dar-lhes um exemplo, nós dizemos: se um assassino que está sendo julgado, nem que seja por um átimo de segundo, enviar um bom pensamento, der um sorriso compassivo à mãe da pessoa assassinada, ele exerceu uma atividade curativa, calorosa e saudável. E quando uma criança devolve a outra o brinquedo quebrado com uma expressão de arrependimento e de pena, e talvez até ponha o braço sobre os ombros do triste companheiro de brincadeiras, então aconteceu uma cura.

Sua pergunta desta noite se refere especialmente à capacidade de curar doenças ou de exercer uma nítida influência tranqüilizante sobre uma pessoa que se submete a um tratamento feito por uma pessoa que exerce conscientemente essa atividade. E vocês querem saber se seria possível passar essa capacidade de curar doenças de uma pessoa para outra através de uma iniciação. Nós respondemos que é possível, mas continua sendo uma exceção. Seja como for, não acontece em todos os casos em que se tenta fazer isso, ou em que se acredita ser possível. Nós nos referimos antes de tudo aos métodos de cura espiritual através da oração, da imposição de mãos, da capacidade de aplicar Reiki, ou também à possibilidade de curar doenças ritualmente, "benzendo-as", ou, através de determinadas manipulações, purificar a energia corpórea de uma pessoa limpando-lhe a aura, livrando-a de um fardo, muitas vezes até de uma possessão.

Portanto, é possível que uma pessoa que tenha essa capacidade comprovada ensine outra, e toque alguém que lhe pareça adequado com sua própria força e energia. A transmissão pode ocorrer na medida em que o "professor" esteja consciente de que sua própria força só é o reflexo de uma força maior. Mas na maioria dos casos é necessário constatar-se que o receptor de fato está em condições de receber e se o transmissor de fato está em condições de transmitir. Só então essa troca, essa transmissão, pode realmente acontecer. Mas quando uma pessoa apenas quer curar ou se convence de que está pronta para fazê-lo, ou simplesmente tem o desejo de ser capaz de fazê-lo, a transmissão de força curativa não acontece. Mas se além disso alguém tiver o desejo de impressionar as pessoas com suas capacidades, situação em que a motivação provém do medo de não ser valorizado e não do amor, isso também não funcionará.

No fundo, é muito simples: a cura é sempre e em todos os casos o amor. Quando existe amor, também acontece a cura. Quanto mais amor estiver presente na vibração, na alma, no coração, no espírito de uma pessoa, tanto mais forte será o efeito curativo, unificador, e a santidade que se irradiará dela. Quanto mais amor houver no receptor, tanto mais força curativa poderá captar a fim de passá-la adiante depois. Portanto, o vínculo consiste na vibração amorosa, na disposição de se entregar a fim de deixar algo entrar no outro. Cura e transmissão de forças curativas só podem acontecer com base numa postura essencialmente amorosa, verdadeira e dedicada. E, no caso, depende também da intensidade.

Cada um de vocês possui a capacidade, ainda que em pequena escala, para curar e cada verdadeiro mestre dessa arte pode realizar grandes coisas num dia, e em outro dia isso não ser possível. Pois nenhum ser humano em todo o mundo é sempre amoroso, está sempre repleto de suavidade e dedicação. Isso não é possível, e assim vocês compreenderão que um professor ou um mestre, não importa quão famoso seja, não é sempre capaz de transmitir suas capacidades para o aluno que quer ser iniciado por ele, porque, por exemplo, as correspondentes energias não combinam realmente, ou porque o professor acha difícil confessar que na data estabelecida, naquele determinado dia, não dispunha das energias necessárias à transmissão. Isso é humano e nós não julgamos. Mas é bom saber que na transmissão de forças curativas não se pode pensar em uma capacidade sempre presente. E também quando uma pessoa recebe uma transmissão de força ou de energia, é bom que ela se lembre de que nem sempre ela será eficaz.

Quem quiser lidar com as forças curativas de modo consciente e intencional, sempre que for usá-las deve se perguntar: É verdade que sinto a força hoje, ou estou apenas imaginando? Estou pronto para dizer: "Sinto muito, agora não é possível?" Apenas essa forma de verdade e honestidade pessoal torna uma pessoa um genuíno agente de cura. E essa expressão "agente de cura" também se tornou grande entre vocês. Todos esperam e acreditam descobrir forças curativas em si mesmos, ou encontrar uma pessoa que possua tais capacidades, a fim de se livrarem de um fardo desagradável.

Mas antes de encerrar queremos chamar a atenção de vocês para uma coisa: nenhum ser humano pode curar um semelhante que ainda precisa da sua doença naquele momento, seja ela física ou espiritual, para estimular o crescimento de sua alma. Nenhuma pessoa pode curar outra que não queira ser curada. Nenhum ser humano pode realmente curar outro se quiser exercer poder sobre ele. Nenhum ser humano pode curar apenas porque assim o deseja. Queremos que observem o que dissemos e que transformem essa idéia de cura numa idéia de amor, e a livrem de suas exigências e tirem dela a conotação de algo sublime. Queremos afirmar que o amor é curativo, e toda pessoa que sente um pouco de amor por si mesma ou por outra pessoa, nem que seja por um momento, é capaz de curar. E todos que fizerem isso, estarão ligados à grande força. Mas mesmo que não o façam ainda estarão ligados a ela, embora a força não possa fluir como seria desejável. Portanto não transformem essa questão de poder curar e não poder curar em algo gigantesco. Desejamos muito mais que pratiquem aquilo para o que de fato têm aptidão, que façam, portanto, o que podem fazer. Pois assim estarão questionando também a questão da transmissão de forças, do curar e do ser curado, que os professores e os alunos raramente mencionam, quando de fato duas almas são unidas nesse objetivo e algo acontece para o bem de muitos.

Verdade interior e perfeição humana

Pergunta: Há pouco tempo li a sentença: "Não estou sujeito a nenhuma lei a não ser à lei de Deus." O que a "fonte" entende por lei de Deus?

Fonte: Essa sentença é a expressão de um desejo piedoso, de uma justiça pessoal de pouca monta e de um medo ainda mais essencial. Parece significativo, mas não é verdade.

Quem diz isso, em geral se refere às palavras das Escrituras Sagradas como sendo a lei de Deus: "Você deve... você não deve!" A lei de Deus, no entanto, é ao mesmo tempo a lei humana. O divino se manifesta em todos os fenômenos existenciais, e dele também fazem parte as leis humanas. A vontade do universo se mostra tanto na legalidade universal quanto nos parágrafos que vocês escrevem em seus códigos de direito. Vocês fazem tantas distinções categóricas! Um ditado como o da sentença citada representa uma tentativa de salvar a humanidade do humano. Quem pensa assim, não quer reconhecer nada nem ninguém como um Deus que não existe. A sentença descreve, no sentido absoluto, um caminho fácil, um caminho que leva a lugar nenhum.

As leis de Deus são eficazes para cada um de vocês. Seja como for existe, e é isso que visa sua pergunta, outra instância que estabelece as leis, a qual por sua vez apresenta uma ligação com o universo. Em essência, com essa sentença se quer dizer que para uma alma que se encontra num estágio avançado de desenvolvimento não deveria existir mais nada além da voz de sua verdade interior, que sempre se perde nas prescrições da sociedade em que essa alma se movimenta. A voz da verdade interior só pode ser ouvida quando todas as outras vozes podem se manifestar. A voz da verdade interior só pode soar, quando também outras vozes se manifestam através de prescrições, regras, leis e pensamentos. Ela não tem existência própria, separada da humanidade. A lei de Deus é, portanto, para os homens, a lei da verdade interior.

❦❦   ❦❦   ❦❦

Pergunta: Que instância pode ser interrogada por nós? Para onde devemos nos voltar para obter informação, conselho e consolo mesmo sem aptidão mediúnica?

Fonte: Todo ser humano possui uma instância, uma fonte, uma ajuda que está a sua disposição, e nós a chamamos de voz da verdade interior. Mas vocês têm de saber que essa voz não fala em voz alta, quando vocês a ouvem misturada com outras vozes. Ela é baixa, contudo sua linguagem é clara. E quando vocês a ouvem, percebem que sua verdade individual, interior e pessoal se diferencia da verdade de seus semelhantes, ainda que de forma sutil, mas memorável. Afinal, ela é a verdade de vocês e se define pelo fato de ser

Religião — a Religação Espiritual

delimitada e totalmente subjetiva. Ela sempre se manifesta quando vocês perseguem objetivos primordiais pessoais, desenvolvem desejos pessoais e o caminho para sua individualização. Esses desejos refletem, quando se trata da verdadeira verdade interior, as necessidades de sua alma.

De onde provêm as necessidades da alma de vocês? Se as reconhecessem com mais freqüência, não estariam tão enredados em suas dores, sua cegueira, sua confusão. As necessidades, portanto, existem, mas vocês não podem dar-lhes nome. A voz da verdade interior fala com vocês, contudo, vocês não a podem ouvir. E quando perguntam de onde ela provém, vocês estão desnorteados. Mas nós lhes dizemos: vocês têm, cada um de vocês, uma fonte que flui ininterruptamente com fartura, na qual podem matar a sede, pois ela não seca, ela é doce! Essa é a energia de sua família anímica. Pois quando fala a voz de sua verdade interior subjetiva, ela é expressão do que o seu eu pessoal quer e do que o seu todo precisa. E esse todo de forma nenhuma é tão grande, tão incompreensível e invisível como gostariam que fosse, para se fecharem a suas exigências. Mas se quiserem beber dessa fonte, precisarão de uma caneca. E essa caneca consiste na certeza de que a fonte de energia é digerível, curativa e mata a sede. Vocês podem beber com a confiança de que ela não é prepotente ou violenta, mas curativa como uma fonte de saúde. Um gole dessa fonte torna vocês sadios, visto que une vocês a uma totalidade interior.

Aprendam a distinguir entre realidade e... realidade. A realidade da sua ligação anímica em sua totalidade, que se distingue da totalidade das outras pessoas, é uma realidade diferente da que os cerca diariamente em sua consciência desperta e que vocês podem entender. Vocês só podem sentir a realidade. A realidade nesse sentido, a realidade da sua família de almas, é mental e não é fácil de perceber. Mas os seus sentidos podem percebê-la.

E o mesmo acontece com a voz de sua verdade interior, sua sintonização subjetiva, vocês não a percebem através de reflexões racionais, porém pela alternação entre prós e contras, através da argumentação. Nada disso é o conteúdo, mas a disposição incondicional de vocês de sentir o seu íntimo e dar a cada argumento o seu lugar. Assim que sentirem surgir objeção, argumentos contrários, críticas ou dúvidas a sua voz interior, saibam que podem prestar atenção neles ou não — isso não é problema —, mas não devem orientar-se por eles. A voz deles é muito mais alta do que a voz da verdade interior, contudo, só a verdade interior liga vocês ao seu coletivo anímico. Esse coletivo, por sua vez, está ligado a totalidades maiores, a grandes unidades anímicas e à derradeira unidade total.

Entreguem-se, portanto, com intenção pura e o desejo de ouvir com atenção essa voz interior, e não tentem compreendê-la com os dons do juízo ou com os argumentos da razão. Ouçam-na, isso basta. Ela lhes dá instruções que servem a sua saúde, a seu bem-estar, a sua salvação. Ela não lhes dá instruções nocivas, pois isso simplesmente não é possível. Portanto, sempre que sentirem: "Isso seria o correto para mim", sigam esse impulso. Sempre que ouvirem uma instrução interior, e ela desperte alguma sensação de sintonia, sigam-na! Sempre que sentirem que é bom e correto, não devem levantar um único argumento contra e nenhuma pessoa deste mundo deve convencê-los a desistir, mesmo que as conseqüências de início provoquem um pouco de medo. Cada um de vocês pode beber da fonte dessa maneira e ela flui com abundância. Para concretizar isso não são necessárias aptidões mediúnicas.

❧❧ ❧❧ ❧❧

Pergunta: Por que me falta a mão esquerda desde o meu nascimento?

Fonte: Sua alma é velha e quase amadurecida, e seu corpo reflete isso na medida em que se declarou disposto a recolher um pouco suas forças como faz um mestre das artes marciais japonesas ou chinesas, pois em comparação com as dos outros elas são muito grandes, ele atingiu a maestria que ainda falta aos demais. Quando um mestre luta e pratica com um discípulo, não é bom que use todas as suas capacidades, toda a sua força, pois poderia ferir seu discípulo, desencorajá-lo ou envergonhá-lo.

Durante toda a sua vida você considerou sua limitação física como uma desvantagem, que o torna menos valioso do que os outros. Mas nós lhes dizemos que você só tem essa deficiência para que não se distancie demasiado daqueles que lhe pertencem e que querem aprender com você. Sua alma quer usar tudo o que aprendeu, sem distanciar-se da comunidade ou das pessoas afins. Isso tudo se aplica basicamente a você, e não apenas do ponto de vista corporal. Desta sua vida faz parte uma tarefa, sua arte interior, que você já levou à perfeição, a arte de, com certa reserva e com certo recolhimento, esgotar todas as suas possibilidades.

Queremos fazer mais uma comparação que se aproxima bastante de você e de seu passado anímico. Você é como um oleiro japonês que fabricou um vaso maravilhoso, um vaso de surpreendente beleza e delicadeza. Então, levado por sua arte e seu conhecimento, ele acrescenta um entalhe a essa obra que é perfeita e à qual não falta nada, a fim de lhe conferir a verdadeira beleza.

Pois a beleza não consiste na perfeição total! A perfeição é fria, a imperfeição, ao contrário, tem calor. É nessa fase de seu desenvolvimento que você se encontra. Seu corpo e seu semblante são de uma estranha beleza feminina, e você atende a todos os requisitos de beleza para um homem e uma mulher. Apenas o pequeno entalhe, que você considera uma carência, foi-lhe acrescentado para que não tivesse de sujeitar os outros a uma perfeição que para muitos seria assustadora e despertaria frieza. Em outras palavras: isso que o atormenta e aborrece tanto, é a expressão de uma forma mais elevada de perfeição, e quando superar sua inibição, você poderá experimentar e sentir nesta vida como é maravilhoso e como faz bem ser amado e admirado, não pela perfeição, porém pela verdadeira beleza.

Talvez você saiba que a tradição do Zen prescreve quebrar uma valiosa chávena e tornar a consertá-la antes de ela ser oferecida, cheia de chá perfumado, ao hóspede de honra. Veja-se no contexto dessa tradição, e ocupe-se um pouco mais com as condições que são impostas à beleza. Seu passado foi cunhado pela tradição japonesa zen-budista. Hoje ainda encontrará nela consolo e ajuda quando estiver triste. Deixe que aqueles que conhecem intuitivamente sua luta o ajudem.

⊷⧫⊷   ⊷⧫⊷   ⊷⧫⊷

Pergunta: Como alcançar a perfeição?

Fonte: Você mesmo tem de continuar lutando pela perfeição, por uma perfeição que, como a definiu, nem existe. Você luta em sua cabeça por um ideal que a alma jovem tem diante de si, um ideal de perfeição um tanto ingênuo. Você ainda acha que a pessoa perfeita tem de ser bonita, sadia, nobre e descontraída. Você construiu essa idéia e talvez tenha escolhido entre os ensinamentos do seu mestre algo que comprove essa imagem. E você não conseguiu ver além, que o homem perfeito é aquele que se aceita como é, em todos os momentos. Isso descontrai. Isso traz alegria. Isso abre o coração.

A pessoa perfeita aceita em todos os momentos que é como é, ou seja, imperfeita. Ela aceita que está tensa, que fechou o coração. E nesse momento sua estrutura interior se modifica. É como se um véu fosse retirado de seus olhos. É como se sua aura se modificasse por uma súbita claridade. Sua arte não consiste no esforço para alcançar um outro estado, porém no estabelecimento de um outro estado. Ela reconhece: "Ah, agora estou com raiva, então alegremo-nos com essa raiva." E ela constata: "Esta noite dormi mal. Estou muito tensa. Mas vamos louvar isso! Deve existir um sentido."

Essa postura transforma vocês em pessoas que aceitam a si mesmas, que não querem ser diferentes do que são. E por isso tudo se modifica: nesse momento, são perfeitas! Mas somente nesse momento! Você acha que o estado de perfeição, como imagina que ele é, tem de ser um estado duradouro. Mas não é. A perfeição da qual queremos aproximá-lo e que pode de fato alcançar sempre outra vez, todos os dias, uma, duas ou três vezes é uma questão de momento. Ela não dura, mas consiste em uma série de sensações isoladas. Ela é um longo colar feito com as pérolas do conhecimento.

Somente quando sua vida se transformar num único longo colar dessas pérolas, a perfeição alcançará certa duração. Acredite em nós. Também aqueles que são iluminados, segundo medidas humanas, não são perfeitos em todos os momentos! Eles também passam por momentos de medo. Também se sentem mal fisicamente durante dias ou semanas. Eles são sensíveis demais. Eles ficam com raiva, mas trata-se de um tipo diferente de raiva. A raiva deles não está associada à raiva de si mesmos. Essa raiva não pode ser julgada. A raiva é um estado de estimulação física, uma forma de energia, assim como do ponto de vista biológico as falhas são fenômenos de decadência. Continue com raiva da imperfeição humana. E alegre-se por isso! Isso torna você perfeitamente amoroso!

Glossário

Esta lista de conceitos centrais deve permitir que o leitor entenda o ensinamento da "fonte" e facilitar a leitura do livro. As definições não foram recebidas mediunicamente. Como autores, esforçamo-nos para explicá-las segundo a nossa compreensão atual.

As expressões interpretadas aqui estão estruturadas numa lista "estática". Seu dinamismo é obtido por sua ligação com as outras e pelo uso mental e prático que a alma das pessoas faz dos ensinamentos nelas contidos.

ALMA E FAMÍLIA DE ALMAS

A alma é o aspecto transcendente, dual, de um ser físico, que continua viva depois da morte do corpo e que faz com que haja sentido na existência, sendo a ponte entre a vivacidade e a matéria morta, entre a realidade material e a realidade espiritual, entre o terreno e o divino. O ser humano tem uma alma individual, os animais são membros de um coletivo anímico. O lar de todas as almas é o mundo astral. No corpo físico a alma se manifesta entre outras coisas como psique. A alma humana encarna a fim de fazer experiências que não são possíveis no estado sem corpo: o amor com um corpo, a velhice, a doença e a transitoriedade, o sexo e a reprodução, o parentesco sangüíneo, o ódio, o karma, a alimentação e a evacuação, etc. A alma humana está impregnada de uma combinação de arquétipos anímicos que dão sentido à existência, formando os tijolos de construção de cada encarnação. A estrutura da alma pode ser descrita por meio de seu padrão anímico, a matriz.

A família de almas é um si mesmo que se compõe de cerca de mil almas. Compõe-se de almas encarnadas e de almas sem corpo, que compartilham da mesma energia básica e que atuam na mesma e abrangente tarefa de pesquisar a humanidade, embora tenham diferentes papéis anímicos. Os membros de uma família de almas são irmãos anímicos (ou seja, não existe uma hierarquia), e eles são fragmentos. Um fragmento é uma alma individual, um indivíduo com alma. O conceito "fragmento" indica que uma alma humana está indissoluvelmente ligada ao grande todo, à família de almas. A fragmentação está ligada ao derrame de almas num ciclo de encarnação. As experiências na Terra só podem ser feitas por meio de uma individualização. Num sentido mais amplo, a alma individual também é um fragmento do Todo e um aspecto parcial do princípio divino. A fragmentabilidade de uma alma humana é o motor de sua saudade espiritual de se unir outra vez com o todo perdido.

Uma família anímica é composta de representantes de dois, três ou quatro papéis anímicos (por exemplo, sábio, artista e agente de cura ou erudito, agente de cura e guerreiro, ou rei, erudito e sacerdote) com participação diferenciada. A parte predominante determina a temática da missão conjunta (por exemplo: "praticar a arte do deixar acontecer ativo", ou "pesquisar a comunicação através do confronto", ou "conhecer a ritualização da ingestão comunitária de alimentos"). Cada uma das incontáveis famílias anímicas é única em sua estrutura energética e continua sendo um todo energético também depois do ciclo terreno de encarnação, mesmo em "estados diferentes". Ela se une, se funde e se transforma no plano causal da consciência, assim que o último dos irmãos anímicos encerrar sua última vida. Cada alma está indissoluvelmente unida à sua família de almas, visto que é um fragmento desse todo. Em cada vida ela dá uma contribuição maior ou menor para realizar a pretensão de sua família anímica.

A comunicação com os irmãos anímicos se completa num sonho, através de contatos com o eu superior, ouvindo a verdade interior e em situações excepcionais. Os membros da própria família anímica que já encerraram seu ciclo de encarnações, servem como entidade protetora dos irmãos anímicos encarnados. Outras designações são: "Grande Homem" (C. G. Jung), "Mahatma" (teosofistas), "Alman" (Flavio Cabobianco). A "fonte" é uma família unida de almas e se compõe de eruditos e de sábios. Uma *conexão* é uma unidade energética composta de sete famílias de almas, que servem a um objetivo superior com suas missões de família e que tem sua própria missão particular e conjunta. Cada família de almas representa uma das sete energias básicas no grupo. Relacionamentos kármicos na maioria das vezes acontecem entre conjuntos de oito até dez mil almas isoladas de um grupo, que sempre se encontram outra vez fisicamente no curso do ciclo de encarnação. Uma unidade energética muito grande é a de sete desses grupos, ou seja, de um total de quarenta e nove famílias de almas que se pertencem. As almas gêmeas provêm de um grupo desses.

ALMAS DUPLAS

Uma alma dupla ou alma gêmea compõe-se de duas almas de uma união de sete famílias de almas (ocupando a mesma posição na ocasião do derrame de almas). Em termos de energia, não são diferentes nem iguais, mas porém complementares. Elas fazem as mesmas experiências de diferentes perspectivas e analisam essas experiências do mesmo ponto de vista. Elas são uma, e no entanto, são duas; são duas, no entanto, são uma. Trata-se da mais estreita forma de ligação anímica. Como existe sempre o perigo de uma fusão simbiótica que impede o crescimento ao se encontrarem no estado encarnado, o relacionamento entre almas gêmeas é um desafio raro e especial.

Anjos

A palavra "anjo" significa mensageiro. Dentro dos três mundos da alma não há necessidade de mensageiros. Mas os mensageiros unem os mundos da alma com os âmbitos mais abrangentes da consciência que transcende o plano anímico. Eles não são pessoas, não têm alma e nunca encarnaram. Eles tampouco aparecem como adoráveis gorduchos alados ou como conselheiros amáveis. A "fonte" os chama, um tanto prosaicamente, de contadores da energia universal. Eles só interferem na vida humana quando entre nós, especialmente no âmbito coletivo, há ameaça de uma estagnação ou unilateralidade de energia que nós, seres humanos, não conseguimos eliminar. Eles estão muito além do bem e do mal, e reformulam a energia quando depois de um longo período de paz houver necessidade de uma guerra, ou quando depois de uma guerra prolongada for necessário um período de paz. Por exemplo, eles provocaram a espantosa queda da União Soviética, que parece tão surpreendente a tantos de nós. Mas a rigidez desse gigantesco império era muito evidente. Os anjos introduziram a Guerra dos Trinta Anos e também a encerraram. Estes são exemplos históricos que nos foram transmitidos. Há anjos para todas as sete energias essenciais. Consideramos que a maioria das aparições de anjos, na verdade, são contatos com as forças da própria família de almas.

Arquétipos da alma e as sete energias básicas .

A força primordial do Todo se manifesta através das *setes energias básicas universais*. Em sua forma primordial elas não podem ser captadas pelos seres humanos. Mas são captáveis por meio da matriz. A matriz, em sentido generalizado, como inventário dos arquétipos da alma, consiste sempre de sete camadas: papel anímico, característica principal do medo, objetivo de desenvolvimento, modo de ação, mentalidade, centro, ciclo de idade anímica (com etapas de desenvolvimento). Em cada uma dessas camadas as sete energias básicas se manifestam de forma característica. As energias básicas não têm nome, visto que transcendem as possibilidades humanas de definir, limitar e compreender algo pelo nome. Portanto, são apresentadas por meio de números que têm valor simbólico embora não tenham valor matemático no sentido estrito do termo. Um primeiro entendimento das energias básicas é obtido mais facilmente, por meio da análise dos papéis essenciais da alma: Agente de cura (energia 1), artista (energia 2), guerreiro (energia 3), erudito (energia 4), sábio (energia 5), sacerdote (energia 6), rei (energia 7). Uma compreensão mais profunda dessas energias básicas pode ser obtida quando colocamos todos os arquétipos da energia 1 (de todas as camadas da matriz) lado a lado e tentamos sentir qual o inter-relacionamento energético comum desses conceitos. Para tanto é útil observar os arquétipos em pessoas vivas.

Mesmo que não consideremos isso a partir da nossa razão avaliadora, todos os arquétipos têm exatamente o mesmo valor qualitativo. Não há uma hierarquia. Cada arquétipo representa um aspecto parcial irrenunciável do Grande Todo energético. No plano da alma, as setes energias primordiais sempre se manifestam através dos arquétipos correspondentes às energias.

> *Energia 1:* Agente de cura, negação de si mesmo, demora, discrição, estoicismo, centro emocional, ciclo de alma recém-nascida, etapa 1.
>
> *Energia 2 :* Artista, auto-sabotagem, recusa, cautela, ceticismo, centro intelectual, ciclo de alma infantil, etapa 2.
>
> *Energia 3:* Guerreiro, martírio, submissão, persistência, cinismo, centro sexual, ciclo de alma jovem, etapa 3.
>
> *Energia 4:* Erudito, obstinação, paralisação, observação, pragmatismo, centro instintivo, ciclo de alma madura, etapa 4.
>
> *Energia 5:* Sábio, avidez, aceitação, poder, idealismo, centro espiritual, ciclo de alma antiga, etapa 5.
>
> *Energia 6:* Sacerdote, orgulho, aceleração, paixão, espiritualismo, centro extático, forma transpessoal de animação, etapa 6.
>
> *Energia 7:* Rei, impaciência, domínio, agressividade, realismo, centro motor, forma transliminar de animação, etapa 7.

Os arquétipos da alma generalizadamente válidos não podem manifestar-se de forma pura em seres humanos vivos. Eles apenas surgem em padrões mistos (padrão anímico ou matriz), e só dessa forma podem ser vividos no âmbito corporal/material. Para reconhecer as energias em forma manifesta, os diversos arquétipos podem ser observados através da padronização em seres humanos.

Com seu papel anímico essencial, que é constante durante todo o ciclo de encarnação, cada pessoa vive uma energia central que aprende a conhecer bem em todos seus aspectos no curso dos milênios. Por exemplo, um "guerreiro" expressa de forma mais evidente a energia 3, independentemente das diferentes matrizes em cada vida isolada. Essa impressão se torna ainda mais forte quando em outras camadas da matriz ele pode acrescentar outros arquétipos da energia 3, por exemplo, o medo guerreiro do "martírio", o objetivo guerreiro da "submissão" ou o modo guerreiro de ação da "persistência". Também o ciclo de alma jovem e a etapa de desenvolvimento 3 têm energias arquetípicas do "guerreiro".

CONSCIÊNCIA

A "fonte" ensina: existe apenas uma consciência. Todos os fenômenos materiais e não-materiais participam dela. Cada indivíduo que está num ciclo de encarnação, também participa da consciência perfeita de todas as dimensões cósmicas e do Todo com sua consciência materializada.

A consciência é a forma limitada da consciência cósmica do Todo nos seres humanos. A consciência não é necessária e significativamente limitada. Ela está sujeita aos limites subjetivos do indivíduo humano e aos limites objetivos dos seres humanos com alma. Inconsciente, consciência de sonho, sub e superconsciência são ajudas terminológicas para se poder descrever os aspectos parciais da consciência. A "fonte" recusa, de sua perspectiva, a idéia do inconsciente. Ela afirma que o ser humano sempre age com consciência, mesmo que não saiba disso. Além disso, ainda existe uma consciência anímica, que armazena informações individuais de vidas passadas e de relacionamentos anímicos bem como de conhecimento sobre o próprio ser. Conforme a alma vai envelhecendo, a consciência se torna cada vez mais independente dos conceitos limitados de tempo e de espaço. Ela pode superá-los temporariamente e aproximar-se da consciência generalizada.

DESDOBRAMENTO

Trata-se da significativa, inevitável e organizada realização do plano superior de encarnação e do estabelecimento de objetivos de uma alma individual. A "fonte" prefere o conceito "desdobramento" ao conceito "desenvolvimento". O processo pode ser comparado com o fato de uma bolota produzir um carvalho, e uma semente de margarida resultar em um pé de margaridas. Assim se estabelecem as condições estruturais do potencial. A liberdade consiste em preencher essas condições dentro das possibilidades existentes. O processo se completa por *etapas de desdobramento*. Cada um dos ciclos de idade da alma (recém-nascida, infantil, jovem, madura, antiga) se compõe conseqüentemente de sete etapas de desdobramento que devem ser vividas uma depois da outra. Em todos os ciclos elas têm os mesmos temas específicos. A primeira etapa, por exemplo, tem sempre o lema: "Adquiro nova coragem"; a segunda: "Eu busco estabilidade"; a terceira: "Torno-me empreendedor"; a quarta: "Colho os frutos"; a quinta: "Estou ficando impaciente"; a sexta: "Preciso de paz e de harmonia"; a sétima: "Eu uso o que aprendi".

A alma, portanto, percorre cinco vezes esse ciclo de sete etapas. A energia básica das etapas se alterna, uma vez se volta para o mundo interior, outra vez para o mundo exterior. A sétima etapa sempre integra todas as experiências do ciclo que está se encerrando e é como um exame de maestria auto-imposto, antes que uma troca elementar de energia seja completada na primeira etapa do ciclo seguinte. Cada etapa pode levar em consideração até quatro encarnações.

Tarefas de desdobramento são os cinco vezes sete passos de aprendizado (=35) que uma alma tem de dominar no curso de seu ciclo de encarnação no contexto das etapas de desenvolvimento. Em cada uma das 35 etapas de desdobramento há uma tarefa a cumprir, e isso deve ser feito junto com outras almas encarnadas. Exemplos: "Experimentar a liberdade na dependência" (ciclo de alma madura, etapa 1) ou "Servir fielmente a um mau patrão" (ciclo de alma madura, etapa 3) ou "Unir o bem-estar da comunidade ao próprio bem-estar" (ciclo de alma antiga, etapa 4) ou "dar sem receber, receber sem dar" (ciclo de alma antiga, etapa 7). O trabalho com as tarefas de desdobramento se completa no mundo das idéias e na prática, ativa e passivamente, consciente e inconscientemente. As correspondentes experiências culminam numa vivência de pico que encerra amplamente a experiência. O domínio de uma tarefa de desdobramento pode durar várias vidas e depende da ação conjunta das almas encarnadas.

DUALIDADE, POLARIDADE E PULSAÇÃO

Dualidade, polaridade e pulsação são princípios funcionais e leis energéticas da realidade que pode ser vivida pessoalmente, bem como da realidade cósmica transpessoal. O ser humano só pode se realizar na forma dupla de manifestação: como homem ou como mulher. Cada uma dessas duas formas tem exatamente o mesmo valor qualitativamente absoluto. Elas se completam numa unidade necessária e são partes de um todo. Como "dupla" se pertencem, por exemplo, o caos e a ordem, o nascimento e a morte, a matéria e a não-matéria, a tensão e a descontração, a luz e a sombra, o yin e o yang. Analisados como fenômenos energéticos, não são bons nem maus, porém funcionais. Da perspectiva dos seres vivos, muitas vezes são subjetivamente sentidos como pólos opostos, dos quais um é agradável e o outro desagradável. Cada uma das sete camadas matriciais conhece três pares com correspondências complementares e um arquétipo não dual, que sempre tem a energia 4. Para compreender isso mais facilmente podemos recorrer à camada dos objetivos de desenvolvimento. Os três pares são: aceitar/recusar, acelerar/retardar, dominar/submeter-se. O objetivo neutro é paralisar. Uma pessoa com o objetivo "aceitar" fica especialmente encantada com outro que tenha o objetivo "recusar". Ambos se completam a partir da perspectiva dual com o dizer sim e o dizer não.

No ensinamento dos arquétipos, correspondências duplas também podem ser encontradas no âmbito da vivacidade: o *âmbito da expressão* se concretiza nas energias básicas 5 e 2, o *âmbito da inspiração* se concretiza nas energias básicas 6 e 1, o *âmbito da ação* se concretiza nas energias básicas 7 e 3. No *âmbito da assimilação*, a energia 4 representa o princípio da neutralidade. No entanto, também aqui existe dualidade, só que ela é "interiorizada". As energias 1, 2 e 3 são yin, as energias 5, 6, e 7 são yang.

As correspondências duplas não são polares, mas complementares. Os princípios ou leis da polaridade, da dualidade e da pulsação não podem ser separados, contudo, designam aspectos diferentes dos inter-relacionamentos energéticos do mesmo fenômeno. A dualidade elimina a polaridade quando não mais se tratar de uma tensão ou pulsação entre os pólos. Por isso a dualidade se liberta, em sua eliminação dos opostos, das contradições do plano material e só existe como dupla no plano imaterial ou nas dimensões da não-matéria. Contudo, a dualidade cria uma passagem da realidade concreta para a realidade concreta/abstrata, pois na realidade o dual só pode se manifestar por suas correspondências complementares. O Todo representa uma realidade que está além da dualidade. Trata-se de um "não só", e ao mesmo tempo de um "bem como".

A polaridade é um princípio funcional da realidade. Fenômenos que se pode experimentar são catalogados, segundo o modo de observação humana, como fenômenos agradáveis ou desagradáveis. Trata-se de opostos que não podem existir um sem o outro e que visivelmente são alimentados pela mesma força. Os pares de opostos descrevem extremos. Bem e mal, Céu e Terra, Deus e o diabo são, da perspectiva humana, fenômenos duplos. Nós diferenciamos entre claro e escuro — o denominador comum é a luz. Saúde é agradável, doença é desagradável, o medo restringe, o amor expande.

A "fonte" ensina que, além do padrão anímico, cada arquétipo também tem uma estrutura polarizada. O pólo negativo é determinado pela energia do medo, o pólo positivo pela energia do amor. Em termos energéticos, o medo significa um encolhimento (contração) e o amor uma ampliação (expansão) do potencial disponível. Nesse contexto, os conceitos "positivo" e "negativo" não têm aspecto de valor, porém servem à descrição dos fatos. Na vida cotidiana, a maioria das pessoas se move num espaço relativamente pequeno entre ambos os pólos. Não é possível nem tem sentido evitar totalmente o pólo negativo, visto que entre os pólos existe uma tensão mais ou menos forte que cria vivacidade. Por exemplo, uma pessoa com o papel anímico de erudito se move constantemente entre o pólo negativo da "teoria" e o pólo positivo do "conhecimento". Um sacerdote, ao contrário, oscila entre a "precipitação" e a "misericórdia". O objetivo de desenvolvimento da "recusa" tem um pólo negativo do "preconceito" e um pólo positivo do "discernimento". E assim por diante. A polaridade se distingue da dualidade pelo fato de o pólo negativo mostrar uma freqüência energética inferior à do pólo positivo, sendo, portanto, qualitativamente diferente (subjetivamente mais desagradável).

A polaridade, com sua diferenciação de freqüência, que pode ser descrita como medo e amor, só existe no âmbito material. A pulsação pode acontecer entre esses pólos, mas também, como fenômeno, pode ser observada no âmbito da realidade. O que é material pulsa, o que não é material também. No entanto, o não-material pulsa entre o amor e o medo. Ele não pode ser diferenciado por meio das energias do medo e do amor. As correspondências duais podem ser observadas subjetivamente como polaridades pelos seres humanos. Disso resultam misturas de fatos objetivos e de idéias subjetivas. As pessoas, no entanto, graças às suas condições existenciais, estão orientadas para as funções e percepções dos pólos. Elas só podem pensar em incluir o dual na visão de mundo como uma idéia. Para elas o dual não é uma realidade perceptível.

Pulsação é a oscilação energética entre os pólos no mundo corpóreo, entre a energia do medo ou a energia do amor. Todos os fenômenos materiais pulsam em freqüências diferenciáveis. A pulsação descreve a troca de contração e expansão, por exemplo, também no aparecimento do universo. A batida do coração e a respiração são exemplos observáveis. O ser humano pulsa em seu potencial energético. Ele dispõe de um longo alcance, embora limitado, de movimentação entre os pólos de seus arquétipos atuais. Nenhum ser humano pode ser constantemente amoroso, altruísta, saudável e descontraído. Assim também ninguém é totalmente constante e mau. A "fonte" recomenda uma corajosa permissão das oscilações naturais na pulsação para obter uma vivacidade ótima, pois assim mantêm-se as condições de crescimento por meio de uma tensão saudável. Quanto mais fortes os movimentos pendulares entre os pólos do medo e do amor, tanto maior será o crescimento. Uma pessoa com o papel anímico de rei, por exemplo, oscila entre uma liderança responsável e um autodomínio impaciente. Se evitar medrosa e contraidamente qualquer domínio pessoal, ela se tornará tão cuidadosa que suas qualidades de líder não podem mais ser reconhecidas. A tensão mínima ou máxima dos pólos se modifica no curso do desenvolvimento psíquico e anímico.

ENCARNAÇÃO, CICLOS DE ENCARNAÇÃO E DERRAME DE ALMAS

1. Em termos gerais a "fonte" entende como encarnação o *tornar-se carne* de uma alma que entra num corpo humano no planeta Terra. Por meio do derrame de ondas de almas no início da história da humanidade, as almas do mundo astral animaram seres semelhantes a homens, que lhes pareceram adequados para possibilitar uma experiência de encarnação significativa. Seguiram-se outras ondas de almas, dependendo de quantas possibilidades de desenvolvimento a Terra ofereceu (dependendo também da proteção e do alimento disponíveis). O derrame de almas se completou por vários grupos de famílias de almas. Quando uma família de almas se derrama na Terra como um todo, em virtude de uma decisão coletiva de almas, completa-se simultaneamente sua fragmentação em almas individuais. Essas almas individuais percorrem juntas, contudo com velocidade diferente, o ciclo de encarnação total com seus cinco ciclos isolados. Eles são denominados, analogamente ao desenvolvimento do corpo humano, de "ciclo de alma recém-nascida, ciclo de alma infantil, ciclo de alma jovem, ciclo de alma madura e ciclo de alma antiga". Quantas vidas uma alma isolada precisa para percorrer todo o seu ciclo de encarnação e quanto tempo ela descansa no mundo astral, são constatações muito diferentes de alma para alma. Para uma experiência abrangente, uma família anímica precisa de membros que se desdobram lentamente, e de membros que o façam bem depressa. O primeiro e o último sempre têm funções especiais. Um ciclo de encarnação pode durar de sessenta até cem encarnações humanas, ou seja, durar mais ou menos de seis até dez mil anos. Esse ciclo não pode ser interrompido. Quando todos os irmãos de uma família de almas encerraram suas encarnações individuais, o ciclo se encerra. Isso também encerra a fragmentação e, enriquecida pelos conhecimentos do ciclo de encarnação, a família de almas se funde numa nova unidade. O todo das experiências lhe permite empreender uma troca energética no mundo causal.

2. Especificamente, encarnação é uma *vida isolada* já encerrada, presente ou futura. Cada encarnação vem acompanhada de uma matriz, que suporta energeticamente o objetivo planejado. Ela está sujeita às quatro leis da vivacidade: reagir, ser, agir e experimentar.

KARMA

Karma é a lei da equiparação energética. Com relação à definição moderna de karma, a "fonte" considera o conceito muito estreito. Trata-se de uma responsabilidade anímica pelos efeitos que retardam ou até mesmo impedem definitivamente (por exemplo, por meio de um assassinato) que outras almas cumpram seu plano de encarnação. O fator decisivo é a motivação consciente ou "inconsciente" de uma pessoa de querer — e causar — danos a outra ou de não desejar eliminar algum mal, embora isso lhe seja possível. Não há karma quando há um acordo entre duas almas sobre o fato de haver esse ato destrutivo, ou seja, se ao menos o motivo inconsciente for o amor, que em cada caso tem de ser vivido com muita coragem. Essa diferença, para quem observa cada caso isoladamente, é muito difícil de estabelecer; recomenda-se portanto, um extremo cuidado ao chamar de kármico um ato de alguma pessoa.

O verdadeiro ato kármico provoca uma ligação ou vínculo kármico. A reconciliação acontece objetivamente em cada caso senão o ciclo de encarnação não pode ser encerrado; e subjetivamente, porque cada alma, mais cedo ou mais tarde, sentirá, depois de praticar um ato kármico, a necessidade imperiosa de consertar as coisas. Em geral, o agressor da antiga vítima encontra em vida posterior grande recusa e rejeição da parte dela: a compensação só poderá ocorrer quando a antiga vítima aceitar essa recusa e estiver disposta a manter um contato prolongado com o antigo opositor. A compensação, em geral, ocorre, fazendo com que duas pessoas tenham um relacionamento de vários anos, vivido com verdadeiro amor e ódio, sendo um grande desafio para ambos. Através desse ato de amor de ambos os lados, o karma é dissolvido, surge o perdão e aparece uma intimidade especialmente profunda. Causar danos a si mesmo como vítima de expiação não provoca compensação kármica. Um sofrimento pessoal por maior que seja, como por exemplo um câncer doloroso, não significa nenhum acerto kármico, porque não faz nada de bom para uma outra pessoa. O karma também não é eliminado por um simples ato de perdão, por melhor que seja a intenção. O sentido do karma é desenvolver a capacidade de amar e de transformar o ódio e o medo; e para isso é necessário esforço e tempo.

MATRIZ E PADRÃO ANÍMICO

O conceito é usado com dois significados:

1. O inventário de todas as formas energéticas básicas experimentadas por todos os seres humanos por meio dos arquétipos anímicos: *o sistema das formas básicas arquetípicas* e o ensinamento dos arquétipos. A matriz como um todo se compõe de sete papéis anímicos essenciais, de sete características principais, de sete objetivos de desenvolvimento, de sete modos de ação, de sete mentalidades, de sete centros e cinco ciclos anímicos.

2. O *padrão anímico* individual se compõe de sete tijolos arquetípicos de construção: a estrutura anímica de um indivíduo encarnado atualmente. Exemplo: do

ponto de vista da alma, uma pessoa pode vir numa encarnação como sacerdote, com a característica principal da avidez (medo da carência), com o objetivo de dominar, com o modo de ação da discrição, com a mentalidade de um estóico, com padrão reativo motor-emocional e com a idade da alma madura 7 (ciclo de alma madura, etapa de desenvolvimento 7). Nas vidas seguintes ela escolhe uma outra matriz. Ela é novamente um sacerdote (papel anímico ou essência constante), contudo com outras variáveis: sua característica principal é a negação de si mesma (medo da insuficiência), seu objetivo é o retardamento, o modo de ação é a observação, a mentalidade é de idealista, o padrão reativo é o intelectual-motor, a idade da alma é antiga 1 (ciclo de alma antiga, primeira etapa de desenvolvimento). A matriz também pode ser expressa por uma seqüência de números simbólicos/energéticos, sem valor matemático. Os números energéticos dos exemplos citados são: 6 5 7 1 1 7 — 1 M 7, e 6 1 1 4 5 2 — 7 A 1. A matriz (padrão anímico individual) é a estrutura significativa e o contexto de desdobramento de uma alma individual numa determinada encarnação, consistindo de uma constante (o papel anímico) e de seis variáveis. Com elas a alma compõe um padrão orientado pelo sentido ao planejar uma encarnação. A *constante* experimentada em todas as encarnações e também em todos os mundos anímicos, isto é, no plano astral e no plano causal da consciência é o papel anímico. As *variáveis* são os arquétipos do padrão anímico atual que podem ser escolhidos livremente a cada encarnação. Das sete características principais do medo, dos sete objetivos de desenvolvimento, dos sete modos de ação, das sete mentalidades e dos cinco centros sempre é escolhido um em novas combinações funcionais, para poder formar a nova encarnação planejada com sentido. A idade da alma aumenta automaticamente a cada etapa de desenvolvimento cumprida. Ela é variável, mas não pode ser escolhida. Uma matriz se compõe de:

1. Papel anímico

A "fonte" chama de papel anímico a identidade central essencial de uma alma individual tanto no estado de ser encarnado quanto no estado de ser desencarnado. Os papéis anímicos representam princípios energéticos que se juntam formando um todo harmônico. Os papéis anímicos (1. Agente de cura; princípio: apoiar; 2. Artista, princípio: formar; 3. Guerreiro, princípio: lutar; 4. Erudito, princípio: aprender/ensinar; 5. Sábio, princípio: transmitir; 6. Sacerdote, princípio: consolar; 7. Rei, princípio: dirigir) são aspectos parciais de uma estrutura energética mais abrangente das energias básicas. Elas refletem essas sete energias básicas num âmbito de individualidade anímica. Os papéis anímicos são símbolos visíveis de modos de experiência específicos ou perspectivas da dimensão física e não designam profissões ou funções sociais. Todo representante de um papel anímico essencial dá uma contribuição correspondente a sua família anímica e ao Todo por meio de sua estrutura energética. Até agora chamamos o papel anímico de essência. Esse conceito acentua o cerne essencial insubstituível de uma pessoa. A essência também serve ao armazenamento de todas as experiências e lembranças das existências físicas. O papel anímico ou essência é uma constante anímica. Ela vale nos três mundos da alma. Ela é um recipiente para a experiência do mundo e representa a contribuição energética, sempre presente, da alma individual para o Todo.

Glossário

2. Característica principal do medo

Lidar com uma das sete manifestações do medo existencial é parte irrenunciável do padrão anímico. Essencialmente, o medo pertence à experiência terrena, visto que só pode ser sentido num corpo. A característica principal é a máscara de um medo essencial que se oculta por trás. Por exemplo, é muito mais fácil identificar a máscara do orgulho do que o medo básico da vulnerabilidade oculto por trás dela. As sete características principais do medo são: negação de si mesmo, auto-sabotagem, martírio, obstinação, avidez, orgulho, impaciência. No caso do medo básico, trata-se da característica principal mascarada e encoberta do mais forte medo de uma pessoa, que é testado em toda uma encarnação consciente ou inconscientemente. Há sete medos básicos: medo da insuficiência, medo da vivacidade, medo da inutilidade, medo do imprevisível, medo da carência, medo de ser ferido, e medo da negligência. Um trauma precoce serve para fixar psiquicamente a característica principal do medo.

A característica principal do medo de uma pessoa é "a raiz de uma grande árvore do medo" e amplamente inconsciente. Durante a vida, em geral a característica principal se atenua à medida que a pessoa se desenvolve e concretiza seu potencial, mas ela não é "superada" ou "transcendida", visto que serve à descoberta do sentido até a morte da pessoa e visto que toda existência no corpo implica medo.

3. Objetivo de desenvolvimento

Ao planejar uma nova encarnação, a alma, apoiada por outras almas, estabelece em primeiro lugar seu objetivo de desenvolvimento. As outras pedras da construção do padrão anímico servem para apoiá-lo. No caso do objetivo de desenvolvimento, trata-se de uma temática abrangente de vida, que é vivida em todas as suas facetas e da qual não podemos nos furtar no estado encarnado. Em suas correspondências duplas, os objetivos são: aceitar e recusar, acelerar e retardar, dominar e submeter-se. O objetivo neutro é estagnar.

4. Modo de ação

Modo de ação é o modo como um objetivo de desenvolvimento é apoiado da melhor forma energética por um indivíduo com alma. O modo de ação é a fonte da força. Os modos de ação com suas correspondências duplas são: poder e cuidado, paixão e discrição, agressividade e resistência e uma observação neutra. Portanto, para uma pessoa é ótimo cuidar de um objetivo "dominar" com cuidado; para outros com o mesmo objetivo de desenvolvimento convém usar, por exemplo, de preferência o modo da paixão ou da discrição.

5. Mentalidade

Trata-se da perspectiva mental que uma pessoa encarnada tem do mundo, da realidade e da verdade. Nós adotamos um posicionamento mental ou espiritual durante cada encarnação. As sete mentalidades, com as respectivas correspondências, são: idealista e cético, espiritualista e estóico, realista e cínico e pragmático. As mentalidades correspondem a "comprimentos de ondas" espirituais, que contribuem para uma comunicação verbal e não-verbal entre pessoas de mentalidade idêntica ou semelhante.

6. Centros e padrão reativo

A alma se liga ao corpo por meio dos sete centros energéticos. Esses centros correspondem aos sete *chakras*. As energias básicas atuantes aqui, que também se expressam por números sem valor matemático, fazem com que o chakra do coração receba o número 1, diferentemente da costumeira numeração dos chakras, que é feita de baixo para cima, estabelecendo-lhe o quarto lugar. O chakra da garganta representa a energia 2; o chakra do umbigo representa a energia 3; a energia 4 corresponde ao chakra da raiz; a energia 5, ao chakra da testa; a energia 6, ao chakra da coroa e a energia 7, ao plexo solar.

Disso resulta a seguinte seqüência energética: 1. Centro emocional; 2. Centro intelectual; 3. Centro sexual; 4. Centro instintivo; 5. Centro espiritual; 6. Centro extático e 7. Centro motor.

Os centros espiritual e extático só se tornam ativos em situações excepcionais, mas são acessíveis a todas as pessoas. Dos cinco centros restantes, dois formam um *padrão reativo* especial como resposta a situações de *stress*, e que valem durante toda uma vida como partes da matriz. Quando o centro espiritual ou extático trabalha, o padrão reativo normal é colocado fora de ação. Uma pessoa pode reagir (em situações intensas) emocional/sexualmente; uma outra pode reagir intelectual/emocionalmente; uma terceira pode reagir motora/instintivamente e assim por diante. A relação da centralização e da orientação é de cerca de setenta para trinta. Reconhecer o padrão reativo dos semelhantes é uma grande ajuda para a compreensão mútua e faz com que muitos conflitos sejam evitados.

Nos homens primitivos, originariamente, os sete centros do corpo eram igualmente ativos. Contudo, o desenvolvimento da história da humanidade mostra que houve uma especialização e uma diferenciação também no caso dos centros. A criação de culturas parece ser um desafio terreno, visto que isso não existe nos dois outros mundos da alma. Os diferentes padrões reativos tornam possível a formação de sociedades civilizadas com divisões de trabalho extremamente complexas.

7. Idade da alma e ciclos anímicos

Conquanto, em geral, se divida a idade da alma entre "jovem" e "antiga", a "fonte" subdivide os ciclos de encarnação em cinco ciclos seqüenciais, que são denominados de modo análogo ao desenvolvimento dos seres humanos encarnados. Os três primeiros cobrem mais da metade das encarnações e, no sentido tradicional, são "jovens". Os últimos dois correspondem à idéia e à sensação de uma maturidade anímica: eles são "velhos".

A alma recém-nascida nunca encarnou antes. Como ainda não conhece a corporalidade, ela está totalmente desamparada no mundo. Ela tem medo das coisas, embora não saiba disso. Ela tem de aprender, em primeiro lugar, as funções decisivas de ser humana: alimentação e evacuação, respiração, reprodução, parentesco consangüíneo, vulnerabilidade, mortalidade, processo de envelhecimento, etc. Ela tem de aprender a lidar com o clima e com o tempo. Ela ainda não pode assumir responsabilidades e busca por uma proteção quase intemporal, que se parece com o estado da conhecida família de almas, da qual acabou de se separar. Possivelmente gerará muitos filhos para nunca ficar só. A forma de expressão religiosa é o animismo e a crença nos espíritos.

A alma infantil já é mais independente. Curiosa, ela tenta descobrir o mundo. A necessidade de proteção continua existindo, de forma atenuada, mas ela já está diante do semelhante e do mundo. O corpo é descoberto como um instrumento. Ele pode ser concebido e pode ser morto. No entanto, há muitos perigos à espreita no mundo, que devem ser evitados e o são graças ao medo. A responsabilidade cabe "aos outros", a alma infantil ainda não pode influenciar os acontecimentos. A prole é numerosa. A família é importante, a identidade é ampliada pela raça e pelos vizinhos. Acontecem os primeiros relacionamentos kármicos. A forma de expressão religiosa é o politeísmo, o panteão de deuses ou a adoração dos santos.

A alma jovem compreende que tem poder sobre o mundo, e tenta exercer esse poder. Fama e riqueza são importantes para ela. Ela quer dominar a Terra. Ela é o ponto central de seu universo. Sua identidade se amplia até o grupo populacional e a nação. Os outros são o inimigo ou estranhos. As guerras são uma forma normal de luta. Trata-se de vencer. Neste ciclo necessariamente é formado muito karma. A alma jovem precisa de regras firmes, de leis claras, de prescrições morais e de dogmas religiosos que lhe digam diretamente o que é bom e o que é mau. Ela precisa de segurança interior para poder voltar-se despreocupadamente para fora. Ela é severa consigo mesma e com os outros. A sexualidade e um cônjuge servem para o prestígio. O número de filhos diminui, a aparência é importante e o ponto central é ocupado pela capacidade de se relacionar com o outro. Almas jovens são dinâmicas, corajosas e ativas. Seu objetivo é dominar o mundo exterior. Seu corpo está impregnado de força e de resistência. A forma de expressão religiosa é o monoteísmo patriarcal com um Deus todo-poderoso severo. No final do ciclo surge um agnosticismo indiferente.

A alma madura mergulha pela primeira vez no seu mundo interior com sua consciência e ali descobre também um medo subjetivo e problemas emocionais, com os quais, primeiro hesitantemente, depois de forma decidida, aprende a lidar. Surge a capacidade de tomar distância de si mesma. A responsabilidade madura adquire um grande valor, um valor até mesmo grande demais. O amor profundo e duradouro, embora repleto de conflitos com o parceiro, desempenha neste ciclo o papel central, visto que o eu e o tu são sentidos com mais consciência. Os próprios filhos são considerados menos uma prole e mais indivíduos independentes, com os quais é possível ter diversos e problemáticos relacionamentos. Em vez de poder e riqueza, as almas maduras acham a influência e o bem-estar dignos de esforço, visto que só a partir de uma relativa segurança e tranqüilidade é possível voltar-se para a lida interior. O objetivo de sua capacidade de amar é o próprio ser humano. A alma madura quer ajudar responsável e altruisticamente seus semelhantes e, antes de tudo, ela quer compreendê-los. Seu corpo se torna mais vulnerável e ela é atormentada por doenças graves. A forma de expressão religiosa é o monoteísmo, no entanto o relacionamento com Deus e com a crença se torna problemático. A dúvida e a luta pela própria posição no relacionamento com um Deus misericordioso e justo caracterizam esse relacionamento.

A alma antiga se prepara, com muitos medos, para o abandono definitivo do mundo terreno e para a dissolução de sua materialidade. Enquanto o corpo se torna cada vez mais permeável às energias sutis, ele também se torna mais vulnerável a possíveis influências perturbadoras. Almas antigas muitas vezes são doentias e sensíveis e têm muita dificuldade de autocompreensão num mundo que dá grande valor à boa forma física. Em crescente medida elas se tornam "estranhas", isto é, originais e independentes da opinião dos outros, mas também sofrem com o isolamento e não são compreendidas. Muitas vezes estão mais ocupadas com seu crescimento interior do que com o serviço aos semelhantes, o que é interpretado como "exibicionismo". Elas se esforçam com naturalidade por encontrar aqueles semelhantes que pertencem à própria família de almas ou que também sejam almas antigas. Por isso os relacionamentos com pessoas aparentemente estranhas a todo mundo são muito mais intensos do que os relacionamentos com a própria família biológica. Relacionamentos kármicos são estabelecidos e também desfeitos. Almas antigas raramente ficam casadas muito tempo e muitas vezes renunciam a ter filhos. Elas anseiam por ser cuidadas a fim de não ter mais de lutar pela sobrevivência e pelo pão nosso de cada dia. Por isso elas parecem um pouco irresponsáveis às almas jovens e maduras. O objetivo das almas antigas é poder amar a humanidade como um todo, porém muitas vezes elas duvidam das próprias metas. Sua religiosidade é um panteísmo natural. Elas sentem cada vez mais que o princípio divino pode ser reconhecido em todos os fenômenos da vida, inclusive nelas mesmas. Como preparação para deixar o mundo físico, elas reconhecem sua natural ligação com os outros mundos da alma.

O EU E O SI MESMO

Segundo a definição da "fonte", o si mesmo é outra expressão para a família de almas, que também podemos denominar de "eu ampliado", no sentido de que, em última análise, cada alma individual é uma unidade inseparável de sua família anímica, que forma o seu si mesmo. Muitas vezes também é usado o conceito de "eu superior" que designa o resto da família do ponto de vista da alma individual — os irmãos anímicos e suas funções de aconselhamento. O acesso inconsciente ao si mesmo, por um lado, é a coisa mais natural do mundo, por exemplo, num sonho. Para o contato consciente, em geral é preciso um pouco de treinamento. Também a interpretação de sonhos é, ao menos em parte, um lidar consciente com as mensagens da própria família, do si mesmo. Sonhos com a família anímica muitas vezes têm um significado especial, que podemos perceber. Eles não são facilmente esquecidos. São muito mais do que restos de ocorrências diárias ou comunicações da psique.

A descontração profunda (por exemplo, na meditação) é uma boa condição prévia para estabelecer contato com o si mesmo. O si mesmo se interessa pelo eu e pelo bem-estar do mesmo, como sua parte essencial. Os membros de uma família de almas, como partes do si mesmo que encerraram seu ciclo de encarnação e esperam amorosamente pelos outros irmãos anímicos, em virtude do seu avançado estágio de desdobramento, podem exercer a função de entidades protetoras ou de orientadores de almas para os fragmentos encarnados de si mesmos.

Realidade espiritual e realidade física

Há uma realidade física, um aspecto material da realidade não-material. A realidade pode ser sentida pelos homens com os sentidos físicos. Sua capacidade de percepção é limitada em virtude de sua natureza corpórea e de sua estrutura anímica. Seja como for, a alma estabelece uma ponte entre a realidade imanente e a realidade transcendente. Ela tem, como fragmento do grande Todo, acesso a um determinado número de realidades não-humanas.

Para complementar, mais algumas informações sobre o processo de transmissão deste ensinamento.

Nossa "fonte" renuncia a um nome, principalmente porque ela não é uma pessoa, mas também para evitar qualquer tentação de um sentimento de superioridade. No caso da instância destituída de corpo que nos transmite essas informações sobre o ensinamento da alma dos homens, trata-se de uma entidade transpessoal do plano causal da consciência. Ela é comparável a outros mestres causais como Seth ou Lazaris. O desdobramento das almas não se encerra no mundo causal. Essas entidades aprendem à medida que ensinam.

O mundo causal é, depois do mundo físico e do mundo astral, o terceiro dos mundos da alma. As almas só existem aqui, os outros mundos podem ser definidos como além das almas. Esses três mundos estão constantemente ligados entre si. O mundo astral é o "lar das almas". No entanto, até agora só obtivemos informações truncadas sobre ele. Nossa "fonte" se compõe de 1.164 almas individuais fundidas energeticamente. Elas têm os papéis anímicos de eruditos e sábios. Sua essência permite, por um lado, que os eruditos transmitam seus conhecimentos e teorias transformando-os em certezas; por outro lado, que os sábios se comportem com bom humor e solidariedade apesar de sua severa estruturação. O desejo desta fonte é transmitir aos homens um ensinamento bem organizado, sem deixar de lado a arte da comunicação. Por isso recebemos as informações práticas não só de um plano intelectual, porém elas também tocam nossa sensibilidade.

Um *médium* é uma pessoa que está em contato com uma instância externa à própria estrutura da personalidade. Ele recebe informações psíquicas, mentais, emocionais, astrais ou causais e é um intermediário entre diferentes formas de consciência, humanas ou extra-humanas e planos de percepção. As funções cerebrais de um médium agem por tendência ou treinamento, de forma diferente da normal; mas isso não significa que um médium seja uma pessoa mais desenvolvida ou melhor. Um médium tem a capacidade de trabalhar conseqüente e conscientemente com o instinto, a intuição, a inspiração e com estados alterados de consciência.

Mediunidade é a capacidade, espontânea ou adquirida através de treinamento, de ampliar os limites da própria consciência. Um médium pode ter qualidades sensitivas, telepáticas, cinestésicas e espirituais. Do plano mediúnico fazem parte, em diferentes medidas, a clarividência, a clarissenciência, a clariaudiência, e a capacidade de influenciar a matéria. O acesso ao passado e ao futuro de um indivíduo ou de todo um grupo é possível, contudo não é a preocupação central. Como disposição, a mediunidade independe da idade anímica, mas é apoiada por determinadas variáveis matriciais. Previsões, experiências de *déjà-vu*, ligações telepáticas, influências mentais e prognósticos instintivos ou também estados extraordinários provocados por drogas, por técnicas de movimento e por jejuns já são acessíveis a almas jovens. A mediunidade empática também pode ser observada em psicóticos e esquizofrênicos. Nas sessões mediúnicas primeiro surgem mensagens do mundo astral ou, em geral, trata-se de contatos com o além. Conforme aumenta a idade da alma, aumenta também a capacidade de manter distância; o medo diminui tanto que a censura psíquica é atenuada, o que torna possível uma comunicação com o mundo causal da consciência.

Transe é um estado alterado, ampliado, de consciência. Podemos diferenciar entre transe de sono (sem capacidade de memória) e transe desperto (a consciência desperta do médium é testemunha da transmissão, porém exerce pouca ou nenhuma censura). As mensagens neste livro foram recebidas em estado de transe desperto. A consciência de Varda se liberta dos limites de sua condição normal chegando até o arrebatamento. Todos os sentidos estão alertas, o acesso às dimensões sem tempo e espaço se torna possível. O corpo enquanto isso entra num profundo estado de descontração, ao passo que o espírito trabalha em alta tensão. Um bom médium consegue desligar amplamente a própria personalidade e principalmente a própria estrutura de medo durante a fase de recepção, o que possibilita que se abra "ao totalmente diferente", a fim de dizer coisas que não compreende e nem pode julgar. O eu dissolve os limites do si mesmo.

VIDA E VIVACIDADE

A "fonte" distingue entre vida e vivacidade. As almas de animais vivem num corpo, os seres humanos ainda são adicionalmente "vivos", pois sua estrutura anímica está sujeita às *quatro leis da vivacidade*: reagir, ser, agir e experimentar. Esses quatro âmbitos correspondem aos planos existenciais da expressão, da inspiração, da ação e da assimilação.

O EVANGELHO DA MEDIUNIDADE

Eliseu Rigonatti

Como a árvore, capaz de gerar um fruto que abriga em seu interior a semente de uma nova árvore, poderíamos dizer que O EVANGELHO DA MEDIUNIDADE frutificou de O EVANGELHO DOS HUMILDES. A partir desse momento, portanto, o leitor passa a ter, bem à mão, os textos básicos de formação e difusão do Cristianismo, comentados com a limpeza de estilo que Eliseu Rigonatti vem imprimindo em seus inúmeros livros.

E é justamente essa limpeza de estilo que faz com que os Atos dos Apóstolos, aqui comentados na totalidade, revelem toda a sua força de persuasão e de renúncia. Nas palavras do Autor: "Que arma tão poderosa terá sido esta, da qual os treze lutadores (os Apóstolos) fizeram uso, e com ela puderam fazer baquear o colosso romano? Nem o gládio, nem a lança: foi a RENÚNCIA. A renúncia que lhes adoçava o ferro dos grilhões, que lhes enxugava as lágrimas nas prisões, que os sustinha no meio das rudes provas. E de renúncia em renúncia implantaram na Terra a religião do Amor: o Evangelho. É a história dessa renúncia que vocês lerão neste livro."

EDITORA PENSAMENTO

INSTRUÇÕES PRÁTICAS SOBRE AS MANIFESTAÇÕES ESPÍRITAS

Allan Kardec

O verdadeiro nome desse "Codificador da Doutrina dos Espíritos" é Hippolite Léon Denizart Rivail. Filho de pais católicos, nasceu a 3 de outubro de 1804, na cidade de Lyon, França, e foi educado na Suíça, na célebre Escola Pestalozzi, num ambiente protestante.

Doutor em Medicina, também sentia grande pendor para os estudos filosóficos, religiosos e pedagógicos, publicando várias obras sobre Matemática, Física, Química, Astronomia, Anatomia, Fisiologia, etc. Seus trabalhos conquistaram inúmeros prêmios em várias sociedades científicas.

Já estava em idade madura quando a Europa foi empolgada pelos fenômenos das chamadas "mesas girantes e falantes". Como que predestinado, o Dr. Rivail dedicou-se com empenho ao estudo desses fenômenos, apresentando, depois, como frutos de sua brilhante inteligência, as bases fundamentais da doutrina a que denominou Espiritismo, publicando o conhecido "Evangelho" e várias outras obras esclarecedoras da doutrina, o que lhe valeu o título de "Codificador da Doutrina dos Espíritos".

Humilde e estudioso, o Dr. Rivail classificou e investigou os fenômenos sob critérios rigorosamente científicos, usando o pseudônimo de Allan Kardec, pelo qual, na atualidade, é mundialmente conhecido.

Estas *Instruções Práticas* foram redigidas em atendimento às pessoas que solicitavam do autor indicações precisas sobre as condições que devem ser preenchidas, bem como a maneira de se conduzirem para serem médiuns.

EDITORA PENSAMENTO